예수님이 하신 일을 너희도 하라

"성령의 능력으로 사역하라"

Doing What Jesus Did

Copyright ⓒ 2003-2005 by
Christ's Ambassadors International
Korean translation Copyright ⓒ 2008 by Sung Kwang Publishing Co.,
Originally Published by The Christ's Ambassadors International

All right reserved.

This Korean edition was Published by arrangement with John and Sonja Decker

이 책의 한국어판 저작권은 저작권자와의 독점계약으로 성광문화사에 있습니다.
신저작권법에 의해 한국 내에서 보호를 받는 저작물이므로 무단전제와 무단복제를 금합니다.

추천의 글

아주 귀중한 책입니다. 저자인 John and Sonja Decker 목사 부부는 예수님께서 주시는 생명을 살리는 이 귀중한 사역에서 헌신할 사람들이 하나님의 나라에 대해서 반드시 알아야 하고, 이해해야 하는 것이 무엇인지를 확실히 이해하고 있습니다. 내 개인적인 생각으로는 하나님의 교회에서 헌신하는 모든 지도자들이 이 책을 반드시 읽어야 한다고 생각합니다.

Washington 주, Bothell시,
이스트사이드 복음교회 (Eastside Foursquare Church)
담임목사, **짐 헤이포드** (Jim Hayford)

『예수님이 하신 일을 너희도 하라』는 성도들을 훈련시키는 데 내가 이제까지 보아왔던 책 중에서 가장 실용적인 책입니다. 저자인 John and Sonja Decker 목사 부부는 자신들의 지식과 통찰력을 여러 나라를 방문하여 도시 교회에서나, 시골교회, 또는 수많은 신자들이 모인 세미나 등 다양한 모임에서 성도들을 가르치며 훈련시키는 기름부음 받은 훌륭한 스승입니다. 그들은 참으로 지혜롭게도 실제적으로 가르치며, 다양한 인종적인 장벽이나, 사회적인 장벽을 뛰어넘어서 영향력을 미치고 있습니다. 나는 자신의 사역을 깊이 있고 견고한 성경의 기초 위에 세우고 싶어하는 모든 사역자들에게 이 책을 간곡히 추천합니다.

California, Los Angeles에 위치한 복음교회 국제 본부
(International Foursquare Church)
부총회장 **클리프 헤인즈** 박사 (Cliff Hanes)

실제 목회에서 활용할 수 있는 안내서가 되며 쉬운 이야기로 되어 누구나 이해할 수 있는 보석과 같이 이렇게 귀한 책이 나온 것은 참으로 영광입니다. 21세기의 기독교는 지나치게 이론적이며, 실제적인 것에는 너무나 인색해 있습니다. 이론적이고 철학적이며 교리적인 기독교는 능력 있고, 개인적이며, 경험적인 기독교를 위한 발사대가 되어야 합니다. 나는 모든 성도들이 『예수님이 하신 일을 너희도 하라』를 통해서 하나님께서 자신에서 주신 놀라운 보석을 찾을 수 있기를 소망합니다.

Oregon 주, Bend 시
웨스트 사이드 교회 (Westside Church)
담임목사 **켄 죤슨** (Ken Johnson)

『예수님이 하신 일을 너희도 하라』는 우리를 사로잡는 매력적인 책입니다. 이 책은 성경을 기초로 이루어진 책입니다. 단순하면서도 깊이가 있고, 지식과 정보를 주면서도 영감이 깃들어 있고, 실제적이면서도 검증 되어진 균형을 유지하고 있는 책으로, 성도들이 예수님께서 하신 일을 그대로 따라 하도록 무장시키는 데 아주 귀한 책입니다. John and Sonja Decker 목사 부부는 "핵심적인 이론들"에 대해서도 말하고 있을

뿐 아니라, 본인들이 "기적"을 포함하여 예수님께서 행하신 사역들을 실제 행했을 뿐 아니라, 다른 많은 사람들에게 그렇게 하도록 가르쳐 온 경험이 풍부한 능력의 종들입니다.

30년이 넘도록 전세계를 여행하면서 예수님께서 행하신 것처럼 성도들을 무장시키는 사역을 감당하면서, 데커 목사 부부는 삶의 현장에서 뿐 아니라, 강의실에서도 다른 성도들이 초자연적인 사역에 참여하도록 훈련하고 지도한 은사 받은 훈련관이며, 손수 행해 보이는 실천가로서의 체험을 했습니다. 그들은 "훈련자들을 훈련하는" 일을 통해서 어떻게 사역을 배가시키는지를 발견해냈습니다. 이들은 예수님께서 실제 모델이 되셔서 실제 제자들을 가르치셨던 가장 핵심적이며 재생산할 수 있는 전략 여섯 가지를 배웠습니다. 그 여섯 가지 전략이란 불신자들을 전도하는 법, 사역을 감당하도록 능력을 부여 받는 법, 병자를 치료하는 것, 하나님의 음성을 듣는 것, 성령님의 인도하심을 아는 법, 그리고 귀신을 내어쫓는 것입니다.

『예수님이 하신 일을 너희도 하라』는 우리 믿음의 성도들이 이 시대의 종말을 기대하고 구세주 되신 예수님께서 영광과 능력으로 재림하실 것을 기대하면서, "전 세계에 다니면서 모든 민족에게 증인이 되기 위하여" 복음을 다른 사람들에게 전하고, 복음의 능력을 실제 보여주는 가장 좋은 방법입니다.

California주 Fresno시,
국제복음교회 선교훈련관 겸 컨설턴트
죤, 앰스타츠 (John Amstutz) 박사.

이 책은 내가 지금까지 보아왔던 어느 책보다, 아주 섬세하고, 실제적이며, 영적인 전쟁에서 어떻게 승리하는가를 가장 잘 보여준 책입니다. 전체가 아주 아름답게 조화를 이루고 있으며, 성경의 원리를 설명해 주기 위해서 사역 이야기들을 잘 활용한 것은 이 책만이 갖고 있는 특징이라고 할 수 있습니다. 물론, 현대 교회에서 은사주의적인 성령의 은사의 활용을 반대하고 있는 세대주의적이며, 전통적인 복음주의에 속해 있는 독자들은 이 책을 반대하겠지요. 전통적인 오순절 (Classical Pentecostal) 입장에서 기록된 이 책은 믿음의 말씀 (word of faith) 운동을 따르는 자들이 주장하는 냉랭한 형식주의를 회피하고 성령께서 강력하게 역사하심을 설명하면서 하나님의 주권을 아주 확실하게 해놓고 있습니다. 예언적인 말씀에 나타나있는 영분별의 역할을 강조하면서, 데커 목사 부부는 어떻게 크리스천들이 성령의 은사를 통하여 성령의 능력과 인도하심 속에서 다른 사람들이 사역에 참여하도록 인도할 수 있는지를 확실하게 보여주고 있습니다.

이 책은 정통적인 삼위일체의 입장을 유지하면서 성령의 사역과 성령의 세례는 십자가의 구속과 부활을 통해서 나타난 예수 그리스도의 성육신 (Incarnation) 과 그리스도의 개인적인 사역에 기초를 두고 있음을 강조하고 있습니다. 비록 복음주의에 속해 있는 모든 사람들이 목회에서의 강력한 은사의 활용을 주장하는 이 책의 제안에 동의하지는 않겠지만, 오늘날 전 세계의 문화적인 상황이 영적인 활동에 깊이 개입되어 있기 때문에 교회가 복음을 전도하고 제자를 훈련하는 데 효과적이 되기 위해서는 영적인 방법을 통해서 반응을 나타내야 한다는 점은 분명합니다. 데커 목사 부부가 크리스천들이 효과적으로 영적인 사역을 할 수 있도록 아주 실제적이면서도 깊이 있는 훈련지침서를 내놓은 것에 대해서 축하를 드리며 이 책을 강력히 추천합니다.

Oregon주, Portland
George Fox Evangelical Seminary
Richard B. Parker신학 석좌교수
R. Larry Shelton, Th.D

헤이포드 목사의 한국어판에 대한
추천서

   이 책과 같이 내 마음에 열정을 불러일으키는 책은 드물었습니다. 이 책은 내 마음에 두 가지 열정을 심어주었는데, 첫째는 예수님을 더욱 깊이 사랑하게 한 것이고, 다른 하나는 주님의 생애와 사랑, 그리고 능력을 더 힘있게 받아들이게 된 것입니다. 이 책을 갖고 다니면, 신약성경의 삶에 대한 원리를 말해주는 핸드북을 갖고 다니는 것과 같은 기분이 들 것입니다. 그 원리대로 살아가도록, 다시 말하면 그리스도께서 우리들에게 주셨을 뿐 아니라, 우리들을 통해서 이 땅에 실현시키고자 하시는 그러한 차원의 삶을 온전히 살도록 이끌고 있는 책입니다.

   그리스도인들이 하나님이 주신 사랑의 선물을 아주 귀하게 여기는 사람들이라면 이 책을 반드시 읽어야 할 이유 세 가지가 있습니다. 이 책은 우리 구주 예수께서 사랑하는 자기 백성에게 두신 아주 귀한 계획의 핵심과 주님의 마음, 또한 일을 맡기신 목표를 취급하고 있습니다. 하나님께서 자기 백성들을 통해서 주님께서 하신 일과 똑같은 일을 하게 함으로써 복음을 전파하기를 원하신다는 것이 이 책의 핵심입니다. 간단히 말한다면, 예수 그리스도의 실체를 당신의 손을 통하여, 또한 당신의 목소리로, 당신의 영혼 속에서, 생생하게 재생하기를 원하는 것이 이 책의 목표입니다.

이 책은 "육신이 되신 말씀"에 관한 책인데, 이 육신이 되신 말씀은 지금부터 20세기 전에 오신 하나님의 아들 예수 그리스도만을 언급하는 것이 아니라, 21세기에 이 예수 그리스도를 통해 새롭게 태어난 하나님의 자녀들의 일상적인 삶에서도 나타납니다. 말씀이 육신이 되신 복음의 핵심은 완전한 구원에 대한 것인데, 용서와 영생의 선물로 시작된 이 구원의 능력은 우리가 부끄러움 없이 담대하게 높여 들이는 십자가 위에서 돌아가신 예수 그리스도의 죽음을 통해서 부여된 넘쳐 흐르는 "구원의 능력" 입니다 (롬 1:16). 이 복음은 인격을 변화시키는 능력이 있고, 인간의 몸 속에 건강이 흐르게 하고, 인간의 마음과 감정에 온전함이 나타나게 할 뿐 아니라, 하나님께서 우리 한 사람 한 사람을 창조하실 때에 "의도하셨던" 것을 성취하도록 의욕을 불어넣는 능력입니다. 이러한 능력은 우리들로 하여금 "예수님께서 하신 일을 따라 하도록 하게 (요 14:12)" 합니다.

복음의 **심장**에는 사랑의 강물이 흐르고 있는데, 이 강물은 하늘에서 그 근원이 시작되어 실질적인 문제가 발생할 때에 급류가 되어 흘러내리면서 우리가 다른 사람들을 위해서 헌신 할 때에 그들에게 주고, 섬겨 주고, 돌보아주고, 후원해주고, 지지해주며, 진실할 뿐 아니라, 믿음직하게 만들어 줍니다. 이 사랑은 예수님께서 십자가 상에서 피 흘려 돌아가시면서 생명과 용서를 주시는 것으로 표현되었을 뿐 아니라, "우리에게 주신 성령으로 말미암아 하나님의 사랑이 우리 마음에 부은바 된 것 (롬 5:5)" 입니다. 이 사랑이 예수님께서 하신 일을 우리도 그대로 행하도록 강요하는 생기를 늘 불어넣고 있습니다 (고후 5:14).

마지막으로 복음의 **목표**는 살아있는 모든 사람들에게 하나님이 얼마나 위대한 분인지, 하나님의 독생자 예수 그리스도가 살아서 어떻게 역사하시는지, 또한 성령님께서 우리 개개인에게 얼마나 친절하게 역사하시는지를 알도록 하는 것입니다. 하나님께서는 우리가 하나님을 잘 알기를 원하시는데, 추상적이거나 신학적인 개념으로서의 하나님이 아니라, 우리가 필요로 할 때는 언제든지 만날 준비가 되신 살아계시며, 자유로우시며, 치료하시는 구세주로, 또한 우리가 하나님의 능력이나 사랑을 필요로 할 때는 언제든지 응답하시는 하나님으로 알기를 원하십니다. 하나님께서는 이러한 모든 일을 영적으로 새롭게 태어나서 하나님의 것으로 충만해진 사람을 통해서 역사하시는데, 이러한 사람들에게 주님은 능력을 주셔서 모든 일의 증거가 되도록 하십니다. 이들은 예수님에 대해서 말하는 증인이 될 뿐 아니라, 예수님께서 행하신 것과 똑같은 일을 행함으로써 주님의 사역이 배가 되도록 합니다.

사실은 이것이 참된 제자훈련이 무엇인가를 말해주는 것입니다. 제자훈련은 하나님의 말씀으로 시작되지만, 하나님의 아들 예수 그리스도께서 행하신 일을 우리도 따라 할 수 있도록 모두 배우기까지는 완성된 것이 아닙니다. 참된 제자훈련에 대한 이같이 귀한 책이 출판된 것을 환영하며, 우리 모두가 참된 제자가 되도록 자극을 불어넣어 주는 믿음직한 존과 소냐 데커를 만나게 된 것을 기쁨으로 생각합니다. 이들은 아주 믿음직한 지도자들이며, 검증된 성실한 하나님의 종들이며, 가르치는 데 은사를 받은 성경 선생들입니다. 또한 이들은 여러분들이 순수하고 생동감이 넘치는 성령 충만한 삶을 살도록 인도하면서 실제적인 삶 속에서 그리스도를 위해서 "무엇인가" 당신들의 사랑을 베풀고 싶은 소원이 불일 듯 일어나게 만드는 기름부음 받은 설교자들입니다. "그 무엇인가"란 주님께서 실제 행하셨던 일들을 여러분이 매일 매일의 삶 속에서 행하는 것입니다. 여러분의 복잡한 환경 속에서도 주님께서 하신 일을 행하도록 도전하고, 여러분의 가정에서, 가족 사이에서, 직장에서,

여러분의 삶 속에 살기 위해서 오신 그 분의 은혜와 능력을 통해서 그 분께서 하신 것과 똑 같은 일을 하는 것입니다. 그분의 이름이 예수 그리스도 이십니다. 이 책을 집필한 두 분의 저자는 상상을 초월한 방법으로 여러분이 예수님을 드러낼 수 있게 하시는 주님의 능력을 발견함으로써, 여러분이 주님을 이전보다 더 사랑하도록 돕는 분들입니다. "우리가 생각하거나 요구할 수 있는 것보다 훨씬 더 주시고 풍성하게 해주시는 주님께 영광을 돌립니다."

국제 복음교회 (International Foursquare Gospel Church) 총회장
King's College and Seminary, 창설자
Jack W.Hayford

추천서

가장 복음적인 믿음생활은 지극히 단순합니다. 사복음서에서 예수님이 하셨던 일들을 그대로 따라 하면 되는 것입니다. 초대교회에서, 사복음서에서 자연스럽게 행해졌던 예수님의 일들이 점점 사라져서 안타까웠던 많은 시간들이 있었습니다. 그러나 이제 하나님의 은혜 가운데 교파를 초월한 강력한 성령의 역사가 전 세계적으로 일어나고 있음을 감사드립니다.

「예수님이 하신 일을 너희도 하라(Doing What Jesus Did)」에서 저자는 21세기를 살아가는 오늘날의 크리스천들에게 초대교회의 제자들처럼 성령의 능력으로 일할 것을 권면합니다. 나아가 예수님께서 하신 일을 지금도 그대로 할 수 있으며 그보다 큰일도 할 수 있다(요 14:12)는 도전을 줍니다. 삶의 현장 어느 곳에서나 예수님처럼 전도하고 성령 받게 만들며 하나님의 음성을 듣고 병자를 치료하며 귀신을 쫓아내는 일을 할 수 있도록 말씀의 기초와 수많은 경험을 통하여 가르쳐줍니다.

이 소중한 책이 교파를 초월하여 목회자들과 모든 성도들을 예수님처럼 전도하고 기적을 일으키는 파워제자로 변화시킬 것을 확신합니다.

2008. 6.
여의도순복음교회 원로목사 **조용기**

저자의 한국어 판에 대한
인사말

존경하는 임열수 박사님

저자인 우리 부부는 임박사님께서 『예수님이 하신 일을 너희도 하라(Doing What Jesus Did)』를 한국어로 번역하여 출판하고 판매할 수 있도록 허락하는 바입니다. 우리들은 이 책을 한국어로 번역하여 한국에 있는 그리스도의 몸 된 성도들이 하나님의 능력을 행하기를 간절히 소원하는 귀하의 사랑과 정성에 주님의 크신 축복이 함께 하시기를 간절히 기도 드립니다. 만약 문제가 있든지 질문이 있으면 언제든지 연락 주십시오.

주님 안에서

2005년 9월 8일
John and Sonja Decker
Christ's Ambassadors International
Bend, Oregon USA

역자 서문

　이처럼 재미있고도 유익하며, 완전한 예수님의 제자로 살도록 도와주는 책을 번역하게 하신 하나님께 영광을 돌립니다. 대부분의 크리스천들처럼 역자도 예수님 믿고 구원받은 것을 감격해 하며 그 은혜에 감사하여 열심히 복음을 전파하며 이웃을 사랑하는 삶을 살고자 애쓰고 있습니다. 예수님 제자의 일이 열심히 성경 읽고 배워서 믿음 없는 사람들에게 가르치고 믿게 만드는 일이 전부인 줄 알고 있는 사람들이 많이 있습니다. 그러나 살아가면서 많은 문제에 부딪치고, 질병의 덫에 걸리고, 귀신 들린 사람들을 만나면서 성경공부와 전도와 함께 더 큰 능력이 필요함을 절실히 깨닫게 됩니다.
　이제, 오순절 교단의 교회들뿐 아니라, 한국의 교파를 초월한 대부분의 교회들과 성도들이 예수님의 제자로 산다는 것이 전도하는 일과 더불어 병자를 위해 기도하며, 귀신들린 이웃을 자유하게 하는 일까지 포함하고 있음을 알게 되었으리라 믿습니다. 그런데 문제는 '어떻게' 입니다. '어떻게' 그런 일들을 감당해야 하는가? 성경공부와 전도에 대해서는 많이 연구하고 실습해 보았습니다. 그러나 우리 모든 크리스천들의 영원한 모델이 되시는 예수님이 하신 전도 외에 다른 일들, 기적들도 다 따라하는 진정한 제자가 되기를 원하나, '어떻게' 해야 하는지 참 막막합니다.

　이 책을 번역하며 존·소냐 데커 목사님 부부에게 정말 감사했습니다. 어떻게 성령세례를 받으며, 어떻게 하나님의 음성을 들으며, 어떻게 병자를 치유하며, 어떻게 귀신을 쫓아내는지, 그 방법들을 손에 쥐어 주듯이 자세히 알려 주셨습니다. 수십 년 동안 현장에서 체험한 풍부한 경험담과 함께 들려주는 이 진리는 흥미진진합니다. 무엇보다도 복음서에서 예수님이 먼저 하신 일들을 깊이 연구하여, 제자 된 우리도 그대로 따라 하도록 말씀의 기초를 주고, 그대로 행하게 하는 실습을 가르치는 것이 독자에게 큰 도전을 줄 것입니다. 이 귀한 책이 전 세계 오지에까지 뻗어가는 우리 한국 교회의 능력 있는 선교와 예수님처럼 살기를 소원하는 신실한 모든 크리스천들에게 폭발적인 성령의 능력을 덧입게 하는 다이나마이트가 될 것을 확신합니다.

　이 한국어판의 완성을 위해 여러모로 수고한 조규형 전도사, 김태경 집사, 이상준 집사께 심심한 감사를 드립니다. 또한 『오순절 신학』에 이어 이 책의 출판을 도와주신 성광문화사의 이승하 장로님께 감사드립니다. 이 책을 통해 한국의 모든 크리스천들이 성령의 능력으로 충만해져서, 예수님이 하신 모든 일을 그대로 재현하여 하나님의 나라가 더욱 확장되기를 간절히 기도드립니다.

2008년 4월 25일
임열수, 박성자

DOING WHAT JESUS DID
Ministering in the Power of the Holy Spirit

예수님이 하신 일을 너희도 하라

"성령의 능력으로 사역하라"

John and Sonja Decker 지음
임열수 · 박성자 역

성광문화사

Doing What Jesus Did

예수님이 하신 일을 너희도 하라

John and Sonja Decker

Copyright 2003 by
Christ's Ambassador International

Contents

- 추천의 글 / 3
- 추천서 / 7
- 저자의 한국어 판에 대한 인사말 / 12

서문 누가 그 일을 하는가? ··· 23

제1장 사람들을 그리스도께 인도하기 ······························ 45

제2장 크리스천들을 성령세례로 인도하기 ······················· 88

제3장 병자를 치유하는 법 배우기 ···································· 145

제4장 하나님으로부터 음성듣기 ······································· 211

제5장 계시에 의해 병자를 치료하기 ································ 254

제6장 귀신을 다루는 방법 ·· 296

제7장 어디로 가야 하는가? ·· 391

부록A 사역 훈련 센터를 세우는 법 ··································· 399

부록B 예수님이 하신 일 하는 것을 실습하자 ··················· 412

머리말

　이 책은 우리가 들어갈 수 있다고 예수님께서 말씀하신 초 자연적인 영역으로 들어가는 방법을 배우려는 모든 그리스도인들을 초대합니다. 그것은 예수님께서 실제적인 제자의 신분을 위해서 규정하신 여섯 가지 필수적인 사역의 전략을 배우는 것을 의미합니다. 예수님께서는 그분이 이루신 것과 동일한 결과를 얻으려면 예수님이 하셨던 일을 우리도 해야만 할 것이라고 말씀하셨습니다. 우리는 전 세계의 모든 믿는 자들이 기적을 낳는 믿음에 도전하는 용기 있는 사역자들이 확장 되어지는 군대에 합류할 것을 초대합니다. 우리는 크리스천들이, 영혼들의 마지막 추수와 예수님의 재림에 쓰여질 일꾼들을 도울 수 있는, 개인적인 사역전략들을 실행하는 법을 배울 수 있기를 격려합니다. 우리가 본격적으로 다루려고 하는 여섯 가지 사역 기술들은 다음과 같습니다.

- 사람들을 그리스도께 인도하기
- 크리스천들을 성령세례로 인도하기
- 병자를 치유하는 법 배우기
- 하나님의 음성듣기
- 계시에 의해 병자를 치유하기
- 귀신을 다루는 방법

예수님 따라하기

이 책의 목적은 믿는 자는 기적을 포함하여 무엇이든지 할 수 있다고 예수님이 말씀하신 것을 실행하려는 크리스천들을 돕고자 하는 데 있습니다. 우리는 많은 성경 구절들을 중심으로 우리의 원리들, 통찰력, 그리고 권고 등의 틀을 만들었습니다. 참고가 되는 각 성경구절을 기록한 다음에는 하나님의 말씀을 실행할 수 있는 제안들이 있습니다. 우리는 이것들을 예수님 따라하기로 명명하였습니다. 이것은 예수님께서 우리가 행하기 원하시는 일을 우리가 행하도록 도우려는 데 그 목적이 있습니다. 저자는 조심스럽게 살펴보아야만 하는 요점을 강조하려고 **어떤 단어나 구를 굵은 글씨로 기록** 하였습니다.

야고보서 1:22-25

너희는 말씀을 행하는 자가 되고 듣기만 하여 자신을 속이는 자가 되지 말라 누구든지 말씀을 듣고 행하지 아니하면 그는 거울로 자기의 생긴 얼굴을 보는 사람과 같아서 제 자신을 보고 가서 그 모습이 어떠했는지를 곧 잊어버리거니와 자유롭게 하는 온전한 율법을 들여다보고 있는 자는 듣고 잊어버리는 자가 아니요 실천하는 자니 이 사람은 그 행하는 일에 복을 받으리라

> ### 예수님 따라하기
>
> 크리스천 각자의 사명은 성경이 그들에게 말씀하시는 것을 실행으로 옮기는 것입니다. 우리가 하나님의 말씀을 실행하면 복 받을 것이라고 이 성경은 말씀하십니다. 이 책에서 우리의 사명은 믿는 자들이 말씀을 들을 뿐만 아니라 그 말씀을 **행하도록** 격려하는 것입니다.

오레곤 주 벤드에서
죤과 소냐 데커(John and Sonja Decker)

감사의 말

　하나님의 아들 예수 그리스도와 같이 되게 하고 예수님이 하신 일을 하게 하려고 모든 크리스천들을 부르신 은혜로우신 우리 하나님께 감사 드립니다.
　사람들이 사랑 받고, 용납 되어지고, 용서받는 우리의 아름다운 교회 가족, 국제복음교회 (The International Church of the Foursquare Gospel)에 감사 드립니다. 우리는 당신들과 함께 우리의 초자연적인 전통을 옹호하고 있습니다.
　여러 해 동안 우리의 사랑하는 목사님이셨으며 현명한 상담자이셨던 와싱턴주 보델, 이스트사이드 복음교회(Eastside Foursquare Gospel Church)의 담임 목사이신 짐 헤이포드 (Jim Hayford) 목사님께 감사 드립니다.
　우리가 대사 시리즈(Ambassador Series) 교육과정과 이 책을 쓸 수 있도록 격려한 복음교단 국제선교부(Foursquare Missions International)의 선교 훈련관이며 컨설턴트이신 존 앰스타츠 (John Amstutz) 박사님께 감사 드립니다. 박사님은 원고 하나 하나를 읽으시며 많은 시간을 내주셨고, 우리에게 가치를 헤아릴 수 없는 귀한 정보들을 주셨습니다.

우리의 신학과 결론들이 건전하다고 우리를 확신시키며 격려해주신 래리 셸턴 박사님(R. Larry Shelton) 박사님께 감사드립니다. 셸턴 박사님은 오리곤주 포틀랜드에 있는 'George Fox Evangelical Seminary'의 리차드 B. 파커 (Richard B. Parker) 석좌 교수님이십니다.

바쁜 일정 가운데서도 많은 시간을 들여 원고의 교정을 도와주고, 우리를 항상 웃게 해준 우리의 사랑하는 친구들이며 동역자들인 그렉과 케런 프라이 (Greg and Karen Fry)에게 감사 드립니다. 우리는 당신들의 우정을 소중히 간직합니다.

성령님의 계시와 능력 안에서 사역하는 방법을 배울 수 있도록 무한한 기회를 제공해 주신 국제 순복음 실업인 협회(Full Gospel Business Men's Fellowship International) 지도자들에게 감사 드립니다.

| 서문 |

누가 그 일을 하는가?

　예비 크리스천들에게 예수님에 관한 대화를 먼저 시작하는 것은 미국 거주 대부분의 크리스천들에게 아주 두려운 일입니다. 친구나 동업자들, 또는 친척들에게 복음을 전할 생각만해도 즉시 거절당하지 않을까, 논쟁에 휩쓸리지 않을까, 또는 광신자라고 불리지 않을까 두려움이 앞섭니다. 그들은 말합니다. "누가 그걸 필요로 한대? 잊어버려, 목사님이 나 하게 내버려둬, 그래서 우리가 그 분에게 사례를 드리잖아."

　우리는 우리가 예수님께 인도했던 첫 번째 사람을 기억합니다. 우리는 복음 전파자의 최초의 감정들, 모두를 체험 했습니다: 실패의 두려움, 성경을 사용하며 쩔쩔매는 것, 우리의 생각을 좀 더 잘 정리해 둘 걸 하는 아쉬움 등. 그러나, 성령님께서 매번 얼마나 빨리 주도권을 잡으시는지 놀라울 따름이었습니다. 사랑하는 하나님과 개인적인 관계를 가진 것을 조금 언급한 것도 주님을 우리 가운데 나타나시게 했습니다. 나머지 모든 대화가 초자연적으로 진행 되어졌습니다. 그 후에 우리 마음속으로부터 기쁨과 흥분이 넘쳐흘렀습니다. 우리는 이렇게 말할 수밖에 없었습니다. "와! 우리 하나님 정말 멋지시다!"

그 순간부터 우리는 예수님이 하신 일을 따라 하는 데 매료되고 맙니다. 우리가 주님을 자랑하고 사람들을 위해서 기도하는 일을 계속해 나갈 때, 주님은 더 많이 그분 자신을 나타내실 것입니다. 우리는 병자를 위한 기도를 시작하였고 하나님께서는 그들을 치료하셨습니다. 우리의 처음 시도들은 아주 부족한 점이 많아서 미안할 정도였습니다. 그러나, 우리는 하나님께서는 아마추어들도 사용하실 수 있다는 것을 발견했습니다. 비록 훈련 받지 못했지만, 하나님께서 하시는 일을 보고자 하는 일념으로 사람들을 위해서 큰 맘 먹고 기도하는 자발적인 제자들을 하나님께서는 사용하실 수 있습니다.

이 책을 읽고 있는 많은 독자들 가운데는 이러한 일을 한 번도 해본 적이 없는 사람들이 많을 것입니다. 많은 사람들이 예수님을 그들의 구주로 고백하지만 이런 일을 행하는 데는 자신감이 부족합니다. 이것이 바로 우리가 이 책을 쓰게 된 중요한 이유입니다. 크리스천 지도자들이 이 책의 각 장에서 제시되는 예수님이 하신 일들을 따라 하는 법을 배우려고 마음먹게 되기를 우리는 간절히 바라고 있습니다. 적극적인 경험을 계속함으로 그 효과를 극대화시키는 실질적인 훈련으로써, 오늘날의 크리스천들도 그리스도의 능력 있는 증인들이 될 수 있습니다. 그들이 지상 대명령의 그들의 몫을 성공적으로 수행할 수 있도록 준비 되어지는 것입니다. 아래에 기록된 예수 그리스도의 마지막 가르침이 주님의 제자로 자처하는 각 사람을 위한 것임을 우리는 굳게 믿습니다.

마태복음 28:19-20

그러므로 너희는 가서 모든 민족을 제자로 삼아 아버지와 아들과 성령의 이름으로 세례를 베풀고 내가 너희에게 분부한 모든 것을 가르쳐 지키게 하라 볼지어다 내가 세상 끝날까지 너희와 항상 함께 있으리라 하시니라

> **예수님 따라 하기**
>
> 마지막 시대를 사는 모든 크리스천들은 가서 제자 삼으라는 사명을 받았습니다. 이제 예수님이 명령하신 것을 배운 우리들은 그 나름대로 실행해야 하며 우리가 배운 바를 다른 사람들에게 가르쳐야 합니다.

사도들이 그 일을 했었다.

많은 크리스천들은 이 명령이 단지 초대교회의 사도들을 위한 것일 뿐이라고 믿고 있습니다. 위에 있는 성경구절에서 "모든 족속"이란 말을 찾아보십시오. 이 말이 "우리"를 의미한다고 믿습니다. 우리는 "모든 족속으로 제자를 삼은" 무리의 한 부분인 것입니다. 우리는 예수님께서 이 명령을 주신 이후에 제자로 삼아진 사람들의 일부입니다. 예수님께서는 더 많은 제자를 만들기 위하여 제자들의 첫 세대를 내보내신 것입니다. 첫 세대가 예수님의 명령에 순종했습니다. 이 일은 1세기 이래로 진행 되어왔고, 거의 중단 없이 계속 되어졌습니다.

지난 백 년 동안에는 그 이전의 천구백 년보다도 더 많은 숫자의 제자들이 양성되었습니다. 마지막 추수를 준비하면서 우리는 믿는 사람 한 사람 한 사람이 예수님의 재림을 위해 일꾼들을 도울 수 있고 충분히 참여할 수 있는 통합적인 전략이 필요합니다.

지금도 이 일은 계속해서 일어나고 있다.

오늘날 전 세계적으로 기독교의 모든 교파를 초월하여 입증할 수 있는 많은 신유와 기적들이 일어나고 있습니다. 이것은 이미 공공연한 사실이 되었습니다. 우리가 확답을 얻어야만 하는 질문이 있습니다: 예수님께서는 우리가 예수님이 하신 일과 동일한 일을 하고 동일한 결과를 얻기를 정말로 계획하셨을까요? 이 논쟁의 여지가 있는 주장을 옹호해 주는 성경 말씀들이 있습니다. 마태복음 10:1,7-8; 누가복음 9:1-2,6; 그리고 특별히 요한복음 14:11-14가 있습니다.

요한복음 14:11-14

내가 아버지 안에 거하고 아버지께서 내 안에 계심을 믿으라 그렇지 못하겠거든 **행하는** 그 **일**로 말미암아 나를 믿으라 내가 진실로 진실로 너희에게 이르노니 나를 믿는 자는 내가 하는 일을 그도 할 것이요 또한 그보다 큰 일도 하리니 이는 내가 아버지께로 감이라 너희가 내 이름으로 무엇을 구하든지 내가 행하리니 이는 아버지로 하여금 아들로 말미암아 영광을 받으시게 하려 함이라

예수님 따라 하기

예수님께서는 예수님을 영접하고 믿는 모든 신자들이 기적을 포함한 예수님이 하신 모든 일을 할 수 있다고 말씀하셨습니다. 예수님께서는 예수님이 하셨던 일을 하려고 하는 예수님의 제자들에게 권위와 능력을 부여하셨습니다.

예수님께서 진정으로 말씀하신 의미가 무엇일까요? 예수님께서 단지 열두 제자들에게만 권세를 주셨을까요? 이 약속이 이미 지나간 과거의 일일까요? 어떤 교수들, 교사들, 그리고 목사님들은 이 성경구절이 초대교회 사도들 혹은 아주 먼 옛날에나 유효했던 것이었다고 우리에게 가르칩니다. 예수님께서 주님의 모든 제자들을 염두에 두시지 않고 이

런 약속을 하실 수 있겠습니까? 이 약속에 우리들이 배제되었겠습니까? 예수님께서 주님이 하셨던 일을 우리가 실제적으로 행하기를 의도하셨을까요? 그렇다면, 우리가 어떻게 이 약속을 우리의 것으로 만들 수 있을까요? 이것을 알기 위해서 무엇이 필요한가요?

이런 일이 일어나고 있는 곳으로 가라.

불신앙을 치료하는 최고의 명약은 진정으로 성령의 능력이 역사하실 때 참여하는 것입니다. 기적들이 제3세계 국가들 가운데서 더욱 분명하게 일어나고 있는 이유는 간단합니다. 그곳의 크리스천들은 초자연적인 현상에 좀 더 마음이 열려있습니다. 그들은 좀 더 순진하고, 많은 사람들이 신유를 믿는 길 외에 다른 선택의 여지가 없습니다. 요한복음 14:11-14절은 그들에게 사실이며, 이 말씀이 이것을 열망하는 사람들에게 선포될 때 이 말씀은 현실적인 것이 되는 것입니다. 그들은 그들의 마을에서 순복음식의 말씀이 선포되어질 때 언제나 기적을 기대합니다. 서구 사람들과 달리, 그들 대부분은 성경이 말씀하시는 모든 것을 믿습니다.

의사인 한 친구가 태국에 갔다.

이러한 사역 가운데서 훈련 받고 조언을 듣는 것이 신자들에게 절실히 요구됩니다. 우리는 사역 훈련센터(MTC)를 통하여 매주 학습의 한 부분으로 일련의 사역 기술들을 가르칩니다. 철저한 가르침과 기술들의 폭넓은 실습을 받고 나면, 학생들은 어디에서나 사역할 수 있는 준비를 갖추게 됩니다. 이 책의 각 장들은 이러한 사역 기술들의 개요를 보여줍니다.

우리 학생들 중의 한 사람인, 외과 의사 칼 버너 (Carl Berner) 박사가 우리에게 와서 말했습니다. "나는 당신들로부터 들었을 뿐만 아니라, 예수님께서 성경에서 하신 일을 읽기 때문에, 기적적이고 즉각적인 치료들로 귀신을 쫓아내어 사람이 온전해지는 모든 이야기들을 정말로 믿습니다. 그렇지만 직접 본 적이 없어서 아내(외과 간호사)와 함께 당신의 태국 선교 여행에 동참하고 싶습니다. 그들은 다른 전문직 종사자들과 그 해 졸업반의 총무와 함께 이 여행에 동행하였습니다. 그들은 기적적인 치유를 보았을 뿐만 아니라, 그들의 손을 통하여 기적이 일어나는 현장에 있게 되었습니다.

귀신이 드러나다.

　　버너 박사는 사람이 귀신으로부터 진실로 구원받는 모습을 보기를 기다려 왔는데 치앙마이의 신유집회에서 그 소원을 풀게 되었습니다. 사역 시간 중에 버너 박사가 존에게 오더니 방 저편에 있는 한 여인에게 무슨 일이 일어나고 있는지 가 보아야 한다고 다급하게 재촉하였습니다. 존이 그쪽으로 가서 그 여인을 보니 그녀는 마루바닥에 있었고 귀신에게 완전히 사로잡혀 있었습니다. 존은 물론 성령의 은사인 영 분별의 은사에 의지하며 이 일을 알게 된 것입니다.
　　버너 박사는 그 여인을 간병하는 두 사람이 그녀의 심장병 치료를 위해서 기도를 받으려고 데려왔다는 이야기를 들려주었습니다. 팀이 그녀를 위해 기도하기 시작하자, 그녀가 쓰러졌고, 의식을 잃은 듯이 보였습니다. 그녀의 간병인들은 그녀가 심장 발작을 일으켰다고 생각했습니다. 버너 박사는 즉시 그녀의 맥박을 재었고 맥박은 정상임을 알았습니다. 훈련센터에서 배운 것을 적용해보니 귀신의 일로 여겨져서 그 상황을 타개시키려고 존을 불렀던 것입니다.

그 광경을 돌이켜 생각해보니 우습기만 합니다. 키가 191cm나 되는 버너 박사가 이 사역의 한 순간도 놓치지 않고 지켜보려는 일념으로 죤의 등 뒤에서 몸을 앞으로 구부리고 있었습니다. 죤이 그 후에 말하기를 버너 박사의 턱 수염이 그의 뺨에 스치는 것을 느낄 수 있었다고 했습니다.

그녀는 얼굴에 괴상한 표정을 지었습니다.

이번 사역도 우리가 그 동안 겪은 다른 사람들에게서 귀신을 쫓아낸 사역과 거의 흡사했습니다. 죤은 간병인들로 하여금 그녀가 일어서 있을 수 있도록 하였습니다. 그녀의 눈동자는 이리저리 굴러서 초점을 맞출 수 없었습니다. 그녀의 얼굴은 괴상한 표정을 지었고 신음소리를 내고 있었습니다. 죤은 복음서에 기록된 대로 예수님을 본받아서 악한 귀신의 영에게 말했습니다. "더러운 영아! 예수님의 이름으로 명령한다. 이 여인에게서 나와라!" 잠시 후에 그 영은 쫓겨났고, 그녀는 본래의 모습을 되찾았는데, 아름다운 미소를 띤 그녀의 얼굴에는 은혜가 넘쳤습니다. 그녀는 마귀에게서 놓임을 받았고 병이 나았습니다. 놀라운 일이었습니다. 버너 박사는 "아주 가까이에서 개인적으로" 마귀에게서 구원되는 현장을 체험한 증인이 되었습니다. 이 멋있는 남자, 이 노련한 외과의사가 이러한 초 자연적인 일들에 대한 체험을 말하는 것을 듣는 것은 정말 재미있습니다.

우리도 그것을 체험해야만 한다.

예수님 스스로 우리가 다른 사람들을 위해서 이런 일들을 행하는 권세를 주셨습니다. 예수님께서는 "나를 믿는 자"에게 이 약속을 선포하신 것입니다. 그것은 모든 크리스천을 포함하는 것입니다. 이 우주 안에서 주 예수 그리스도의 이름보다 더 높은 이름이나 권세는 없습니다. 우리가 예수님의 이름으로 무엇을 구하든지 다 이루어질 것이라고 예수님께서는 말씀하셨습니다. 예수님께서는 우리가 예수님의 이름으로 다른 사람들의 유익을 위해서 이러한 일들을 행할 때 권세를 주시겠다고 보증하셨습니다. 이 책의 목적은 예수님께서 크리스천들이 할 수 있다고 말씀하신 것을 그들이 믿을 수 있도록 납득시키는 것입니다. 우리는 또한 믿는 자들이 예수님께서 하셨던 일들을 하면서 그들을 통해서 역사하시는 삶을 변화시키시는 하나님의 임재하심을 경험할 수 있기를 원합니다.

본서의 주된 전제(Premise)

예수님께서 사람으로 이 땅에 오셨다.

아담과 하와 그리고 전 인류가 고의적인 불순종 때문에 그들이 본래 가지고 있던 권세를 빼앗긴 사실을 우리는 알고 있습니다. 사탄은 이제 이 세상의 신이 되었습니다. 그렇지만 하나님의 구속의 계획은 동정녀를 통한 탄생으로 이 땅에 오시는 하나님의 아들, 예수 그리스도 안에 그 중심을 두고 있습니다. 예수님께서는 육신을 입으신 하나님이셨지만, 주님은 자신을 비우셔서 사람이 되셨습니다. 마지막 아담이신 예수님께서는 완전한 하나님이셨으며 동시에 완전한 사람이셨습니다.

> **고린도전서 15:45**
> 기록된 바 첫 사람 아담은 생령이 되었다 함과 같이 **마지막 아담은 살려 주는 영이 되었나니**

로마서 8:3

율법이 육신으로 말미암아 연약하여 할 수 없는 그것을 하나님은 하시나니 곧 죄로 말미암아 자기 아들을 **죄 있는 육신의 모양으로** 보내어 육신에 죄를 정하사

히브리서 4:15

우리에게 있는 대제사장은 우리의 연약함을 동정하지 못하실 이가 아니요 **모든 일에 우리와 똑같이 시험을 받으신 이로되** 죄는 없으시니라

빌립보서 2:5~8

너희 안에 이 마음을 품으라 곧 그리스도 예수의 마음이니 그는 근본 하나님의 본체시나 하나님과 동등됨을 취할 것으로 여기지 아니하시고 오히려 자기를 비워 종의 형체를 가지사 **사람들과 같이 되셨고 사람의 모양으로 나타나사** 자기를 낮추시고 죽기까지 복종하셨으니 곧 십자가에 죽으심이라

예수님 따라 하기

예수님께서는 성령님의 놀라운 능력으로 충만하신 사람의 모양으로 나타나셔서 인간의 조건 속에서 이 땅에서의 모든 일을 하셨습니다. 그러므로, 예수님은 동일한 성령의 충만함을 입은 그분의 제자들에게 예수님이 하신 일을 할 수 있다는 약속을 하실 수 있습니다. 인간의 조건 속에서 예수님께서는 우리의 믿음의 저자시요, 온전하게 하시는 주님으로서 우리 인생의 완전한 모범이 되십니다.

예수님께서는 이 일을 인간으로 하셨다.

예수님의 생애에서 처음 30년 동안에는 기적을 행하셨다는 기록이 없습니다. 주님께서는 성령의 세례를 받으신 후에 사역을 시작하셨습니다. 예수님께서는 성령 충만한 사람으로서 모든 일을 하셨습니다. 하나님께서 첫 번째 아담에게 사역을 주신 것처럼 예수님께서는 이 땅에서 사역하셨습니다. 사람이 되셨기 때문에 예수님은 우리의 구주가 되셨습니다. 예수님은 성령의 능력에 의지하여 하늘에 계신 아버지께 순종하심으로, 한 사람으로서 사탄을 패배시켜야만 했습니다. 예수님은 아담 이래로 첫 번째 완전한 사람이셨습니다. 그러므로 주님은 사탄이 첫 번째 아담에게서 도적질하여 빼앗아 갔던 권세를 되찾으신 것입니다.

예수님께서는 믿는 모두에게 주님의 권세를 부여하십니다.

예수님께서 죽으시고, 영원한 생명으로 부활하시고, 하늘나라로 높임을 받으셨을 때, 구원의 계획은 완성되었습니다. 주님께서는 제자들에게 온 세상으로 가라고 말씀하셨습니다. 주님은 주님의 권세가 우리에게 부여되었고, 주님께서 우리와 함께 계시기 때문에 주님이 하신 일을 우리도 이제는 할 수 있다고 말씀하셨습니다. 주님은 주님의 이름을 사용하여 주님이 하셨던 일을 하라고 우리에게 말씀하셨습니다.

마태복음 28:18~20
예수께서 나아와 말씀하여 이르시되 **하늘과 땅의 모든 권세를 내게 주셨으니 그러므로 너희는 가서** 모든 민족을 제자로 삼아 아버지와 아들과 성령의 이름으로 세례를 베풀고 내가 너희에게 분부한 모든 것을 가르쳐 지

키게 하라 볼지어다 내가 세상 끝날까지 너희와 항상 함께 있으리라 하시니라

에베소서 1:22~23

또 만물을 그의 발 아래에 복종하게 하시고 그를 만물 위에 **교회의** 머리로 삼으셨느니라 교회는 그의 몸이니 만물 안에서 만물을 충만하게 하시는 이의 충만함이니라

예수님 따라 하기

예수님께서는 죽음과 지옥을 패배시키시고 하늘과 땅의 모든 권세를 부여 받으셨습니다. 이 세상에서 예수님의 몸이 되는 교회의 유익을 위하여 모든 것이 예수님의 발아래 놓여있습니다. 주님께서는 교회에 이 권세를 부여하셨고 나가서 주님이 하셨던 일을 하라고 우리에게 명령하셨습니다.

이제 이 일은 교회인 우리에게 달려있다!

에베소서 1장은 예수님께서 그분의 몸 된 교회의 유익을 위해서 모든 일을 하셨다고 말하고 있습니다. 교회는 예수님이 하셨던 일과 동일한 일을 함으로써 주님의 대 명령을 성취시켜야 합니다. 예수님께서 성령으로 우리에게 능력을 부어주셨기 때문에 우리는 온 세상으로 나가서 제자를 삼을 수 있습니다. 예수님의 계획은 주님이 하셨던 일을 우리가 함으로써 제자를 만드는 것입니다. 이 책의 강점은 대 명령을 성취하고 촉진시키는 데 필요한 일련의 사역 기술들을 구체적으로 설명하는 데 있습니다. 우리는 이러한 사역의 기술들이 무엇이며, 우리가 그것들을

어떻게 행할 수 있는지를 발견해 나갈 것입니다.

예수님께서 이 사역 기술들을 어떻게 행하셨나?

더 깊이 나가기 전에, 우리는 먼저 예수님께서 사람들에게 어떻게 사역하셨는지를 확실히 알아야 합니다. 우리가 예수님과 동일하게 그 사역 기술들을 행해야 하기 때문입니다.

> **요한복음 5:19~20**
>
> 그러므로 예수께서 그들에게 이르시되 내가 진실로 진실로 너희에게 이르노니 아들이 **아버지께서 하시는 일을 보지 않고는** 아무 것도 스스로 할 수 없나니 아버지께서 행하시는 그것을 아들도 그와 같이 행하느니라 아버지께서 아들을 사랑하사 자기가 행하시는 것을 다 아들에게 보이시고 또 그보다 더 큰 일을 보이사 너희로 놀랍게 여기게 하시리라

― 예수님 따라 하기 ―

우리가 하나님이 이루기 원하시는 것을 봄으로써 하나님의 음성 듣는 법을 배울 때, 우리는 예수님이 일하신 방법과 유사하게 기적적으로 일하게 될 것입니다. **우리는 예수님께서 성취하신 완벽한 치유사역과 귀신들린 자를 자유하게 하신 사역의 비밀이 예수님께서 모든 일을 계시를 따라 행했기 때문임을 확신합니다.**

요한복음 5:19~20절은 예수님께서는 아버지께서 행하시는 것을 "보신 것"만을 행하셨다고 말하고 있습니다. 이 말씀에 대한 자세한 연구는 오늘날의 크리스천에게 예수님께서 이 땅에서 사역하신 모든 것이

완벽하셨던 비밀을 가르쳐 줍니다. 예수님은 아버지께서 지시하시는 대로 모든 일을 하셨습니다.

예수님께서는 무엇을 보셨는가?

이 성경구절의 단어들을 헬라어로 연구하는 학생이라면 누구든지 동일한 결론을 내리게 될 것입니다. 예를 들어, 19절에 있는 "**본다(bleop)**"는 단어는 아주 흔하게 사용되고 있지만, 예수님 자신이 하나님과의 관계에 있어서 적극적이고 지속적이며 반복적으로 행하셨던 것을 복음서의 저자가 우리에게 전달하려고 사용한 극히 중요한 단어입니다. 사도 요한은 예수님께서 날마다 아버지와 어떻게 서로 교통하고 계셨는가를 목격한 증인입니다. 그는 또한 이 온전한 순종의 결과를 증거했습니다. 아버지께서 계시하시는 것을 "보시는" 대로 예수님께서 순종하시면서 사역을 감당하시는 것을 목격하면서 사도 요한은 놀라움을 금치 못하였을 것입니다.

하나님의 나라에 관하여 예수님께서 설교하신 모든 말씀들, 모든 치유들, 모든 행동들, 그리고 모든 기적들은 그 상황마다 아버지로부터 듣고 본 결과인 것입니다. 학자들은 이 성경 구절이 예수님께서 아버지께 전적으로 의존하고 있음을 확인시켜 준다고 생각합니다. 예수님께서는 아버지의 뜻과 목적에서 벗어나 독단적은 행동을 하는 법이 결코 없으십니다. 요한복음은 예수 그리스도께서 하시는 일이 노예의 신분이 아닌 아들의 신분으로서 하나님 아버지의 뜻을 행하시는 것임을 강조합니다. 예수님은 아버지의 완벽한 계시에 나타난 아버지의 목적과 전 인류를 향한 아버지의 의지에 전적으로 순종하셨습니다.

아버지의 총체적인 명령과 뜻은 처음부터 예수님 안에 있었습니다. 더 나아가 우리는 이것이 예수님의 지상 사역에 어떻게 나타났는지 주의를 기울여야 하겠습니다. 요한복음 5:19~20절은 아버지의 뜻이 예수 그리스도를 통하여 그때 그때마다 이루어졌음을 강력히 제시하고 있습니다. 주님의 말씀과 행동들은 주님의 제자들이 기억하고 기록하기에 직접적인 유익을 주었습니다. 아버지께서 선포 되어지고 행해지기를 원하시는 것을 계시하셨을 때, 예수님은 언제나 순종하셨습니다. 주님의 모든 행동, 말씀, 하신 일들은 아버지께서 그 상황마다 계시하신 것에 그대로 순종하신 결과입니다.

우리도 동일한 일들을 볼 수 있을까?

예수님은 우리 믿음의 저자시요, 완성자이십니다. 우리의 믿음이 성령의 신적 계시와 결합된, 하나님의 말씀으로부터 온 약속들에 기초를 둘 때 우리도 예수님과 똑같이 일할 수 있습니다. 예수 그리스도께서는 지혜의 말씀, 지식의 말씀, 그리고 영들 분별하는 은사와 같은 초자연적인 은사들을 우리에게 보여주셨습니다. 예수님은 제자들과 사역을 필요로 하는 사람과 함께하는 일상적인 상호 작용들 가운데서 이러한 은사들을 사용하는 본을 보이셨습니다. 기도 시간에 아버지께서 그 날에 성취되기 원하시는 것을 예수님께 계시하셨을 것입니다. 하루가 시작되었을 때, 아버지께서는 이렇게 말하고 되어지기를 원하시는 특별한 것들을 계속해서 계시하셨을 것입니다. 예수님께서는 아버지께서 하기 원하시는 것을 보시면서 순종하셨습니다.

예수 그리스도께서는 바울이 고린도전서에서 거론한 계시의 세 가지 은사를 어떻게 사용하는지를 제자들에게 보여주십니다.

고린도전서 12:7~11

각 사람에게 성령을 나타내심은 유익하게 하려 하심이라 어떤 사람에게는 성령으로 말미암아 **지혜의 말씀을**, 어떤 사람에게는 같은 성령을 따라 **지식의 말씀을**, 다른 사람에게는 같은 성령으로 믿음을, 어떤 사람에게는 한 성령으로 병 고치는 은사를, 어떤 사람에게는 능력 행함을, 어떤 사람에게는 예언함을, 어떤 사람에게는 **영들 분별함을**, 다른 사람에게는 각종 방언 말함을, 어떤 사람에게는 방언들 통역함을 주시나니 이 모든 일은 같은 한 성령이 행하사 그의 뜻대로 각 사람에게 나누어 주시는 것이니라

● 예수님 따라 하기

성령님께서는 우리가 예수님이 하셨던 것과 같은 방식으로 다른 사람들에게 사역할 수 있도록 계시의 은사들을 나누어 주십니다.

성령님께서는 우리가 보기를 원하신다.

 이러한 계시들은 지혜의 말씀, 지식의 말씀, 그리고 영들 분별함의 형태로 왔습니다. 우리도 지금 동일한 은사들을 받았으므로, 예수님께서 아버지와 함께 보셨던 동일한 것들을 우리도 볼 수 있다고 말해도 좋습니다. 구원의 계획, 구속, 하나님의 나라의 원리들, 혹은 기록된 하나님의 말씀에 관한 새로운 계시는 없을 것입니다. 그러나, 우리가 성령님의 인도하심에 복종하고, 그분이 "보여"주시는 모든 것에 순종할 때, 성령님께서 우리에게 계시하실 특별한 많은 것들이 있을 것입니다. 오늘날의 삶의 현장에서 효과적인 사역을 하려면 우리는 사랑 안에서, 성령님의 계시와 격려에 의지하여 사역하는 법을 배워야만 합니다. 이렇게 할 때, 우리는 예수님이 하셨던 것과 똑같은 사역을 하게 될 것입니다.

예수님이 하셨던 일을 우리가 한다는 것은 성령께서 계시하시는 것을 순종할 때 시도해야 할 사역 기술을 우리가 파악해야 한다는 것입니다. 예수님이 하셨던 것과 같은 사역을 하려면, 우리가 하나님의 음성을 듣는 법뿐만 아니라, 그 분이 계시하시는 것에 순종하는 법까지 배워야만 합니다. 계시의 지식을 실행하는 자세한 검토가 5장과 6장에 실릴 것입니다. 하나님께서 믿는 자 한 사람 한 사람을 위해서 계획과 목적을 갖고 계신 것을 알 때 얼마나 신이 나는지 모릅니다. 그 계획은 하나님의 말씀에 계시되어 있고 성령님께서 직접적으로 때때로 주시는 말씀을 통하여 강조되어 집니다.

예수님이 하셨던 일을 하기 위한 기초

초자연적인 사역을 일으키는 열쇠는 무엇인가?

　아래에 기록된 요한복음 14:11~14절을 보십시오. 우리는 예수님께서 우리가 해야만 하고 할 수 있다고 말씀하신 것을 곧바로 사역할 수 있는 기초를 이 성경구절에 둘 것입니다. 예수님께서는 예수님이 하신 일을 우리도 할 수 있다고 말씀하셨습니다. 예수님은 11절에 있는 기적에 대한 참조 외에는 어떤 다른 특별한 언급도 우리에게 주지 않으셨습니다. 예수님이 하신 모든 일과 성취하신 것을 조사해 볼 때 우리는 놀라움을 금할 수 없습니다. 그런데 예수님은 우리가 똑 같이 할 수 있다고 말씀하십니다. 얼마나 놀라운 계시입니까? 요한복음 5:19~20과 요한복음 14:11~14를 함께 읽어보면, 이런 일이 어떻게 이루어질 수 있는지 손에 잡히기 시작합니다.

요한복음 14:11~14

내가 아버지 안에 거하고 아버지께서 내 안에 계심을 믿으라 그렇지 못하겠거든 **행하는** 그 **일로 말미암아 나를 믿으라** 내가 진실로 진실로 너희에게 이르노니 나를 믿는 자는 내가 하는 일을 그도 할 것이요 또한 그보다 큰 일도 하리니 이는 내가 아버지께로 감이라, 너희가 내 이름으로 무엇을 구하든지 내가 행하리니 이는 아버지로 하여금 아들로 말미암아 영광을 받으시게 하려 함이라 내 이름으로 무엇이든지 내게 구하면 내가 행하리라

예수님 따라 하기

예수님이 하신 일을 우리가 할 수 있는 비결이란, 예수님이 하신 일을 우리도 할 수 있다는 약속의 말씀을 믿고 그대로 행하는 것입니다. 예수님께서 우리가 할 수 있다고 말씀하셨다면, 우리는 할 수 있습니다! 이것은 성령님과 그분이 계시하시는 것에 의지하여 예수님이 하신 것과 같이 사역하는 법을 배우는 과정을 분명히 포함하고 있습니다.

우리가 할 수 있다고 예수님이 말씀하신 것들은 무엇인가?

우리가 예수님이 하신 일과 동일한 일을 우리도 할 수 있다고 감히 믿는다면, 예수님이 하신 일들을 살펴봅시다. 다음에 열거된 성경 구절들에 기록된 대로, 예수 그리스도께서 그분의 제자들에게 하라고 권세 주시고 위임하신 일들을 조사해 봅시다. 예수님께서는 주님께서 재림하실 때까지 제자들이 일련의 사역기술들을 익혀 직분을 다하기를 분명히 원하시는 것처럼 보입니다. 이 사역 기술들은, 예비 크리스천을 포함하여 주님께 도와주시기를 구하러 나아오는 사람의 유익을 위하여 역

할을 다 할 것입니다. 우리가 병고침과 귀신 쫓아내는 직분을 잘 감당해 낼 때, 이 일은 예수 그리스도께서 주님이시며 지금도 살아 역사하시는 분이심을 담대하게 증명하는 것입니다. 이 일이야말로 불신자를 주님께 돌아오게 하는 최상의 기회를 만드는 것입니다.

마태복음 10:1, 7~8

예수께서 그의 열두 제자를 부르사 더러운 귀신을 쫓아내며 모든 병과 모든 약한 것을 고치는 권능을 주시니라… 가면서 전파하여 말하되 천국이 가까이 왔다 하고 병든 자를 고치며 죽은 자를 살리며 나병환자를 깨끗하게 하며 귀신을 쫓아내되 너희가 거저 받았으니 거저 주라

누가복음 10:8~9, 19~20

어느 동네에 들어가든지 너희를 영접하거든 너희 앞에 차려놓는 것을 먹고 거기 있는 병자들을 고치고 또 말하기를 하나님의 나라가 너희에게 가까이 왔다 하라… 내가 너희에게 뱀과 전갈을 밟으며 원수의 모든 능력을 제어할 권능을 주었으니 너희를 해칠 자가 결코 없으리라 그러나 귀신들이 너희에게 항복하는 것으로 기뻐하지 말고 너희 이름이 하늘에 기록된 것으로 기뻐하라 하시니라

마태복음 28:18~20

예수께서 나아와 말씀하여 이르시되 하늘과 땅의 모든 권세를 내게 주셨으니 그러므로 너희는 가서 모든 민족을 제자로 삼아 아버지와 아들과 성령의 이름으로 세례를 베풀고 내가 너희에게 분부한 모든 것을 가르쳐 지키게 하라 볼지어다 내가 세상 끝날까지 너희와 항상 함께 있으리라 하시니라

사도행전 1:4~5, 8

사도와 함께 모이사 그들에게 분부하여 이르시되 예루살렘을 떠나지 말고

내게서 들은 바 아버지께서 약속하신 것을 기다리라 요한은 물로 세례를 베풀었으나 **너희는** 몇 날이 못되어 성령으로 세례를 **받으리라** 하셨느니라… 오직 성령이 너희에게 임하시면 너희가 권능을 받고 예루살렘과 온 유대와 사마리아와 땅 끝까지 이르러 내 증인이 되리라 하시니라

예수님 따라 하기

위에 기록된 일련의 성경구절들은 막강한 약속들입니다. 이 약속들은 예수님이 하신 많은 일들을 포함하고 있으며, 우리도 역시 할 수 있다고 약속하고 있습니다.

여기 우리가 할 수 있다고 예수님께서 말씀하신 일들의 목록을 열거해 봅니다.
- 악한 귀신들을 쫓아내라.
- 모든 질병과 아픈 것을 치료하라.
- 하나님 나라의 온전한 복음을 선포하라.
- 병든 사람을 치료하라.
- 죽은 사람을 살려내라.
- 문둥병자들을 낫게 하라.
- 사탄의 모든 권세를 제압하라.
- 귀신들을 향하여, 우리에게 복종할 것을 명령하라.
- 온 세상으로 나가 그들을 모두 제자로 만들어라.
- 이렇게 새롭게 제자 된 사람들에게 세례를 주라.
- 새로운 제자들이 예수님의 모든 명령을 순종할 수 있도록 가르치라.
- 성령의 세례를 받으라.
- 성령의 능력을 받으라.
- 이 세상 끝날까지 예수님의 증인이 되어라.

우리가 이 모든 일들을 할 수 있을까?

물론입니다! 예수님께서 말씀하신 것은 예정 되어진 것입니다. 우리가 이 목록에 있는 모든 것을 성취하지 못할 수도 있습니다. 그러나, 우리가 어떤 대가를 치를지라도 우리가 살고 있는 그 자리에서 이 일을 시작해야 합니다. 시간이 좀 걸리고, 훈련이 필요하고, 태도의 변화가 올 수는 있습니다. 그러나 그만한 가치가 있는 일입니다. 이것이 이 책이 말하고 있는 모든 것입니다. 우리는 예수님께서 우리가 해야만 한다고 말씀하신 여섯 가지에 중점을 둘 것입니다. 우리는 그것을 "사역 기술들(Ministry Skills)"이라 부를 것입니다. 그것은 다음과 같습니다.

- 사람들을 그리스도께 인도하기.
- 그리스도인들을 성령세례를 받도록 인도하기.
- 병자를 치유하는 법 배우기.
- 하나님의 음성 듣기.
- 계시에 의해 병자를 치유하기.
- 귀신을 다루는 방법.

첫 단계 - 구원!

우리는 제1장을 통하여 사람들을 그리스도께로 인도하는 법을 논의함으로써, 영혼의 추수를 위한 전략을 세울 것입니다. 이 일은 우리 주 예수 그리스도께서 주신 첫째 되고 가장 중요한 명령입니다. 예수님께서 "가서 제자 삼으라"고 말씀하셨습니다. 이것은 하나님께서 스스로 만드신 구원의 초자연적인 계획입니다. 인간 영혼의 원초적이고도 초자연적인 거듭남 없이는 영혼 추수를 위한 다른 모든 전략들은 이해 되어질 수도 없고 성취되어질 수도 없습니다.

사람들을 예수 그리스도의 희생의 피 흘리심을 통하여 초자연적인 구원으로 인도하는 것은 이성적인 마음으로는 이해 되어질 수 없습니다. 이 일은 다만 성령님의 초자연적인 역사하심을 통해서만 이해 되어지고 체험되어질 수 있습니다. 다음은 예수 그리스도를 통한 구원의 신비를 설명하고자 하는 시도입니다.

우리는 죄를 고백하고(진정한 회개) 주 예수 그리스도를 구세주로 우리의 삶에 영접하면 신비하고도 영적인 역사가 일어납니다 (누가복음 13:5절을 보십시오). "다시 태어난다"는 용어는 이 놀라운 사건에 대한 최상의 묘사입니다 (요한복음 3:3절을 보십시오). 우리의 영혼은 하나님의 성령에 의해서 감동 되어지고, 소생되어져서 우리는 우리의 본질 속으로 하나님의 생명을 받아들입니다. 우리는 흑암의 나라에서 하나님의 영광스러운 빛의 나라로 옮겨집니다 (골로새서 1:14절을 보십시오). 가장 놀랍고도 놀라운 사실은 이제 우리가 성경이 말씀하시는 것을 이해하기 시작한다는 것입니다. 우리는 영적 사실들에 대하여 계시를 받기 시작합니다.

신비스럽게도 우리는 믿음으로 삼위일체 되신 하나님과 연관 되어진 것입니다. 우리는 지금 구세주이신 예수 그리스도, 우리의 하늘에 계신 아버지, 그리고 그분의 성령님과의 상호 인격적인 관계를 묘사하고 있습니다. 그리스도께서는 우리와의 관계에서 우리 구원의 기초를 이루어 주십니다. 하나님의 말씀은 예수님 외에는 우리를 구원할 어떤 이름도 존재하지 않으며, 예수님을 통하지 않고는 아버지께로 올 자가 아무도 없다고 말씀하십니다. 이 관계가 모든 영적 성장을 위한 기초가 됩니다.

하나님께서 제시하시는 구원의 선물을 온전히 감사함으로 영접함으로써 우리는 하나님과 언약의 관계 속으로 들어가는 것입니다. 이 새 언약 (동물의 피로 인친 옛 언약과 대조되는)은 예수님 자신의 피와 몸으로 인(印)친 것입니다. 그것은 바로 우리 안에 계신 예수 그리스도와 확실한 상호 인격적인 관계성을 말하는데, 이 그리스도께서는 하나님의 명령에 순종하려는 우리의 신념과 소원을 불붙게 하는 영광스런 소망이 되십니다. 그것은 우리 안에 내재하시고 우리에게 임하시는 살아계신 성령님의 임재인데 이 성령님께서는 우리의 생각을 주관하시며 우리의 일상적인 행동에 영향을 끼치십니다.

그러면 제1장으로 가서 첫 번째 사역기술 – 사람들을 그리스도께 인도하기 – 을 살펴 봅시다.

예수님 따라 하기

- 야고보서 1:22절은 우리가 들은(읽은) 것을 행하라고 말씀하십니다.
- 부록 B의 이 장과 관련된 "실습합시다"에서 이 장에서 추천하는 일들을 생각해 보십시오.
- "기적에 관하여 당신이 믿는 바를 다른 사람에게 말하라" 제목이 붙은 사역기술 과제를 하십시오.

| 제1장 |

사역기술 1

사람들을 그리스도께 인도하기

이 장에서 여러분은
어떻게 예수 그리스도를 당신의 구세주로 영접했고
그로 인해 당신의 삶에 어떤 변화가 있었는지에 대해 단순하게 말하는
자연스런 방법으로 당신의 믿음을 다른 사람과 나누는 법을 배울 것입니다.
이 일에는 성경이나, 복음서 소책자와 설교가
꼭 필요하지도 않습니다.

우리 중 많은 사람들은 처음 기독교인이 되었을 때를 기억할 수 있습니다. 우리는 모든 사람들에게 우리에게 일어난 일을 말하기를 원했을 것입니다. 너무나 흥분해서 우리가 현명하게 행동하는지에 대해서도 그리 신경 쓰지 않았을 것입니다. 우리 모두는 하나님이 하신 일에 대해 이야기 할 수 있습니다. "하나님께서 이 일을 하셨습니다. 하나님이 그 일을 행하셨습니다. 그분은 나를 위해 이 일을 행하셨고 당신을 위해서도 하나님은 역사하실 것입니다!" 우리는 성령님께서 우리를 그분의 뜻

대로 사용하시도록 맡겼던 것입니다. 주님은 하나님께서 행하신 역사를 선포 하기 위해 우리에게 다급한 말씀을 주셨습니다. 우리는 저주와 죄에서 해방되었습니다. 우리는 용서함을 받았습니다. 우리는 천국을 향해 가고 있습니다. 누군가 붙들고 말하지 않고는 견딜 수 없는 얼마나 놀라운 일입니까? 사역기술 I.은 생각할 필요도 없이 이미 명백히 드러났습니다. 우리는 마태복음 28장에서 "가라"는 말씀에 순종하고 있는 것입니다. 왜냐하면 우리는 고린도후서 5장의 "새 피조물"이 되었기 때문입니다.

마태복음 28:18-20

예수께서 나아와 말씀하여 이르시되 하늘과 땅의 모든 권세를 내게 주셨으니 그러므로 너희는 **가서** 모든 민족을 **제자로 삼아** 아버지와 아들과 성령의 이름으로 세례를 베풀고 내가 너희에게 분부한 모든 것을 가르쳐 지키게 하라 볼지어다 내가 세상 끝날까지 너희와 항상 함께 있으리라 하시니라

고린도후서 5: 17-20

그런즉 누구든지 그리스도 안에 있으면 새로운 피조물이라 이전 것은 지나갔으니 보라 새 것이 되었도다 모든 것이 하나님께로서 났으며 그가 그리스도로 말미암아 우리를 자기와 화목하게 하시고 **또 우리에게 화목하게 하는 직분을 주셨으니** 곧 하나님께서 그리스도 안에 계시사 세상을 자기와 화목하게 하시며 그들의 죄를 그들에게 돌리지 아니하시고 화목하게 하는 말씀을 우리에게 부탁하셨느니라 그러므로 **우리가 그리스도를 대신하여 사신이 되어** 하나님이 우리를 통하여 너희를 권면하시는 것 같이 그리스도를 대신하여 간청하노니 너희는 하나님과 화목하라

예수님 따라 하기

예수님은 믿는 자들이 갈 수 있는 곳은 어디든지 가서 제자를 삼기를 원했습니다. 모든 기독교인은 사역의 사명을 받았습니다. 그것은 가족, 친구, 그리고 이웃을 예수님과 화해시키는 사명입니다. 우리는 화해의 사신으로 위임 받았습니다.

모든 기독교인은 위임 받았다.

모든 기독교인들은 그리스도의 증인으로서 지상명령에 참여하도록 위임 받았습니다. 우리 각자의 역할은 하나님께서 어떤 은사들을 주셨느냐에 달렸습니다. 우리는 각각 다른 은사를 받았는데 소수의 기독교인들만이 강력한 은사를 받고 복음전파에 대한 열망을 불태웁니다. 그리스도의 몸의 균형이 중요한 것은 아니지만, 그렇다고 해서 이 사실이 복음 전파에 게으른 믿는 자들의 핑계거리가 될 수는 없습니다. 예수님은 그 분을 따르는 우리 모두에게 가서 제자 "삼으라"고 명령하고 계십니다. 이것은 "화해의 사역"에 참여하는 방법을 찾아야만 한다는 것을 의미합니다. 우리는 하나님께서 모든 믿는 자에게 하라고 주신 일을 성취할 책임을 무시하지 말아야 합니다.

당신에게 일어난 것을 그냥 말하기.

대사 시리즈(The Ambassador Series)라고 표제가 붙은 이 6권의 교재의 첫 번째 가르침은 학생 사역자들이 다른 사람들을 구원으로 인도할 수 있는 방법을 배우도록 하는 것입니다. 우리는 6-12주 동안 이 가장 기본적인 사역기술을 습득하는 데 필요한 개인간증을 학생 각자가 온전히 익히도록 힘씁니다. 조금만 격려하고 도와주면 열심 있는 제자들은 우리가 하는 일의 이유와 목적을 묻는 사람들에게 대답할 준비를 할 수 있을 것입니다.

베드로전서 3:15

너희 마음에 그리스도를 주로 삼아 거룩하게 하고 너희 속에 있는 소망에 관한 이유를 묻는 자에게는 대답할 것을 항상 준비하되 온유와 두려움으로 하고

예수님 따라 하기

- 누군가가 우리에게 그리스도 안에서 간직하고 있는 소망의 이유를 말해달라고 요청할 때마다, 우리는 대답할 준비가 되어 있어야만 합니다.
- 우리의 대답 속에 그리스도께서 우리에게 주신 이 영광스런 소망에 대한 개인의 간증이 포함되어야 합니다.
- 예수그리스도를 통한 구원으로 인도할 수 있는 질문을 함으로써 마무리하는 방법도 알아야 합니다.

어떻게 세계가 복음화 될 수 있는가?

영원한 제자를 만드는 진정한 전도는 일 대일의 기초에서 이루어진다고 우리는 확신합니다. 그러므로 우리는 기독교인들이 효과적으로 그들의 믿음을 비 기독교인들과 나누고 그들을 살아계신 그리스도와 개인적인 만남을 갖도록 인도하는 방법을 훈련시키려고 합니다. 우리는 새 신자를 교회의 활동에 "데리고 와서 포함시키라"고 교육받았습니다. 우리는 새 신자들을 위한 성경 공부 반에 그들과 함께 갑니다. 그리고 그들을 구역모임으로 초대합니다. 우리는 새 신자들이 교회의 생활에 동화되는 데 신경을 쓰는 책임을 받아들였습니다.

얼마 전에, 예전에 군 행정관이었던 우리 교회 자매가 나(소냐)에게 왔습니다. 그녀는 감옥과 구치소에서 출감한 전과자 여성들과 함께 일하고 있었는데, 한 전과경력의 여성을 데려와 주님을 영접할 수 있도록 나에게 기도 부탁을 하였습니다. 그 여성은 동성연애의 생활습관 속에서 살고 있었습니다. 불신자뿐 아니라 기독교인들에 대한 편견을 가진 사람들까지도 안심하고 초대할 수 있는 열린 마음의 교회가 되는 것이 얼마나 행운인가요! 그 특별한 날에 우리 교회의 담임 목사님이신 죤슨(Ken Johnson) 목사님은 우리가 기독교인들을 위한 사교장에 있기보다는 없는 자와 상처받은 자들을 위한 구제의 장소에 있어야 한다고 말씀하셨습니다. 또한 그들이 받아야만 할 사랑과 존중으로 그들을 어떻게 대해야 하는지에 대해서도 말씀하셨습니다.

지난 수요일에 내게 기도를 부탁한 그 여인을 만났는데, 그녀는 기도 대상 여성이 교회와 설교를 좋아하게 되었고 성경 공부반에 가입하게 되었다고 말했습니다. 얼마 후 그녀는 주님께 마음을 드리고 동성연애 생활을 청산했습니다.

세상을 변화시킬 수 있는 힘은 이들에게 있습니다. 그들은 만나는 모든 사람들에게 복음을 전해야겠다는 의무를 깨달은 사람들이며, 더 나아가서 복음을 영접한 새 신자가 또 다른 사람을 전도할 수 있는 헌신된 제자가 될 수 있도록 힘쓰는 사람들 입니다.

우리가 교회에서 삶의 현장 사역에 대하여 이야기 할 때, 나는 종종 회중들에게 이런 질문을 하였습니다. 만약 당신들 각자가 한 사람을 그리스도께로 인도하여 한 해 동안 교회에 잘 적응하도록 도와준다면 어떤 일이 벌어질까라는 질문입니다. 물론 확실한 대답은 그 교회가 두 배로 커진다는 것입니다. 그리고 우리가 새로운 사람들을 같은 방법으로 제자 훈련을 시킨다면 다음해에도 다시 두 배가 될 수 있습니다. 아주 간단하죠!

왜 우리는 그것을 행하지 않습니까?

대부분의 서구 교회가 효과적인 복음전도를 하지 못하는 무수히 많은 이유를 검토할 시간이 우리에게는 없습니다. 그들은 그저 전도하지 않는 것입니다. 이것이 가서 제자 삼으라는 그리스도의 명령을 무시해도 된다는 의미일까요? 우리는 그렇게 생각하지 않습니다. 만약 당신이 어떤 목회자에게 질문하더라도 그들 대부분은 그들의 교회에 복음의 능력이 나타나기를 기대한다고 할 것입니다. 그러나 그들은 매주 계속되는 예배 안에서 전도의 방법을 찾고 있습니다. 누군가는 이렇게 말합니다. "나는 복음전도가 중요한 것을 압니다. 그러나 요즘 교회에서 할 방법은 아닌 것 같습니다." 설교를 마친 후에 방문자들에게 예수 그리스도를 그들의 구세주로 받아들이도록 초청하는 용기 있는 목회자들에게 경의를 표합니다.

새로운 전도의 패러다임이 필요합니까? 스스로를 기독교인이라 칭하는 대다수의 사람들이 그리스도를 증거할 수 있는 지식과 자신감을 가지고 친구와 이웃을 그리스도께 인도할 수 있다면 얼마나 멋지겠습니까! 얼마나 대단한 생각입니까! 베드로 후서를 보면, 주님은 우리가 다른 사람들이 회개할 수 있도록 인도하기를 참고 기다리고 계십니다.

베드로 후서 3:9
주의 약속은 어떤 이들이 더디다고 생각하는 것 같이 더딘 것이 아니라 오직 주께서는 너희를 대하여 오래 참으사 아무도 멸망하지 아니하고 다 회개하기에 이르기를 원하시느니라

> ### 예수님 따라 하기
>
> - 주님께서 모든 사람이 회개하기에 이르기를 원하시기 때문에, 우리의 믿음에 대해 묻는 사람들에게 대답하기 위한 개인적인 계획을 세워야만 합니다.
> - 우리가 만나는 모든 사람들은 기독교인이 될 후보자들입니다. 그들은 누군가가 복음을 전해줄 필요가 있는 사람들입니다.
> - 만약 모든 기독교인들이 그리스도를 영접하도록 언제나 말할 수 있는 간증을 가지고 있다면, 세상은 단 시간 내에 그리스도에게 정복될 수 있습니다.

그는 그 학급에서 가장 내성적인 사람이었습니다.

우리는 캘리포니아에서 많은 목회자와 지도자들을 위한 워크샵을 진행하고 있었습니다. 그들 중에 매우 내성적인 한 사람이 있었습니다. 참가자들 앞에서 5분내지 7분 동안 삶의 현장에서 일어난 간증을 해야 한다는 것을 알았을 때, 그의 얼굴은 하얗게 질려버리고 말았습니다. 그는 쉬는 시간에 우리를 못살게 굴며, 그 실습 과제를 정말 할 수 없을 것이라고 말했습니다. 그는 이런 일을 한 번도 해본 적도 없고 시도해 볼 수도 없었습니다. 우리는 그의 대경질색 하는 상황을 이해할 수 있다고 말해주었고, 이것이 그에게 유익이 될 것이라고 말했습니다. 그는 동의하지 않았지만, 우리는 예외는 없다고 잘라 말했습니다. 할 수 없이 그는 마지막에 할 수 있게 해달라고 부탁했습니다. 우리는 기꺼이 그렇게 해주었습니다.

토요일이 되어 그가 참가자들 앞에서 발표할 시간이 다가왔습니다. 그는 무대공포에 휩싸여 있었습니다. 조심스럽게 쓰여진 간증을 손에 들고 그가 말하기 시작했습니다. 우리는 그가 그저 그것을 읽기만 할 것이라고 확신하고 있었습니다. 그러나 놀라운 일이 벌어졌습니다. 그가 그의 입을 열어 단 몇 마디를 말했을 때, 성령님의 기름부음이 그에게 임했습니다. 그는 강하고 담대하였습니다. 그의 부끄러워하고 내성적인 성격을 아는 사람들은 매우 놀랐습니다. 그의 간증이 끝났을 때 참가자들은 박수와 휘파람 소리로 떠들썩하였습니다. 그가 회심한 이야기는 재미있고 흥미로웠습니다. 아무도 그의 배경을 몰랐기 때문이었습니다. 심지어 그는 그의 간증을 아주 중요한 초청으로 마감하기까지 했습니다. "이제까지 저는 예수 그리스도를 저의 구세주로 영접한 일에 대해 말씀 드렸습니다. 여러분은 그분께서 여러분의 죄를 용서해 주시고, 양심을 깨끗하게 해주시고, 그리고 여러분의 삶에 들어 오시기를 원하십니까?" 우리 모두는 한 목소리로 "예"하고 대답했습니다.

성령님께서 그의 어깨를 두드리셨다.

이 놀라운 이야기는 여기서 끝나지 않았습니다. 그는 월요일에 직장에 출근했습니다. 그리고 화요일에 우리는 이메일을 받았습니다. 이메일의 내용은 "제가 월요일에 출근하였는데, 요즘 힘들어 하고 있는 동료 하나가 제게 다가 왔어요. 저는 그를 위해 기도해 오고 있었습니다. 그는 주말에 더욱 상황이 나빠져서 자포자기한 상태로 성경책을 집어 들어 읽기 시작했답니다. 이때 마치 성령님께서 제 어깨를 두드리시며 '이제 네가 나설 차례다' 라고 말씀하시는 것 같았습니다. 저는 제가 작성했던 간증을 나누었습니다. 그리고 전에 참가자들 앞에서 발표하기 전에 미리 기록하고 연습하고 많은 시간을 공들인 저의 간증을 그에게 들려주었습니다. 제가 그를 예수님께로 이끌었을 때, 어떤 응답이 나왔는지 아세요? 그가 '예' 라고 대답했습니다. 저는 그를 위해 교회에서 수백 번 들었던 죄에 대한 용서기도를 인도했습니다. 여러분 이 일을 믿을 수 있으세요?

제가 누군가를 주님께 인도 했다구요! 나는 결코, 결코 내가 그러한 일을 할 수 있다고 믿지 않았습니다! 감사합니다! 감사합니다! 저에게 믿음의 단계를 밟게 하시니 감사합니다. 나는 정말 전과 같이 되지 않겠습니다!"

나에게도 그것은 일어났다.

나(죤)는 1973년 초의 사건을 생생히 기억하고 있습니다. 만약 대학생 선교회 (Campus Crusade for Christ) 지도자들이 데이브 (Dave)라는 공학도에게 복음을 전하는 자료를 주지 않았다면, 이 책은 쓰여질 수 없었을 것입니다. 내가 그리스도를 어떻게 알게 되었는지 증거할 수도 없었을 것입니다. 사람들을 그리스도께 인도하는 방법을 누군가에게 가르칠 수도 없었을 것입니다. 나는 여전히 죄에 빠져 용서받지 못한 채 지옥으로 가고 있었을 것입니다.

데이브는 조용하고 다소 수줍은 사람이었습니다. 그는 겨우 19살이었고 그의 부모님은 나와 같은 교회에 출석하고 있었습니다. 그는 "사 영리(The Four Spiritual Laws)"라는 제목의 소책자 하나를 내게 선물했습니다. 우리 교회는 거듭남에 대하여 설교하지 않았습니다. 그러나 그 소책자는 거듭나야만 한다고 말했습니다. 그는 나에게 매주 주일마다 같은 종류의 소책자를 선물하였습니다. 당황스럽기도 하고 다소 짜증이 나서 그의 접근을 반기지 않으며 다른데 가서 전도하라고 말했습니다. 매주 데이브는 웃으며 인사하면서 손에 그 소책자를 들고 책에 대해 질문이 있으면 말하라고 내게 말했습니다. 마침내 그를 멀리 보내고 그가 준 테잎 하나를 듣기로 했습니다.

내 인생에서 처음으로 복음의 안식을 듣게 되었습니다. 하나님은 나를 사랑만 하시는 것이 아니라 나의 삶을 계획하고 계신다는 것이었습니다. 내가 만약 예수 그리스도를 받아들이면 내 죄를 용서해 주시고, 그분께 나의 삶을 주관해주시기를 요청한다면, 그분은 나를 위한 섬세한 계획을 보여주시고 영원한 삶을 주신다는 것입니다. 맥도웰(Josh McDowell) 목사에 의해 제작된 30분짜리 테잎으로부터 이 일이 일어났습니다. 성령님께서 나를 그리스도께로 이끌어 주신 것입니다.

요한복음 6:44

나를 보내신 아버지께서 이끌지 아니하시면 아무도 내게 올 수 없으니 오는 그를 내가 마지막 날에 다시 살리리라

예수님 따라 하기

- 아버지께서는 잃어버린 사람들을 그분께 이끄는 방법으로 복음을 전파하도록 기독교인들을 사용 하십니다.
- 당신의 간증, 음반, 카세트 테잎은 그리스도를 알지 못하는 사람들에게 복음을 "전파"하기 위해 사용될 수 있습니다.
- 그리스도를 영접하는 믿음은 사람들을 구원하시겠다는 말씀을 들음으로 시작됩니다.

그것은 나의 거실에서 일어났다.

내가 사는 도시의 여러 교회는 "Key '73"이란 명칭으로 지역 선교 프로그램을 시작하였습니다. 우리 교회는 가정에서 음식을 대접하고 교제 하는 모임으로 이 프로그램에 참여했습니다. 주일 저녁에 한 시간 동안 교인들이 우리 집에 와서 교제했습니다. 데이브와 그의 친구 몇 명이 나타났습니다. 그들은 하나님과의 개인적인 교제가 얼마나 멋진 경험이었는지와 하나님께서 그들의 삶을 어떻게 인도하셨는지에 대하여 이

야기 했습니다. 그들은 심지어 영원히 거하게 될 곳을 어떻게 완전히 확신하게 되었는지에 대하여 말했습니다. 모임이 끝날 무렵 그들은 기도 요청을 받기 시작하였습니다. 그들이 내게 무엇이든지 기도해 줄 수 있다고 기도 제목을 말하라고 했을 때, 나는 신경질적인 태도로 "이러한 신령한 것들에 대해서" 몇 주 동안은 생각해 봐야 할 것 같다고 답했습니다. 사실 내게 이 모든 것에 대해 확신이 필요하지만, 더 생각할 시간이 필요하다고 말한 것이었습니다.

그들은 소리내어 기도했다.

그들은 이렇게 기도했습니다. "예수님, 바로 이곳에 계심을 감사 드립니다. 죤의 마음을 감찰하시는 하나님 감사합니다. 당신은 지금 그가 생각하는 모든 것을 알고 계십니다. 그를 도와주셔서 당신을 그의 주님으로 구세주로 영접할 수 있기를 원합니다." 모든 기도는 너무나 부드럽고 인격적이었으며 강압적이지 않았습니다.

내가 기도할 차례가 되었을 때, 내가 할 수 있는 것은 우는 것이었습니다. 나는 "하나님 제가 졌습니다. 죄송합니다. 저는 당신이 죽음을 이기시고 부활하신 것을 믿지 않았습니다. 그러나 당신은 하셨습니다. 당신은 살아계신 분이십니다. 내 삶을 드립니다. 당신이 제게 하시고자 할 일을 행하소서. 아멘." 나는 내면의 깊은 곳에서부터 흐느꼈습니다. 나는 울음을 멈출 수 없었습니다. 데이브와 다른 모든 사람들이 다가와 나를 껴안고 이야기 했습니다. "죤, 천국에 오심을 환영합니다. 당신은 방금 다시 태어났습니다."

데이브는 나를 그리스도께로 인도하였습니다. 성령님은 데이브를 사용하셔서 내가 예수님을 나의 개인의 주님이요 구세주로 받아들이도록 도와주셨습니다. 하나님은 간단한 전도용 소책자를 통해 영혼 구하기를 열망하는 한 젊은 공학도를 사용하셔서 나를 예수 그리스도 앞으로 인도하셨습니다. 이것이 바로 효과적인 삶의 현장 사역입니다.

단순할 필요가 있다.

복음은 단순합니다. 우리가 그것을 복잡하게 만들고 있습니다. 예수님의 메시지는 매우 단순하셨습니다. 그는 모든 사람이 아는 언어를 사용하셨습니다. 성령님께서 예수님의 이야기에 숨어있는 진정한 메시지를 드러내셨습니다. 하나님께서 지혜를 주시는 사람들만이 그분의 말씀을 알 수 있었습니다. 종교적인 사람들은 이해할 수 없었습니다. 오늘날까지 전도하기 가장 어려운 사람들은 하나님을 잘 안다고 생각하지만 그분과 인격적인 만남을 갖지 못한 사람들입니다. 오늘날 가장 좋은 전략은 간증을 단순하게 하는 것입니다. 아주 단순하여 어떤 신자라도 효과적인 증인이 될 수 있는 방법을 배울 수 있어야 합니다. 하나님은 더 이상 분쟁하기를 좋아하는 고집스런 신학자를 원치 않으십니다. 하나님은 개인적인 간증을 할 수 있는 평신도들이 그들의 친구와 직장 동료들의 마음을 건드리기를 원하십니다.

일어난 일을 그대로 말하라.

당신에게 행하신 하나님의 역사에 대한 짧은 개인 간증이 성경 열 구절을 읽는 것보다 더 효과적입니다. 비 기독교인들은 이미 당신이 누구인지 알고 있습니다. 그들은 당신이 성경의 해박한 지식으로 신성한 체하는 모습을 보기 원치 않습니다. 그들은 하나님께서 어떻게 당신과 당신의 배우자와의 관계를 회복시키셨는지에 대해 듣기를 원합니다. 또한 하나님께서 당신의 기능장애를 어떻게 회복시켜 주셨으며 어떻게 온전하게 하셨는지 듣고 싶어 합니다. 그들은 하나님께서 치료가 불가능한 당신의 질병을 어떻게 치유하여 주셨는지 듣기를 원합니다. 그들은 어떻게 하나님께서 인격적인 방법으로 일하시는지 듣고 싶어 합니다. 그들은 그들의 삶과 연관성이 있고 이해할 수 있는 간증을 듣기 원합니다.

데이브가 처음 내게 말을 건넬 때 성경말씀 한 절만을 사용했습니다. 나는 그 말씀을 결코 잊을 수 없습니다. 그는 요한복음 14장 6절 말씀을 사용하며 말했습니다. "죤, 저는 하나님께로 가는 길은 오직 한 길 밖에 없음을 알게 되었습니다. 그 동안 저는 하나님께로 가는 길이 많을 것이라고 믿어 왔습니다. 그러나 저는 하나님께로 갈 수 있는 오직 유일한 길이 예수님일 뿐임을 이제 깨닫게 되었습니다."

요한복음 14:6

예수께서 이르시되 내가 곧 길이요 진리요 생명이니 나로 말미암지 않고는 아버지께로 올 자가 없느니라

예수님 따라 하기

당신의 간증 속에 이 성경 구절을 함께 사용한다면 강력한 힘으로 다른 사람들을 그리스도께 인도할 수 있는 영원한 진리를 전할 수 있을 것입니다.

그때 데이브는 "죤, 저는 예수님을 통해서만 아버지께로 갈 수 있어요. 제가 그 진리를 깨닫고 나니 너무도 간단한 것이더군요."라고 말했습니다. 데이브는 그 진리를 나도 생각해 보게 만들었습니다. 나는 항상

인격적인 하나님이라는 주제가 나올 때마다 신경질적이 되었었습니다. 그러나, 데이브는 항상 복음을 그 자신의 삶으로 개인화시켜서 나의 두려움을 가라앉혀 주었습니다. 그는 복음을 나에게 전할 때 간증을 사용하였습니다. 나는 거듭나기 전까지 그가 실제로는 전도하고 있다는 것을 알아채지 못했습니다. 데이브 역시 그가 전도한다고 생각지 않았습니다. 그는 그저 그에게 일어난 일을 말하는 것이었습니다.

최고의 설교.

최고의 설교는 당신이 어떻게 예수 그리스도를 알게 되었는지 당신의 이야기를 말하는 것입니다. 대부분의 사람들, 심지어 가족들 까지도 당신의 말에 귀를 기울일 것입니다. 그들은 이미 당신이 특별한 사람임을 알고 있습니다. 그들은 어떻게 당신이 그 길을 얻었는지 알기 원합니다. 속임수는 통하지 않습니다. 우리가 진실과 사랑을 담아 전도할 때 성령님께서 크게 역사하십니다. 우리가 다른 사람들을 위해 기도할 때 하나님께서는 복음을 증거 할 수 있는 다양한 기회를 열어주실 줄 믿습니다. 당황스러움이나 두려움을 극복하는 가장 좋은 방법은 우리의 믿음을 나눌 수 있는 기회를 열어달라고 성령님께 간구하는 것입니다. 성령이 역사하기 시작하면 우리는 자신감이 넘쳐나고 그 분이 우리를 끝까지 도우실 것이라는 확신 속에서 담대해집니다. 그분은 항상 우리 곁에 계셔서 우리가 옳은 말을 하도록 도와주십니다.

삶의 현장에서의 성도들은 사역자들이다.

삶의 현장에서 믿음으로 살아가는 성도는 기회가 있을 때마다 주 예수 그리스도의 복음을 나눌 준비가 되어 있는 사람입니다. 우리 모두는 각기 다른 삶의 현장을 갖고 있는데 그곳은 우리가 일하는 곳, 쇼핑하는 곳, 이웃들과 함께 집 밖에서 자주 접하는 곳입니다. 우리가 하나님에 대해서 나눌 때마다 우리는 "사역"을 하고 있는 것입니다. 성경이 성직자와 평신도의 구별을 짓지 않기 때문에 모든 기독교인들은 "사역자"가 될 수 있습니다. 이 책에서는, 삶의 현장의 성도 (marketplace believers)란 용어와 삶의 현장 사역자 (marketplace ministers)라는 표현을 혼용해서 사용할 것입니다.

예수님은 완전한 삶의 현장 사역자 였습니다. 언제나 예수님은 우리의 완전한 모델입니다. 우리는 한 장소에서 다른 장소로 가시면서 아픈 사람을 낫게 하시는 예수님을 볼 수 있습니다. 예수님은 한 과부의 외아들의 장례식에 참석하신 후 그녀가 너무나 불쌍해서, 죽음으로부터 그녀의 아들을 살리셨습니다 (누가복음 7:11-17 참고).

마태복음 8장과 9장만 보더라도 예수님이 문둥병자를 고치시고, 백부장의 하인을 고치시고, 귀신들린 자들에게서 귀신을 모두 쫓아 내시고, 중풍병자를 고치시고, 죽은 소녀를 살리시고, 열두 해를 혈루증으로 앓던 여인을 치료하시고, 두 명의 소경과 벙어리를 고치신 것을 볼 수 있습니다. 이 놀라운 사역을 마친 후에, 9장은 일꾼이 부족하다는 예수님의 언급으로 끝납니다.

마태복음 9:35-38

예수께서 모든 도시와 마을에 두루 다니사 그들의 회당에서 가르치시며 천국 복음을 전파하시며 모든 병과 모든 약한 것을 고치시니라 무리를 보시고 불쌍히 여기시니 이는 그들이 목자 없는 양과 같이 고생하며 기진함이라 이에 제자들에게 이르시되 추수할 것은 많되 일꾼이 적으니 그러므로 추수하는 주인에게 청하여 추수할 일꾼들을 보내 주소서 하라 하시니라

예수님 따라 하기

우리는 예수님이 부탁하신 추수할 일꾼이 되어야 합니다.

마태복음 10장을 보면, 예수님께서 열두 제자들을 부르시고 그들에게 더러운 귀신을 쫓아내는 권세와 모든 병과 악한 것을 고치는 권세를 주십니다. 예수님께서는 우리가 부지런히 우리의 삶을 꾸려가면서 행하기를 원하시는 것이 무엇인가 보여주시는 것입니다. 우리도 이것을 할 수 있습니다! 얼마나 흥미 있는 삶의 방법입니까! 이것이 우리가 이 책에서 이야기 하고자 하는 것입니다.

삶의 현장.

위에서 말한 것처럼, 삶의 현장은 사람들과 접촉할 수 있는 집 밖의 모든 곳이라고 정의할 수 있습니다. 이곳은 우리가 일하는 곳, 운동하는 곳, 우리의 이웃들, 그리고 우리가 자주 들르는 장소 등을 포함합니다. 화해의 사역은 사람들이 다른 사람들을 접촉하는 어느 곳에서나 행해질 수 있습니다. 이 사역은 당신의 마당에서, 이웃 집의 바베큐 파티에서 또는 채소 가게의 판매대에서도 행해질 수 있습니다.

삶의 현장에서 나온 간증들

저 비행기를 잡아야 해!

우리는 사역을 마치고 돌아오는 길이었습니다. 비행기가 오레곤 주의 포틀랜드 공항에 예정보다 늦게 도착하였습니다. 우리가 살고 있는 벤드라는 도시로 가는 비행기를 잡기 위해 뛰어 가보니, 출입문이 굳게 닫혀 있었습니다. 우리가 담당자에게 도움을 청하자, 그 담당자는 전화를 해놓을 테니 문으로 달려가라고 하였습니다. 그 비행기는 프로펠러가 달린 비행기였습니다. 도착해보니 프로펠러가 돌고 있었고 그 문은 닫혀 있었습니다. 그런데, 그 문이 열리더니 승무원이 나타나 잠깐 기다리라고 큰 소리로 외쳤습니다. 그 다음에 벌어진 일은, 두 명의 대기 승객이 화가 난 상태로 비행기에서 내렸고, 그 후에 우리는 타도 좋다는 말을 들은 것이었습니다.

좁은 통로를 걸으면서, 나(소냐)는 주님께 이것이 어떻게 된 일이냐고 물었습니다. 바로 그때 12살 혹은 13살로 보이는 어린 소녀가 내 눈에 들어왔습니다. 그 소녀는 내 좌석 바로 옆에 앉아 있었습니다. 가죽 옷을 입은 그 소녀는 혼자 여행 중이었고, 온몸에 피어싱 (귀걸이와 같은 장식)을 하고 있었습니다. 나는 가방을 열어 과자를 건네며 대화를 시도했습니다. 비행기에 오른 지 10분쯤 지난 후, 나는 그 소녀에게 하나님을 믿는지 물었습니다. 그녀는 잠시 생각하다가 "제 생각에 그는 좋은 분인 것 같아요"라고 말했습니다. 나는 정말로 맞는 말이라고 대답해 주었습니다. 그리고 그 소녀에게 그 하나님께서 당신을 사랑하는 것을 아는지 물었습니다. 대화는 점점 진행되어, 하나님의 아들 예수 그리스도를 통하여 그 소녀가 영원히 사랑의 하나님과 함께 살 수 있는데, 그녀가 이 하나님을 알기 원하는지 질문 해야겠다는 마음이 강하게 들었습니다. 그때 그녀는 지난 여름에 거의 익사할 뻔한 일과 그 때가 얼마나 무서웠는지를 내게 전해주었습니다.

그녀가 기도하였다.

그 소녀에게 기도하기를 원하는지, 예수님께서 그녀의 마음에 들어오시기를 원하는지, 그리고 그녀가 잘못 행한 모든 것을 그분께서 용서해 주시기를 원하는지 물어보자, 그녀는 머리를 숙이고 어린 아이처럼 손을 모았습니다. 비행기가 착륙하기 바로 전에 나는 그녀를 위해 회개의 기도를 인도했습니다. 나는 그 소녀가 사는 마을의 좋은 교회 이름을 알려주고 주일에 그 교회를 방문하도록 안내하였습니다. 그녀는 그러겠노라고 말했습니다. 나는 그 소녀의 이름을 기도노트에 기록했고 종종 그녀를 위하여 기도하고 있습니다.

우리가 항상 쓰임 받기를 원한다면 주님께서 우리에게 이러한 기회들을 주실 것을 믿어야 합니다. 심지어 그 분은 비행기를 억류하시기까지 하십니다. 우리가 사역 때문에 초조해 할 때마다 주님은 천국사업을 위해 새로운 길을 열어주십니다. 우리는 매일 기도합니다. "주님, 오늘 저는 사역을 시작합니다. 당신께서 제가 하기를 원하시는 일이 무엇인지 알게 하소서." 사역을 시작한다는 것은 누군가를 돕는 데 쓰임 받는다는 것입니다. 도움이 필요한 자는 어디에나 있습니다. 우리와 같이 은사를 받고 삶의 현장에서 누군가를 도우려는 사람들이 많으면, 예수님은 도움을 필요로 하는 모든 사람에게 쉽게 선물을 나눠 주실 수 있습니다. 주님은 사용하실 수 있는 적극적인 자세를 가진 제자들을 필요로 합니다. 우리가 살고 있는 현장에서 이러한 일이 일어납니다. 사도행전 16장에서 바울이 한 일이 그 예입니다.

사도행전 16:13-15

안식일에 우리가 기도할 곳이 있을까 하여 문 밖 강가에 나가 거기 앉아서 모인 여자들에게 말하는데 두아디라 시에 있는 자색 옷감 장사로서 하나님을 섬기는 루디아라 하는 한 여자가 말을 듣고 있을 때 주께서 그 마음을 열어 바울의 말을 따르게 하신지라 그와 그 집이 다 세례를 받고 우리에게 청하여 이르되 만일 나를 주 믿는 자로 알거든 내 집에 들어와 유하라 하고 강권하며 머물게 하니라

예수님 따라 하기

- 사람들이 모이는 어느 곳이든지 증언의 장소가 될 수 있습니다.
- 우리의 메시지는 모인 무리들과 관련된 내용이어야 하고, 듣고자 하는 누구에게나 민감한 내용이어야 합니다.
- 루디아는 자주 옷감을 장사하는 상인이었습니다. 바울이 말씀을 증거할 때, 그의 말에 반응을 보인 유일한 사람은 루디아와 그의 가족이었습니다.
- 우리 또한 이러한 삶의 현장 사역자가 될 수 있습니다.

우리에게는 잃어버린 자들과 죽어가는 세계를 예수님과 화해시키는 사역이 맡겨졌습니다. 이 사역은 성령님과 함께 일하는 협력 사역입니다. 주님은 우리에게 주님의 사명을 완성토록 하셨습니다. 주님은 "축복의 사역"을 계속 진행토록 하셨습니다. 우리는 주님의 축복을 배달하는 팀입니다. 필요가 생기는 곳마다 축복과 필요를 만족시키는 선물을 가져다 주는 배달원이 있습니다.

하지만, 우리 엄마가 지옥에 있으면 어떡해요?

밥(Barb)이 성경공부 모임에 들어왔습니다. 그녀는 무신론과 기독교의 "구원에 대한 배타적인 주장"에 대해 솔직히 표현하였습니다. 우리는 그녀의 정직한 질문을 환영했고, 우리가 할 수 있는 한 사랑스럽게 그녀의 질문에 답하였습니다. 몇 달이 지난 후에, 그녀는 예수그리스도를 개인적인 구세주로 받아들이지 못하도록 방해하는 유일한 것에 대해 말했습니다. 그것은 그녀의 엄마가 하나님을 알지 못하고 죽었다는 사실이었고, 그것은 곧 다시는 엄마를 만날 기회를 얻지 못한다는 것을 의미한다는 것이었습니다. 우리는 주님께 지혜를 구하였고, 그녀에게 다음과 같은 것을 나누었습니다.

- 당신은 엄마의 마음에 무엇이 있었는지 확실히 알지 못합니다. 우리는 외면만 볼 뿐입니다. 그러나 하나님은 그 마음을 보십니다.
- 하나님은 예지(豫知)로서 그분의 구원의 선물을 받아들일 사람들을 모두 알고 계십니다.
- 만약 당신의 엄마가 구원을 받아들일 분이었다면, 죽기 전에 그렇게 했을 것입니다. 만약 그렇지 않았다면, 그녀가 50년을 더 살았다 하더라도 달라질 것이 없었을 것입니다.
- 하나님은 공평하시고 자비로우신 분입니다. 그러므로 그 문제는 그분께 맡겨야 합니다.

이 간단한 설명에 그녀는 진심의 눈물을 흘렸고, 예수 그리스도를 구세주로 영접하였습니다. 단순한 성경공부 모임에 와서 어머니의 영원한 상태에 대한 문제를 공평하시고 자비하신 하나님께 바로 맡길 수 있는 변화는 정말 놀라왔습니다.

사역을 시작하다.

어느 날 오후, 나(존)는 급하게 전도용 성경을 사야만 했습니다. 기독교 서점 안에는 점원 외에 단지 한 사람만 있었습니다. 나는 한 시간 안에 성경을 사야만 했기 때문에 마음이 급해서 서점 안에 있던 그 사람이 나에게 그가 사야 하는 성경의 번역에 대해 계속 물었을 때는 다소 당황되었습니다. 나는 속으로 "왜 나한테 묻는 거야? 내가 바쁜 것 모르나? 왜 점원은 이런 때에 나서지 않는 거야?"라고 생각했습니다. 그 순간 성령님께서 조용히 내게 말씀하셨습니다. "그에게 나를 아는지 물어봐라." 나는 "오 주님, 지금은 시간이 없어요"라고 생각했습니다. 그런데 갑자기 아침에 천국 사업을 위해 길을 열어달라고 기도한 것이 생각나서 나는 즉시 주님께 주님이 말씀하시는 것은 무엇이든지 행하겠다고 약속했습니다.

신성한 약속.

시계를 보면서 나는 그 남자에게 "그 성경의 저자에 대해 잘 아세요?"라고 물었습니다. 그는 "무슨 뜻이에요?"라고 대답했습니다. 나는 "만약 당신이 오늘 죽는다면, 예수 그리스도와 함께 있을 수 있어요?"라고 물었습니다. 그는 "모르겠어요."라고 대답했습니다. 나는 "확실히 알고 싶으세요?"라고 또 물었습니다. 그는 "글쎄요, 음, 예"라고 대답했습니다. 나는 "그와 함께 무릎을 꿇어라" 말씀하시는 주님의 음성을 들었습니다. 나는 그 남자에게 "여기서 우리 무릎을 꿇고 기도를 드립시다. 그래도 괜찮겠어요?"라고 물었습니다. 그는 "좋습니다"라고 말했습니다. 서점의 중앙에서 둘 다 무릎을 꿇은 채로 단순히 기도드림으로써 나는 이 남자를 예수 그리스도께로 인도하였습니다. 나는 그 남자에게 서점의 점원에게 가서 무슨 일이 일어났는지 말하도록 시켰습니다. 그리고 성경책 값을 계산하면서 나는 그 남자를 교회로 초청하였습니다. 그 후로, 나는 하나님께 시간을 드리겠다는 약속을 하였습니다. 사역을 한다는 것은 팔에 큰 검정색 성경책을 끼고 다니는 것을 의미하지 않습니다. 그것은 당신이 가는 곳마다 예수 그리스도가 필요한 사람들에게 민감하라는 것을 의미합니다.

어느 이웃.

어느 날, 내(죤)가 앞 뜰을 거닐고 있었을 때, 나의 예비 기독교인 이웃이 길을 건너서 내게 다가와 그의 가족이 휴가를 가게 된 것을 알려주었습니다. 나는 그의 집과 소유를 잘 보살펴주겠다고 말했습니다. 비록 우리는 서로 잘 알지 못했지만, 그는 매우 감사해 했고, 위급한 상황이 발생할 때마다 내게 연락을 주곤 했습니다. 후에, 그의 가족은 우리 교회에서 개최한 특별한 뮤지컬 복음 축제에 참석하자는 우리의 초청에 응하였습니다. 우리는 매우 좋은 친구가 되었습니다. 매일의 생활에서 그들은 하나님의 선물을 기다리고 있었던 것이었습니다. 그들이 원했던 것은 도움의 손길이었습니다. 우리는 기꺼이 그들을 도와주었습니다. 그들은 복음에 마음을 열게 되었습니다. 우리는 하나님의 동역자로서 삶의 현장에서 함께 일하고 있습니다.

고린도후서 6:1-2

우리가 하나님과 함께 일하는 자로서 너희를 권하노니 하나님의 은혜를 헛되이 받지 말라 이르시되 내가 은혜 베풀 때에 너에게 듣고 구원의 날에 너를 도왔다 하셨으니 보라 지금은 은혜 받을 만한 때요 보라 지금은 구원의 날이로다

예수님 따라 하기

하나님은 항상 사람들을 구원하실 준비가 되어있습니다. 우리는 다른 사람들을 구원의 날로 안내하는 주님의 도구로 사용될 준비가 항상 되어있어야 합니다.

가장 좋은 때는 언제인가?

복음을 증거할 때가 언제인지 알 수 있는 신호들이 있습니다. 당신 앞에 예비 크리스천이 있을 때, 당신의 이야기를 나눌 시간임을 알게 하는

명확한 신호가 있습니다. 여기에 몇 가지 적어봅니다.
- 자연스럽게 대화가 영적인 주제로 전환될 때
- 그들이 성경을 믿고 있는지 확실하지 않지만, 하나님 또는 예수님에 대하여 언급하는 것을 들을 때
- 과거에 하나님께서 당신을 구해주셨던 일들과 같은 종류(예를 들어, 습관, 약물 중독, 가족문제, 죄 등등)의 문제를 그들이 이야기 할 때
- 누군가가 그들이 생명이 위험한 질병에 걸린 것을 말해줄 때. 그리고, 기도를 통해 하나님께서 치료해 주신 경험이 있는 사람을 당신이 알고 있을 때
- 당신이 들었던 설교나 전에 읽었던 기독교 서적에 대한 주제를 사람들이 이야기 할 때
- 성령님께서 당신에게 하라고 말씀하실 때

위에 언급된 신호들은 대화를 시작할 "시작 신호"로 정의할 수 있습니다. 여기 언급한 것들은 수백 가지 경우 중 일부분입니다.

성령님께서 주시는 시작 신호들.

복음에 대한 대화를 자연스럽게 부각시키는 가장 쉬운 방법 중 하나는 당신이 이야기하는 사람으로부터 자연스러운 신호를 기다리는 것입니다. 때때로 이 큐사인은 나타나지 않을 수도 있습니다. 당신은 그저 나타날 때까지 기다리면 됩니다. 이 큐사인은 자연스럽게 나타나야지 결코 강제로 해서는 안 됩니다. 대부분의 이러한 큐사인은 성령님에 의해 확실한 영감으로 옵니다. 당신이 갑자기 아무런 이유 없이 예수 그리스도에 대한 화제로 대화를 전환할 경우, 예비 기독교인들은 경계심을 갖고 바라 볼 수 밖에 없습니다. 만약 그들이 방어적이 된다면, 당신의 이야기를 받아들이기가 매우 어려워집니다. 성령님께서 자연스럽게 그

분의 일을 하시도록 하여야 합니다. 소냐는 삶의 현장에서 대화를 시작하는 "시작 신호"를 포착하는 데 전문가가 되었습니다. 그녀가 재빨리 자연스러운 큐사인을 발견하고 대화를 주님에 대한 것으로 전환할 때마다 항상 감명을 받습니다. 어느 날 소냐의 비서가 출근해서 전날 밤 TV에서 방영한 뉴에이지 프로그램을 보았는지 소냐에게 물었습니다. 소냐는 그 프로그램을 틀고 관찰한 후, 사탄의 초자연적 역사와 대조하여 하나님의 초자연적 역사에 대해 이야기할 기회를 잡았습니다. 그녀가 강조한 포인트는 하나님의 초자연적 역사가 어떤 기독교인을 통해 나타날 때, 그 사람은 자신의 재능을 마음껏 조절하고 있다는 것이었습니다. 그 뉴에이지 프로그램에서는 사람이 허락할 때에 어떤 존재가 그 사람을 사로잡아 그 사람을 통해 이야기한다는 이야기였습니다. 소냐의 비서는 사탄의 역사가 사람을 노예로 만든다는 사실에 충격을 받았습니다. 다른 한편으로, 하나님의 역사는 사람을 치유하고 자유하게 하십니다. 소냐는 결국 그녀의 소중한 비서를 주님께로 인도할 수 있었습니다.

그 이야기는 여기서 끝나지 않습니다. 그 비서는 후에 회사의 안내원 한 사람을 소냐가 말씀을 전하는 모임에 초대하였습니다. 소냐가 주님을 영접하기 원하는 사람들을 초청하는 말을 하자, 그 안내원은 그 무리들 중 제일 먼저 그리스도께 삶을 바치는 사람이 되었습니다. 이것은 소냐가 영적인 문제에 대한 진지한 물음에서 나온 큐사인에 자연스럽게 응답하였기 때문에 생긴 일이었습니다. 그러나, 그녀는 이러한 일을 강요하지 않고 온유와 존경의 방법으로 행했습니다. 나는 이 방법이 베드로가 우리에게 하라고 말한 것이라 믿습니다.

베드로전서 3:15

너희 마음에 그리스도를 주로 삼아 거룩하게 하고 너희 속에 있는 소망에 관한 이유를 묻는 자에게는 대답할 것을 항상 준비하되 온유와 두려움으로 하고

예수님 따라 하기

- 우리가 자연스럽고 강요하지 않는 태도로 만날 때, 사람들은 그리스도 안에서의 우리 삶에 대해 호기심을 갖게 될 것입니다.
- 사람들의 감정에 대한 온유함과 존경심, 영적인 것에 대한 이해력을 가진다면 다른 사람들을 그리스도께 인도하는 많은 기회가 열리게 될 것입니다.

이제 그들이 준비되었다면 어떻게 할까요?

때때로 여러분들은 평상시에 알고 지내던 사람들 가운데서 그리스도를 영접할 준비가 되어있는 사람들을 알게 될 것입니다. 이러한 경우에는 두 가지 질문을 마음 속에 확실히 간직하기를 권합니다. 죤이 기독교 방송국에서 일하는 동안, 이 두 가지 질문은 어떤 사람이 그리스도를 영접하거나 그렇지 않거나 아주 중요한 역할을 했습니다. 우리는 대부분의 전도 상황에서 두 가지 질문으로 접근하곤 하였습니다. 이것은 "예" 또는 "아니오" 타입의 질문입니다. 이 질문들은 아주 효과가 좋기 때문에 확실한 전도 방법을 원하는 사람들에게 추천할 만하고, 그리스도께 삶을 위탁하도록 인도하려는 사람들에게 추천할 만합니다. 이 질문은 이렇게 진행됩니다.

예수님 따라 하기

질문: "당신이 오늘 죽는다면, 예수님 곁에 있을 까요?"
그들의 대답은 아마도, "그렇게 되길 원해요", 혹은, "모르겠어요", 또는 "그렇게 생각하지 않아요" 일 것입니다.
그러면 이렇게 질문합니다: "확실하게 알기 원하십니까?"
그들의 대답은 "예"나 "아니오"일 것입니다.
만약 그들의 대답이 "예"라면, 그때 당신은 다음의 기도에 따라 그들을 인도하면 됩니다.
"예수님, 저는 죽은 후에 당신과 함께 거하길 원합니다. 제가 저지른 모든 잘못을 용서하여 주세요. 제 삶에 거하여 주세요. 나의 모든 죄를 회개합니다. 나의 주 나의 하나님이 되어 주세요. 아멘".

짧지만 핵심이 있다.

교회의 친교 모임에서, 우리 친구 중 한 명이 예비 크리스천인 한 형제를 소개하였습니다. 짧은 대화 중에, 그는 "하나님에 대해 평소에 관심을 갖고 있었다"라는 말을 했습니다. 기독교인이 아닌 사람이 "하나님"이란 용어를 사용할 때는 성령님께서 큐사인을 울려주시는 것으로 이해 해야 합니다. 나(존)는 간단히 말했습니다. "질문을 드려도 괜찮겠습니까?" 그는 괜찮다고 말했습니다. 나는 "당신이 오늘밤 죽는다면, 예수 그리스도와 함께 거할 수 있습니까?"라고 물었습니다. 그는 "저는 정말로 그 문제에 대해 대답을 못하겠어요"라고 말했습니다. 나는 "확실하게 알기 원하십니까?"라고 물었습니다. 그는 "모든 사람이 다 원하지 않을까요?"라고 대답했습니다. 나는 "나의 기도를 따라 하세요"라고 말했습니다. 나는 손을 내밀어 그의 어깨에 대고, 머리를 숙여 간단한 회개의 기도를 시작했고 주님께서 그를 용서해달라고 요청했습니다.

그는 내가 말하는 기도를 따라 했습니다.

우리는 "아멘"으로 기도를 마쳤습니다. 그는 나를 바라보더니 "이것은 아주 힘이 있네요. 감사합니다"라고 말했습니다. 나는 그에게 다시 물었습니다. "당신이 지금 당장 죽는다면, 예수님 곁에 있을까요?" 그는 나를 바라보더니 크게 웃음 지으며 "예수님과 함께 거할 것을 믿습니다"라고 대답했습니다. 나는 "당신이 그럴 거라고 알고 있습니다. 왜냐하면 당신은 지금 막 다시 태어났기 때문입니다."라고 말했습니다. 나는 그와 힘찬 악수를 나눴고 그에게 결코 옛날과 같이 되지 말라고 권면했습니다. 그는 내게 다시 감사의 표시를 했습니다. 후에, 그 남자를 데려온 친구들이 구원으로 인도하는 쉬운 방법에 놀랐다고 말했습니다. 나는 그와 기도하는 방법을 통해서 예수님을 영접할 수 있도록 준비해준 그의 친구들에게 고맙다고 말하였습니다. 우리는 그가 준비되었다는 것을 알았습니다. 우리는 삶의 현장에서 일하는 사역자였고 그 순간 그 남자가 예수 그리스도와 확실한 만남을 가진 것을 확신했습니다.

보여지기를 소망하십니까?

예비 크리스천들은 우리가 누구인지 압니다. 그것은 명확합니다. 그것은 우리의 행동과 우리의 대화에서 나타납니다. 예수님은 우리가 서로에게 사랑의 본을 보임으로 사람들이 우리가 누구인지 알도록 하라고 말씀하셨습니다. 우리는 직장 동료들에게 설교하지 말아야 합니다. 그들은 이미 우리가 그들을 대해 왔던 태도를 통해서 우리가 어떤 종류의 사람인지 알고 있습니다. 사람들은 날마다 우리를 관찰함으로써 우리가 진실한지 알 수 있습니다. 우리의 이웃들은 우리가 사무실에서, 학교에서, 일터에서, 그리고 집에서 사람들을 대하는 태도를 늘 지켜보고 있습니다. 이것이 바로 바울이 우리를 통해 성령의 열매가 드러나야 한다고 권하였던 이유입니다. 그러면 우리는 우리의 행동을 통해 우리가 놀라운 소망을 가진 사람인 것을 강력하게 나타낼 것입니다. 다른 사람들이 우리의 언어와 태도를 통해서 성령의 열매를 볼 때, 예수 그리스도를 열정적으로 따르는 사람으로부터 빛나는 소망이 넘쳐나는 것을 볼 것입니다.

소망은 사역의 문을 열어줍니다.

베드로의 말씀이 옳습니다. 우리에게는 사람들이 궁금해서 물어볼 수밖에 없는 한 가지 소망이 있습니다. 베드로전서 3장 15절은 주옥과 같습니다. 이 말씀은 우리가 가진 소망으로 무엇을 해야 하는지 말씀해 줍니다. 소망은 증거를 위한 문을 열어줍니다. 사람들은 진정한 소망을 가진 사람들에게 다가옵니다. 소망은 개인의 문제를 해결할 수 있습니다. 소망은 불합리한 사회의 압력을 극복할 수 있게 합니다. 소망은 하나님께서 사람들을 회복과 평화로 인도하신다는 것을 믿게 할 수 있습니다. 우리가 이러한 소망을 가진 사람이 된다면, 사람들은 결국 이러한 소망에 대해서 그리고 이 소망을 어디서 얻을 수 있는지 물으러 올 것입니다. 그때 당신은 이렇게 말하십시오. "당신의 질문을 정말 기쁘게 생각합니다. 내가 찾은 영원한 소망에 대하여 말씀 드리고자 합니다."

귀여운 이웃의 아이들.

한때 우리는 노인들을 위한 공동주택 단지 안에 있는 아름다운 새 콘도에 살았습니다. 어느 토요일에 나(소냐)는 과자를 굽고 있었고 주위에 냄새가 퍼지고 있었습니다. 현관 벨이 울려서 문을 열어보니 그곳에 여섯 살짜리 귀여운 여자 아이가 서 있었습니다. 그 소녀는 "안녕하세요? 제 이름은 그웬돌린 (Gwendolyn) 예요. 아주 고소한 냄새를 만들어 주

서서 감사하다는 말을 하고 싶어서 왔어요."라고 말했습니다. 나는 길고 검은 곱슬머리를 한 아주 귀여운 소녀를 미소를 지으면서 바라보며 대답했습니다. "내 이름은 소냐란다. 너의 엄마가 괜찮다고 하면 이 과자를 맛보게 하고 싶은데." 소녀는 급히 떠나면서 소리쳤습니다. "우리는 방금 이사 왔어요. 엄마가 좋다고 하실 거에요." 얼마 후 그 소녀는 돌아왔고, 나는 그 소녀에게 과자와 우유를 주며 먹도록 했습니다.

우리는 빠른 속도로 아주 친한 친구가 되었고, 그 소녀는 매주마다 그 주에 만난 새로운 꼬마 친구들을 우리 집에 데려왔습니다. 이 아이와 함께 온 일곱 명의 아이들 중 기독교인이었거나 교회에 간 적이 있었던 아이는 한 명도 없었다는 것을 오래지 않아 알 수 있었습니다. 그 아이들과 매주 함께 이야기를 하는데, 어떤 이야기를 들을 때는 마음이 아팠습니다. 꼬마 숙녀 그웬돌린 (Gwendolyn)이 엄마와 엄마의 남자친구가 싸우고, 남자친구가 떠난 이야기를 한 적이 있습니다. 그러나, 염려하지 마세요. 새로운 남자친구가 다음날 이사 왔으니까요!

크리스마스 때 나는 아이들과 크리스마스 이야기를 나누었고 아이들은 그 이야기를 매우 좋아했습니다. 그웬돌린은 매주마다 새로운 이야기를 아이들에게 해주기를 원했습니다. 나는 그들의 부모님이 허락하신다면 그렇게 하겠노라고 말했습니다. 나는 모든 부모님께 말하였고, 그들에게 어린이 삽화 성경을 보여주며 이것을 사용해도 되겠느냐고 물었습니다. 그들은 모두 동의했고, 우리는 예수님에 대해 배우면서 새해를 시작하게 되었습니다. 매일 나는 다섯 살부터 열한 살까지의 이 소중한 아이들을 예수님과 개인적인 교제를 갖도록 인도하였습니다.

몇 달이 지난 후, 알랜 (Allen)과 미첼 (Michelle)의 부모님이 주차장에서 내게 다가와서 아이들에게 시간을 내줘서 고맙다는 말을 하였습니다. 그들은 아이들의 변화에 놀라워했습니다. 나는 그들의 변화는 예수 그리스도를 개인적인 방법으로 만나게 되었기 때문이며, 앞으로도 긍정적인 변화가 있을 것이라 말하였습니다. 그들은 미소를 지으며 다시 감사하다는 인사를 하였습니다.

6월이 되자, 일곱 명의 아이 모두 이사를 갔습니다. 그 기간은 하나님께서 귀중한 아이들의 삶을 위해 예정해 주신 하나님의 시간이었습니다. 이 기간에 하나님께서는 귀중한 아이들 마음에 잘못되어진 것과 눌린 것들을 회복시키시려고 찾아오신 것입니다.

삶의 현장에서 효과적으로 일하는 사역자가 되기 위해서는, 때때로 전통적인 방법을 버려야 하기도 합니다. 이 아이들의 부모들은 아이들을 교회에 데리고 가려고 하지 않았고 심지어 교회에 보내는 것도 받아들이지 않았습니다. 그러나 이웃으로서 우리 집에 오는 것은 좋아했습니다. 나는 지금도 주님께서 그때 나를 믿고 맡겨준 그 아이들을 생각하고 기도하고 있습니다.

삶의 현장에서 간증할 말 숙달하기

하나님에 대한 주제로 이야기가 시작될 때 할 말이 막혀버린 경험이 있으십니까? 많은 성도들이 예수님을 증거해야 하는 상황에 자신이 놓여있는 것을 갑자기 깨닫는 순간, 혀가 굳어버리는 경험을 합니다. 사역훈련 센터 (MTC)에 새롭게 입학한 학생 중 한 명이 말했습니다. "내가 나의 믿음을 보여줘야 할 기회를 얻었다는 것을 알았습니다. 그러나 나는 준비가 되지 않았다고 생각했습니다. 만약 간증을 하게 되면 너무나 말이 꼬여서 그 사람이 주님께 결코 다가서지 못할 것이라 생각했습니다. 그러나 MTC에서 몇 주가 지나자, 예비 크리스천들에게 나의 이야기를 나눌 수 있다는 확신을 갖게 되었습니다. 놀랍게도 나의 이야기를 들은 사람들이 예수 그리스도를 그들의 주님이요 구세주로 영접하기를 원했어요!"

그녀는 삶의 현장에서 그녀가 간증할 말을 숙달시킨 것입니다. 당신의 간증을 완성하는 것은 언제 예수 그리스도가 당신의 삶에 나타나셨는지, 어떻게 변화시켜 주셨는지에 대해 작은 이야기들을 엮어 단순히 이야기하는 것을 의미합니다. 모든 사람들의 이야기는 다릅니다. 그것이 사람들에게 효과적인 이유입니다. 예비 크리스천들은 기독교인들을 움직이게 만드는 것이 무엇인지 항상 호기심을 갖고 있습니다. 이야기를 할 때에 그들이 의심하고 심지어 적대적인 모습을 보일 수도 있습니다. 그러나 당신의 이야기 중간에 말을 막는 경우는 좀처럼 없을 것입니다. 만약 그들이 그런 모습을 보인다면, 성령님께서 다음 기회를 위해 간증할 이야기를 간직하고 있으라 말씀하실 것입니다.

당신은 성경입니다.

예비 크리스천들이 보는 유일한 성경은 바로 당신 자신입니다. 어떻게 그들이 당신을 읽을까요? 당신이 원하는 대로 그들이 당신을 읽고 있을까요? 예수님께서 말씀하셨습니다. "네가 다른 사람에게 보여준 사랑으로 사람들이 너를 알 것이다." 예수님은 "새 계명을 너희에게 주노니 서로 사랑하라"(요한복음 13:34)고 말씀하셨습니다. 어떻게 하나님께서 예전의 내 모습에서 지금의 모습으로 변화시켜 주셨는지 증거를 나눈다면, 사람들은 경청할 것입니다. 우리의 이야기는 은혜와 용서를 베풀어 주시고, 깨지고 부서진 인류를 회복시켜 주시는 놀라운 사랑의 하나님을 드러나게 합니다. 우리의 이야기는 새로운 소망의 메시지를 보여주며 죄와 방탕의 결말인 죽음으로부터 헤쳐 나오는 방법을 보여줍니다. 이것이 당신과 관련된 성경입니다. 예비 크리스천들은 그 이야기를 들을 필요가 있고, 또한 그것을 듣기 원합니다.

사람들을 그리스도께로 인도하는 이야기

좋은 이야기를 만드는 방법.

당신이 삶의 현장에서 간증할 말을 완전하게 하려면 우선 왜 그것이 예비 크리스천들에게 그렇게 강력한 영향을 주는지에 대한 이해가 필요합니다. 다른 사람들에게 깊은 인상을 주는 예수님과 함께한 당신의 이야기를 선택하려면 생각을 많이 해야 합니다. 듣는 사람들은 항상 그들 속에 있는 아픈 상처와 욕구를 꿰뚫을 수 있는 효과적인 이야기를 환영합니다. 좋은 간증을 만들려면 다음과 같은 요소들이 포함되어야 합니다.

- 예수님을 만나기 전에 당신이 어떤 사람이었고 무슨 일을 겪었는지에 대한 짧은 이야기
- 결국 하나님의 도움을 구하게 만든 개인적인 이유들
- 하나님의 뜻에 항복하고 순종하게 되기까지의 전반적인 설명들
- 하나님께 의지한 후 변화된 모습과 지금 경험하고 있는 일들에 대한 짧은 이야기
- 예수 그리스도께 순종하면 그들도 같은 경험을 할 수 있다는 격려의 말

간단하게 만드십시오.

이 요소들은 너무나 간단해 보일 수도 있습니다. 간증은 5분을 넘기지 말아야 합니다. 간증의 효과를 극대화하기 위해서 많은 성경구절을 인용한다면 많은 논쟁을 불러일으킬 수 있습니다. 어떤 경우에는 좋을 수도 있겠지만, 당신이 다른 곳에서도 간증을 하게 되는 경우에 좋은 성경 구절을 사용할 기회는 얼마든지 있게 될 것입니다. "성경이 말하기

를…", 또는 "로마서 10장 9절은 …"와 같은 말들은 피하십시오. 예비 크리스천들은 성경이 그들의 삶과 연관되어 있다고 믿지 않습니다. 성경의 진리를 간단하게 변화시켜 간증 속에 집어넣으면 됩니다. 그러면 그들은 당신이 성경을 인용하는지 모를 것입니다. 성령님께서 이 말씀을 사용하셔서 그들의 마음 속을 찌르시고 그리스도를 알고 싶어 하는 마음이 생기게 하실 것입니다. 아래에 힘 있는 간증을 작성하는 다섯 가지를 열거합니다.

1. 당신이 과거에 어떤 사람이었는지 말하라.

우리는 부정적인 세계에 살고 있기 때문에, 미국에 사는 많은 사람들은 그들의 친구가 그들 자신에 대해 부정적으로 말하는 것을 자주 듣습니다. 이것이 부정적인 것을 강조하는 우리 문화의 한 단면입니다. 우리는 항상 다음 교차로에는 녹색 등이 아니라 적색 등이 켜져 있을 것이라고 말합니다. 투표에서 긍정적으로 대답한 75퍼센트보다는 반대한 25퍼센트를 더 강조하곤 합니다. 당신이 재채기를 하면 대부분 "감기에 걸리셨나요? 아니면 알레르기이신가요?"라고 말합니다. 6시 뉴스는 그 날 일어났던 좋은 일에 대해서는 거의 보도하지 않습니다. 우리가 듣고 보는 모든 것은 화재, 비행기 폭발, 강간, 살인, 전쟁 그리고 갖가지 폭력에 관한 것입니다.

예전에 당신이 얼마나 혼란스러웠는지에 대해 이야기를 시작하는 것이 예비 크리스천들의 관심을 끄는 좋은 방법입니다. 그들은 그 이야기에 관심을 가질 것입니다. 그들은 같은 상황에 있었거나 같은 환경을 경험하고 있을 수도 있습니다. 모든 사람들은 되는 일이 아무것도 없는 기간을 경험합니다. 부정적인 것이 우리 사회에 충만합니다. 나쁜 일들이 선한 사람에게 일어납니다. 비록 크리스천일지라도 사고와 약물 남용, 그리고 우리의 삶을 파괴하는 학대 등에서 안전할 수 없습니다. 우리는 타락하고 부패한 세계에 살고 있습니다. 나쁜 일들이 모든 사람에게 일어날 수 있습니다.

주님 앞에서 순종하기 전의 모든 삶이 만족하였다거나 다시 돌아가고 싶은 것이 되어서는 절대 안 됩니다. 곁길로 빠지지 말아야 합니다. 그들은 당신이 예수 그리스도를 만나기 전에 어떤 경험을 하였고 어떤 종류의 사람이었는지를 듣기 원합니다. 당신이 사면초가의 현실에 부딪쳐 살아날 길을 애타게 찾고 있었다는 것을 강조할 필요가 있습니다. 이러한 것은 당신의 간증의 다음 단계를 위한 준비가 됩니다.

소냐처럼 어릴 때 주님을 영접한 사람들은 전심으로 하나님께 돌아가게 만든 삶의 중요한 사건들로 간증을 시작할 것입니다. 예를 들어, 어려운 결혼, 건강 악화, 자식의 죽음, 사고 등등일 것입니다.

2. 당신이 하나님을 찾게 만든 요인은 무엇이었는가?

대부분의 사람들은 문제를 해결해야 하는데 도저히 해결책을 찾지 못했을 때가 있을 것입니다. 당신이 갈림길에 서 있었다는 것을 느낀 사건과 요소들을 말하는 것이 정말로 필요합니다. 당신이 처해 있던 상황이나 그 상황이 어떤 결과로 이어졌는가에 대해 강조할 수 있습니다. 당신은 또한 당신의 친구들과 가족이 조언한 것들에 대해서도 언급할 수 있습니다. 당신은 결국 응답을 바라며 하나님을 바라보게 힘을 준 특별한 사람을 언급할 수 있습니다. 이 시점에서 당신이 그때 어떤 감정을 느꼈는지 자세히 설명할 필요가 있습니다. 이제 다음 단계로 넘어가겠습니다.

3. 당신이 항복했을 때 어떤 일이 일어났는가?

예비 크리스천은 예수 그리스도에게 항복하는 방법에 대해 특별히 들을 필요가 있습니다. 당신의 간증에는 하나님께 순종하게 될 즈음의 개인적 사항들이 자세하게 포함되어야 합니다. 이것이 예수 그리스도께 순종하는 방법을 알기 원하는 사람들의 마음을 열어줄 수 있게 될 것입니다. 하나님께 순종하게 됐을 때의 느낌과 하나님께 드린 말씀과 경험한 감정들을 설명할 시간을 충분히 가지시기 바랍니다. 이것은 당신의 이야기를 듣는 모든 사람들에게 큰 영향을 줄 것입니다. 이 부분을 간단하게 넘어가지 마세요. 다른 사람이 당신이 순종하여 경험한 것들을 경험하기 원하게 만들든지, 아니면 모든 생각을 버리게 만드는 중요한 시점입니다. 당신의 거듭남과 당신의 삶을 위해 하나님의 뜻에 항복한 것을 자연스럽게 묘사하도록 하십시오. 당신이 주님께 드렸던 기도를 반복함으로써 예비 크리스천들에게 기도하는 방법을 보여줄 수 있게 됩니다. 그것은 다른 사람에게 당신처럼 구원을 얻는 방법을 보여주게 되는 것입니다. 이야기를 극적으로 만들려고 하지 마세요. 단순히 일어난 일만 말하면 됩니다.

4. 이제 무슨 일이 일어나고 있는가?

하나님께 순종한 결과로 어떤 일들이 일어났는지를 간증에 포함시켜야 합니다. 이 부분은 확신에 차 있어야 합니다. 우리는 모두 예수님을 닮아가는 단계에 있지만, 아무도 그 목표에 도달하지 못했습니다. 그러나 우리는 처음보다는 예수님을 많이 닮았습니다. 그리스도를 따르기로 결정한 후 당신의 변화된 모습과 일어난 좋은 일들에 대해 짧게 이야기하세요. 하나님께 나아간 결과로 당신이 지금 경험하고 있는 것에 대해서도 말하십시오. 당신의 삶, 당신의 직장, 또는 다른 사람들과의 관계에 있어서 달라진 점을 말하십시오. 예비 크리스천들은 예수 그리스도께 그들의 삶을 맡기므로 얻는 개인적인 이익에 대해서 들어야 합니다. 이것은 그들로 하여금 주님께 순종하는 삶을 살겠다고 결심하는 데 도움을 주게 됩니다.

5. 그들에게 결정할 기회를 주세요.

간증은 당신이 경험한 것을 듣는 사람들도 할 수 있다는 격려로 끝내시기 바랍니다. 당신이 진지하고, 진실하고, 마음으로부터 우러나오는 말을 한다면, 듣는 사람들은 당신이 말한 어떤 것을 자신들도 하기를 원할 것입니다. 그들이 구원받아야 한다면 그들에게 말씀하세요! 그들이 하나님께 그들의 삶을 다시 드려야 한다면 그들에게 말씀하세요! 그들이 죄를 회개하고 주님과의 관계를 옳게 해야 한다면 그들에게 말씀하세요! 이때쯤이면 성령님은 그들과 함께 하시고, 사랑으로 그들을 그리스도께로 인도하시고 계십니다. 하나님은 그들이 이해하고 받아들이기 쉬운 방법으로 복음을 전하도록 우리를 사용하십니다. 예수 그리스도께 그들의 삶과 상황을 내어놓게 하는 사랑스러운 초청으로 간증을 마무리 하는 것이 가장 좋습니다. 하나님은 당신에게 알맞는 말을 주실 것입니다.

당신의 간증을 다음 예처럼 간단한 초청의 말씀으로 마무리하기 바랍니다.

> **예수님 따라 하기**
>
> "그분은 나를 위해 이 모든 일을 행하셨습니다. 그리고 또한 그분은 당신을 위해 이러한 일들을 행하실 것입니다. 예수 그리스도가 당신의 삶에 오시기를 원하십니까? 제가 당신을 도와 드리겠습니다. 저를 따라서 하나님께 말씀하시기 바랍니다.
> '예수님, 저의 삶에 오시옵소서. 저는 모든 죄를 회개합니다. 제가 말하고 행했던 모든 잘못을 용서하여 주시옵소서. 당신을 나의 구세주요 주님으로 모셔 들입니다. 저를 용서해주심을 감사 드립니다. 아멘'"

기도를 간단하게 하기 바랍니다. 더 길거나 짧을 수는 있습니다. 상황에 따라 조절하면 됩니다. 중요한 것은 예수 그리스도께 기도를 드리는 것이고 회개와 용서를 포함해야 합니다. 기도하는 것을 도와준다면 무슨 말을 해야 할지 몰라 당황하는 사람들에게 안도감을 줄 것입니다. 아마 그들이 알고 있는 유일한 기도의 말이 당신의 간증에서 들은 것뿐이라는 사실을 기억하십시오. 그들의 삶을 하나님께 드리게 하기 위해 가능한 한 기도를 쉽게 만들어야 합니다. 간단하게 만드세요. 눈을 뜨거나 눈을 감거나, 서거나 앉거나 무릎을 꿇거나, 손을 모으거나 손을 놓거나, 별 차이가 없습니다. 가장 합리적이고 자연스럽게 보이는 것으로 하시기 바랍니다. 이때에 하나님이 맡아서 하시게 됩니다. 주 예수 그리스도를 진정으로 만날 수 있도록 여유를 주시기 바랍니다.

이어질 일들.

그리스도를 방금 영접한 사람에게 다음에 해야 할 일을 즉시 알려주는 것은 매우 중요한 일입니다. 이 중요한 임무는 사람들을 주님께로 인도하는 데 최고의 도구로 사용된 그 사람에게 맡겨집니다. 그것은 당신이 될 수도 있고, 그들과 함께 기도한 사람, 제단으로 인도한 전도자, 혹은 그들을 초청한 목회자가 될 수도 있습니다. 주님 앞에서 갓 태어난 소중한 아기들이 다음에 해야 할 일을 듣지 못하고 하나님의 회개의 제단을 떠나게 되는 것은 큰 비극입니다. 다음 단계는 이와 같습니다.

- 옛 사람을 벗어버리기 위해 세례를 받게 하라.
- 죄를 이기고 효과적인 증인이 되기 위한 힘을 얻도록 성령세례를 받게 하라.
- 성경을 갖게 하고, 날마다 신약성경을 읽도록 인도하라.
- 새 신자를 위한 주중 성경공부 모임에 참여하도록 하고 오랫동안 주님과 동행한 사람들을 사귀도록 하라.
- 사람들이 마음을 열 때, 성령 충만하고 성경중심적인 교회로 인도하라.

사람들을 그리스도께로 되돌아 오도록 인도하기

그리스도를 영접하는 것과 당신의 모든 삶을 그리스도와 함께 하는 것은 별개입니다. 우리에게는 방황하려는 경향이 남아있는데, 어떤 사람은 그 경향이 더욱 심각합니다. 예수님은 마태복음 18장에서 이점을 예를 들어 보여주십니다.

> **마태복음 18:12-13**
>
> 너희 생각에는 어떠하냐 만일 어떤 사람이 양 백 마리가 있는데 그 중의 하나가 길을 잃었으면 그 아흔아홉 마리를 산에 두고 가서 길 잃은 양을 찾지 않겠느냐 진실로 너희에게 이르노니 만일 찾으면 길을 잃지 아니한 아흔아홉 마리보다 이것을 더 기뻐하리라

예수님 따라 하기

예수님의 가르침을 살펴보면, 잃어버린 사람의 가치를 확실히 보여주고 있습니다. 예수님은 사람들을 찾고 계십니다. 때로는 이 일에 사용되어지기를 소망하는 우리들을 사용하시기 위해서 찾기도 하십니다.

잃어버린 사람들을 찾으라.

몇 년 동안 하나님은 나(소냐)를 사용하셔서 사람들이 주님께로 되돌아 갈 수 있도록 도와주게 하셨습니다. 다음의 이야기가 그러한 경우입니다.

왜? 왜요?

나는 여러 회사가 본부를 두고 있는 큰 빌딩에서 일하고 있었습니다. 엘리베이터를 타고 내리면서, 나는 종종 아주 매력적인 붉은 머리의 젊은 여성이 내 사무실 아래층에서 내리는 것을 보았습니다. 성령님께서 그녀와 친해지라고 나를 재촉하시는 것을 느꼈습니다. 그러나 그녀는 너무나 무관심했습니다.

어느 날 우리 둘만 엘리베이터를 타고 있었습니다. 그녀와 인사한 후, 나는 그녀에게 언제 점심을 같이 할 수 있겠느냐고 물었습니다. 그녀는 아주 놀라와 하면서 "왜요?"라고 불쑥 대답했습니다. 그녀의 대응에 다소 할 말을 잃었지만 그저 그녀와 잘 알고 지내고 싶다는 말로 대화를 유지할 수 있었습니다. 다시 그녀는 단호하게 "왜요?"라고 말했습니다. 그것은 내가 간단한 점심 초대를 했을 때 경험한 가장 이상한 대답 중 하나였습니다. 다시 나는 그저 친해지고 싶어서 그렇다고 말했습니다. 그때 우리는 그녀가 내릴 층에 도착했습니다. 그녀는 내리면서 "글쎄요, 생각해보니 가능할 것도 같은데요. 금요일은 어떠세요?"라고 마지못해 대답했습니다. "아주 좋습니다."라고 나는 대답했습니다. 그녀는 "금요일 정오에 로비에서 기다릴게요."라고 말한 후, 놀란 토끼처럼 급히 뛰어 갔습니다.

나는 정말로 난처했다.

나는 주님께서 나를 이 젊은 여자에게로 인도하신 것을 확신했습니다. 그러나 나는 정말 난처했노라고 주님께 고백했습니다. 금요일이 되어 우리는 길을 건너 호텔 식당으로 갔습니다. 나는 어색한 분위기를 바꾸기 위해 대화를 유도하는 말로 시작했습니다. 20여분 동안 나 혼자

얘기하고 있었습니다. 그녀는 정말 어떤 대화에도 끼어들지 않았습니다.

점심이 끝날 무렵이 되자 그녀는 좀 안심이 되는 듯 보였습니다. 우리가 사무실로 되돌아 갈 때, 그녀는 마침내 이상한 행동에 대한 이유를 털어 놓았습니다. 그녀는 "당신은 정말 저와 그저 친해지기를 원했었군요?" "그렇고 말고요. 세상에! 내가 그것 말고 또 무엇을 원했겠어요?" 라고 대답했습니다.

나는 갑자기 웃음보를 터트렸습니다.

그녀는 내가 독실한 기독교인이라고 들어왔었고 자신은 타락한 사람이라고 부끄럽게 이야기하였습니다. 그녀는 하나님께서 나에게 자신을 불러서 꾸짖게 시켰으며 너는 지옥으로 가고 있다 라고 말하게 시켰을 것이라 확신하고 있었습니다. 나는 어이없는 눈빛으로 그녀를 쳐다보다가 갑자기 웃음보를 터트렸습니다. 너무 웃어서 배꼽이 빠질 지경이었습니다. 그녀도 역시 웃기 시작했습니다. 크게 그리고 한참 동안 웃었습니다. 더러운 거짓말쟁이요, 사기꾼인 마귀의 간계가 다시 한 번 드러나는 순간이었습니다!

이 일이 나뿐만 아니라 우리 가족 모두(남편과 부모님과 조부모님)와 그녀 사이의 오랜 교제의 시작이었습니다. 그녀는 내가 인도하는 토요일 아침 기도 모임에 참석하기 시작했습니다. 나는 그녀가 주님께로 돌아온 정확한 상황을 기억하지 못합니다. 그 일은 시간이 지나면서 자연스럽게 일어났습니다. 그녀는 주님께서 크게 사용하시는 아주 영적인 여자가 되었습니다.

그들은 정말로 관심을 가져줄 누군가가 필요하다.

수년 동안, 나는 수많은 미용사, 이웃들, 직장 동료들, 그리고 심지어 교회에 출석하는 사람들에게도 주님과 관계를 정상으로 회복시키도록 인도하였습니다. 그들은 누군가가 진심으로 관심을 갖고 하나님께서 그들을 얼마나 사랑하시는지, 그리고 돌아오기를 얼마나 기다리고 계신다는 사실을 알려야 할 필요가 있는 사람들입니다. 나는 아흔아홉 마리의 양을 남겨두고 잃어버린 한 마리의 양을 찾으러 떠나시는 주님의 이야기를 자주 들려주었습니다. 사람들에 대한 하나님의 사랑과 관심을 확신시켜주는 데, 누가복음 15:11-31에 나오는 탕자의 이야기는 만약 그 사람들이 "돼지 우리"의 경험을 해보았다면 좋은 예가 될 수 있을 것입니다.

이것이 사용되는 방법입니다.

아마도 당신은 이렇게 생각할 수도 있을 것입니다. "소냐, 확실히 당신에게는 그 일이 쉬운 일이지만 나의 은사가 아니에요. 나는 낯선 사람에게 그런 방식으로 절대 다가가지 못합니다. 나는 내성적인 사람이에요." 나는 이러한 말을 들을 때에 이렇게 대답하고자 합니다. 모든 기독교인들, 그래요, 당신을 포함한 모든 기독교인들은 이 방법을 사용할 수 있습니다!

이것이 사용되는 방법입니다: 당신은 주님께서 어떠한 은사를 주셨는지 알아야 합니다. 아마도 그것은 자비, 격려, 도움, 봉사, 친절, 혹은 수많은 종류의 은사일 것입니다. 우리는 **대사 시리즈(Ambassador Series)**에서 은사를 판별하는 방법과 성령님의 30가지 은사와 달란트에 대해 공부할 것입니다. 당신은 그저 주님께 사용되어지길 원한다고 말씀하세요. 그러면 주님께서 당신의 기도를 들어주시고 당신의 은사를 베풀 기회를 만들어 주실 것입니다.

결국, 누군가가 당신에게 왜 그렇게 행하였고 왜 그런 방법으로 하였는지 물어볼 것입니다. 그때가 당신이 크리스천인 것을 말하고 다른 사람들을 도와주기를 즐긴다는 것을 이야기할 좋은 기회인 것입니다. 심지어 예전에는 이런 방법을 사용하지 않았지만 예수님께서 변화시켜 주셨다고 말할 수도 있을 것입니다. 비록 그들이 관심을 보일지라도 너무 강압적으로 나가지 마세요. 그들이 좀 더 자발적이고 평온한 느낌을 갖도록 놓아 주세요. 사람들이 관심을 보이지 않는데, 우리가 너무도 열정적으로 나가서 그들에게 위협이 되거나 완전히 그들이 정 떨어지게 만드는 경우가 너무도 많습니다. 만약 그들이 준비가 되어있다면 생각을 바꿔서 주님과의 관계 속으로 되돌아 올 것입니다. 당신이 그것을 할 수 있습니다.

우리는 좀 더 확신이 필요할지 모른다.

만약 우리가 삶의 현장에서 유능한 사역자가 되기 위한 확신이 부족하다면, 성령님께서 우리를 통해 얼마나 많이 역사하셨는지를 점검해 보아야 합니다. 아마도 우리는 그분의 능력을 더 필요로 할 것입니다. 더 강한 확신을 갖기 위한 최고의 방법은 유능한 증인이 되기 위해 더 큰 능력을 달라고 하나님께 기도 드리는 것입니다. 우리가 예수님께 증인이 되기 위한 더 큰 능력을 달라고 기도를 드린다면, 예수님은 우리들이 성령 세례를 받도록 인도하실 것입니다. 이 성령 세례는 삶의 현장에서 사역하는 유능한 종이 되는 다음 단계입니다. 이 사역 기술은 2장에서 배울 것입니다.

실습해 봅시다

- 야고보서 1장 22절은 우리가 읽고 들은 것을 **행하라**고 말씀하십니다.
- 부록 B의 "실습합시다"와 연관하여 이 장에서 추천한 것을 생각해 봅시다.
- 사역기술 과제 "사람들을 그리스도께 인도하기"를 하시기 바랍니다.

| 제2장 |

사역기술 2

크리스천들을 성령세례로 인도하기

예수님께서 믿는 사람들에게 놀라운 영적 경험을 약속하셨습니다. 그분은 그것을 "성령의 선물"로 부르셨고, 증언자가 되기 위한 능력과 예수님이 하셨던 일을 할 수 있는 능력을 받을 것이라고 말씀하셨습니다. 우리가 이러한 성령님께서 주시는 놀라운 경험을 한다면, 다른 크리스천들을 동일한 경험으로 인도할 수 있을 것입니다.

성령세례는 놀랍고, 성경적이며, 크리스천들을 초자연적인 능력과 하나님의 영역으로 초대하는 권능의 경험입니다. 정말로 이 경험은 나(소냐)를 위한 것이었습니다.

나는 아버지가 집사였고 어머니는 성가대에서 찬양하는, 복음주의 교회에서 자라났기 때문에, 아주 어렸을 때부터 예수 그리스도에 대한 믿음을 가졌습니다. 나는 내 육신의 아버지와 아주 친밀하였기 때문에 하나님을 하늘에 계신 아버지로 연관시키기에 어려움이 전혀 없었습니니다. 예수 그리스도가 나의 구원자요, 나의 큰 오빠라는 것을 쉽게 믿었습니다. 나는 내 죄가 사함을 받았고, 죽으면 천국에 간다는 것을 알았습니다. 그러나 성령님은 다소 애매한 "존재"로 알았습니다. 나는 성령님께서 인격체이신 것을 알지 못했습니다. 나는 그분을 개인적으로 알지 못했습니다. 그러나 모든 것이 변화되었습니다.

20세기에 방문하심.

지난 2,000년 동안 성령 하나님은 심오하고도 삶을 변화시키는 초자연적인 경험을 통해 전세계에 흩어진 수많은 크리스천들을 찾아 오셨습니다. 이러한 신자들은 하나님과 좀더 친밀한 관계 갖기를 사모하였고, 전심으로 기도하여 하나님을 찾았습니다. 어떤 사람들은 생명이 위협받는 절망적인 환경에 처해 있었습니다. 또 어떤 사람들은 안전하고, 풍족하며 그들이 바라는 물질적인 만족을 소유했지만, 영적으로는 결핍된 삶이었습니다. 이것은 지구상의 모든 나라와 모든 인종에 공통된 것입니다.

갈급하는 마음.

성령님께서 마치 지구의 표면을 휩쓸듯이 심령이 갈급한 사람들을 찾으셨습니다. 성령님께서 그들을 발견하셨을 때, 그 분은 그들에게 임하셔서 변화시켜 주셨습니다. 거기에는 어떤 사회적, 경제적, 인종적, 성차별적, 교파적 장벽이 없었습니다. 나는 성령님을 경험한 많은 사람들을 개인적으로 알고 있는데, 그들은 주지사, 유엔 대사, 물리학자, 목회자, 교사, 변호사, 근로자, 건축가, 의사, 벌목군, 농부, 수리공, 학생, 도랑을 파는 일꾼, 고급 장교, 747 비행기의 조종사, 가정주부, 배우, 록 가수, 신부, 수녀들입니다.

우리는 성경과 역사적인 사실로부터 하나님께서는 그의 주권을 나타내시고 그분의 영원한 목표를 성취하시기 위해 필요한 때에 여러 가지 사건들을 계획하셨다는 것을 알고 있습니다. 이러한 사건 중의 하나는 예정된 시간에 임하시는 성령님의 폭발적인 역사입니다.

『오순절 성결운동의 전통(The Holiness-Pentecostal Tradition)』이란 제목의 책에서 빈슨 사이난(Vinson Synon)은 20세기 말에 벌어진 오순절적 전통의 놀라운 성장에 대하여 논하고 있습니다.

"이 운동은 20세기 기독교의 중요한 전통이 될 수 있습니다. 피터 와그너(Peter Wagner) 교수가 "인류의 역사 가운데서 어떤 비정치적, 비군사적, 자발적인 운동도 지난 25년간 오순절-은사주의 운동이 보여준 것보다 더 빠르게 성장한 것이 없습니다' 라고 말한 것이 사실이라면, 오순절운동은 정말로 로마 카톨릭 교회, 동방정교회, 그리고 종교개혁 전통과 함께 기독교의 주요한 전통 중 하나이다."

주후 1세기에, 세례 요한은 그 시대의 믿는 자들이 성령으로 세례를 받게 될 것이라고 말함으로써, 그 경험에 대하여 언급하였습니다.

마가복음 1:7-8

그가 전파하여 이르되 나보다 능력 많으신 이가 내 뒤에 오시나니 나는 굽혀 그의 신발끈을 풀기도 감당하지 못하겠노라 나는 너희에게 물로 세례를 베풀었거니와 그는 너희에게 성령으로 세례를 베푸시리라

예수님 따라 하기

예수 그리스도는 성령 세례를 주시는 유일한 분입니다. 모든 믿는 사람들은 단순하게 성령의 은사를 주시도록 예수님께 구하기만 하면 됩니다.

하나님의 초자연적인 권능에 대한 소녀의 설명.

27세 되던 때에 나는 하나님께 울부짖어 기도할 인생의 시점을 만났습니다. 나는 주님께 그 동안 경험했던 것보다 더 큰 것을 요구하였습니다. 나는 누군가를 도와줄 정도로 강한 능력을 갖고 있지 못했습니다. 내가 지쳐있을 때, 하나님은 놀라운 방법으로 나를 찾아오셨습니다.

사촌 페이 (Fay)가 기적적으로 치유되다!

이 때에, 나보다 나이가 많은 사촌이 울혈성 심부전증으로 침대에 앓아누워 거의 사경을 헤매고 있었습니다. 우리는 그녀의 죽음을 머지않아 통보 받을 것으로 생각하고 있었습니다. 그런데 어느 날 그래미 햇처 (Grammy Hatcher)가 내 사촌이 기적적으로 치료되었다고 알려주었습니다. 나는 너무나 놀라서 사촌 페이에게 전화하였고, 그녀에게 무슨 일이 일어났는지 들어보고 싶어 우리 집으로 초청하였습니다. 그녀의 목소리는 완전히 다른 여자처럼 들렸습니다!

다음날 오후에 그녀가 방문하였고, 나는 그녀에게 일어났던 일을 듣고는 크게 놀랐습니다. 그녀는 침대에 누워서 하나님의 도움을 울부짖으며 간구하였는데, 갑자기 그녀의 침실이 하나님의 임재 하심으로 충만해졌고, 그녀는 전혀 알지 못했던 언어로 앉아서 기도하기 시작했습니다. 남편이 무슨 일이 일어났는지 놀라서 달려올 정도로 그녀는 이 새로운 언어로 크게 기도하고 또 기도하였습니다. 그녀의 교회에서는 실제로 이런 경험을 반대하는 입장을 가르쳤고 그녀는 이것에 대해 전혀 알지 못했다고 말했습니다. 그러나 그녀의 남편은 젊었을 때 오순절 교회에 다녔었기 때문에 무슨 일이 일어났는지 눈치 챘습니다. 남편은 그녀를 바라보며 그저 미소를 지으며 문을 닫고 그녀가 주님과 함께 하도록 방을 나가 주었습니다. 다음날 그녀는 일어나서 걸어 다녔고, 병원에 가서 진료를 받았습니다. 극도로 위험했던 그녀의 혈압과 심장이 정상으로 돌아왔다는 말을 듣고도 그녀는 놀라지 않았습니다!

무엇인가가 나를 움직였다.

내 사촌의 이야기를 들을 때, 무엇인가가 내 마음을 자극하기 시작했습니다. 내 인생에 증거가 될 만한 초자연적인 것을 일으켜 줄 하나님과의 관계를 갈망했습니다. 그날 그녀가 떠나기 전에 우리는 함께 무릎을 꿇고 기도했는데 그녀가 기도를 인도했습니다. 처음엔 영어로 기도했고 다음엔 주님이 주권적으로 그녀에게 주신 아름다운 천국의 언어로 기도하였습니다. 나는 그녀의 삶에 일어난 놀라운 기적의 치유를 부인할 수 없었지만 "방언 기도"에 대해서는 받아들이기 아주 힘들었습니다. 어쨌든 그녀는 건강하게 25년을 더 살았습니다.

당연한 일이지만, 우리 가족 모두는 사촌 페이에게 일어났던 일에 대해 자주 이야기를 나누었습니다. 어머니는 스타일즈(John Stiles)가 지은 『성령의 은사(The Gift of the Holy Spirit)』란 책을 갖고 계셨습니다. 이 책을 읽으면서, 나는 읽고 있던 것이 실제로 내 성경 속에 있는 것인지 확인하기 위해 읽던 것을 멈추고 성경책을 열 수밖에 없었습니다. 그 사실들은 성경 속에 있었습니다. 예전에는 그 사실들을 이해하면서 성경을 읽지 못했었습니다.

나의 교회도 역시 이 경험에 반대하여 가르쳤다.

내가 다니던 교회가 성령님의 초자연적인 역사에 대해 가르치지 않았다는 것을 명심해 주시기 바랍니다. 사실, 우리 교회는 그것에 대해 반대하는 입장에서 가르쳐왔고 나에게 그런 엉터리 경험에 가까이 하지도 말라고 경고하기까지 했습니다. 이것은 내가 넘어서기에는 너무나 큰 장벽이었습니다. 그러나 이 책을 읽으면서, 나는 성령님께서 성부와 성자처럼 삼위일체의 한 분이시라는 것을 알게 되었고, 그분과 개인적인 관계를 맺을 수 있다는 것을 알게 되었습니다. 더군다나, 나는 성령님께서 선생님과 상담자가 되시고, 위로자가 되어 주시며, 내게 유능한 증거자가 될 수 있는 능력을 주시는 분임을 알 수 있었습니다. 나는 이러한 것을 마음속에 열망하게 되었습니다.

앞에서도 언급했듯이, 나는 기독교인의 삶을 살만한 능력이 없었고, 남을 도울 능력은 더욱이 없었습니다. 나는 한번도 누군가를 예수 그리스도와 관계를 맺도록 인도하지 못했었습니다. 내가 기억하는 가장 대담했던 일은 두 명의 여자친구를 우리 교회로 초청했던 일인데, 그들은 청소년부의 잘생긴 남자 아이들 때문에 오게 된 것이었습니다. 정말 무능력했었죠! 다른 사람들이 불신자들에게 예수님에 대한 이야기를 할 때 나는 정말 당황했습니다. 나는 속으로 "왜 말을 꺼내는 거야? 저 사람이 당황해 하는 것을 보지 못하나?"라고 생각했습니다. 나중에야 나는 나 자신이 사람들이 당황하는 것만 신경 썼지 그 사람이 오히려 지옥에 가는 것에 대해서는 생각하지 않고 있었다는 것을 알게 되었습니다.

예수님께서 나에게 성령으로 세례 주셨다.

성령님에 대한 그 책을 다 읽은 후 혼자 집에 있던 어느 금요일 저녁에 나는 침대 옆에서 무릎을 꿇고 아주 간단한 기도를 드렸습니다. "주 예수님, 저는 당신이 성령으로 세례를 주시는 유일한 분임을 알았습니다. 또한 저는 이것이 구원과 같이 거저 주시는 선물임을 이해합니다. 그리고 저는 갈망합니다. 이 선물을 받으면 저는 성령님께서 나의 상담자요, 선생님이요, 위로자가 되어 주시며 당신을 효과적으로 증거할 수 있는 능력을 주시는 분임을 알게 될 것입니다. 저는 좀 더 효과적으로 기도하기를 원합니다. 제가 알지 못하는 언어로 기도할 수 있는 능력을 허락하여 주세요. 감사합니다. 믿음으로 지금 저는 당신이 거저 주시는 선물을 받았습니다. 이제 입을 열면 나오는 말이 영어가 아닐 것으로 믿습니다."

심호흡을 하고 나는 말도 안 되는 음절을 말하기 시작했고 곧 유창한 언어로 변하였습니다. 나는 몇 분 기도하다가 일어나서 거실로 내려갔습니다. 나는 거울 앞에 멈춰 섰는데 내 자신이 기도하고 있는 모습을 바라보게 되었습니다. 갑자기, 나는 반쯤 정신이 나가서 소리쳤습니다. "와, 이거 정말 쉬운데. 누군가가 내게 이야기 해주었다면 어렸을 때 받았을 텐데!"

전화에다가 해볼 수 있어요?

나는 전화기 앞으로 가서 그래미 햇처에게 전화를 걸고 내가 성령 세례를 받은 것 같다고 이야기 하였습니다. 그녀는 조심스럽게 왜 그렇게 생각하느냐고 물었습니다. 나는 내가 예수님께 이 은사를 구했고 이제 배우지 않은 언어로 말할 수 있게 되었다고 말했습니다. 그녀는 내게 전화에 대고 그 언어로 말할 수 있겠느냐고 물었고 나는 그렇게 했습니다. 주저함 없이 아름다운 언어로 말하기 시작했습니다. 말할 필요도 없이 그녀는 매우 흥분하였습니다. 그때 나는 그녀가 16살 때 이미 이러한 경험을 했었지만 우리 교회가 이것을 금지하는 것을 알았기 때문에 나에게 말하지 않았다는 것을 알게 되었습니다. 이제는 다 이해가 갑니다! 어렸을 때, 나는 그녀가 방언으로 짧은 노래를 부르는 것을 들은 기억이 납니다. 그것이 바로 이 언어였어요! 얼마나 놀랍습니까!

너 수퍼 비타민 먹고 있지?

나는 이 놀라운 경험에 대하여 다른 사람들에게 말하고 다니지는 않았습니다. 그러나 몇 주가 지나지 않아 교회의 내 친구들이 내게 다가와서 내게 무슨 일이 있었는지 묻기 시작했습니다. 새롭게 임재하신 성령님께서 내 안에서 빛나고 있었던 것입니다. 한 친구는 내게 수퍼 비타민을 먹고 있느냐고 물었습니다. 나는 그들 한 사람 한 사람에게 "그게 아니고, 내가 요새 나의 삶을 변화시키는 놀라운 주님을 경험했어. 언젠가 커피를 마시면서 너희들과 이야기할 수 있으면 좋겠어"라고 말했습니다. 한 사람씩 만나면서 나의 체험을 말해주자 그들도 이 은사를 갈망하게 되었습니다. 우리는 때때로 레스토랑에 앉아서 조용히 기도했는데 이때 친구들은 성령 세례를 받았습니다.

종교적인 겉치레 없이 내가 성령세례를 받았기 때문인지, 내 친구들을 내가 받은 것과 동일한 단순하고도 놀라운 경험으로 인도하는 일은 아주 쉬운 일이었습니다.

나의 변화.

내 삶의 변화는 즉각적이고 강력했습니다. 전에는 다른 사람에게 내 믿음에 대해 말하기가 쑥스러웠던 나였는데, 이제는 항상 전도의 기회를 찾는 사람이 되었습니다. 소중한 성령님께서 그때 나의 선생님이 되어 주셨습니다. 성령님은 내가 반복해서 성경을 읽도록 인도하셨습니다. 나는 헬라어와 영어로 된 주석 신약성경을 비롯한 성경공부를 위한 모든 자료를 동원하여 성경을 연구하였습니다. 나는 상담자요 위로자이신 성령님을 경험했습니다. 그분은 항상 주 예수 그리스도를 높이는 나의 친구가 되어 주셨습니다.

연구를 하면서 나는 친구들과 내가 예수님의 사도와 제자들이 성령세례를 받았을 때 경험한 것과 똑같은 경험을 하고 있음을 발견하게 되었습니다. 우리는 앞으로 이러한 체험들을 살펴볼 것입니다. 그러나 먼저 나는 논란의 여지가 많은 이 경험에 대하여 수천만이 넘는 신자들과 나눈 내용을 간략하게 가르쳐 드리겠습니다.

성령세례
함께 하심, 내재 하심, 임재하심(with-within-upon)

성령세례의 목적은 우리가 하늘에서 주시는 능력의 옷을 입어 예수 그리스도를 효과적으로 증거할 수 있도록 하기 위함입니다. 우리가 죄 사함을 위해 기도하고 주님을 구주로 모시기 이전에, 성령님은 우리와 함께 계셨고, 우리를 그리스도께로 인도하셨습니다. 우리가 처음에 믿고, 회개하고, 예수 그리스도를 우리의 삶의 주인으로 받아들였을 때 성령님을 우리 속에 모시게 되었습니다. 그때, 우리는 성령님에 의해 새로 태어났습니다. 성령세례는 처음의 중생 체험과는 다른 그 후에 일어나는 일입니다. 성령세례는 하나님이 약속하신 성령의 은사를 예수 그리스도께 구하는 자들에게 성령님께서 강하게 임재하실 때 일어납니다.

다음의 성경 말씀은 이러한 성령님께서 우리에게 함께하시고, 내재 하시고 혹은 임재하시는 구별을 명확하게 보여줍니다.

요한복음 14:16-17
내가 아버지께 구하겠으니 그가 또 다른 보혜사를 너희에게 주사 영원토록 너희와 함께 있게 하리니 그는 진리의 영이라 세상은 능히 그를 받지 못하나니 이는 그를 보지도 못하고 알지도 못함이라 그러나 너희는 그를

아나니 그는 너희와 **함께** 거하심이요 또 너희 속에 계시겠음이라

사도행전 8:15-17

그들이 내려가서 그들을 위하여 성령 받기를 기도하니 이는 아직 한 사람에게도 성령 **내리신** 일이 없고 오직 주 예수의 이름으로 세례만 받을 뿐이더라 이에 두 사도가 그들에게 안수하매 성령을 받는지라

사도행전 10:44-46

베드로가 이 말을 할 때에 성령이 말씀 듣는 모든 사람에게 **내려오시니** 베드로와 함께 온 할례 받은 신자들이 이방인들에게도 성령 부어 주심으로 말미암아 놀라니 이는 방언을 말하며 하나님 높임을 들음이러라

사도행전 19:5-6

그들이 듣고 주 예수의 이름으로 세례를 받으니 바울이 그들에게 안수하매 성령이 그들에게 **임하시므로** 방언도 하고 예언도 하니

예수님 따라 하기

- 우리는 성령님께서 우리의 구원 전부터 우리와 **함께하시고** 우리를 구주께 인도하시는 분임을 알았습니다.
- 우리가 회개하면서 예수 그리스도께 우리의 죄를 용서하시고 우리의 삶에 들어오시기를 구할 때, 성령님은 **우리 속에 오셔서** 우리의 영을 자극하시고 하나님과 함께 살게 만드셨습니다. 우리는 영으로 태어났고, 위로부터 태어났습니다. 우리는 하나님의 아들과 딸이 되었습니다. 만일 우리가 죽는다면, 우리는 천국에 갈 수 있습니다.
- 성경은 성령님께서 우리에게 **임하셔서** 권능으로 세례를 주시는 일련의 경험이 있음을 아주 명확하게 보여주고 있습니다. 이것이 바로 우리와 수많은 신자들이 개인적으로 체험한 것입니다.

사도행전에 나타난 성령님

이제 사도행전의 첫 장부터 12장까지를 살펴볼 것입니다. 성령님께서 어떻게 사도들과 제자들과 유대인들과 이방인들과 남자와 여자들에게 임하셨는지 볼 수 있을 것입니다. 우리는 그들의 경험을 볼 수 있고, 성경 구절에서 우리들 자신을 발견할 수 있을 것입니다. 우리는 A.D. 1세기에 그들이 체험한 것과 동일한 삶의 변화와 초자연적인 만남을 경험할 수 있을 것입니다.

우리는 삶의 변화를 주는 이러한 선물에 대해 하나님 아버지, 주 예수 그리스도, 세례 요한, 그리고 사도 베드로와 바울이 이야기 하는 것을 볼 수 있을 것입니다. 다음의 단어들을 마음속에 새기시기 바랍니다: **함께(with), 내재하심(within), 임재하심(upon, on), 선물(gift), 채워주심(filled), 능력(power), 그리고 성령의 세례(baptized with the Holy Spirit)**. 신약 교회의 탄생에서 성령님의 활약을 지켜보는 것은 매우 흥미 있는 일입니다.

아버지의 약속.

누가복음 24:49

볼지어다 내가 내 아버지께서 약속하신 것을 너희에게 보내리니 너희는 위로부터 **능력**으로 입혀질 때까지 이 성에 머물라 하시니라

예수님 따라 하기

예수님은 우리가 능력으로 옷 입혀질 것이라는 아버지의 약속을 말씀하셨습니다. 성령세례는 증인이 되기 위한 능력을 주시기 위함입니다.

예수님은 제자들에게 아버지의 약속을 기다리라고 지시하셨습니다. 그들은 기대하는 것이 무엇인지 몰랐지만 기다렸습니다. 오순절 날 그 약속하신 것이 오셨습니다.

예수님은 성령으로 세례를 베푸실 분이시다.

우리는 마가복음의 첫 장에 기록된 세례 요한의 말씀으로 시작하려 합니다.

> **마가복음 1:7-8**
>
> 그가 전파하여 이르되 나보다 능력 많으신 이가 내 뒤에 오시나니 나는 굽혀 그의 신발끈을 풀기도 감당하지 못하겠노라 나는 너희에게 물로 세례를 베풀었거니와 그는 너희에게 성령으로 세례를 베푸시리라

예수님 따라 하기

이 성경 구절에서 세례 요한은 자신이 맡고 있는 물로 주는 세례와 예수님이 하실 성령의 세례를 구분하였습니다.

예수님은 제자들에게 선물을 기다리라고 지시하셨다.

다음 성경 구절은 예수님께서 제자들에게 하신 명령을 기록한 것입니다.

> **사도행전 1:4-5**
>
> 사도와 함께 모이사 그들에게 **분부하여**(command) 이르시되 예루살렘을 떠나지 말고 내게 들은 바 아버지께서 약속하신 **것**(gift)을 기다리라. 요한은 물로 세례를 베풀었으나 너희는 몇 날이 못되어 **성령으로 세례를 받으리라**(you will be baptized with the Holy Spirit) 하셨느니라. (NIV)

> **예수님 따라 하기**
>
> 예수님은 우리에게 성령께서 주실 선물을 기다리라고 제안하신 것이 아니라 명령하셨습니다. 이것은 우리가 유능한 증거자가 되려면 성령 세례를 꼭 받아야만 한다는 것을 의미합니다.

예수님은 제자들에게 권능(power)을 받으라고 말씀하셨다.

사도행전 1:8

오직 성령이 너희에게 임하시면 너희가 **권능(power)**을 받고 예루살렘과 온 유대와 사마리아와 땅 끝까지 이르러 내 증인이 되리라 하시니라.

> **예수님 따라 하기**
>
> 예수님께서는 성령세례의 목적을 효과적인 증인이 되기 위해 능력을 얻기 위한 것이라고 말씀하셨습니다.

예수님의 말씀은 오순절 날 성취되었다.

우리는 주님의 말씀이 사도행전 2장에서 성취된 것을 알고 있습니다. 성령님께서 오순절날 오셨습니다.

사도행전 2:1-4

오순절 날이 이미 이르매 그들이 다같이 한 곳에 모였더니 홀연히 하늘로부터 급하고 강한 바람 같은 소리가 있어 그들이 앉은 온 집에 가득하며 마치 불의 혀처럼 갈라지는 것들이 그들에게 보여 각 사람 위에 하나씩 임하여 있더니 그들이 다 **성령의 충만함을 받고 성령이 말하게 하심을 따라 다른 언어들로 말하기를 시작하니라**

> ### 예수님 따라 하기
> 성령님은 하나님과 예수님께서 약속하신 대로 임하셨습니다. 이 믿는 사람들은 그들이 배우지 못한 언어로 말하는 초자연적인 능력을 입고 큰 소동을 일으켰습니다. 우리도 그와 같이 할 수 있습니다.

그들은 하나님의 놀라우심을 선포하였고, 천하 각국에서 온 경건한 유대인들은 어리둥절하여 이게 어찌된 것인지 의문을 가졌습니다. 더 큰 무리가 모였습니다. 베드로는 서서 목소리를 높여 성령충만하고 능력 있는 말씀을 그들에게 전했습니다. 그는 선지자 요엘의 말씀을 언급하였습니다.

사도행전 2:17-18

하나님이 말씀하시기를 말세에 내가 내 영을 모든 육체에 부어 주리니 너희의 자녀들은 예언할 것이요 너희의 젊은이들은 환상을 보고 너희의 늙은이들은 꿈을 꾸리라 그 때에 내가 내 영을 내 남종과 여종들에게 부어 주리니 그들이 예언할 것이요

베드로가 말씀을 마친 후, 사도행전 2장의 후반부는 사람들의 반응을 기록하고 있습니다.

사도행전 2:37-41

그들이 이 말을 듣고 마음에 찔려 베드로와 다른 사도들에게 물어 이르되 형제들아 우리가 어찌할꼬 하거늘 베드로가 이르되 너희가 회개하여 각각 예수 그리스도의 이름으로 세례를 받고 죄 사함을 받으라 그리하면 성령의 선물을 받으리니 이 약속은 너희와 너희 자녀와 모든 먼 데 사람 곧 주 우리 하나님이 얼마든지 부르시는 자들에게 하신 것이라 하고 또 여러 말로 확증하며 권하여 이르되 너희가 이 패역한 세대에서 구원을 받으라 하

니 그 말을 받은 사람들은 세례를 받으매 이 날에 신도의 수가 삼천이나 더하더라

> **예수님 따라 하기**
> 우리가 예수 그리스도를 통해 하나님과 세상을 화해하게 하는 일을 계속 하게 하시려고 성령님께서는 우리에게 임하셨습니다.

이 약속은 오늘날 우리에게도 유효하다.

나는 성령님께서 베드로의 말을 기록하게 하신 것을 매우 기쁘게 생각합니다. 이 기록으로 이 약속이 오늘날 우리에게도 유효하다는 것을 확실히 알 수 있습니다. 우리는 우리가 받은 성령의 은사가 초대교회 성도들이 받은 은사와 동일하다는 것, 그리고 동일한 결과를 가져올 것이라는 것을 확신할 수 있습니다. 내 친구와 나는 그와 같은 성령님의 은사를 받았고 하나님의 초자연적인 것을 경험하기 시작했습니다. 이것은 우리의 삶에서 잃어버렸던 부분이었습니다. 그렇습니다. 예수 그리스도를 구세주로 알고 있었지만, 우리는 정말 능력이 없었습니다. 우리가 회개하고 우리의 죄를 용서받기 위해 세례를 받은 후, 성령의 은사를 받았을 때 모든 것이 변화되었습니다.

신약 교회가 초자연적 능력에 의해 탄생되었다.

신약의 교회는 약속된 성령님의 이 놀라운 초자연적인 부어주심으로 태어났습니다. 그러나 거기서 멈추지 않았습니다. 엄청난 치유와 구제와 기적들이 일어났고, 하나님은 매일매일 교회에 믿는 자들을 더 하셨습니다.

앉은뱅이 거지가 치유되다.

사도행전을 읽으면서 성령님의 역동적인 권능을 발견하게 됩니다. 3장에서 베드로는 앉은뱅이 거지를 고치고, 모인 무리를 향해 회개하고 죄의 용서를 받기 위해 부활하신 예수 그리스도께로 돌아오라고 촉구하는 메시지를 전하였습니다. 그 설교를 들은 많은 사람이 믿게 되었고, 남자의 수만 약 5천명에 달했습니다. **성령 세례를 받기 전에 유대교 지도자들이 무서워 숨어있었던 베드로에게 무슨 일이 일어났던 것입니까?**

무슨 권세로?

베드로와 요한은 옥에 갇힌 채로 밤을 세웠습니다. 다음 날 관원들과 장로들과 서기관들이 예루살렘에 모였습니다. 그들은 베드로와 요한을 앞에 세우고 묻기 시작했습니다: "너희가 무슨 **권세**(power)와 뉘 이름으로 이 일을 행하였느냐?"

그것은 나사렛 예수의 이름이다.

베드로는 **성령이 충만하여** 다시 말씀을 전하기 시작했습니다. "너희와 모든 이스라엘 백성들은 알라 너희가 십자가에 못 박고 하나님이 죽은 자 가운데서 살리신 나사렛 예수 그리스도의 이름으로 이 사람이 건강하게 되어 너희 앞에 섰느니라. 다른 이로써는 구원을 받을 수 없나니 천하 사람 중에 구원을 받을 만한 다른 이름을 우리에게 주신 일이 없음이라 하였더라"(사도행전 4:10, 12).

사도행전 4:13-14

그들이 베드로와 요한이 담대하게 말함을 보고 그들을 본래 학문 없는 범인으로 알았다가 이상히 여기며 또 전에 예수와 함께 있던 줄도 알고 또 병 나은 사람이 그들과 함께 서 있는 것을 보고 비난할 말이 없는지라

예수님 따라 하기

우리가 사역자로서 기적들을 경험한다면 무신론자들이 할 말이 없어질 것입니다. 그것은 예비 크리스천을 사로잡을 성령님의 권세입니다.

이 주목할 만한 기적은 부정될 수 없었고 지도자들은 더 이상 그 이름으로 아무 사람에게나 말하지 말라고 위협하였으나 공회원들 자신도 "이 사람들을 어떻게 할까 그들로 말미암아 유명한 표적 나타난 것이 예루살렘에 사는 모든 사람에게 알려졌으니 우리도 부인할 수 없는지라(사도행전 4:16)."라고 말했습니다. 모든 사람들은 일어난 일을 보고 하나님을 찬양했습니다. 기적적으로 치유 받은 사람은 사십여 세가 된 사람이었습니다 (사도행전 4:21-22 참고).

놀라운 권능.

성령 세례를 통해 속박을 풀어주는 그 권능은 참 놀랍습니다! 예수님과 함께 생활했었던 갈릴리 출신의 무식한 어부가 완전히 변하여 세상으로 나아갔습니다. 오늘날도 마찬가지입니다. 예수 그리스도와 개인적인 관계를 갖게 되고 성령의 세례를 받은 교육을 받지 못한(혹은 교육을 받은) 사람들이 완전히 변하여 세상으로 나아갑니다. 이러한 일은 수세기 동안 셀 수 없이 많은 사람에게 일어났고 오늘도 세계 도처에서 일

어나고 있습니다.

나(소냐)는 기적의 증거들을 보기 시작했다.

나는 내 삶에 이러한 능력을 개인적으로 경험하고 있습니다. 내가 사도행전에 기록된 초자연적인 치유에 대하여 연구하기 시작하면서, 내 마음속에 치유에 대한 믿음이 생기기 시작했습니다. 내가 사람들을 위해 과감히 기도를 시작하자, 내 손을 통해 보여지는 기적의 증거들을 보기 시작했습니다.

회사 간부를 치료하였다.

어느 날 내가 일하는 회사의 간부가 중요한 발표를 앞두고 있었습니다. 그가 나에게로 오더니 앞이 안보일 정도로 아픈 편두통을 호소하면서 치유를 위한 기도를 부탁했습니다. 부사장 중 한 명이 우연히 우리의 대화를 듣고, 어떤 일이 일어나는지 지켜볼 수 있게 해달라고 부탁했습니다. 나는 괜찮다고 말하고 우리 셋이 대화를 나누는 것처럼 하면서 사람들이 있는 곳에서 벗어나자고 제안했습니다. 조용한 곳에서 나는 그 간부의 머리에 손을 얹고 예수의 이름으로 고통이 물러날 것을 명령하였습니다. 그는 즉시 치유되었고 그 부사장은 너무나 놀라워했습니다. 그 부사장은 이러한 종류의 치유를 들은 적이 있지만 직접 본 것은 처음이라고 말했습니다. 나는 치유하기를 원하시는 주님의 소망에 대하여 설명하였고, 주 예수 그리스도께 공로와 영광을 돌리는 데만 사용되는 성령님의 능력에 대하여 설명하였습니다. 그 회사의 부사장인 나에게 주님은 아주 자연스러운 방법으로 주님의 선하심을 나타낼 수많은 기회를 허락해 주셨습니다. 그 간부는 곧 크리스천이 되었습니다.

기도의 장소가 진동하였다.

베드로와 요한이 함께 모여 있는 믿는 자들에게 돌아와서 일어난 모든 일에 대해 이야기 하였습니다. 그리고 그들은 모두 소리를 높여 주님께 기도하였습니다. 기도가 끝나자, 그들이 모인 곳이 진동하였습니다. 그 무리가 다 성령의 충만함을 받아 하나님의 말씀을 담대히 전하였습니다(사도행전 4:23-24, 31 참고).

만약 당신도 이런 경험을 해보았다면, 당신이 기도하던 장소가 진동한 것이 얼마나 오래 전의 일입니까? 하나님의 권능이 그들 가운데서 나타났습니다. 그리고 그분은 오늘날도 같은 일을 하시기 원한다고 우리는 확실히 믿습니다. 준비 기도시간에 주님의 능력이 충만히 역사할 때 마음의 문을 열면 성도들 가운데서 뿜어져 나오는 주님의 권능이 당신의 무릎을 꿇게 하는 경험을 한 적이 있을 것입니다.

계시의 은사가 사용되기 시작하다.

사도행전 5장으로 가보면, 아나니아와 삽비라 부부에 관련해서 두렵고 놀라운 방식으로 사도들을 통해 증거 된 성령님의 계시의 은사를 볼 수 있습니다. 그 부부는 교회에 낸 헌물에 대해서 사도들에게 거짓말을 했고 이 두 사람은 "주의 영을 시험하는 것" 때문에 갑작스런 죽음을 당했습니다. 이 일로 모든 교회와 이 일을 들은 사람들이 모두 두려워하였습니다.

사도들이 많은 사람을 치유하였다.

사도행전 5:12-16

사도들의 손을 통하여 민간에 표적과 기사가 많이 일어나매 믿는 사람이다 마음을 같이하여 솔로몬 행각에 모이고 그 나머지는 감히 그들과 상종하는 사람이 없으나 백성이 칭송하더라 믿고 주께로 나아오는 자가 더 많으니 남녀의 큰 무리더라 심지어 병든 사람을 메고 거리에 나가 침대와 요 위에 누이고 베드로가 지날 때에 혹 그의 그림자라도 누구에게 덮일까 바라고 예루살렘 부근의 수많은 사람들도 모여 병든 사람과 더러운 귀신에게 괴로움 받는 사람을 데리고 와서 다 나음을 얻으니라

예수님 따라 하기

이제 믿는 사람들이 예수님께서 하셨던 일을 행하기 시작하였고 같은 결과를 얻게 되었습니다. 이것은 오늘날에도 마찬가지입니다. 성령으로 충만한 믿는 자들이 병자를 치유하고 있습니다.

오순절 날 성령님을 만난 사람들은 살아 역사하시는 그리스도의 능력 있는 종으로 확실하게 변화되었습니다!

이 일은 오늘날에도 여전히 계속된다.

우리는 말씀 전파, 치유, 그리고 귀신의 세력에서 해방시키는 일에 우리를 통하여 이 동일한 능력이 나타난 것을 경험했습니다. 특별한 예들은 이 책의 후반부에서 볼 수 있습니다.

주의 사자가 옥문을 열다.

사도들이 예루살렘에서 소란을 일으킨 이유로 옥에 갇히게 되었습니다. 주의 사자가 그들을 풀어주었고, 베드로와 다른 사도들이 예수님을 증거할 새로운 기회를 얻게 되었습니다. 공회의 대제사장들이 사도들

을 채찍질하고 다시는 예수의 이름으로 말하지 말라고 명령하며 놓아 주었습니다. 사도들은 그 이름을 위하여 능욕 받는 일에 합당한 자로 여기심을 기뻐하면서 떠났습니다(사도행전 5:18-19, 40-41 참고).

스데반이 순교를 당하다.

이제 하나님의 은혜와 권능이 충만한 스데반이 많은 사람들 가운데서 큰 기사와 이적을 행했습니다. 스데반을 반대하는 사람들은 지혜와 성령으로 말하는 스데반을 당할 수가 없었습니다. 그러자 그들은 음모를 꾸며 스데반을 공회로 잡아갔습니다. 스데반이 놀랍고 확신에 찬 설교를 끝마치자, 그들은 스데반을 예루살렘 밖으로 끌어내어 돌로 쳐 죽였습니다. 사울이 이 장면을 보았고 스데반의 죽음을 마땅히 여겼습니다.

교회가 박해를 당하고 흩어지다

스데반이 순교하던 날 예루살렘에 있는 교회에 큰 핍박이 일어나 사도를 제외한 모든 사람들이 유대와 사마리아 모든 땅으로 흩어졌습니다.

사마리아 성에서의 빌립.

사도행전 8:4-8

그 흩어진 사람들이 두루 다니며 복음의 말씀을 전할새 빌립이 사마리아 성에 내려가 그리스도를 백성에게 전파하니 무리가 빌립의 말도 듣고 행하는 표적도 보고 한마음으로 그가 하는 말을 따르더라 많은 사람에게 붙었던 더러운 귀신들이 크게 소리를 지르며 나가고 또 많은 중풍병자와 못 걷는 사람이 나으니 그 성에 큰 기쁨이 있더라

> **예수님 따라 하기**
>
> 우리가 성령님께서 우리를 통해 역사하시도록 순종할 때, 성령님은 악한 영을 쫓아내실 것이고, 치유로 증거하실 것이며, 표적이 일어나게 하실 것입니다.

마술사 시몬.

사도행전 8:9-13

그 성에 시몬이라 하는 사람이 전부터 있어 마술을 행하여 사마리아 백성을 놀라게 하며 자칭 큰 자라 하니 낮은 사람부터 높은 사람까지 다 따르며 이르되 이 사람은 크다 일컫는 하나님의 능력이라 하더라 오랫동안 그 마술에 놀랐으므로 그들이 따르더니 빌립이 하나님 나라와 및 예수 그리스도의 이름에 관하여 전도함을 그들이 믿고 남녀가 다 세례를 받으니 시몬도 믿고 세례를 받은 후에 전심으로 빌립을 따라다니며 그 나타나는 표적과 큰 능력을 보고 놀라니라

> **예수님 따라 하기**
>
> 우리가 성령님의 인도하심에 순종한다면, 우리도 빌립에게 일어났던 같은 일들을 경험할 수 있을 것입니다. 우리는 주님을 증거하기 위해 "표적과 큰 능력"이 나타나도록 성령 충만함을 입어야 합니다.

사도들이 사마리아를 방문하다.

사도행전 8:14-19

예루살렘에 있는 사도들이 사마리아도 하나님의 말씀을 받았다 함을 듣고 베드로와 요한을 보내매 그들이 내려가서 그들을 위하여 성령 받기를 기도하니 이는 아직 한 사람에게도 성령 내리신 일이 없고 오직 주 예수의

이름으로 세례만 받을 뿐이더라 이에 두 사도가 그들에게 안수하매 **성령을 받는지라** 시몬이 사도들의 안수로 성령 받는 것을 보고 돈을 드려 이르되 이 권능을 내게도 주어 누구든지 내가 안수하는 사람은 성령을 받게 하여 주소서 하니

예수님 따라 하기

- 안수는 성령의 세례를 받은 사람들이 다른 사람에게 그 경험을 전하는 성경적 패턴입니다.
- 성령의 세례를 받은 사람들은 이미 물로 세례를 받은 신자들이었습니다.

성령세례는 회개한 사람을 위한 것입니다.

이 말씀은 회개, 구원, 그리고 물 세례 후에 이어지는 성령님의 역사에 대한 좋은 예입니다. 우리는 빌립이 주 예수 그리스도에 대한 믿음을 통해 성령으로 거듭나지 않은 사람에게는 세례를 결코 베풀지 않은 것을 알게 됩니다. "이는 아직 한 사람에게도 성령 내리신 일이 없고 오직 주 예수의 이름으로 세례만 받을 뿐이더라"(사도행전 8:16). 베드로와 요한이 그들의 머리에 안수하자 성령을 받았습니다. 마술사 시몬은 "사도들의 안수로 성령 받는 것을" 보았습니다. 그는 사도들에게 돈을 주며 그 능력을 달라고 요청하였습니다. 물론 그는 엄한 꾸짖음을 당하였습니다(사도행전 8:18-23 참고).

애니아와 도르가.

베드로가 성령에 의해 권능을 받고 여러 곳을 여행하면서 많은 기적을 행하였습니다. 애니아를 치유하고 도르가를 죽음에서 일으킨 두 가

지 놀랄 만한 기적을 통해 룻다와 사론과 욥바에 있는 많은 사람들이 주님께로 나아오게 하였습니다.

사도행전 9:32-35

그 때에 베드로가 사방으로 두루 다니다가 룻다에 사는 성도들에게도 내려갔더니 거기서 애니아라 하는 사람을 만나매 그는 중풍병으로 침상 위에 누운 지 여덟 해라 베드로가 이르되 애니아야 예수 그리스도께서 너를 낫게 하시니 일어나 네 자리를 정돈하라 한대 곧 일어나니 룻다와 사론에 사는 사람들이 다 그를 보고 주께로 돌아오니라

예수님 따라 하기

성령세례 받은 믿는 자들은 어디를 가든지 병자를 치유할 수 있어야 합니다. 이 성경 구절에서 주님은 치유를 통해 룻다와 사론의 지역을 재빠르게 복음화시켰습니다.

태국에서 우리에게도 일어났다.

기적의 주요한 목적중의 하나가 예비 크리스천을 주 예수 그리스도의 구원의 도에 이르도록 하는 데 있다는 것을 명심하여야 합니다. 우리는 태국 북부에 있는 피난민 캠프에서 이것을 경험하였습니다. 우리를 초청한 사람들은 크리스천들이었고 그 피난민 캠프는 거의 복음화가 되어 있었습니다. 아이들은 얌전했고 그들에게서 주님의 평화를 느낄 수 있었습니다. 그 캠프는 깨끗하고 질서가 잡혀 있었습니다.

우리 초청자가 우리를 복음화 되지 않은 다른 피난민 캠프로 인도하였습니다. 얼마나 대조적인지! 그 아이들은 마치 작은 야만인 같았고 구걸을 하며 우리를 할퀴었습니다. 여러 여자들이 우리 그룹의 남자들에

게 다가가 돈을 주면 섹스를 할 수 있다고 말하였습니다. 복음이 전파되어야 할 곳이었습니다.

우리는 하나님께서 병자를 치유하실 것이라 담대히 선포하였다.

존은 음악을 크게 연주하여 무리가 모이게 하였습니다. 그리고 우리가 섬기는 하나님과 그분의 놀라운 권능에 대한 짧은 설교를 하였습니다. 다음에, 존은 하나님께서 사람들을 사랑하시는 것을 보여주시기 위해서 아픈 사람들을 치유하실 것이라고 담대히 선포하였습니다. 즉시 그 무리에서는 잘 알려져 있는 사람으로 보이는 남자가 나아왔습니다. 그는 등에 엄청난 통증이 있어 고통이 심했습니다. 기도를 하자 그 사람은 치유되었고 그것이 많은 무리를 술렁이게 만들었습니다. 존이 구원받기 원하는 사람을 초청할 때 사람들이 나아왔습니다. 그 캠프는 부족장이 하라고 지시할 때 반응하는 곳이어서 이런 초청에 나오기가 힘든 곳이었지만 몇 명의 사람이 그들이 지켜본 기적 때문에 구원의 초대에 응했습니다. 그 부족장은 좀 더 기독교에 대해 알아보기 위해 우리 무리를 다음주에 다시 초대하였습니다.

사도행전 10장에서 고넬료가 베드로를 청하다.

가이샤라에 고넬료라는 이방인이 있었습니다. 그는 로마 군대의 백부장이었습니다. 그와 가족은 경건하고 하나님을 경외하는 사람이었습니다. 그는 사람들에게 많은 것을 나눠주어 구제에 힘썼고 꾸준히 하나님께 기도하는 사람이었습니다. 어느 날 그는 환상을 보게 되었는데, 하나님의 천사가 나타나 사람들을 욥바에 보내어 베드로라 하는 시몬을 청하라고 말씀하였습니다. 그 천사는 베드로가 머무는 곳의 정확한 위치까지 알려주었습니다.

다음날 고넬료의 종들이 그 도시에 도착했을 때, 베드로는 환상을 보았는데 하나님께서 깨끗하게 하신 것을 속되다고 말하지 말라는 환상을 보았습니다. 베드로가 그 환상의 의미를 생각할 때, 성령께서 두 사람이 찾아올 것인데 그들과 함께 가이샤라로 가라고 말씀하셨습니다. 그 다음날, 베드로는 고넬료의 집에 가서 비록 이방인의 집이지만 하나님께서 아무도 속되다 하거나 깨끗하지 않다고 하지 말라고 하셔서 오게 되었노라고 설명하였습니다. 그리고 베드로는 나사렛 예수에 대한 강력한 설교를 하기 시작했습니다.

성령님께서 이방인들에게 오시다.

사도행전 10:44-48

베드로가 이 말을 할 때에 성령이 말씀 듣는 모든 사람에게 내려오시니 베드로와 함께 온 할례 받은 신자들이 이방인들에게도 성령 부어 주심으로 말미암아 놀라니 이는 방언을 말하며 하나님 높임을 들음이러라 이에 베드로가 이르되 이 사람들이 우리와 같이 성령을 받았으니 누가 능히 물로 세례 베풂을 금하리요 하고 명하여 예수 그리스도의 이름으로 세례를 베풀라 하니라 그들이 베드로에게 며칠 더 머물기를 청하니라

예수님 따라 하기

방언(영의 언어)으로 말하고 하나님을 찬양하는 것은 성령세례에 동반되는 것으로 성서에 나타난 명확한 패턴이다.

베드로가 그의 행동을 설명하다.

사도행전 11:1-4

유대에 있는 사도들과 형제들이 이방인들도 하나님의 말씀을 받았다 함을

들었더니 베드로가 예루살렘에 올라갔을 때에 할례자들이 비난하여 이르되 네가 무할례자의 집에 들어가 함께 먹었다 하니 베드로가 그들에게 이 일을 차례로 설명하여

사도행전 11:15-18

내가 말을 시작할 때에 성령이 그들에게 임하시기를 처음 우리에게 하신 것과 같이 하는지라 내가 주의 말씀에 요한은 물로 세례를 베풀었으나 너희는 성령으로 세례를 받으리라 하신 것이 생각났노라 그런즉 하나님이 우리가 주 예수 그리스도를 믿을 때에 주신 것과 같은 선물을 그들에게도 주셨으니 내가 누구이기에 하나님을 능히 막겠느냐 하더라 그들이 이 말을 듣고 잠잠하여 하나님께 영광을 돌려 이르되 그러면 하나님께서 이방인에게도 생명 얻는 회개를 주셨도다 하니라

예수님 따라 하기

성령세례를 통해 베드로와 사도들과 다른 유대인 신자들은 하나님께서 이방인도 받아들이셨다는 확신을 갖게 되었다.

오늘날에도 임하신다!

우리는 성령님께서 이방 사람들에게도 임하신다는 기록을 알고 있습니다. 그것은 베드로가 **성령의 선물**이 그들과 그들의 **자녀와 모든 먼데 사람 곧 주 우리 하나님이 부르시는 모든 자들에게 주어질 것이라**는(사도행전 2:37-39) 말씀이 성취된 것입니다. 이것은 이 훌륭한 선물이 오늘날 우리에게 뿐만 아니라 "모든 먼 데 사람 곧 주 우리 하나님이 얼마든지 부르시는 모든 자"들에게 주어질 것을 명확히 말씀해 주고 있는 것입니다.

사울의 개종과 사역.

사울이 다메섹으로 가는 길에서 살아계신 그리스도를 만나고 하나님의 사람 아나니아가 주님의 명령에 순종하여 사울의 눈을 낫게 한 후, 사울은 즉시 각 회당에서 하나님의 아들 예수에 대하여 전파하기 시작하였습니다.

몇 년 후에 바울은 에베소로 선교여행을 떠났습니다. 그곳에서 제자들을 발견하고 물었습니다. "너희가 믿을 때에 성령을 받았느냐?"

사도행전 19:1-7

아볼로가 고린도에 있을 때에 바울이 윗지방으로 다녀 에베소에 와서 어떤 제자들을 만나 이르되 **너희가 믿을 때에 성령을 받았느냐** 이르되 아니라 우리는 성령이 계심도 듣지 못하였노라 바울이 이르되 그러면 너희가 무슨 세례를 받았느냐 대답하되 요한의 세례니라 바울이 이르되 요한이 회개의 세례를 베풀며 백성에게 말하되 내 뒤에 오시는 이를 믿으라 하였으니 이는 곧 예수라 하거늘 그들이 듣고 주 예수의 이름으로 세례를 받으니 바울이 그들에게 안수하매 성령이 그들에게 임하시므로 **방언도 하고 예언도 하니** 모두 열두 사람쯤 되니라

예수님 따라 하기

여기에 오순절이 지난 몇 년 후의 또 다른 예가 기록되어 있지만, 모두 같은 패턴입니다. 일단 믿는 자들이 성령 받는 것에 대해 정확히 이해한 다음에, 손을 얹고 안수하고, 그들은 성령의 선물을 받습니다. 그리고 영적인 언어와 예언이 터져 나옵니다.

바울이 방언으로 기도하다.

성령의 세례가 신약 교회에서 근본적인 진리였고 경험이었다는 것은

명백합니다. 위대한 사도 바울도 후에 고린도교인들에게 내가 너희 모든 사람들보다 방언으로 더 많이 기도한다고 말하는 것을 보면 그도 확실히 이 경험을 즐긴 것입니다(고린도전서 14:18 참고).

소녀도 사도들이 했던 것과 같은 경험을 하였다!

사도들은 주님과 함께 3년 반을 지냈습니다. 주님은 개인적으로 그들을 교육하셨습니다. 부활 후 승천하시기 전에 주님은 그들에게 생기를 불어넣어 주셔서 거듭나게 하셨습니다. 나 또한 거듭난 사람이었습니다. 그럼에도 불구하고, 그들은 나처럼 두려움과 무력한 상태에 있었습니다.

예수님은 하늘로부터 능력이 덧입혀지는 아버지의 약속인 성령의 **선물**을 기다리라고 분부하셨습니다. 오순절 날이 이르자, 성령님께서 그들이 전혀 경험한 적이 없는 강력하고 초자연적인 방법으로 임재 하셨습니다. 그들은 온 세상에 복음을 전하였고 대부분 신앙을 위해 순교를 당하였습니다. 무엇이 그들을 변화시켰을까요? 그것은 주님의 권능으로 세례를 주시고 무장시켜주시는 하나님의 성령이었습니다. 바로 이런 일이 나에게도 일어난 것입니다. 나는 새 사람이 되었습니다.

우리가 구할 때 무슨 일이 생길까요?

예수 그리스도는 구하는 자에게 성령을 주신다.

누가복음 11:10-13
구하는 **이마다** 받을 것이요 찾는 이는 찾아낼 것이요 두드리는 이에게는 열릴 것이니라 너희 중에 아버지 된 자로서 누가 아들이 생선을 달라 하는

데 생선 대신에 뱀을 주며 알을 달라 하는데 전갈을 주겠느냐 너희가 악할지라도 좋은 것을 자식에게 줄 줄 알거든 **하물며 너희 하늘 아버지께서 구하는 자에게 성령을 주시지 않겠느냐 하시니라**

예수님 따라 하기

우리가 구원을 구했을 때처럼, 우리가 구하는 순간에 성령의 선물을 받을 수 있습니다.

어떻게 구할 것인가.

당신이 지금까지 성령체험을 한 적이 없어서 성령의 선물을 받기 원한다면, 이 간단한 기도를 할 수 있습니다.

예수님 따라 하기

예수님, 제게 성령님의 세례를 주시옵소서. 제가 당신을 더 증거할 수 있도록 당신의 권능으로 채워주시옵소서. 주님 감사합니다. 제가 받았습니다. 지금 제가 영적인 언어를 말할 수 있도록 도와주시옵소서. 아멘.

성령님께서 당신에게 임하실 것을 기대하십시오. 그리고 당신에게는 생소한 언어를 말할 믿음을 주실 것을 기대하십시오. 그 분은 방언을 주실 것이고, 당신은 영의 말을 할 것입니다.

방언에 대한 성서적 근거들

고린도전서 14:5

나는 너희가 다 방언 말하기를 원하나 특별히 예언하기를 원하노라 만일

방언을 말하는 자가 통역하여 교회의 덕을 세우지 아니하면 예언하는 자만 못하니라

예수님 따라 하기
바울은 모든 사람이 방언과 예언을 하도록 격려하였습니다.

고린도전서 14:4

방언을 말하는 자는 자기의 덕을 세우고 예언하는 자는 교회의 덕을 세우나니

유다서 1:20

사랑하는 자들아 너희는 너희의 지극히 거룩한 믿음 위에 자신을 세우며 성령으로 기도하며

예수님 따라 하기
방언으로 기도하고 예배 드리는 것은 믿는 사람들을 영적으로 세워주고 속사람을 새롭게 합니다.

고린도전서 14:14-15

내가 만일 방언으로 기도하면 나의 영이 기도하거니와 나의 마음은 열매를 맺지 못하리라 그러면 어떻게 할까 내가 영으로 기도하고 또 마음으로 기도하며 내가 영으로 찬송하고 또 마음으로 찬송하리라

예수님 따라 하기
방언으로 기도하고 예배 드리는 것은 우리를 초자연적인 영역으로 들어가게 합니다. 우리는 자연적인 차원과 초자연적인 차원으로 주님과 대화하고 있습니다.

고린도전서 14:26

그런즉 형제들아 어찌할까 너희가 모일 때에 각각 찬송시도 있으며 가르치는 말씀도 있으며 **계시도 있으며 방언도 있으며 통역함도 있나니** 모든 것을 덕을 세우기 위하여 하라

> **예수님 따라 하기**
>
> 방언으로 기도하면 성령님께서 주시는 지시의 말씀을 들을 수 있습니다. 성령님께서 주시는 계시를 받을 수 있습니다. 그리고 우리에게 성령님이 말씀하시는 것을 통역할 수 있는 은사도 주실 것입니다.

방언을 하는 것이 얼마나 중요할까요?

예수님이 하신 것처럼 우리가 행하기 위해서는 성령세례와 방언은 필수적인 것입니다. 핵심은 성령님께서 주시는 능력, 초자연적인 능력-두나미스(dunamis) 역동적인 능력-에 관한 것입니다. 이러한 능력을 나눠 주시기 위해 하나님께서 선택한 수단은 바로 성령세례입니다. 방언을 할 때 수반되는 초자연적인 사건은 그분의 생각이지 우리의 것이 아닙니다.

고맙지만 안 받을래요, 예수님.

방언을 하는 것이 얼마나 중요할까요? 당신에게 이것을 묻고 싶습니다. 만약 예수님께서 당신에게 "내가 너에게 줄 선물이 있다. 그것은 너에게 능력을 주어 능력 있는 크리스천이 되게 해줄 것이다. 너는 나를 위한 능력 있는 증인이 될 수 있고 다른 사람들에게 사역할 수 있는 초자연적인 선물을 사용할 수 있는 사람이 될 것이다. 그 선물을 받기 원하느냐?"고 물으신다면, 어떻게 대답할 것입니까? 누군가는 솔직한 마

음으로 "됐어요, 예수님. 당신의 선물을 받기 원치 않습니다. 나는 그저 지금의 생활에 만족합니다."라고 생각할 것입니다.

기도가 더 필요하다.

우리가 방언을 말하지 않는 사람들과 논쟁하는 이유 중의 하나는 방언이 하나님의 초자연적인 영역으로 들어가는 가장 좋은 시작이 되곤 하기 때문입니다. 우리는 이것을 너무나 많이 보아왔습니다. 사람들은 성령의 선물을 기도하고 구합니다. 그러나 방언이 터지지 않습니다. 그들이 구했기 때문에 성령님은 그들에게 임하셨습니다. 그들은 어떤 일이 일어났는지 알지만 뭔가 더 있다는 것도 압니다.

구하는 모든 자에게.

우리는 누가복음 11:10-13에서 구하는 자마다 받을 것이란 것과 하늘의 아버지께서 구하는 자에게 성령을 주신다는 것을 알고 있습니다. 어떤 이유에서든, 성령이 임한 그 순간에 영적인 언어가 터지지 않는다면, 종종 어떤 장벽이 가로막고 있는 것입니다. 그들에게는 부가적인 사역이 필요합니다. 우리가 그들에게 명확하고 성경적인 지식을 교육하고 그 장벽에 대항하는 기도를 할 때, 거의 100퍼센트의 사람들이 방언을 받습니다. 일단 방언이 터지기만 하면, 그 사람들은 하나님의 초자연적인 영역으로 들어가기 시작합니다.

아주 많은 사람들에게 일어났다.

우리가 위에 말한 경우를 경험한 수많은 사람들의 예를 기록하기에는

지면이 너무나 좁습니다. 우리 친구 중에 짐 헤이포드 목사님(이스트사이드 복음교회, 워싱턴 주 보델 시)이 있습니다. 그는 우리의 삶과 사역에 대단한 영향을 주는 분입니다. 사람들이 성령세례를 받고 그 후에 방언이 터지는 것으로 우리가 이해하고 있는 부분에 대해 그에게 물었을 때, 그는 미소를 지으며 그가 성령세례를 받았을 때의 간증을 말씀했습니다.

짐 헤이포드 목사.

15살 때 나는 인디애나의 작은 교회에서 목회하고 있는 나의 형 잭(Jack)과 그의 아내 안나(Anna)를 방문했습니다. 그 여름 동안 나는 나의 형이 주관하는 두 개의 복음교회 캠프에 참석했습니다. 주제는 성령님의 사역이었습니다. 내 형과 함께한 이 여름이 나에게는 오순절의 교훈과 실제를 처음으로 접하는 순간이었습니다. 그것은 정말로 "눈이 확 떠지는" 경험이었습니다.

위스콘신의 스펜서 호숫가에 널판으로 지어진 가건물에서 "성령의 세례"라는 주제로 오전의 마지막 강의가 있을 때, 나는 "성령 세례를 받으라"는 초청에 응해야 한다는 마음이 강하게 들었습니다. 어린 마음에도 내 삶에 하나님께서 주시는 능력이 더 필요하다는 확신이 들어서 기도를 받으러 앞으로 나갔습니다. 많은 신실한 사람들이 내가 방언을 받고 성령 세례의 "증거"를 얻기를 소망하면서 그 귀중한 오전 시간에 나를 위해 기도해 주었습니다.

나는 두 가지 명확하고 강한 인상을 받으며 강의실에서 걸어 나왔습니다. 첫째는, 내가 설명할 수 없는 놀라운 방법으로 하나님께서 나를 만나주셨고 그것 때문에 내가 "달라"졌다는 것을 알았습니다. 둘째로, 내가 방언을 받지 못했기 때문에 기도해준 사람들이 다소 실망했을 것이라고 마음속으로 생각했습니다. 나의 생각과 감정에도 불구하고 나는 다음날 캠프에서 "... 그 배에서 생수의 강이 흘러나오리라..."(요한복음 7:38)는 예수님의 약속을 확실히 경험하였습니다.

그 이후 나는 완전히 변해서 담대하게 나의 신앙을 간증했습니다. 진정한 관심과 영적인 갈급함으로 성경을 정기적으로 읽었고, 부모님이 강요할 때보다 더 많이 읽었습니다. 성경은 나에게 살아서 다가왔습니다. 나의 리더십은 교회에서 부각되었는데 어른들과 아이들에게 인정을 받았습니다.

나는 나의 삶에 일어난 이 놀라운 영적인 변화와 개인적 성장이 그 여름 위스콘신의 제단에서 내게 일어났던 일 덕분이라고 생각합니다. 내가 비록 역사적인 그 아침에 방언을 받지 못했지만 성령세례를 확실히 받았다고 믿습니다. 내 삶에 영적인 강건함과 증거가 넘쳐나는 것이 그 경험을 입증하는 "증거"였습니다.

방언을 받지 못하고 제단을 떠날 때 내 어린 마음에 의심의 씨가 심어져 신학적인 문제로까지 발전하였습니다. 나는 내가 "성령 충만"한지 내 자신에게 물었습니다. 나는 때때로 약속된 방언을 하지 못한 것 때문에 하나님의 시험에 "낙제"한 것이 아닌지 의문이 들었습니다. 내가 무엇을 할 수 있었을까요? 기억나는 것은 주님께 기도하고 간구한 것입니다: "주님의 방법으로 주님의 시간에 제게 방언을 주시옵소서....제 마음 문은 열려 있습니다."

14개월이 지난 어느 여름 날, 나는 캘리포니아의 코닝에 있는 우리 가족과 친한 분이 목회하시는 복음교회(Foursquare Church)의 뒷자리에 앉아 있었는데, 거기서 처음으로 방언을 하게 되었습니다. 나는 배우지 않은 언어로 조용히 말하고 있는 나를 발견하고는 너무나 놀랐습니다. 그때 나는 혼자 앉아서 교회의 앞쪽에서 다른 기도 제목으로 목사님께 기도를 받고 있는 청소년 그룹을 위해 기도하고 있던 중이었습니다. 주님께서 방언을 받게 해달라는 기도를 정말로 들어주신 것을 깨닫자 뜨거운 눈물이 흘러나왔습니다. 하나님의 은혜에 감격한 나의 이 표현은 그 이후 매일 나의 삶의 한 부분이 되었습니다.

수년이 지나고 나는 목사로서 또한 성경을 배우는 학생으로서 성령의 세례와 성령의 은사가 서로 혼동되지 않는다는 것을 알게 되었습니다. 방언의 은사가 오순절 날 보여진 것처럼 모든 믿는 자들에게 중요하지만, 이 은사는 성령세례와 같은 의미는 아닙니다. 성령세례와 방언이 같이 일어날 수도 있지만 서로 다르게 나타날 수도 있습니다. 나는 성령세례의 경험으로부터 모든 은사들이 흘러나온다고 믿습니다. 그것이 빠르게 나타나거나 후에 나타나거나 말입니다.

성령세례를 받고 일 년이 지난 후 받은 방언의 은사를 시작으로 성령님의 은사들을 개발하게 해주신 것에 감사를 드립니다. 많은 다른 영적 은사들이 나의 삶과 목회에 유익하고도 덕을 세워 주는 것으로 수년 동안 개발 되었습니다. 이 간증이 "받을 것을 기대하다가" 방언을 받지 못한 문제로 힘들어하는 나와 같은 분들께 격려와 도움이 되기를 희망합니다.

성령님과의 교제.

성령님과의 개인적인 교제가 우리의 중요한 주제입니다. 성령님과 친밀한 대화를 나누십니까? 성령님과의 개인적인 교제를 통해서 성령의 은사들이 우리를 통하여 흘러나오는 것입니다. 교제와 사랑과 성경적인 기초가 없는 은사는 거짓된 것입니다.

은사는 우리가 믿음으로 구할 때 주어진다.

우리는 고전적인 오순절 신학(Classical Pentecostal Theology)이 성

령 세례를 받을 때 방언을 받는다고 주장하는 것을 알고 있습니다. 그러나 우리는 그 은사가 구원의 경우처럼 믿음으로 기도할 때 주어진다고 믿습니다. 우리가 방언을 할 수 있다고 이해하고 또 방언 말하기를 원한다면 우리는 방언으로 말할 수 있습니다. 목회자들이 방언을 받는 것에 대한 성서적 기초를 제공하지 못하기 때문에 사람들이 오해해서 만족스럽지 못한 경험을 하게 됩니다. 가르치는 것이 애매하면 또한 결과도 애매하게 나타날 것입니다.

그것은 정말 무서워요.

우리는 이 은사를 받기 위해 기도 받으러 오는 사람들에게 그들이 구하는 것이 무엇인지를 확실히 이해하는지 묻곤 합니다. 성령님께서 임재하실 때 그들에게 영적인 언어가 터지기를 원하느냐고 물어보면, 많은 경우에 "아니요. 아니에요. 그렇게 되기 원치 않습니다. 그것은 정말 무서워요."라고 대답합니다. 그때 우리는 성경을 펴서 초자연적 경험에 대해 완전히 이해하도록 만듭니다. 일단 그들이 성경에서 사실을 보게 되면, 그때 분별 있는 결정을 할 수 있습니다. 그들과 대화 없이 기도하게 되면 그들이 원치 않는 곳으로 이끌려고 노력하게 될 뿐입니다. 많은 사람들이 무지하거나 민감하지 않은 목회자 때문에 무서운 경험을 하게 됩니다.

우리는 당신의 의견을 존중합니다.

많은 오순절주의자들이 믿음으로 은사를 구할 때 성령의 세례를 주신다는 우리의 이론에 동의하지 않을 것입니다. 사람들이 바로 그 순간에 영적 언어를 받지 못한다면, 보통 순간적으로 혼자가 되거나 주님 앞에서 잠잠해질 것입니다. 그들에게는 그들이 장벽을 깨고 방언을 말할 수 있도록 교육과 격려가 필요합니다. 우리는 이 주제에 대해서 결코 논쟁하지 않을 것입니다. 우리는 다른 사람들의 의견을 존중하고 그들이 우리와 같아지기를 조심스럽게 요청드릴 것입니다.

지속적으로 성령 충만하기

성령의 세례를 받은 후에 우리는 성령의 **충만함을 받아야** 합니다. 이 경험은 기쁨이 넘치고 역동적인 크리스천의 삶을 살 수 있도록 놀라운 힘을 공급해 줍니다.

에베소서 5:18-19

술 취하지 말라 이는 방탕한 것이니 오직 성령으로 **충만함을 받으라** 시와 찬송과 신령한 노래들로 서로 화답하며 너희의 마음으로 주께 노래하며 찬송하며

> **예수님 따라 하기**
>
> 우리가 성령의 세례를 받았으면 날마다 성령의 충만함을 받도록 하여야 합니다.

이것은 한 번 받고 마는 경험이 아닙니다. 이것은 날마다 의식적으로 노력해야 하는 것입니다. 충만함을 유지하는 가장 좋은 방법 중의 하나는 성령님께서 허락하신 영적 언어(방언)로 기도하는 것입니다. 다른 방법들에는 다음과 같은 것이 있습니다: 성경을 날마다 읽고, 연구하고, 묵상하기; 은혜 받은 것을 기록하기; 믿는 사람들과의 지속적인 교류하기; 다른 크리스천들과 함께 소그룹에 참여하기.

신령한 노래 부르기.

에베소서 5:19에 기록된 것 같이 성령 충만한 가운데 우리는 신령한 노래를 부를 수 있습니다. 이 일은 보통 우리의 영적 언어속에서 예상하지 못한 예배의 형태로 나타납니다. 귀하신 성령님께서 인도하시는 대로, 우리는 이미 알고 있는 멜로디나 새로운 멜로디에 맞추어 성령께서 주신 가사를 노래 부를 수 있습니다. 이 신령한 노래는 혼자서 드리는 예배나 여럿이 드리는 예배를 초자연적 차원으로 이끌어 가고 참으로 아름다운 경험이 됩니다.

오해들

성령의 세례는 그리스의 몸 된 교회에 많은 혼란을 일으켰습니다. 근본적인 이유는 적절한 교육이 부족했기 때문입니다. 지금까지도 세계 도처의 모든 기독교 교파에서 수많은 사람들이 성령세례를 경험하고 있지만, 아직도 성령세례의 확실성을 부인하는 사람들이 있습니다.

여기 몇 가지 중요한 이유가 있습니다:

- 성령세례는 필수불가결한 영성의 표시는 아니다; 성령세례는 영적 나이에 상관없이 믿는 자들을 위한 선물입니다. 방금 믿기 시작한 신도도 이 경험을 할 수 있습니다. 올바른 성경적 바탕이 없는, 믿음이 성숙하지 못한 신자들 중에는 "방언을 말하기" 때문에 그들이 다른 크리스천에 비해서 "좀 더 영적인" 사람이라고 추측하는 사람도 있습니다. 아닙니다. 그렇지 않습니다! 이러한 경험을 갖지 않은 많은 영적인 크리스천들이 있습니다. 그러나 그들도 그들의 삶에 성령님의 도우심을 더욱 구한다면, 그들도 이 선물을 받게 될 것입니다. 그들은 이미 구원을 받았습니다. 그러나 이 경험은 크리스천의 삶을 좀 더 유능하게 만드는 초자연

적인 능력에 대한 것이고 영적인 세계를 더욱 잘 이해하게 만듭니다.

- 많은 사람들이 성령세례의 경험을 오직 "방언 말하기"로 국한하여 생각합니다. 우리가 배운 적이 없는 언어로 말하는-glossolalia-경험이 아주 놀랍기는 하지만, 그것은 성령세례를 통해 받을 수 있는 경험의 일부분입니다. 우리가 보아왔듯이, 성령세례의 경험은 초자연적인 능력에 해당되는 것이고, 덕을 세우는 일이고, 많은 다른 성령의 역사를 포함하고 있습니다. 성령세례의 경험은 종종 믿는 사람들을 하나님의 초자연성으로 초대하기도 하고, 사탄의 궤계를 통찰할 수 있는 안목을 주기도 합니다.

- 우리는 이 경험이 주 예수 그리스도와 성령님과 함께 하는 우리의 개인적인 관계 속에서 이루어진다는 것을 항상 명심해야만 합니다. 이러한 관계로부터 은사와 성령님의 권능이 다른 사람의 유익을 위해 임하시는 것입니다.

- 성령세례를 받지 못하고 귀신들린 사람들을 쉽게 다룰 수 있는 사람은 거의 없습니다. 불행한 영을 자유하게 하기 위해서는 반드시 영 분별의 은사, 지혜의 말씀의 은사, 그리고 지식의 말씀의 은사를 사용하여야 합니다. 우리는 많은 사람들이 자유하게 되는 것을 보고 있는데, 이 일은 우리에게 마귀의 행위를 보여주시고 우리를 통해 역사하시는 성령님에 의해 항상 이루어지는 것입니다.

- 많은 사람들이 배우지 않은 말을 하기 원해야 하는 이유를 묻습니다. 그것은 정당한 물음입니다. 가장 중요한 이유는 성령님께서 우리에게 하나님의 완전한 뜻에 따라 기도할 수 있는 능력을 주시기 때문입니다. 우리가 기도를 하지만 종종 만족하지 못할 때가 있습니다. 때로는 기도할 바를 알지 못할 때도 있습니다. 이때가 성령님께서 우리에게 허락하신 알지 못하는 언어로 기도할 때입니다. 하나님의 성령께서 우

리를 위해 중재하시기 때문에 어떤 일이 영적인 영역에서 일어납니다!

● 많은 사람들이 고린도전서 12:7-11에서 바울이 말한 성령세례의 경험과 "각양 다른 종류의 방언으로 말하고", "방언을 통변하는" 방언의 은사에 대해 혼란스러워 합니다.

● 모든 믿는 자들은 방언을 통해 바울이 고린도전서 14:2에서 언급한 신령한 기도의 차원을 경험할 수 있습니다. "방언을 말하는 자는 사람에게 하지 아니하고 하나님께 하나니 이는 알아 듣는 자가 없고 그 영으로 비밀을 말함이니라." 바울은 다른 사람들보다 "방언을 더 말하므로" 하나님께 감사하였습니다.

● 고린도전서 12장에 언급된 은사들은 하나님께서 교회에게 주시는 메시지를 위한 것입니다. 다시 말해, 방언으로 기도한다는 것은 성령님께서 믿는 사람들을 통해 하나님의 완전한 뜻에 따라 하나님께 기도하는 것입니다. 방언 기도를 통해 메시지가 회중에게 전달되어질 때, 그것은 하나님께서 그 모인 사람들에게 말씀하시는 것입니다. 물론 하나님께서 말씀하시는 것을 알 수 있도록 통변이 필요합니다. 한편으로는 성령님께서 사람을 통하여 하나님께 기도해주시고 중재하시는 것이고, 또 다른 편으로는 하나님께서 사람을 통해 모인 무리에 말씀하시는 것으로서 이것은 반드시 통변이 되어야 합니다.

믿는 사람을 성령의 세례로 이끄는 방법

● 그 사람이 중생하였는지 알아야 합니다. 이 경험은 믿는 자들에게만 해당되는 것입니다.

- 그들의 동기를 확인하십시오. 만약 단순히 방언하기를 원한다면, 기도하기 전에 그들이 성경적인 이해(즉, 초자연적인 권능에 대한)를 갖도록 도와 주십시오.

- 이 선물이 구원과 같이 하나님께서 대가 없이 주시는 선물임을 설명하십시오. 당신은 구원을 받을 때처럼 믿음으로 기도하는 순간에 그 선물을 받을 수 있습니다.

- 방해물: 불완전하고 잘못된 가르침, 용서하지 않는 마음, 또는 신비주의적 악습 등이 방해가 될 수 있습니다. 만약 그 사람에게 방해가 되는 것이 있다면, 그들에게 성경적인 이해를 갖도록 해주고 먼저 이러한 문제들을 해결할 회개의 기도를 인도하기 바랍니다.

- 진행될 일에 대하여 정확히 설명하세요. 그들에게 이렇게 말하세요. "우리는 성경을 살펴볼 것이고, 성령을 받기 위해 기도할 것이고, 방언을 받을 것입니다."

- 주 예수 그리스도께 성령의 선물을 구하고 그들이 배운 적이 없는 언어로 기도할 수 있는 능력을 구하는 기도를 하도록 가르치거나 혹은 기도를 인도하여 주기 바랍니다.

- 그들이 구하는 순간에 받을 수 있다고 그들을 안심시키기 바랍니다. 그들을 재촉하지 마세요. 그들에게 "은혜와 여유"를 주기 바랍니다.

- 그 사람에게 심호흡을 하고 성령님께서 그에게 주신 언어를 말하게 하십시오. 아마도 그 사람이 말하는 것이 어린 아기가 말을 배울 때 완전치 않은 음절로 말하는 것처럼 들린다고 표현하는 것이 맞을 것입니다. 예수님께서 우리에게 어린아이와 같이 되고 하늘의 아버지께 찬양 드리라고 말씀하셨습니다. 우리는 단지 성령님께서 허락하

신 말을 하면 됩니다. 이 말이 하나님께는 어떤 소리로 들리든지 그것은 하나님의 몫입니다. 많은 사람들은 그들이 "스스로 만들어낸" 말을 한다고 생각할 것입니다. 우리가 계속해서 기도하고 격려해주면 그들이 유창하게 말하게 됩니다. 그들에게서 그 언어가 유창하게 쏟아져 나오면 그들은 이것이 만들어서 내는 말이 아니라는 것을 알게 됩니다. 그리고 이 훌륭한 초자연적인 경험이 그들에게 실제적으로 다가오게 됩니다.

- 그 사람의 어깨에 당신의 손을 가볍게 대고 조용히 기도하세요. 급하게 진행하지 마세요; 그 사람이 성령님께 응답할 시간을 주시기 바랍니다. 그에게 두려워 말도록 그리고 방언의 소리가 어떻게 들릴지 근심하지 말도록 부드럽게 격려하기 바랍니다. 그들은 방언으로 기도하기 시작할 것입니다. 그리고 당신은 그저 격려하고 그들의 경험을 확신시켜 주기 바랍니다.

- 마지막으로, 그들이 가능한 한 자주 이 새로운 언어로 기도하도록 권면하시기 바랍니다. 또한 이것을 "종교적인" 것으로 받아들이지 않도록 권면하세요. 차를 탈 때, 길을 걸을 때, 혹은 기도하기 적합한 다른 활동 속에서 기도하도록 하십시오.

- 고린도전서 14장에 나타난 방언에 대한 요약입니다.
방언은 실제 언어이다.
방언은 하나님께 하는 것이다.
방언은 영으로 비밀을 말하는 것이다.
방언은 자기 덕을 세우게 한다.
방언은 영이 기도하는 것이다.
하나님께 감사하여야 한다.

삶의 현장에서 사역자 되기

방언의 은사에 대한 논쟁의 여지가 있기 때문에, 그 은사의 경험에 대해 확실히 이해가 되도록 간략한 설명을 하였습니다. 당신의 삶의 현장에서 이 놀라운 은사에 대한 사역을 할 때 여러 질문에 답하는 데 도움이 되길 원합니다.

삶의 현장에서의 방언의 은사.

어느 날, 내(소냐)가 사무실에 있을 때, 다른 건물에서 근무하는 비서 한 명이 와서 이런 저런 이야기를 하고 있었습니다. 내가 크리스천인 것을 알고 "방언으로 기도하는 것"에 대해 나의 생각을 물어왔습니다. 나는 내가 경험한 것을 그녀에게 들려주었습니다. 그녀는 아주 놀라서, 내가 경험한 것에 대해 못 믿겠다고 하면서 급히 사무실을 나갔습니다.

나는 며칠 동안 그녀를 만나지 못했지만 그 다음 주에 게시된 우리 회사의 조직개편 공고를 보고 웃음을 참을 수 없었습니다. 그녀가 나와 함께 일하게 되었거든요. 나는 로이즈가 내가 이상한 말로 말하는 것을 그녀에게 설득 시키려고 조를까봐 골치를 앓고 있다는 것을 환히 알고 있었습니다. 그러나 수년 동안 회사의 간부로 일하면서 나도 "삶의 현장의 요령"을 배웠습니다. 그것은 사람들이 나에게 찾아와서 질문을 하게 만들고 다음에는 주제를 바꿔버리는 것이죠. 사람들을 항상 궁금한 상태로 내버려 두는 것이죠. 그들 마음이 편해지면 좀 더 적극적으로 물어올 것입니다.

이것이 바로 로이즈가 이 문제를 물었을 때 사용한 방법입니다. 나는 성령세례를 어떻게 받았고 그 후 어떤 일이 일어났는지에 대해 짧은 간증을 그녀에게 해주었고, 다음에 이야기 주제를 바꿨습니다. 두 주가 지난 어느 아침에 그녀는 헐레벌떡 내 사무실로 달려왔습니다. 그리고

"저는 오늘 성령님께 세례를 받아야만 합니다. 더 이상 기다릴 수 없어요"라고 말했습니다. 너무나 적극적인 척 하지 말아야 한다는 생각에, "아주 좋아요, 하지만 점심시간까지 기다려 주겠어요? 근무 시간에는 할 수가 없을 것 같아요"라고 말했습니다.

햄버거와 성령님.

그녀는 정오까지 소망을 가지며 기다렸습니다. 근처의 다른 건물에서 일하고 있는 친구에게 전화를 해서 로이즈의 점심을 위해 햄버거와 계란 후라이, 그리고 콜라를 가져오게 부탁했습니다. 나는 전에 그 친구가 방언의 경험을 갖도록 인도해 준 적이 있었는데, 그녀는 다른 사람이 성령의 세례를 받는데 기도해 줄 수 있게 된 것을 매우 기뻐하고 있었습니다.

회의실에서 점심을 마치고, 우리는 로이즈에게 손을 얹고 간단한 기도를 인도했습니다. 그리고 그녀는 즉시 아름답고 유창한 영의 언어를 말할 수 있게 되었습니다. 내가 전에 이 능력을 경험하고 받은 놀라운 삶의 변화를 직장 동료가 같이 경험하는 것을 보는 것이 얼마나 큰 특권인지 모릅니다. 그녀는 내가 아는 가장 역동적인 삶의 현장 사역자 중의 한 사람이 되었습니다. 그녀와 그녀의 남편은 큰 부동산 중개소를 운영하고 있는데 그녀는 그곳에서 능력 있는 증인의 삶을 살고 있습니다.

이것이 내가 미국의 회사에 근무하던 기간에 경험한 수많은 삶의 현장 사역 경험의 한 가지 예입니다. 이제 대부분의 나의 사역은 비행기 안에서, 미용실에서, 그리고 이웃들 속에서 이루어지고 있습니다.

일대일 사역.

믿는 사람을 성령세례로 인도하는 것은 쉬운 일입니다. 왜냐하면 당신이 그들의 질문에 잘 대답해 주고 그들에게 구하면 얻을 수 있는 은사임을 확신시켜줄 때 그들의 두려움이 없어지기 때문입니다. 위에서 언급한 예처럼, 구하는 자가 완전히 준비되면, 우리는 안수를 하고 간단한 기도만 하면 됩니다. 그러면 그들은 받게 됩니다!

소그룹에서 사역하기.

우리는 신자들이 모인 소그룹에서 이 놀랍고 삶을 변화시키는 경험을 갖도록 인도할 기회를 많이 가졌습니다. 우리는 초청을 받아들여 앞으로 나오는 사람들과 항상 눈을 마주칠 수 있도록 하였습니다. 만약 20명이 넘는 사람들이 초청에 응해서 나온다면, 가능한 한 다른 방으로 옮기는 것이 좋습니다.

나(소냐)는 최근에 여성을 위한 수련회에서 사역한 적이 있습니다. 내가 성령세례를 받기 원하는 사람들을 단으로 초청했을 때, 많은 여자들이 앞으로 몰려들었습니다. 그곳에는 무대가 없었기 때문에 모두의 눈을 맞출 수 있는 방법을 찾아야만 했습니다. 다행히 그 여자들 중의 한 명이 의자를 가져왔습니다. 나는 그 의자 위에 올라서서 20명이 넘는 여성들이 성령세례와 방언을 받도록 인도하였습니다. 우리 회보에 올려진 사진은 나를 여자들의 무리 중앙에서 키가 칠 피트(약 2.13M)나 되는 사람처럼 보이게 하였습니다.

사람들이 은혜의 초청에 응할 때, 우리는 되어질 일을 자세히 설명하여야 합니다:
- 우리는 당신을 위해 기도할 것입니다.
- 우리는 당신이 예수님께 성령으로 세례를 받게 해달라고 요청하도록 기도를 인도할 것입니다.
- 우리는 당신께 손을 얹어 안수하면서 영의 언어로 기도할 것입니다.

● 성령님께서 당신에게 임하실 것이고 당신은 영의 언어를 말하기 시작할 것입니다.

이렇게 구하는 대다수의 사람들이 그 순간에 영적 언어를 받고 말하게 됩니다. 그리고 우리는 그들이 찾고자 한 것을 받았으면 자리로 돌아가도 좋다고 말합니다. 이렇게 하면 더욱 기도와 보살핌이 필요한 사람을 알 수 있게 됩니다. 만약 전에 은사를 구했지만 만족스런 경험을 갖지 못한 사람들(방언이 터지지 않은 경우처럼)이 있다면, 그들은 종종 마음에 장벽을 갖게 되곤 합니다. 그들은 줄곧 그 언어를 말할 수 있게 되기를 성령님께 기대하고 있습니다. 우리는 성령님께서 말을 주실 때 반드시 그 언어를 말해야만 한다고 설명합니다. 우리가 이러한 마음의 장벽에 대해 설명하면, 보통 그들에게서 아름다운 영적 언어가 터져 나옵니다. 이번 장의 마지막에서 이것을 좀 더 충분히 다루도록 하겠습니다.

만약 당신이 성령세례에 대하여 가르친 후 사람들에게 응답할 기회를 주고자 한다면, 성령님께 당신이 기대할 수 있는 반응의 형태를 미리 보여달라고 기도하십시오. 성령님께서는 우리에게 수많은 사람들이 응답할 수 있는 많은 형태들을 보여주셨습니다. 이러한 것들을 목회자와 미리 상의한다면 모든 사람들이 좋은 영적 경험을 할 수 있게 될 것입니다. 전심으로 그 주제에 대해 교육하고, 말씀의 기초 위에서 사람들의 반응을 이끌고, 감정적인 면을 억지로 끌어내지 않는다면, 그들은 쉽게 은사를 받을 것입니다.

큰 집단의 사람들을 상대로 사역하기.

50명 이상의 큰 집단을 상대로 성령세례를 인도하려면 계획을 세울 필요가 있습니다. 사역을 시작하기 전에 예배나 집회를 맡고 있는 사람들과 모임을 갖기를 추천합니다. 각 사람들이 제단에 초대되는 시간이 어떻게 진행되고 얼마나 많은 사람들이 응답할 것인가를 미리 알 필요가 있습니다. 예배를 맡은 목회자 또는 인도자, 주강사들, 찬양 팀, 찬양 인도자, 그리고 모든 예배에 헌신하는 사람들은 같은 마음으로 임해야 합니다. 실현 가능하든, 불가능 하든 항상 최대한의 반응을 계획해야 합니다. 관련된 모든 사람들은 초청의 시간에 사람들에게 어떤 일이 일어날 것인지를 알고 있어야 합니다. 여기에 혼란을 피하고 각 사람들에게 성령님의 역사를 경험할 수 있게 하는 방법들이 있습니다:

- 그리스도인들이 새로운 영적 언어(방언)로 말할 수 있는 성령세례를 받을 수 있도록 인도하는 방법을 각 예배 담당자들에게 훈련시키십시오.
- 큰 그룹에서 세 명 내지 다섯 명의 작은 그룹으로 나누어 모이게 하고 그 사람들을 성령세례를 받는 과정으로 인도하는 방법을 가르치십시오. 각 사람에게 "기도 팀"이라고 적힌 뱃지를 주세요. 백 명의 사람이 은혜를 구하러 나온다면 20명에서 25명의 기도 담당자가 적합할 것입니다.
- 제단으로의 초대(altar call): 제단 앞으로 나오도록 하십시오. 그 다음, 그들을 준비된 방이나 혹은 음악의 방해를 받지 않는 강당의 한 구석으로 모이게 하십시오. 그 그룹이 지시를 받고 성령세례를 받기 위해 기도할 때 까지는 마무리 음악을 시작하지 말게 하십시오.
- 많은 무리의 사람들이 은혜를 구하러 모인다면, 한 사람(보통 강사)이 어떤 일이 생길 것이고 무엇을 해야 하는지 설명할 수 있도록 준비하세요.
- 세 명에서 다섯 명의 그룹에 한 명의 기도 사역자가 연결될 수 있도록 사역자를 초청하십시오.
- 소 그룹으로 모이게 되면, 강사는 성령님이 그 사람들에게 임하셔서 성령세례를 받게 해달라고 모든 담당자들에게 통성으로 기도하게 시켜야 합니다.

● 그러면 그때 모든 사람들이 영적인 언어로 기도할 수 있는 응답을 받도록 기도 팀들은 그들의 그룹에 있는 사람들을 위해 기도하고 사역하여야 합니다.

훈련이 중요하다.

큰 규모의 그룹에서 성령세례를 인도하는 데 가장 큰 방해물은 준비된 기도팀의 부족입니다. 각 사람이 귀한 체험을 할 수 있도록 모임 전에 미리 훈련을 위한 워크샵을 가질 것을 추천합니다. 많은 사람들이 우리에게 와서 대형 집회에서 방언을 받으라고 강권했던 부정적인 경험을 말하곤 합니다. 주강사에게는 큰 규모의 모임이 만족스러울지 모르지만, 진실되고 개인적인 방법으로 새 언어를 받기 위해서는 개인적이며 일대일의 사역이 가능한 적당한 인원에서 좋은 경험이 이루어집니다.

미국, 워싱턴주의 페더럴 웨이(Federal Way).

워싱턴 주의 페더럴 웨이(Federal Way)에 위치한 노스웨스트 교회(Northwest Church)에 있는 열정이 넘치는 많은 성도들에 대해 이야기하는 것은 아주 큰 기쁨입니다. 성령님께 헌신된 특별한 모임이었기 때문에 우리는 좀더 효과적인 증인이 되기 위해 성령님의 능력을 필요로 하였습니다. 소냐는 성령님의 음성을 들었는데, 그곳에 엄청나게 큰 역사가 있을 것이라는 말씀이었습니다. 제단으로 초대하였을 때 능력을 경험하기 위해 200명의 크리스천들이 앞으로 나왔습니다. 소냐는 그전에 이 은사를 구했지만 방언을 만족스럽게 받지 못한 사람 120명을 따로 모았습니다. 소냐는 그들을 다른 방으로 데리고 갔습니다. 존은 성령의 은사를 한 번도 구하지 않았던 80명의 사람과 함께 남아있었습니다. 우리는 각 사람에게 안수하였습니다. 우리는 이 은사를 구하는 기도를 할 때에 그들에게 어떤 일이 생길 것인지 충분히 설명해 주었습니다. 우리가 알기로는 성령세례를 받았다고 확신하는 그 사람들 중에서 한 사람을 제외한 모두가 아름다운 영적 언어로 기도할 수 있게 되었습니다. 적당한 수의 구역 인도자들이 우리를 도와줬는데도 각 사람이 진짜 방언을 받았는지 확인하는 데 2시간이 더 걸렸습니다. 아주 즐거운 시간이었습니다. 그 교회 목사님은 우리에게 여러 번 감사의 표시를 했고, "당신들이 사용한 방법은 아주 독특했고 사역을 위한 많은 시간과 수고를 아낄 수 있게 해주었습니다."라고 말하였습니다.

태국, 방콕.

나(존)는 태국 방콕 시내 근처에서 열린 3일 동안의 "능력 전도" 집회에 주간 강사 중 한 명으로 초청받은 적이 있습니다. 나는 승리하는 크리스천의 삶을 위해 성령님의 능력이 필요한 이유에 대하여 설교하였습니다. 주간에 참석한 사람은 삼천 명이었고 밤에는 오천 명이 넘었습니다. 우리가 훈련 받은 기도팀이 많이 필요하다고 강조했던 이유가 이 집회에서 명확히 드러났습니다. 훌륭한 통역자를 통해 말씀을 전할 때, 나는 나의 열정을 다하여 설교하였습니다. 그토록 큰 강당도 처음 보았고, 내가 설교하고 있는 단상도 아주 멋있었습니다. 성령님께서 은혜를 주시고 역사하셔서 삼백 명의 사람들이 성령의 세례를 받기 위해 앞으로 나오게 되었습니다.

이제 어떻게?

나는 즉각 도움이 필요하다고 생각했습니다. 내가 어떻게 삼백 명의 사람들이 능력을 체험하고 방언을 말하는지 확인할 수 있단 말인가? 나는 태국어도 모르고 그들은 영어를 말하지 못했습니다. 내 통역자도 역시 어깨를 으쓱하면서 방법을 모르겠다고 표현했습니다. 성령님께서 나의 구조 요청을 들어주셨습니다. 성령님께서 내게 "방언을 하는 태국사람들을 불러 모아서 서로 방언하는 것을 듣게 하라"고 말씀하셨습니다. 나는 즉시 50명 가량의 성령 세례를 경험한 태국인을 초청하여 집회의 무리로부터 나와서 앞으로 모이게 하였습니다. 나는 그들에게 방언으로 기도하고 찬양하도록 하고 서로 주의 깊게 들어보라고 말하였습니다. 그들이 각 사람이 하는 방언이 새로운 영의 언어임을 확인하자 나에게 "승인"의 신호를 보냈습니다. 주님의 일꾼들이 서로 서로 방언으로 기도하는 것을 주의 깊게 듣는 모습을 보는 것이 얼마나 즐거운지 모릅니다.

몇 명을 제외한 모든 사람이 진정한 영의 언어로 기도하는 것을 확인하는 데는 약 15분이 걸렸습니다. 후에 예배 인도자들이 내게 와서 이런 경험은 처음이었다고 칭찬했습니다. 나도 역시 그렇다고 말할 수밖에 없었죠! 우리 모두는 하나님의 이 놀라운 역사에 대해 주님을 찬양했습니다. 삼백 명이 성령의 세례를 받은 것 외에도 추가로 오백 명이 집회가 끝날 때에 예수 그리스도를 그들의 삶에 주인으로 모셨습니다.

우리가 올바르게 만듭시다.

우리는 영적으로 갈급한 많은 기독교인들에게 능력의 세례를 인도했던 수많은 이야기들이 있습니다. 우리가 오랫동안 이러한 사역을 했기 때문에, 성령세례에 대해 듣지 못한 완전히 새로운 기독교세대가 있다는 것을 잊었습니다. 오늘날 미국에는 그들 자신을 "성령 충만"하다고 말하는 목사들이 있습니다. 그러나 아직도 그들은 확신을 가지고 교인들에게 성령 세례를 인도하지 못하고 있습니다.

오순절 목회자와 지도자를 훈련시키는 국제 선교사로 부름 받은 우리의 입장에서 볼 때, 우리는 무엇인가 잃어버린 것이 있음을 느낍니다. 그들은 어디서 훈련을 받고 있을까요? 신학대학을 졸업한 후 그들이 받은 훈련은 어떤 종류일까요? 성령세례가 성령 충만한 교회에 출석하는 모든 제자들에게 개인 재산 목록의 제 일 순위가 되어야 한다고 우리는 생각합니다. 성령세례는 우리의 새 신자들이 적대적이고 왜곡되고 마귀가 지배하는 교회 밖의 세상 속에서 증인의 삶을 안전하게 살 수 있게 해주는 유일한 길입니다. 그러므로 우리는 이 일을 제대로 해야 합니다. 우리는 진정으로 성령 충만한 사람이 되어 우리의 지체들이 우리와 같이 능력 충만한 경험을 할 수 있도록 변화시키고 인도해야 합니다.

충만한 체험을 위해 기도하기

우리는 성령의 은사를 받기 위해 과거에 기도했지만 만족을 얻지 못한 크리스천들을 도와주고자 늘 애쓰고 있습니다. 제단 앞으로 나아오는 사람들 중에는 처음으로 이 은사를 구하는 사람의 수보다 과거에 실패했던 사람의 수가 두 배가 넘습니다. 35년 동안 수많은 사람들에게 사역을 하면서 다음의 결론을 얻게 되었습니다.
- 이 주제에 대한 교육이 성경적인 면보다는 경험적인 면에 더욱 치중되었다.
- 성령세례의 은사를 간구할 때 그들의 것이 되고 믿음으로 구하는 순간에 받을 수 있다는 사실을 알지 못하고 있다.
- 종종 장소가 너무나 시끄럽고, 감정에 근거한 목회방법이므로 새 신자들이 주눅들어 있다.
- 사람들은 영적 언어를 받지 못할 때, 무엇인가 자신들에게 잘못이

있다고 느끼면서, 하나님께서 그들에게 은사 주시는 것을 보류하고 계신다고 생각한다.

일단 만족할 만한 성령체험을 하지 못하면, 마음에 장벽이 생기게 됩니다. 그들은 기회가 될 때마다 성령체험을 받으려고 할 것입니다. 그러나 방언 받는 것이 실패로 돌아가면 더욱 그 장벽이 요새처럼 될 것입니다. 그들이 방언을 받으려 할 때 이러한 일이 반복되게 됩니다.

하나님은 그들에게 은사 주시는 것을 보류하지 않으신다.

나(소냐)는 하나님께서 성령님의 은사와 방언을 주시는 것을 보류하지 않으신다고 말함으로써 이러한 사람들을 위한 사역을 시작할 때가 있습니다. 더 나아가, 나는 그들이 믿음으로 구하는 순간에 은사를 받게 된다고 설명합니다. 나는 그들에게 하나님의 능력으로 그들의 삶이 변화된 것을 경험한 적이 있는가 물어봅니다. 그들 대부분은 이 일을 경험하였고, 그들을 통해 능력이 증명되고 있다고 말합니다. 그러나 그들은 그 이상의 것이 있다는 사실을 깨닫게 됩니다. 바로 그때, 많은 사람들은 눈물을 흘리게 됩니다. 그들은 과거에 자신에게 뭔가 잘못된 것이 있다고 느꼈지만 나는 그 관념을 쫓아버립니다.

장애물 무너뜨리기.

어떤 장애물들이 있는지 찾아봅시다; 방언에 반대적인 과거의 교육들, 용서하지 못함, 또는 숨어있는 악습 등등. 이러한 문제를 가지고 있는 사람이 있을 것입니다. 그러면 우리는 그들에게 회개 기도를 드리게 하고 죄의 습관을 버리도록 기도하게 합니다. 그들이 이런 기도를 드리고 나면 장벽은 그들의 삶으로부터 무너지게 됩니다. 종종, 방언을 받지 못하는 이유가 단순히 성령님께 순종할 줄 모르기 때문일 때도 있습니다. 우리는 성령님께서 방언을 주시려고 임하시는 것을 볼 수 있는데, 그들이 그냥 순종하지 못하고 방언을 말하지 못하는 안타까운 모습을 보게 됩니다.

호주, 시드니.

호주 시드니에 있는 큰 교회에서 사역하고 있을 때였습니다. 존은 교회의 한쪽에서 병자들을 위해 기도하고 있었고 나(소냐)는 다른 쪽에서 성도들이 성령세례를 받도록 기도하고 있었습니다. 30명이 넘는 사람들이 성령세례를 받고 방언이 터졌습니다. 모든 것이 끝났을 때, 나는 한 쪽에 서서 나의 사역을 조심스럽게 지켜보던 노인을 발견하였습니다. 그는 내게 와서 25년 동안 성령세례를 구하고 있노라고 말했습니다! 그는 능력 있는 설교자들이 방문할 때마다 기도를 받았지만 방언을 받지 못했다고 말했습니다.

바보스럽게 보일까 봐 겁내고 계십니까?

나는 속으로 짧은 기도를 드리고 지혜를 구했습니다. 지식의 말씀이 내게 응답하였습니다. 그리고 나는 그 말씀을 가지고 그에게 물었습니다: "바보스럽게 보이고 혼란스러울까 봐 겁내고 계십니까?" 이 말에 충격을 받은 모습이었지만 그는 이 문제가 오랫동안 견디기 힘든 고통이었다고 말하였습니다. 나는 어린아이와 같지 않으면 천국을 볼 수 없다는 예수님의 말씀을 상기시켰습니다. 그리고 그의 자아를 버리고, 바보스럽게 보일 일에 대한 두려움에서 벗어나길 원하느냐고 물었습니다. 그는 예수님께서 그에게 좋은 선물을 주실 것이라고 확실히 신뢰했을까요?

그는 아름다운 영적 언어로 기도하였다.

그는 눈물을 흘리면서 고개를 끄덕이고 어린아이와 같은 믿음이 부족한 자신을 용서해달라고 주님께 겸손하게 기도를 드렸습니다. 그리고 나는 그에게 안수하였고 그는 아름다운 영적 언어로 유창하게 기도하기 시작했습니다. 그는 너무나 감격하여 "놀라운 일입니다, 아주 능력 있는 부흥사들도 하지 못한 것을 당신이 했군요. 하나님 찬양합니다!"라고 말했습니다.

구역예배(Home group).

다음의 예는 우리 집에서 매주 모이는 소 그룹에서 일어난 일입니다. 성령님께서 어떠한 목적으로 구성원들을 모아 주시는지 알게 되는 것은 항상 흥미 있는 일입니다. 나(소냐)는 특별히 사람들이 조금 모이면 항상 호기심을 갖게 됩니다. 성령님께서 무슨 특별한 일을 나타내실까 하는 호기심이죠!

그렉과 케런 프라이만 참석한 특별한 저녁이었습니다. 정말 이상하게도 항상 참석하는 다른 수십 명의 사람들은 여러 가지 이유로 참석할 수 없었던 날이었습니다. 우리 넷만 모였기 때문에, 우리는 그 부부에게 특별히 기도해줄 것이 있는지 물었습니다. 그렉은 즉시 방언을 더 잘 하기를 원한다고 말했습니다. 그는 몇 마디의 말을 받았지만, 자주 기도해봐도 유창한 방언을 할 수 없었습니다. 사실 그는 완전히 낙담한 상태였습니다.

성령님께서 그에게서부터 세차게 흘러나오셨습니다.

우리는 "자, 편안한 마음으로 주님을 찬양합시다."라고 말하고 그렇게 했습니다. 15분이 지나고 우리는 완전히 즐거워져서 심지어 웃기까지 했습니다. 이렇게 은혜스러운 분위기 속에서, 성령님은 그렉에게 임하셨고, 그는 동시에 방언을 말하면서 웃기 시작했습니다. 성령님께서 마치 "생수의 강"처럼 그에게서 세차게 흘러나오셨습니다. 저항의 둑은 부서져버렸고 그 친구는 다시는 예전처럼 되지 않았습니다. 일 년 후, 그렉과 케런은 우리의 사역에 함께하게 되었습니다. 그는 가르침을 잘 받아들였고, 그들 둘은 예언기도와 치유의 은사를 사용하게 되었습니다. 주님, 감사 드립니다!

방언을 받기를 구하는 사람들에게 사역할 때에는, 그들의 감정을 존중하십시오. 그리고 주님께 장벽을 무너뜨릴 수 있는 열쇠를 달라고 기도하십시오.

나는 그들을 묶고 있는 힘을 무너뜨렸다.

어느 날, 나(소냐)는 성령세례에 대해서 한 그룹의 사람들에게 말씀을 전하고 있었습니다. 그들의 대부분은 전에 방언의 은사를 놓고 기도했었지만, 받지 못한 사람들이었습니다. 나는 전에 그들이 받았던 잘못된 가르침을 예수 이름의 권세로 극복하게 해달라고 기도했습니다. 나는 그들을 사로잡았던 그 힘을 부수고 이 훌륭한 경험 속으로 그들을 풀어 주었습니다. 내가 먼저 기도한 후, 그들의 기도를 인도하였고, 그들은 모두 방언을 받았습니다.

그는 과거에 여호와의 증인에 빠져있었다.

휴식 시간에, 한 남자가 내게 와서 훌륭한 간증을 들려주었습니다. 그는 오랫동안 성령세례를 간구했었지만 방언을 받지는 못했습니다. 그런데 내가 잘못된 가르침의 힘을 기도로 무너뜨렸을 때, 그는 그것이 마치 "내속에 무언가가 실제로 부서지는" 것 같았고 자유로워진 것을 느꼈다고 말했습니다. 그리고 그는 과거에 여호와의 증인에 빠져 있었다고 고백했습니다. 그러나 이제 이단의 가르침을 벗어 던지고 하나님의 은사로 충만해진 것을 확신하고 있었습니다.

우리 모두도 이렇게 할 수 있다.

이러한 예들을 통하여 우리는 당신이 이 사역이 정말로 쉽다는 것을 확신하기 원합니다. 이 사역은 일대 일의 사역이 될 수도 있고 또는 많은 크리스천들과 함께 할 수도 있습니다. 우리가 사역할 때 필요한 모든 것은 바로 성령님의 권능과 임재하심 입니다. 우리가 병자를 치유하는 방법을 배울 때에도 그 능력과 임재하심이 필요합니다. 이것은 제 3장에서 배울 사역기술 입니다.

🌸 *실습해 봅시다*

- 야고보서 1장 22절은 우리가 들은(읽은) 것을 **행하라**고 말씀하십니다.
- 부록 B의 이 장과 관련된 "실습 합시다"에서 이 장에서 추천하는 일들을 생각해 보십시요.
- 사역기술 숙제 "크리스천들을 성령세례로 인도하기"를 하시기 바랍니다.

| 제3장 |

사역기술 3

병자를 치유하는 법 배우기

예수님께서는 병자를 치유하는 것을 포함하여 그분이 하신 일들을 우리가 행하기를 원하셨습니다. 그런데 이 진리에 관하여 기독교 내에서 많은 오해가 있어 왔습니다. 본 장에서 우리는 치유에 대해서 성경은 어떻게 말하고 있는지, 우리가 어떻게 병자를 치유하는 것에 익숙해질 수 있는지를 신중하게 검토할 것입니다.

나(존)는 1973년 3월에 크리스천이 되었고, 두 달 후에는 FGBMFI(국제 순복음 사업가 모임)의 시애틀 지방회 회원이 되었습니다. 나는 이 기독교 단체 회원들이 치유가 필요한 사람들을 위해 기도하는 것을 보고 놀랐습니다. 그들은 마치 하나님으로부터 직접 보내심을 받은 사람들처럼 너무나 확신 있게 기도했습니다. 많은 경우 의심할 여지 없이 확실한 치유가 나타났습니다. 전부가 다 치유 받은 것은 아니지만, 어쨌든 나는 치유 받은 많은 사람들에게 관심이 생겼습니다. 어디서 그리고 어떻게 이 사람들이 그런 특별한 능력을 받았는지 몰랐습니다. 그래서 이런 일들이 일어나는 곳을 우선적으로 찾아 다니게 되었습니다. 기독교는 내가 새롭게 경험하는 세계였습니다. 일어나고 있는 모든 것을 경험하고 싶었고, 어떻게 그들이 병자를 치유했는지 알고 싶었습니다. 이것이 병자를 치유하는 법을 배운 나의 여행의 시작이었습니다.

예수님은 병자를 치유하신다.

이 땅에서의 예수님 사역의 3분의 1은 병자를 치유하는 것이었습니다. 마태복음 9장, 10장에서 예수님은 가르치시고, 설교하시고, 병자를 치유하셨습니다. 만약 우리도 예수님께서 하신 것처럼 하고자 한다면 병자를 치유하는 것 또한 우리 사역의 일부분이 되어야 합니다. 제자들에게 어떻게 병자를 치유하는가를 보여주신 다음 예수님께서는 곧 바로 자기를 따르는 무리들에게 또한 병자를 치유할 수 있는 권세와 능력을 주셨습니다. 치유사역은 세상을 이기기 위한 예수님의 복음 전략의 중요한 부분입니다. 치유는 미전도 된 사람들이 구원의 방법을 듣도록 마음을 부드럽게 만들어서 구원에 대하여 그들이 관심을 갖도록 합니다. 또한 그것은 병자가 치유 받는 동안 어떤 사람이 전하는 메시지가 하나님을 대신하여 선포되고 있다는 증거가 됩니다. 치유를 통해 우리는 그 사람들이 진정한 그리스도의 대사로서 하나님과 함께 일하고 있다는 것을 알 수 있게 됩니다.

> **마태복음 9:35**
> 예수께서 모든 도시와 마을에 두루 다니사 그들의 회당에서 가르치시며 천국 복음을 전파하시며 모든 병과 모든 약한 것을 고치시니라

> **마태복음 10:1**
> 예수께서 그의 열두 제자를 부르사 더러운 귀신을 쫓아내며 모든 병과 모든 약한 것을 고치는 권능을 주시니라

> **예수님 따라 하기**
>
> 예수님의 제자인 우리는 모든 종류의 질병과 약한 것을 치유할 수 있는 권세와 능력을 예수님으로부터 부여 받았습니다.

존(John)의 이야기.

내가 어떻게 신유를 믿게 되었는지, 어떻게 병자를 위해 기도하기 시작했는지에 대한 짧은 몇 가지 이야기를 통해 병자를 치유하는 방법을 나누고자 합니다. 독자 여러분은 아마 내가 경험한 것과 같은 여러분의 경험을 비교해 볼 수 있을 것입니다. 어쩌면 여러분의 체험이 더 많거나 적을 수도 있지만 결론적으로 우리 주님은 우리가 주님께서 오늘도 여전히 병자를 치유하신다는 사실을 확실히 믿게 되기를 원하십니다.

믿음의 성장.

나에게 있어서 이 모든 것의 시작은 내가 기독교인이 된 1973년도 초반의 몇 개월 동안이었습니다. 해가 지나감에 따라 병자를 치유하시는 하나님을 체험하면서 믿음이 자연적으로 성장하게 되었습니다. 신유에 대해 완전히 이해하게 된 두 가지 단계가 있었는데 **놀라운 체험들(surprise encounters)과 참된 것의 발견(discovering the authentic)**이 그것입니다. 그리고 제5장에서는 성령님과 그의 계시의 은사들에 의지해서 행하는 치유사역의 마지막 단계들을 철저하게 검토할 것입니다. 궁휼을 베푸시는 초자연적인 하나님은 이 두 단계에서 우리를 치유하시는 분이심을 점진적으로 나타내십니다.

마가복음 1:40-42, 마태복음 8:2-3, 누가복음 5:12-13

한 나병환자가 예수께 와서 꿇어 엎드려 간구하여 이르되 원하시면 저를 깨끗하게 하실 수 있나이다 예수께서 불쌍히 여기사 손을 내밀어 그에게 대시며 이르시되 **내가 원하노니** 깨끗함을 받으라 하시니 곧 나병이 그 사람에게서 떠나가고 깨끗하여진지라,

예수님 따라 하기

- 위의 성경 구절들은 치유에 대한 하나님의 의지를 보여줍니다. 이 세 구절 안에 하나님의 의지는 분명하게 드러나 있습니다. 그 세 구절은 모두 하나님이 우리를 치유하시길 원하심을 동일하게 말하고 있습니다.
- 하나님은 단지 문둥병만을 치유하시는 것이 아니라 모든 종류의 약한 것과 질병을 치유하시길 원하십니다. 예수님은 병자들을 치유하기 위해 영원한 긍휼과 자비를 드러내셨습니다.
- 대부분의 사람들은 하나님께서는 그분 자신이 원하시는 모든 것을 하실 수 있다고 믿고 있습니다. 그러나 이 성경 구절들은 하나님이 단지 하실 수 있을 뿐만 아니라 믿음으로 자신에게 나아오는 모든 사람들이 치유 받기를 원하신다고 선포하고 있습니다.
- 그러므로 우리는 전능하신 예수님의 이름으로 신유가 나타난다고 확신을 갖고 설교할 수 있습니다. 진정함과 간절함으로 치유 받기를 원하는 사람들은 치유의 단계로 나아갈 수 있는 믿음을 보이고 있는 것입니다.
- 치유가 실제로 나타나는 시점은 항상 주님의 손에 달려 있습니다. 비록 병자는 지금 당장 치유 받기를 원할지라도 완전한 육신의 치유는 지금 당장 나타날 수도 있고 며칠 혹은 몇 주일이 걸릴 수도 있습니다.
- 우리가 즉각적인 치유를 요구하도록 허락한 곳은 성경 어느 구절에서도 찾아볼 수 없습니다. 그것은 어리석고 무례한 행동입니다. 왜냐하면 예수님께서 원하시고 우리가 병자를 위해 기도하는 순간에 치유는 시작되기 때문입니다.
- 우리의 고백은 이것이 되어야 합니다.: 하나님은 지금 당신이 치유 받기를 원하십니다. 당신의 치유는 오늘 시작됩니다. 우리는 육체적인 치유가 나타날 때까지 하나님께 계속해서 감사를 드릴 것입니다.
- 오직 하나님만이 어떤 것이 죽을 병인지를 아십니다(요한복음 14:4 참조). 그렇기 때문에 우리는 이런 상황에서 어떻게 기도해야 하는지를 알기 위해 주님으로부터 오는 계시의 지식이 필요합니다.

놀라운 체험들(Surprise Encounters)

나의 첫 번째 시도.

나(존)는 치유가 필요했던 한 병자를 위해 난생 처음으로 기도했던 순간을 결코 잊을 수 없습니다. 그는 무릎을 다친 노인이었습니다. 그 노인과 나는 시애틀 북쪽에 있는 FGBMFI의 점심식사 모임에 참석했습니다. 그 모임의 설교자는 불 같은 믿음으로 가득 찬 사람이었는데, 기도 받기 위해 앞으로 나오는 사람 누구든지 하나님이 치유하시길 원하신다고 모든 사람 앞에서 선포했습니다. 맨 앞줄에 앉아 있던 나는 '무슨 일이 일어나는 것을 목격할 수 있을까?' 하고 흥분되었습니다.

그 노인이 기도를 받기 위해 절뚝거리며 앞으로 나왔을 때에, 그 집회의 모든 사역자들은 많은 병자들을 위해 기도하느라고 무척 바빴습니다. 내가 사역자 중의 한 명이라고 생각했는지, 그 사람은 나를 향해 돌아서서 바지를 걷어 올렸습니다. 붕대를 감은 고통스러운 다리를 보여주면서 자신을 위해 기도해 달라고 요청했습니다. 나는 그가 실망하기를 원치 않아서 "예, 내가 다른 사람을 데리고 와서 함께 기도하겠습니다."라고 말했습니다. 그 소리를 들었음에 틀림없지만, 그는 나의 소매자락을 꽉 잡으면서 "제발! 나는 당신이 기도해 주길 원합니다."라고 말했습니다.

그 순간 나는 어떻게 해야 할지 알려 줄 수 있는 사람들을 찾기 위해 한 번 더 주위를 돌아 보았습니다. 그러나 다른 사람들 역시 병자를 위해 기도하느라고 정신 없이 바빴기 때문에 자신들을 방해하지 말라는 눈짓을 하면서 나의 요청을 거절했습니다. 그래서 나는 그 노인을 의자에 앉히고는 재빨리 주위를 돌아보면서 다른 사역자들이 하고 있는 것과 말하는 것을 지켜보았습니다. 그리고 "하나님! 제발 나를 도와 주세요. 지금 무엇이든 좀 해주세요!"라고 말했습니다. 그 순간 내 뒤에 있던 사람들 중의 한 사람이 담대히 "예수님의 이름으로 기도합니다!"라고 말하는 것을 들었습니다. 그래서 나도 신속하게 "오! 그렇습니다. 하나님 제발 치유해 주세요. 예수님의 이름으로 기도합니다."라고 말했습니다.

나는 무엇을 믿어야 하는지 몰랐다.

나는 눈을 뜨기가 두려웠고 그 다음에 무엇을 해야 할지 몰랐습니다. 그래서 은혜롭게 그 상황이 끝나기를 조용히 바라면서, 손을 계속 그의 무릎에 댄 채 눈을 감고 있었습니다. 바로 그 순간 그가 일어서면서 소리치는 것을 들었습니다. "내가 치유 받았습니다! 내가 치유 받았어요!" 눈을 뜬 나는 하나님이 방금 자신을 고쳐 주었다고 소리치는 그를 보고 어리둥절했습니다. "당신이 정말 나았어요? 확실해요?"라고 다시 그에게 물었지만 그는 내가 묻는 것을 듣지 못했습니다. 그는 절뚝거리지 않고 당당하게 자기 자리로 돌아가면서 친구에게 하나님이 지금 막 자기 무릎을 고쳐 주셨다고 증거했습니다. 저는 놀라움 속에서 그 모임을 떠났습니다. 어떻게 해서 그 노인이 치유 받았는지를 몰랐습니다. 그 당시 어떻게 해야 하는지를 몰랐기 때문에 나로 인해 그가 치유 받은 것이 아니라는 것은 확실합니다. 내가 아는 것은 예수님께서 그가 치유 받을 수 있는 상황을 만드셨다는 것입니다. 그 노인은 단지 자신의 믿음을 표출하도록 도와줄 누군가가 필요했을 뿐입니다. 단지 나는 2000년 전 예수님이 가능하도록 만들어 놓으신 것을 마지못해 한 사람일 뿐입니다. 그 노인이 치유 받은 것은 자신의 믿음 때문이지 나의 믿음 때문은 아닙니다. 다음 성경구절 속의 여인은 예수 그리스도 안에서 흔들림 없는 믿음의 원리가 신유의 근원이 된다는 것을 잘 보여주고 있습니다.

누가복음 8:43-48, 마태복음 9:20-22, 마가복음 5:25-34

이에 열두 해를 혈루증으로 앓는 중에 아무에게도 고침을 받지 못하던 여자가 예수의 뒤로 와서 그 옷 가에 손을 대니 혈루증이 즉시 그쳤더라 예수께서 이르시되 내게 손을 댄 자가 누구냐 하시니 다 아니라 할 때에 베드로가 가로되 주여 무리가 밀려들어 미나이다 예수께서 이르시되 내게 손을 댄 자가 있도다 이는 내게서 능력이 나간 줄 앎이로다 하신대 여자가 스스로 숨기지 못할 줄 알고 떨며 나아와 엎드리어 그 손 댄 이유와 곧 나은 것을 모든 사람 앞에서 말하니 예수께서 이르시되 딸아 네 믿음이 너를 구원하였으니 평안히 가라 하시더라.

예수님 따라 하기

- 우리가 병자를 위해 기도할 때, 치유하시는 하나님을 향한 높은 수준의 믿음이 역사하게 될 것입니다. 치유를 위해 그들과 기도할 때, 신체적 접촉은 그들의 믿음이 역사하도록 돕는 것이고 이를 통해서 즉각적인 치유가 나타날 수 있습니다.
- 이 경우 우리의 믿음은 여분의 것입니다. 우리는 단지 그들의 믿음대로 이루어질 것이라는 사실과 하나님께서 역사하시는 것을 보게 될 것이라는 동의의 표시로 단순히 신체적인 접촉을 하는 것입니다.
- 예수님께서 치유를 먼저 시작하시지 않았음을 주목하십시오. **여인이** 예수님을 만졌을 때 치유의 능력이 예수님으로부터 여인에게 전해진 것이지 그 반대는 아닙니다.
- 많은 사람들이 예수님을 둘러싸고 있었지만, 예수님은 단지 온전한 믿음으로 자신을 만진 한 사람만을 인정하셨습니다. 그녀의 믿음은 예수님께만 소망을 둔 사람은 어느 누구나 치유하시길 원하시는 치료의 주님께 전적으로 매달린 믿음이었습니다.

연구를 시작하다.

그 사건이 바로 하나님께서 어떻게 그의 백성을 통해 역사하시는가를 찾기 위한 나의 연구의 시작이었습니다. 수년에 걸쳐 FGBMFI의 모임들과 집회들을 참석하면서 보통 사람들이 그들의 믿음을 예수님 안에서 사용하는 것을 보며 기적에 대한 나의 믿음도 점점 늘어났습니다. 매주 나는 여러 리더들이 "성령의 위대한 능력으로 채움 받은 사람은 누구든지 예수님께서 하셨던 것을 할 수 있습니다"라고 말하는 것을 들었습니다. 하나님 나라의 원리에 대한 나의 이해가 서서히 바뀌기 시작했습니다. 결국 어느 날 나 자신도 "만약 그들이 할 수 있다면 나 또한 할 수 있습니다."라고 확신할 수 있게 되었습니다. 그 결과 망설임 속에서 나 자신도 다른 사람들이 하던 것과 같이 기도하기 시작했습니다. 만약 다른 사람들이 성경에서 말하고 있는 것을 할 수 있다면 나도 역시 할 수 있지 않은가?

예수님께서 너희도 할 수 있다고 말씀하신 것을 하라.

결국 예수님이 신적인 치유의 근원이라는 것을 믿게 되었습니다.

다른 사람들이 단순히 신약과 구약에 선포되어 있는 치유의 언약들을 믿은 것처럼 나도 그 사람들이 말하고 행했던 것을 믿기 시작했습니다. 그 사람들은 이렇게 말했습니다. "모든 믿는 자들은 예수님께서 너희도 할 수 있다고 말씀하신 것을 할 수 있다고 성경은 선언하고 있습니다. 그리고 병자를 위해 기도하는 것과 그들이 치유될 것을 믿은 것도 그 중의 하나입니다." 나는 그들이 성경을 인용하는 것과 성경말씀대로 행하는 것을 보았습니다. 어떤 때는 치유가 선포되기도 하고, 어떤 때는 선포되지 않았습니다. 그러나 "단지 성경이 말하고 있는 것을 하라. 그러면 결과들을 얻게 될 것이다."라는 성경의 가르침을 궁극적으로 믿게 된 많은 치유의 결과들을 목격했습니다.

치유사역을 시작하다.

처음에는 사역자들이 다른 사람들을 위해 기도하는 것을 돕기 시작했습니다. 단순히 함께 손을 얹었고, 그들이 기도할 때마다 "아멘!"이라고 말했습니다. 갈수록 점점 그들이 사용하는 단어들과 구절들에 익숙해졌습니다. 그들의 사역에 동참할수록 치유의 기적이 일어날 것이라는 확신을 더 많이 갖게 되었습니다. 내가 기도했기 때문이라기 보다는 그들의 기도를 통해서 그렇게 되었습니다. 들음을 통해서 믿음이 생겨났고, 내 마음속에 치유에 대한 믿음이 자리잡기 시작했습니다. 결국 나 혼자서도 치유사역을 할 수 있다고 생각되기 시작했습니다. 이것은 누가복음 17장의 제자들과 똑같은 것이었습니다. 제자들처럼 주님이 나의 믿음을 증가시켜 주시는 것이 필요했습니다.

누가복음 17:5-6

사도들이 주께 여짜오되 우리에게 믿음을 더하소서 하니 주께서 이르시되 너희에게 겨자씨 한 알만한 믿음이 있었더라면 이 뽕나무더러 뿌리가 뽑혀 바다에 심기어라 하였을 것이요 그것이 너희에게 순종하였으리라

예수님 따라 하기

믿음은 계속해서 사용할 때 증가됩니다. 끊임없이 계속 병자를 위해 기도하는 것을 통해 말씀 속의 예수님을 붙잡으면 결국 우리의 믿음은 커질 것입니다. 만약 병자를 위해 끊임없이 기도한다면 우리는 성공을 경험하게 될 것입니다.

오찬과 만찬 기도모임.

내가 참여한 첫 번째 오찬 기도회 모임은 1973년 봄 시애틀의 대학 구내에 있는 한 호텔의 연회실에서 있었습니다. 나에게 있어 그 모임은 굉장한 것이었습니다. 우리 모두는 도대체 하나님은 무엇을 하길 원하실까? 하는 기대감으로 가득찼습니다. 뜨겁게 찬양과 경배를 드렸습니다. 바로 그곳에서 저는 다른 사람들이 하는 것을 보고 들음으로써 영의 언어로 찬양하는 법을 배우게 되었습니다. 하나님의 강한 임재를 체험했습니다. 너무나 많은 사람들이 모여서 어쩔 수 없이 시애틀에서 가장 큰 호텔의 연회실로 모임 장소를 옮겨야만 했습니다. 내가 확신을 갖고 기도하기 시작한 곳이 바로 그곳입니다. 아주 많은 것을 체험하지는 못했지만 지난 수개월 동안 내가 보아온 다른 사람들처럼 나도 병자들을 위해 계속 기도할 수 있었습니다. 만약 당신도 이 모임에 참석했더라면 당신도 역시 담대히 병자들을 위해 매일 기도했을 것이라고 생각됩니다.

하나님 말씀은 나의 생각을 바꾸셨다.

나는 1974년 중순까지 구약을 한 번 읽었고 신약성경을 여러 번 읽었습니다. 예수님의 약속과 우리가 꼭 해야 한다고 말씀하신 것에 집중하기 시작했고 FGBMFI의 다양한 사람들과 믿음이 충만한 설교자들이 설교한 성경구절에 밑줄을 쳤습니다. 그 중의 일부는 직접 참석해서 들은 것이고 일부는 테이프를 통해 들은 것들이었는데, 그 모든 구절들은 같은 것을 말하고 있었습니다.: "예수님께서 당신도 할 수 있다고 말씀하신 것을 당신은 할 수 있습니다." 이 사실을 믿고 그 동안 실행해온 믿음이 충만한 사람들과 함께 하려고 마음먹었습니다. 점점 '어떻게 믿음이 나오는가?'를 말하고 있는 로마서 10장 17절의 말씀을 이해할 수 있게 되었습니다. 나의 믿음은 기도 중에 선포된 하나님의 말씀이 치유를 일으키는 것을 목격할 때마다 커졌습니다.

로마서 10:17

그러므로 믿음은 들음에서 나며 들음은 그리스도의 말씀으로 말미암았느니라

예수님 따라 하기

- 기적을 행하는 것에 대한 믿음은 예수님께서 우리도 할 수 있다고 하신 것을 묵상할 때마다 늘어갑니다.
- 또한 예수님께서 우리도 할 수 있다고 말씀하신 것을 따라 행동하고, 사람들이 예수님께서 약속하신 것을 받도록 기도하기 시작할 때 늘어갑니다.
- 그리고 담대히 병자를 위해 기도하고, 초자연적인 사역을 행하는 사람들과 계속 연합할 때 믿음은 늘어갑니다.

'기적(Miracle)' 이라고 불리웠던 사람.

우연히 그 사업가들 가운데 한 사람, 켄 미라클(Ken Miracle)이라는 사람이 있었습니다.

켄은 나보다 10살 가량 나이가 많고, 나보다 수년 전에 예수님을 영접한 사람이었습니다. 그는 '하나님의 말씀을 행하도록' 나를 격려했습니다. 나는 그가 인도하는 대로 했고, 그가 하는 것처럼 따라 했습니다. 그는 계속해서 "하나님 말씀이 역사하십니다. 단지 그렇게 될 것을 믿고 행동하세요."라고 말했습니다. 그와 여러 사람들은 내가 그동안 성경을 읽으면서 주목했던 것들을 보완하고 강화시켜 주었습니다. 나는 켄과 팀을 이루어 사역하기 시작했습니다. 치유가 필요한 사람들을 위해 계

속 기도했습니다. 그러자 켄이 이야기 했던 것들에 대한 증거를 볼 수 있게 되었습니다. 우리가 기도할 때 사람들에게 있던 고통이 떠나갔습니다. 어떤 사람들은 아무런 것도 체험하지 못했지만, 많은 사람들이 치유를 체험했습니다. 두통이 사라졌고, 부러졌던 뼈들은 속히 회복되었고, 고통이 심했던 등은 정상이 되었으며, 축농증도 깨끗이 치유되었습니다. 치유 받은 것 중 어떤 경우는 어느 정도의 시간이 걸렸지만 어떤 것들은 즉시 치유되었습니다. 아주 극적인 것은 아니었지만 그 모임에 새로 참석한 나에게는 그 모든 것이 기적이었습니다. 심지어 켄은 기도가 필요한 사람들을 찾아서 병원을 방문하기까지 했습니다. 간호사들은 그가 하는 것을 보고 병원에서 떠나라고 요구하기도 했습니다. 그러나 그가 떠나기 전까지 의사들이 일련의 '설명할 수 없는 기적들'이라고 기록한 많은 기적이 나타났습니다. 켄의 성경적 진리에 대한 믿음은 나의 생각을 바꾸었습니다. 결국 나도 예수님께서 할 수 있다고 말씀하신 것을 했고 담대히 병자를 위해 기도하기 시작했습니다.

예수님도 두 번 기도하셨다.

우리는 병자를 치유하는 법을 배우는 데 너무 쉽게 포기하는 경향이 있습니다. 아래에 있는 마가복음 8장 22에서 26절을 보면 소경이 분명히 볼 수 있게 되기 전까지 예수님이 최소한 두 번 기도하신 것을 볼 수 있습니다. 예수님은 소경의 시력이 완전히 회복될 때까지 계속 일하셨습니다. 이것은 병자를 위해 기도하고자 하는 사람들에게 주는 훌륭한 교훈입니다. 만약 예수님께서 두 번 혹은 그 이상 기도하셨다면 우리도 기도의 결과들을 볼 수 있기 위해서는 두 번 혹은 그 이상의 기도를 드려야 함을 알 수 있습니다. 치유가 확실히 나타날 때까지 일정기간에 걸쳐 여러 번 기도를 해야 하는 경우가 있습니다.

마가복음 8:22-26

벳새다에 이르매 사람들이 맹인 한 사람을 데리고 예수께 나아와 손 대시기를 구하거늘 예수께서 맹인의 손을 붙잡으시고 마을 밖으로 데리고 나가사 눈에 침을 뱉으시며 그에게 안수하시고 무엇이 보이느냐 물으시니 쳐다보며 이르되 사람들이 보이나이다 나무 같은 것들이 걸어 가는 것을 보나이다 하거늘 이에 그 눈에 다시 안수하시매 그가 주목하여 보더니 나아서 모든 것을 밝히 보는지라 예수께서 그 사람을 집으로 보내시며 이르시되 마을에는 들어가지 말라 하시니라

예수님 따라 하기

예수님은 병자를 치유함에 있어서 확실히 성공하기 위한 중요한 사역기술을 가르쳐 주셨습니다.
- 의심과 불신으로부터 병자가 벗어날 수 있도록 인도하십시오.
- 성령님의 가르침을 듣고 따르십시오. 만약 성령님이 '침을 바르고 안수기도를 하라'고 하시면 그대로 하십시오.
- 당신이 계속 기도하는 중에 무슨 일이 일어났는지 병자에게 물어보십시오. 예수님께서도 소경에게 무엇이 보이는지 물어보셨습니다. 우리도 예수님처럼 해야 합니다.
- **예수님도 두 번 기도하셨습니다!** 만약 첫 번째 기도에서 아무 변화가 없다면 다시 한 번 기도하십시오. 성령님께서 됐다고 하실 때까지 병자를 위해 계속 기도하십시오.
- 불신의 환경을 피하도록 기도하는 것에 주의 하십시오. 의료기관이 치유된 것을 확인해 줄 때까지 환자가 하나님의 치유 하심에 감사를 드리도록 가르치십시오.

나의 간증을 함께 나누도록 요청 받다.

나는 1975년 워싱턴의 마운트 버논(Mount Vernon)에서 열린

FGBMFI의 저녁만찬 기도회 모임에 처음 참석했을 때 간증하도록 초청을 받았습니다. 나는 다른 사람들처럼 나를 사용해 달라고 하나님께 간절히 기도를 드렸습니다. 어떻게 크리스천이 됐고 성령세례를 받았는가를 말한 후에, 주님은 나에게 하나님께 자신들의 삶을 드린 두 사람과 기도하는 은혜를 주셨습니다. 나도 역시 치유가 필요한 사람들을 위해 기도했습니다. 한 사람은 고통으로부터 치유 받았습니다. 그러나 다른 사람들은 어떠한 변화도 없이 그 모임을 떠났습니다. 그것이 바로 북서 미국과 캐나다 전역에 걸친 FGBMFI 지방회 모임들에서 사역하고 설교하게 된 첫 번째 출발점이었습니다. 나는 그 곳에서 수년 동안 실제적인 사역경험을 얻게 되었는데, 지금도 그런 경험을 주신 하나님께 감사를 드리고 있습니다. 나는 25년 동안 설교자 중의 한 사람이 되는 큰 은혜를 받았습니다. 소냐(Sonja)와 나는 1998년 가을에 시애틀 지방회가 우리를 '믿음의 전당'에 등록한 것에 깊이 감사 드리고 있습니다.

또 다른 놀라움.

FGBMFI의 오찬기도모임은 많은 시애틀 사람들에게 영적인 자극제가 되었습니다. 나는 영적인 고갈 상태에 이르렀던 1976년 북 시애틀에서 만난 한 사람을 기억합니다. 그때 나는 한 주 동안이나 하나님의 말씀을 읽지 못했습니다. 기도하지도 않았습니다. 나의 믿음을 다시 세워줄 어떠한 것도 하지 못했습니다. 나는 단지 축복을 받기 위해 그 모임에 참석했을 뿐 다른 사람을 축복할 수 있는 상황이 아니었습니다. 그 모임이 거의 끝나갈 무렵, 전에 몰랐던 한 사람을 만났습니다. 내가 그를 보았을 때, 성령님은 "그는 등에 통증이 있다. 그에게 가라. 내가 그를 치유할 것이다."라고 말씀하셨습니다.

하나님의 음성은 때때로 당신이 기대하지도 않았을 때 갑자기 나타나

기도 합니다. 이런 일은 베드로에게도 일어났습니다.

사도행전 10:19-20

베드로가 그 환상에 대하여 생각할 때에 성령께서 그에게 말씀하시되 두 사람이 너를 찾으니 일어나 내려가 의심하지 말고 함께 가라 내가 그들을 보내었느니라 하시니

예수님 따라 하기

우리의 마음에 특별하고 '갑작스런 충격' 같은 말씀이 들려올 때, 그것은 아마도 성령님께서 우리가 어떤 일을 행하도록 권고하시는 것일 겁니다. 순종하십시오!

그래서 저는 하나님께서 말씀하시는 대로 순종했습니다. 그에게로 가서 하나님께서 말씀하시는 그대로 전했습니다. 그는 "당신이 맞습니다. 죽을 정도로 등이 아픕니다." 나는 아픈 부위에다 손을 얹고 선포했습니다. "고통은 예수님의 이름으로 떠나갈지어다!" 그러자 그의 고통은 즉시 떠나갔습니다. 그때부터 그는 기적을 믿는 사람이 되었고 순복음 모임의 정규적인 참여자가 되었습니다. 부정적인 상황에 있기 때문에 하나님이 당신을 사용하실 수 없다고 생각될 때가 바로 하나님이 그 환경 가운에 역사하실 수 있는 순간이며, 놀라움을 체험할 수 있는 순간이 될 것입니다. 우리가 전적으로 하나님만 의지하는 순간이 바로 하나님이 가장 잘 역사하실 수 있는 때입니다.

기적을 행하고 있는 사람들과 가까이 하라.

사역 초기 나는 순복음 모임에서 설교하는 일을 맡고 있는 몇몇 중심

적인 인물들과 함께 하도록 초청 받았는데, 이 일로 인하여 초자연적인 하나님의 역사에 대하여 더욱 많은 것을 배울 수 있었습니다. 첫 번째 사람은 시애틀 지방회의 대표인 돈 오스트롬(Don Ostrom) 이었습니다. 그는 수년 동안 많은 사람들의 영적 조언자가 되었습니다. 버머톤(Bremerton) 에서 열린 워싱턴 지방회 모임에 가는 여행 중에 그는 성령님께 민감해야 하며, 하나님께서 하도록 시키시는 것은 무엇이든지 하라고 나를 격려하였습니다. 내가 처음으로 공적인 모임에서 예언을 한 것이 바로 그날 밤이었습니다. 성령님은 약간의 긍정적인 충고로 나를 권면 하셨고, 다음에 내가 해야 할 몇 개의 지침을 주셨습니다. 우리보다 앞서서 그 사역을 하고 있는 사람들로부터 후원을 받는 것은 좋은 일입니다. 그것을 통해 올바르게 사역을 하는 법을 배울 수 있습니다. 다음 성경구절을 보면 제자들은 예수님으로부터 후원을 받았습니다.

마태복음 17:19-21

이 때에 제자들이 조용히 예수께 나아와 이르되 우리는 어찌하여 쫓아내지 못하였나이까 이르시되 너희 믿음이 작은 까닭이니라 진실로 너희에게 이르노니 만일 너희에게 믿음이 겨자씨 한 알 만큼만 있어도 이 산을 명하여 여기서 저기로 옮겨지라 하면 옮겨질 것이요 또 너희가 못할 것이 없으리라

예수님 따라 하기

병자를 치유하는 법을 배울 때 먼저 당신의 영적 조언자가 어떻게 하는지를 관찰하십시오. 예수님의 제자들은 귀신을 내쫓으려고 한 자신들의 시도가 왜 실패했는지를 신속히 예수님께 물었습니다. 예수님은 이런 기회를 통하여 제자들이 더 확실한 방법으로 사역하도록 가르치셨습니다. 그 이유가 믿음이 적기 때문이며, 기도와 금식이 필요하다고 말씀하셨습니다.

영적 조언자들을 찾아라.

초기의 또 다른 영적 조언자는 스티브 라이틀(Steve Lightle) 이었습니다. 완전한 유대인인 그는 내가 예수님을 영접하기 5년 전에 예수님께 돌아온 사람이었는데, 결국 FGBMFI의 유럽 책임자가 되었고, 벨기에의 브뤼셀에서 수년간 살았습니다. 그는 자신이 체험한 기적을 아주 재미있게 들려주는 훌륭한 설교자였습니다. 혼자 여행하는 것을 좋아하지 않아서 그는 자신과 동행하도록 다른 사람들을 초청했습니다. 그는 나에게 워싱턴의 형제들의 모임인 켄트(Kent)에 함께 가자고 요청했습니다. 그것이 바로 나의 새로운 전환점이 되었습니다. 그는 나에게 하나님의 부르심과 미래의 사역에 대한 확신을 주는 예언을 해주었습니다. 결국 그가 예언한 모든 것이 이루어졌습니다.

발가락을 붙잡고 기도하다.

심장마비가 된 사람을 되살린 사람이 바로 스티브였습니다. 그 사건은 순복음집회장 밖 시애틀 시의 한 호텔 로비에서 일어났습니다. 나는 그 모든 사건을 직접 목격했습니다. 한 여인이 의식을 잃고 호텔 바닥에 쓰러졌습니다. 911에 전화를 하자마자 엠블런스가 즉시 와서 심장모니터를 연결했는데 심장박동이 나타나지 않았습니다. 스티브는 조심스럽게 그녀의 발 쪽으로 다가갔습니다. 나는 그가 어떻게 그 상황을 감당할 수 있었는지를 결코 잊을 수 없습니다. 그가 안수기도를 할 수 있었던 유일한 부위는 담요 밖에 나와있던 그녀의 엄지 발가락 뿐이었습니다. 그는 담대히 그녀의 엄지 발가락을 잡고 그녀의 생명이 돌아올 것을 선포했습니다. 그의 선포는 이루어졌습니다. 심장모니터에 즉시 심장박동이 나타나기 시작했습니다. 의료팀은 바로 전에 나타나지 않았던 심장 박동이 모니터에 나타나는 것을 보고 안심하였습니다. 대부분의 사람들은 그 사건을 "죽은 자가 다시 일어난 것"과 비슷한 기적이라고 말했습니다. 비록 의료팀은 그녀가 의학적으로 죽은 것이 아니었었다고 말했지만 스티브는 정말로 죽었다가 살아난 것이라고 생각했습니다. 그 사건은 사도행전 9장에서 베드로가 경험한 것처럼 생명을 불어넣는 말의 능력이 하나님의 치유능력을 나타나게 한다는 것을 보여줍니다.

사도행전 9:40-41

베드로가 사람을 다 내보내고 무릎을 꿇고 기도하고 돌이켜 시체를 향하여 이르되 다비다야 일어나라 하니 그가 눈을 떠 베드로를 보고 일어나 앉는지라 베드로가 손을 내밀어 일으키고 성도들과 과부들을 불러 들여 그가 살아난 것을 보이니

예수님 따라 하기

- 예수님은 베드로의 영적 조언자였습니다. 베드로는 예수님께서 죽은 자들을 일으키는 것을 보았습니다. 예수님과 똑같은 상황에 부딪쳤을 때 베드로는 무엇을 해야 하는지 알았습니다. 예수님처럼 베드로도 먼저 기도했습니다. 그리고 우리는 그가 무엇을 해야 하는지에 대한 지침을 하나님 아버지로부터 받았다고 생각할 수 있습니다. 그런 다음 그는 죽은 자를 향해 이름을 부르고, 그녀가 일어나도록 명령했습니다.
- 베드로는 예수님께서 회당장 야이로의 딸을 손으로 잡아 일으키는 것을 보았습니다. 그래서 그의 영적 조언자인 예수님께서 하신 것처럼 그 자신도 했습니다. 베드로는 그녀의 손을 잡고 일으켜 세웠습니다.
- 베드로가 성령님이 원하시는 것을 순종했기 때문에 모든 의심과 불신이 사라졌습니다. 그래서 그는 예수님께서 가르치신 대로 할 수 있었고, 그 결과 기적이 나타났습니다.
- 베드로의 순종 때문에 주님은 영광을 받으셨습니다. 사도행전 9장 42절은 "온 욥바 사람이 알고 많은 사람이 주를 믿었더라"고 말하고 있습니다.

스티브는 초창기에 나의 사역 기술을 형성하는 데 도움을 준 친절한 영적 조언자였습니다. 그는 극소수만 감히 시도할 수 있는 즉흥적인 사역기술에 익숙했습니다. 그는 하나님께서 성경의 모든 가르침을 따라 자연스럽게 사역하는 사람을 존중하는 창조적인 분이심을 믿었습니다. 나도 지금도 이 사실을 믿고 있으며, 그와 같은 태도로 사역하고 있습니다. 스티브로부터 제가 배운 한 가지는 사역에서 얻은 많은 성공에 대한 모든 영광과 공로를 항상 하나님께 돌려드리는 점이었습니다.

그들이 믿은 것을 얻다.

FGBMFI 지방회의 사역자들은 하나님께서 모임이 있을 때마다 기적을 행하시기를 기도했습니다. 그들은 하나님의 놀라운 역사하심을 포함한 개인적인 간증을 갖고 있는 설교자들을 초청했습니다. 그들은 기적을 행하시는 하나님을 만난 평범한 사업가들을 중점적으로 초청했습니다. 초대된 사업가들은 어떻게 하나님께서 그들의 삶을 변화시켰는가에 대한 간증을 했습니다. 그들은 한결같이 "하나님은 사람을 차별하지 않으십니다. 만약 그분이 저를 위해서 기적을 베푸셨다면 하나님은 당신을 위해서도 기적을 베푸실 것입니다."라고 말했습니다. 그들의 이런 간증으로 모임의 분위기는 더 고조됐고, 다음 성경구절처럼 회의적인 사람들을 놀라게 만들었습니다.

사도행전 4:13-14

그들이 베드로와 요한이 담대하게 말함을 보고 그들을 본래 학문 없는 범인으로 알았다가 이상히 여기며 또 전에 예수와 함께 있던 줄도 알고 또 병 나은 사람이 그들과 함께 서 있는 것을 보고 비난할 말이 없는지라

예수님 따라 하기

우리가 참으로 치유 받은 간증을 나눌 때마다, 그것은 회의적인 사람들의 입을 다물게 만들고, 하나님을 믿는 일에 마음 문을 열도록 만듭니다. 하나님께서 하신 일들, 특별히 당신이나 당신이 알고있는 사람들이 치유 받은 일들을 간증할 수 있는 기회를 항상 만드십시오.

FGBMFI의 모임들은 믿음과 기적을 기대하는 마음을 고취시켰습니다. 설교자의 설교가 끝날 때, 그들은 성령님께서 그분이 원하시는 것을 행하시려고 이 모임 중에 오셨다고 회중에게 알렸습니다. 설교자는 사람들이 예수님을 영접하도록 항상 초청했습니다. 많은 사람들이 자신의 삶을 예수님께 드렸습니다. 그 다음에 성령세례와 치유를 위한 기도록 받도록 초대했습니다. 그 순간이 바로 가장 많은 기적이 일어나는 때입니다. 사람들은 그들이 원하는 것을 받았습니다. 리더들은 모임을 끝내는 것도 하나님께 의지합니다. 그래서 FGBMFI의 리더들은 모임을 아주 오랫동안 한다고 소문나 있습니다. 많은 것들이 계속 일어나고 있기 때문에 우리는 결코 시간에 신경 쓰지 않습니다. 이 모임은 다음 성경구절에 나타나 있는 바울의 모임과 유사합니다.

사도행전 20:7-12

그 주간의 첫날에 우리가 떡을 떼려 하여 모였더니 바울이 이튿날 떠나고자 하여 그들에게 강론할새 말을 밤중까지 계속하매 우리가 모인 윗다락에 등불을 많이 켰는데 유두고라 하는 청년이 창에 걸터 앉아 있다가 깊이 졸더니 바울이 강론하기를 더 오래 하매 졸음을 이기지 못하여 삼 층에서 떨어지거늘 일으켜보니 죽었는지라 바울이 내려가서 그 위에 엎드려 그 몸을 안고 말하되 떠들지 말라 생명이 그에게 있다 하고 올라가 떡을 떼어 먹고 오랫동안 곧 날이 새기까지 이야기하고 떠나니라 사람들이 살아난 청년을 데리고 가서 적지 않게 위로를 받았더라

> **예수님 따라 하기**
>
> 예수님께서는 우리의 모임이 비록 한밤중까지 계속된다고 할지라도 여전히 병자들이 치유 받기를 원하십니다. 이 경우, 모든 사람이 피곤하고 지쳐있는 한밤중에 기적이 일어납니다. 하나님은 결코 주무시지 않습니다. 바울이 죽은 자 가운데서 그를 다시 살린 때까지 모임이 끝나지 않은 것을 유두고가 기뻐했을 것이라고 우리는 확신할 수 있습니다.

환경을 무시하고 믿음을 지켜라.

1978년 워싱턴 벨링햄(Bellingham)에서 있었던 아주 은혜로웠던 FGBMFI의 모임에서 나는 설교를 하였고 내 설교를 들었던 한 사람이 시애틀의 한 병원에 병들어 누워있는 그의 어머니를 위해 기도해 달라고 저에게 요청했습니다. 모임에서 받은 은혜가 아직까지 충만했던 나는 "그녀를 위해 기꺼이 기도하겠습니다. 나는 당신의 어머니가 나을 줄로 믿습니다!"라고 말했습니다. 시애틀로 돌아오는 길에 병문안 했는데, 그녀는 무의식 상태에 있었습니다. 그러나 그것은 나에게 문제가 되지 않았습니다. 왜냐하면 환경을 바라보지 않는 법을 배웠기 때문입니다. 나는 믿음으로 하나님께서 기적을 행하실 것을 믿었습니다. 담대히 그녀에게 기름을 바르고 믿음의 기도를 드렸습니다. 다음날 내가 그녀를 심방했을 때, 그녀의 병실은 비어 있었습니다. 나는 하나님께서 행하신 일 때문에 기뻐하기 시작했습니다. 그녀가 치유 받았음이 틀림없다고 생각했습니다. 그러나 그녀가 지난 밤에 죽었다고 간호사가 말했을 때 나의 기쁨은 당황으로 바뀌었습니다. 나는 차 안에서 하나님께 어떻게 된 일이냐고 물었습니다. 그때 하나님께서 이렇게 말씀하시는 것을 들었습니다. "너는 내가 알고 있는 것만큼 알지 못한다. 단지 나에게 순종해라. 내가 너에게 말하는 것을 순종해서 계속 해라." 그것은 내가 배운 큰 교훈 중의 하나였습니다. 내가 해야 할 것은 단지 주님과 그의 말씀에 순종하고, 기도하며, 결과는 단지 자비로우신 하나님께 맡기는 것 이었습니다.

영생이 우리를 기다리고 있다.

크리스천이 죽으면, 그들은 우리 주 예수 그리스도께서 약속하신 영광스러운 종착역인 예수님과 함께하는 영원한 삶을 누리게 됩니다. 영생의 관점에서 보면, 크리스천의 죽는 것은 더 이상 죽음도 없고, 슬픔과 눈물, 고통이 없는 영원한 생명의 시작입니다. 우리는 죽어가는 사람을 포함하여 기도해달라고 요청하는 사람을 위해 기도할 책임이 있습니다. 우리의 목표는 사람들이 죽기 전에 예수님을 만날 수 있도록 그들을 인도하는 것입니다. 모든 사람에게 영원한 생명이라는 영광스러운 약속을 받아들일 수 있는 선택의 기회가 주어져야 합니다.

쉬운 것부터 시작하라.

병자를 어떻게 치유하는가를 배우는 데 있어서, 우리는 큰 믿음이 요구되지 않는 것처럼 보이는 것들부터 시작해야만 합니다. 두통, 고열, 목의 통증, 등의 통증들은 말기 암으로 죽어가는 어떤 사람을 위해 기도하는 것보다 아마도 더 다루기 쉬울 것입니다. 하나님께 있어서 모든 치유는 똑같이 쉽습니다. 하지만 병자를 위해 기도해 본 적이 없는 크리스천은 다음 구절에서 보이는 것과 유사한 것부터 시작해야 합니다.

누가복음 4:38-39, 마태복음 8:14-15, 마가복음 1:29-31
예수께서 일어나 회당에서 나가사 시몬의 집에 들어가시니 시몬의 장모가 중한 열병을 앓고 있는지라 사람이 그를 위하여 예수께 구하니 예수께서 가까이 서서 열병을 꾸짖으신대 병이 떠나고 여자가 곧 일어나 그들에게 수종드니라.

> **예수님 따라 하기**
>
> 이것은 어떻게 크리스천이 병자를 치유하는 것을 시작할 것인가에 대한 아주 훌륭한 예입니다. 단순히 예수님께서 하신 것처럼 하십시오.
> - 치유가 필요한 사람들의 요구에 따라 병자가 있는 곳으로 가십시오.
> - 직접 병자에게 가서 그 상황과 부딪쳐 감당하십시오.
> - 예수님의 이름으로 문제가 있는 부위를 향해 열, 질병, 고통을 꾸짖으십시오.
> - 질병과 고통 때문에 병자가 그 동안 하지 못했던 것을 하도록 격려함으로써 당신이 방금 드린 기도처럼 행동하십시오. (예: 병자의 손을 잡고, 일으켜 세우며, 그들의 일상생활을 계속 하도록 한다.)
> - 언제 어느 때나 환자로부터 열, 질병 혹은 고통이 떠났음을 계속해서 기대하십시오. 결국 그들의 치유가 확실히 나타날 것입니다.

구부러진 팔꿈치.

같은 해에 나는 결코 잊지 못할 놀라운 사건을 만났습니다. 대략 오후 2시 가량 된 어느 쌀쌀한 오후에 캐나다 FGBMFI 지방회인 켈로우나(Kelowna) 대표로부터 전화가 왔었습니다. 그는 나보고 시애틀에서부터 켈로우나로 저녁 7시까지 와서 저녁 모임에서 설교해 달라고 요청했습니다. 그 모임의 주최측은 저녁 모임을 위한 적합한 설교자를 캐나다 내에서 찾지 못하고 너무나 절박한 상황에서 마지막으로 나에게 전화를 했습니다. 원래 예정됐던 설교자는 자신의 설교 일정에 문제가 있는 것을 주최측에 미리 통지하지 않고 바로 전날에 취소했습니다. 기적적으로 벨레뷰(Bellevue) 지방회의 대표인 래리 데이(Larry Day)가 보잉사의 비행장에 있는 그의 비행 클럽으로부터 경비행기를 대여할 수 있었습니다. 그는 훌륭한 비행사였습니다. 그래서 마지막 경배와 찬양이 끝날 무렵에 그 모임에 도착할 수 있었습니다. 우리는 설교자를 소개하는 시간에 맞춰서 강단에 올라갈 수 있었습니다. 당초 예정됐던 설교자의 명성 때문에 그 모임은 만원을 이루었습니다. 하나님께서는 하고자 하시는 어떤 계획을 갖고 계셨고, 그 일에 우리를 동참시키셨습니다.

래리는 병자를 치유하시는 예수님에 대해 짧지만 은혜로운 간증을 했습니다. 그런 다음 제가 유사하게 치유에 대해서 이야기 했습니다. 그 결과 12명 가량 되는 사람이 예수님을 영접했고 치유 기도를 받기 위한 세 개의 줄이 형성되었는데, 래리와 지방회의 직원들 그리고 내 앞에 치유기도를 받기 위해 환자들이 늘어섰습니다. 한 사람 한 사람씩 우리는 병자와 상처 입은 자들을 위해 기도하기 시작했습니다. 내가 결코 잊을 수 없는 치유의 기적은 어렸을 때 떨어져서 팔꿈치가 부러진 젊은 여인에게서 나타났습니다. 그녀는 팔을 똑바로 뻗을 수 없이 평생을 구부러진 상태로 살아야 했습니다. 그런데 그녀가 나에게 자신의 팔을 위해서 기도해 달라고 요청한 것입니다. 사도행전 14장의 바울처럼 나는 그녀를 직접 쳐다보았고, 성령 안에서 어떤 것을 볼 수 있었습니다.

사도행전 14:8-10

루스드라에 발을 쓰지 못하는 한 사람이 앉아 있는데 나면서 걷지 못하게 되어 걸어 본 적이 없는 자라 바울이 말하는 것을 듣거늘 바울이 주목하여 **구원 받을 만한 믿음이 그에게 있는 것을** 보고 큰 소리로 이르되 네 발로 바로 일어서라 하니 그 사람이 일어나 걷는지라

예수님 따라 하기

- 예수님께서 사람들을 치유하시길 원하신다고 간증하고, 가르치고, 설교할 때마다, 우리는 설교를 듣는 사람들에게 매우 민감해야 합니다.
- 하나님의 말씀의 능력이 사람들에게 들어갈 때, 치유가 필요한 사람들 안에서 믿음이 생길 것입니다.
- 하나님 말씀이 선포될 때 성령님은 강하게 역사하십니다. 성령님께서 치유가 필요한 사람들에 대해 직접 말씀하실 수 있도록 하고, 또 성령님께서 멈추라면 멈추십시오.
- 당신이 주위의 사람들을 쳐다보고 있을 때, 성령님께서는 치유 받을 만한 믿음이 있는 사람을 볼 수 있도록 만드실 것입니다.
- 성령님께서 "저기 있는 저 사람...그를 불러서 일어서도록 하라!"고 말씀하실 때 우리는 성령님의 시각으로 바라보게 됩니다.
- 성령님께서 역사하기 시작하면, 그들은 항상 치유 받습니다.

나는 그녀가 치유 받을 만한 믿음이 있는 것을 알았다.

내가 그녀에게 "당신은 우리가 기도할 때 하나님께서 그 팔을 똑바로 펴 주실 것이라고 믿습니까?" 라고 물었습니다. 조금도 주저함 없이 그녀는 기적이 일어날 만한 믿음으로 내 눈을 쳐다보면서 확신 있게 말했습니다. "예 제가 믿습니다!" 나도 재빨리 그녀의 말에 화답하며 "예수님의 이름으로 팔은 똑바로 펴질지어다!" 라고 선포했습니다. 그녀와 그녀의 어머니 그리고 나는 하나님께서 서서히 구부러진 팔을 펴서 다른 쪽 팔과 똑같이 만드시는 것을 보고 놀라기 시작했습니다. 우리는 팔이 정상적인 위치가 될 때 부드럽게 뼈가 맞추어지는 소리를 들었습니다. 그녀는 기쁨의 눈물을 흘리기 시작했고 그녀의 어머니 역시 울기 시작했습니다. 내 눈에서도 눈물이 흘러나왔습니다. 그때까지 나는 그런 큰 기적을 체험하지 못했었습니다. 이것은 그녀의 믿음이 그녀를 온전하게 만든 사건이었습니다. 그것은 마가복음 3장에서 예수님께서 하신 것과 유사한 것이었습니다.

마가복음 3:1-6, 마태복음 12:9-14, 누가복음 6:6-11

예수께서 다시 회당에 들어가시니 한쪽 손 마른 사람이 거기 있는지라 사람들이 예수를 고발하려 하여 안식일에 그 사람을 고치시는가 주시하고 있거늘 예수께서 손 마른 사람에게 이르시되 한 가운데에 일어서라 하시고 그들에게 이르시되 안식일에 선을 행하는 것과 악을 행하는 것, 생명을 구하는 것과 죽이는 것, 어느 것이 옳으냐 하시니 저희가 잠잠하거늘 그들의 마음이 완악함을 탄식하사 노하심으로 그들을 둘러 보시고 그 사람에게 이르시되 네 손을 내밀라 하시니 내밀매 그 손이 회복되었더라 바리새인들이 나가서 곧 헤롯당과 함께 어떻게 하여 예수를 죽일까 의논하니라.

예수님 따라 하기

- 성령님께서 신유를 믿지 않는 종교적 지도자들 앞에서 병자를 위해 기도하도록 권고하실 때가 있을 것입니다. 신유가 나타나기 시작할 때 우리는 사람보다 하나님께 순종해야 합니다. 하나님께서는 교회에서 신유가 올바른 것인지 아닌지에 대해 논쟁하는 대신에 병자를 치유하도록 하실 것입니다.

내가 그녀의 눈을 바라보았을 때, 온전히 치유 받을 만한 믿음을 본 것입니다. 그것은 내가 "팔은 똑바로 펴질지어다!"라고 큰 소리로 말할 때였습니다. 그녀가 나를 통해 치유자 되신 예수님을 바라보고 자신의 확고한 믿음을 고백할 때까지는, 하나님께서 그녀를 위해 무얼 하시길 원하시는지 몰랐었습니다.

참된 것의 발견(Discovering the Authentic)

나(존)의 믿음과 하나님에 대한 지식이 계속 자라가고 있을 때, 하나님께서는 기사와 이적으로 계속 말씀을 확증시켜 주셨습니다.

1970년대 말과 1980년대 초에 이르러 나는 비로소 계시된 지식에 의해 하는 사역의 중요성을 깨닫기 시작했습니다. 이것은 하나님의 초자연적인 활동영역에서 사역하고자 하는 목회자들 대부분이 깨닫지 못하고 잃어버린 요소인 것 같습니다. 예수님께서는 자신과 깊은 관계를 갖기를 원하는 모든 신자들에게 말씀하시겠다고 약속하셨습니다. 이 사실은 내가 하나님의 말씀에 순종하고 그분이 계시하시는 것을 했을 때 치유의 기적이 더 빈번히 일어난다는 것을 깨달음으로 분명해졌습니다.

나는 다른 사역자들이 병자를 위해 기도할 때 쓰는 방법을 더 면밀히 연구하기 시작했습니다. 어떤 사람은 계시에 의해 사역하는 것처럼 보였지만, 어떤 사람들은 그렇게 하지 않았습니다. 나는 그들의 독특한 습관과 틀에 박힌 행동들을 보았습니다. 하나님께서 지금 이 순간에 하시길 원하는 것보다는 옛날부터 해 오던 방식에 더 많이 의존하는 것처럼 보였습니다. 나는 바울이 데살로니가 사람들에게 충고한 것을 받아들여야 했습니다.

데살로니가 전서 5:19-21
성령을 소멸하지 말며 예언을 멸시하지 말고 **범사에 헤아려**(examine everything carefully) 좋은 것을 취하고

누가복음 9:49-50
요한이 여짜오되 주여 어떤 사람이 주의 이름으로 귀신을 내쫓는 것을 우리가 보고 우리와 함께 따르지 아니하므로 금하였나이다 예수께서 이르

시되 금하지 말라 너희를 반대하지 않는 자는 너희를 위하는 자니라 하시니라

예수님 따라 하기

- 예수님께서는 우리가 서로에게 베푸는 것보다 더 많은 은혜를 베푸셨습니다. 그러므로 단지 어떤 사역자가 독특한 방법으로 병자를 치유하고 있다고 해서 그를 이단이라고 평가 절하할 필요는 없습니다.
- 예수님께서는 그 사람이 남기는 열매를 살펴보라고 하셨습니다. 사람들이 정말로 치유 되었습니까? 그 사역자들이 모든 공로를 하나님께 돌려 드리고 있습니까? 사람들이 구원 받고 있습니까? 우리는 열매로 그 사람들을 평가해야 합니다.
- 성경 말씀 속에 나타나 있는 예수님의 모범을 따름으로써 예수님 편에 남아 있으십시오.

면밀히 조사한 후 나는 바로 그 순간 하나님께서 계시하시는 것을 행할 때 진짜 열매를 거두고, 치유의 기적들이 오래 지속되는 것을 알 수 있었습니다. 그 반면에 그들 자신의 믿음이나 과거의 경험을 따라 행하는 것은 어떤 결과들을 얻을 수는 있지만 하나님의 계시에 의해서 행동하는 것처럼 될 수는 없었습니다. 이것은 내가 "순회 사역"을 행하게 되면서 확실하게 현실로 나타났습니다.

순회사역을 행하다.

1980년까지 나는 점점 더 많이 미국 서부와 캐나다에 있는 FGBMFI 지방회의 설교자로 초대되었습니다. 경력이 점점 늘어났기 때문에 나는 한 번 여행할 때마다 3일에서 5일까지 여러 지방회들에서 설교할 수

있게 되었습니다. 우리는 이런 모임들을 "순회 모임"이라고 불렀습니다. 돌이켜 보면 그들이 나를 초대한 이유는 내가 설교자로서 명성이 있었기 때문이라기보다는 나를 초대하기가 쉬웠기 때문이었을 것입니다. 순회모임에서 가장 기억에 남는 것은 워싱턴 북동부 주에서 있었던 일들이었습니다.

일어난 사건들을 기록하다.

나는 세 군데의 지방회에서 설교자로 초대되었습니다: 하나는 아이다호(Idaho) 주의 샌드포인트(Sandpoint)에 위치하였고, 또 다른 하나는 워싱턴(Washington) 주에 있는 콜빌(Colville)에, 그리고 나머지 하나는 워싱턴 주의 뉴포트(Newport)에 위치한 것이었습니다. 각 모임은 같은 주일의 화요일, 목요일, 그리고 토요일 저녁에 열렸습니다. 이 여행이 기억에 남는 이유는 유일하게 무슨 사건이 일어났는지를 기록했던 여행이었기 때문입니다. 만약 당신이 기록 일지를 남기지 않는다면 하나님께서 행하시는 기적들을 쉽게 잊어버릴 것입니다. 다음의 것이 기억에 남는 사건들 중의 일부를 옮겨놓은 것입니다. 그 비망록은 늘 똑같았습니다: 부페식 저녁식사, 뜨거운 찬양, 짤막한 간증들, 그리고 주강사의 설교와 구원, 성령세례, 신유를 위한 강단으로의 초대가 바로 그것이었습니다. 나는 이런 순서로 매 모임을 진행했습니다.

아이다호 주의 샌드포인트에서 열린 화요일 저녁 모임은 사역을 위한 휴식기간 이었습니다. 두 남자가 구원을 받았습니다. 그리고 한 부부가 성령세례를 받았습니다. 하나님께서는 다섯 명으로부터 머리, 목, 등, 그리고 귀에 있던 고통들을 제거하셨습니다. 나는 다음 성경 구절들을 읽었을 때 그런 일이 일어날 것이라고 마음속에 미리 생각할 수 있었습니다.

누가복음 6:17-19, 마태복음 4:24-25, 마가복음 3:7-12

예수께서 그들과 함께 내려오사 평지에 서시니 그 제자의 많은 무리와 또 예수의 말씀도 듣고 병 고침을 받으려고 유대 사방과 예루살렘과 두로와 시돈의 해안으로부터 온 많은 백성도 있더라 더러운 귀신에게 고난 받는 자들도 고침을 받은지라 온 무리가 예수를 만지려고 힘쓰니 이는 능력이 예수께로부터 나와서 모든 사람을 낫게 함이러라.

예수님 따라 하기

- 하나님께서 행하시는 위대한 일들에 대해 설교해 달라고 요청 받을 때마다 우리는 그 모임 가운데 주님의 기름 부으심이 나타나게 해달라고 간구해야 합니다.
- 예수님께서 병자들을 치유하신다는 소식을 듣고 수많은 사람들이 예수님께 몰려들었습니다. 치유의 기적은 사람들을 모여들게 만드는 가장 훌륭한 선전 광고입니다.
- 선포된 능력의 말씀을 통해 우리 주님의 분명한 임재가 나타납니다. 이런 일이 나타나기 시작할 때 성령님이 부어주시는 계시의 흐름대로 가능한 한 많은 사람에게 사역할 수 있도록 신속히 행동하십시오.
- 당신이 특별한 사람이라고 말하는 종교적 영을 지닌 사람들을 주의하십시오. 하나님께서 하신 일을 보고 사람들이 당신을 칭찬하고 치켜세우지 않도록 조심하십시오.
- 사람들이 주님이 행하신 일들을 보며 손을 들고, 찬양과 감사, 영광의 말을 예수님께 돌려드리도록 하십시오.

콜빌에서 있었던 목요일 밤 모임을 나는 결코 잊을 수 없습니다. 나는 하나님의 뜻대로 나를 사용해 달라고 간절히 기도했습니다. 나는 기대하는 마음으로 서 있었습니다. 내가 한참 간증을 하고 있을 때 주님은 어떤 개인에 대한 환상과 말들 그리고 강한 힘으로 내 생각을 중단시키셨습니다. 내 간증이 끝날 무렵, 성령님은 그 분이 역사하기를 원하시는 사람들이 생각나도록 하셨습니다. 비록 무슨 일이 일어날지는 몰랐지만, 성령님께 순종하여 담대히 발걸음을 옮겼습니다. 첫 번째 인도하심은 너무나 강력해서 순종하지 않을 수 없었습니다.

성령님의 레이더.

내가 대략 80명 정도의 사람들을 살펴보고 있을 때, 성령님은 한 중년 남자에게 내 주의를 집중시키셨고, 다음과 같이 말씀하셨습니다. "그 사람은 구원 받지 못했다. 그에게 가서 그가 구원 받기를 원하는지 물어 보아라." 나는 순종했습니다. 그와 그의 부인 모두 "우리 모두 구원 받기 원합니다."라고 말했습니다. 나는 그들의 손을 붙잡고 회개기도를 드렸습니다. 그러자 그들은 울다 웃다 나중에는 그 모임 내내 큰 소리로 웃기까지 했습니다. 또한 한 십대 소년은 그의 온 마음을 예수님께 드렸습니다.

작은 흰 개.

기대 속에 침묵이 있었고, 그 방 안에 있던 모든 사람이 하나님에 대한 두려움을 느끼고 있었습니다. 모든 사람들이 나를 바라보았습니다. 믿음의 은사가 나에게 임했습니다. 성령님은 지팡이를 든 한 여인과 가죽 끈에 묶인 작고 하얀 개의 환상을 보여주셨습니다. 그 환상과 함께 말씀이 내게 임했습니다. "그녀가 기도 받으러 올 때, 내가 그녀를 치유할 것이다." 저는 이 말씀을 회중들 앞에서 그대로 따라서 선포했습니다. 지팡이를 든 한 연로한 여인이 일어섰고, 남편의 도움으로 서서히 앞으로 나아왔습니다. 홀로 일어서기 힘들어 했던 그 여인은 목에 악성 후두염이 있고 심장이 약하다고 말했습니다. 거의 제 기능을 하고 있지 못하다고 했습니다. 그러나 그녀는 하나님께서 자신을 치유하시기 원하심을 믿었습니다. 그 고백에 동의하며 나는 그녀의 어깨에 손을 얹었습니다. 강한 전기와 같은 힘이 그녀를 통과하였고, 그녀는 지팡이를 떨어뜨리며 손을 올렸고 앞 뒤로 걸으면서 큰 소리로 자신을 치유해 주심에 감사하는 찬양과 영광을 하나님께 돌려 드렸습니다.

치유된 쇄골.

팔에 붕대로 팔걸이를 한 남자가 앞으로 나아왔습니다. 그는 떨어져서 쇄골이 부러졌다고 말했습니다. 팔을 올릴 수가 없었습니다. "언제 하나님께서 치유하실까요?"라고 내가 묻자 그는 지금 즉시요!"라고 대답했습니다. 나는 내 손을 부러진 쪽의 손에 얹고 "나도 그렇게 믿습니다. 예수님의 이름으로 치유될지어다." 그러자마자 그는 팔을 올리고, 어깨에 건 붕대를 제거한 후 완전히 치유된 상태로 걸어나갔습니다.

심각하게 손상된 신경이 치유되다.

한 젊은이가 내 앞에 서서, 어떤 병을 앓은 후에 자신의 오른쪽 귀의 청력을 완전히 잃게 되었다고 말했습니다. 의사는 신경이 손상되어 더 이상 어떻게 할 수가 없다고 포기했답니다. 그와 이야기 할 때, 성령님은 내 마음속에 환상을 주셨습니다. 그것은 내가 손가락에 침을 찍어서 그의 오른쪽 귀에 바르고, 청력이 돌아오라고 명령하는 환상이었습니다. 성령 안에서 내가 본 그대로 행했습니다. 그 청년이 자신의 양쪽 귀가 완벽하게 들리기 시작할 때 얼마나 놀랐겠습니까?

그네를 타는 작은 소녀.

한 젊은 여자와 그녀의 남편이 내게 와서 그들의 관계를 위해 기도해

달라고 요청했습니다. 자신들이 친밀한 관계를 갖는 데 큰 어려움이 있다고 말했습니다. 저는 어떻게 그들을 위해 기도해야 할지 몰랐습니다. 그래서 "잠깐 혼자 기도해도 될까요? 때때로 성령님께서 어떻게 기도해야 할지를 가르쳐 주시거든요."라고 물었습니다. 그들이 허락하자 어깨에 손을 얹고 방언기도를 시작했습니다. 그러자 주님께서 그네를 타고 있는 한 행복한 소녀의 환상을 보여주셨습니다. 또한 그녀의 뒤에 나타난 어두운 남자의 모습을 보여주셨는데, 그 남자는 소녀를 그네에서 끌어내린 후 강제로 끌고 수풀 속으로 들어갔습니다. 그리고 난 후 "의부가 그녀를 성적으로 희롱했다. 더러운 영은 떠나라고 명령해라"라는 말을 들었습니다. 나는 들은 말씀대로 그 여자에게 선포했습니다. 주님께서 보여주신 대로 선포하자 그녀는 억제할 수 없는 울음을 터뜨렸습니다. 그리고 그녀는 잠시 후 미소를 띄고 기뻐하기 시작하면서, "더러운" 느낌을 떠나게 하신 하나님을 찬양했습니다. 그 후 나는 크게 웃으면서 행복하게 서로를 껴안고 그 모임을 떠나는 그들의 모습을 볼 수 있었습니다.

　토요일 밤 뉴포트에서 열린 워싱턴 FGBMFI 모임에서는 세 사람이 그들의 삶을 예수님께 드렸습니다. 양쪽 어깨에 극심한 통증을 느꼈던 한 남자가 왔었습니다. 첫 번째 기도에서 그는 치유를 받았고 그 다음에 성령세례를 받았습니다. 그는 새로운 영의 기도로 하나님을 찬양했습니다. 몸에 통증이 심했던 두 여인과 한 젊은 남자가 또한 치유 받았습니다. 모든 사람들이 기사와 이적으로 자신을 드러내신 하나님을 찬양하면서 그 모임을 떠났습니다.

　비록 극적인 것처럼 보이지만, 이 모임들은 하나님께서 구원, 치유 그리고 성령을 충만하게 하심으로써 자신을 나타내 보이신 표본이었습니다. 지금 돌이켜 생각해 볼 때, 하나님의 임재의 정도는 중보기도와 성령 안에서 보여주신 것에 대해 얼마나 순종하는가에 크게 달려있었습니다. 나의 하나님은 놀라우신 분일 뿐 아니라 더 나아가서 참된 방법으로 역사하시는 하나님이십니다. 마찬가지로 요한복음 5장에 보면 사람들은 병든 친구들과 가족을 데리고 치유가 나타나는 곳을 찾아 다녔지만, 결국 그들은 예수님이 모든 치유의 근원이라는 것을 발견하였습니다.

요한복음 5:2-9

예루살렘에 있는 양문 곁에 히브리 말로 베데스다라 하는 못이 있는데 거기 행각 다섯이 있고 그 안에 많은 병자, 맹인, 다리 저는 사람, 혈기 마른 사람들이 누워 (물의 움직임을 기다리니 이는 천사가 가끔 못에 내려와 물을 움직이게 하는데 움직인 후에 먼저 들어가는 자는 어떤 병에 걸렸든지 낫게 됨이러라) 거기 서른여덟 해 된 병자가 있더라 예수께서 그 누운 것을 보시고 병이 벌써 오래된 줄 아시고 이르시되 네가 낫고자 하느냐 병자가 대답하되 주여 물이 움직일 때에 나를 못에 넣어 주는 사람이 없어 내가 가는 동안에 다른 사람이 먼저 내려가나이다 예수께서 이르시되 일어나 네 자리를 들고 걸어가라 하시니 그 사람이 곧 나아서 자리를 들고 걸어가니라 이 날은 안식일이니

예수님 따라 하기

- 오래되고 만성적인 질병을 가진 사람들을 위해 기도하기 전에 그들에게 하나님께서 치유하실 것이라는 믿음이 있는지 질문을 하십시오.
- 성령님께서 원하시는 일에 민감하고 무엇을 말씀하시든지 순종하십시오.
- 예수님께서 "네가 낫고자 하느냐?"고 베데스다의 병자에게 물어보신 것처럼 그들에게 물어보십시오.
- 믿음이 있는 대답을 하는지 들어보십시오.
- 마지막으로 언제 하나님께서 치유해 주시길 원하는지 물어 보십시오. "지금요!"라고 대답할 때, 하나님께서 치유 과정을 지금 시작하고 계시고 하나님의 시간표에 따라 건강을 계속 회복시키실 것이라고 화답하십시오..
- 때로는 하나님께서 즉시 그들을 치유하실 것입니다. 항상 결과는 하나님의 몫으로 남겨 놓으십시오.

오직 하나님께서 말씀하시는 것을 하라.

참된 것을 발견함에 따라 나는 모든 복음전도자들이 꼭 알아야만 하는 중요한 교훈을 배웠습니다. 대중 앞에서 사역할 때에 결코 성령님을 앞서가지 마십시오. 나는 워싱턴 아버딘(Aberdeen)에서 매달 열리는 지방회 모임 때 설교해 달라는 초청을 받았습니다. 나는 나와 동행할 다른 복음전도자를 초대했습니다. 우리는 다소 우쭐해졌고, 래리(Larry)가 보잉사의 항공 클럽에서 경비행기를 가지고 와서 우리를 아버딘까지 태워주자 약간 교만해졌습니다. 그래서 큰 실수를 저지른 것 같습니다. 내가 발견한 진실이란 것은, 하나님께서는 추측하여 사역하는 것과 그분의 인도에 따라 행동하는 것을 분명하게 구별시키신다는 사실입니다.

내가 설교하기 바로 직전, 복음전도자인 내 친구가 휠체어를 탄 한 사람에게로 내 주의를 집중시켰습니다. 그는 "우리가 저 남자를 휠체어에서 벗어날 수 있도록 치유할 것 같은데요."라고 말했습니다. 나는 그런 일이 일어나면 정말 굉장하겠다고 생각했습니다. 그래서 우리가 사역을 시작할 수 있도록 그 남자가 휠체어를 타고 앞으로 나아오도록 했습니다. 우리 두 사람은 일어나 걸으라고 명령했습니다. 그러나 그가 일어서지 못하자, 우리는 그를 끌어 잡아당겨서 그의 다리가 움직이도록 만들었습니다. 결국 다행스럽게도 그가 휠체어 안으로 쓰러졌습니다. 우리는 찬양을 몇 곡 부르도록 해서 그 모임을 살리기 위해 애썼지만, 결국 아무런 효과 없이 모임은 끝났습니다. 우리는 당황했고, 공식적인 사례금을 거절한 채 그 모임을 떠났습니다. 집으로 돌아오는 비행기에서도 내내 시무룩해 있었습니다.

실수를 통해서 배우다.

사역에 대해 사람들의 가르침보다는 하나님의 지시에 귀를 기울이십시오! 오직 성령님께서 하라고 하시는 것만 하십시오. 확실한 것처럼 보이는 것이 하나님의 시간표에는 없는 것일 수도 있습니다. 만약 무엇을 해야 하는지에 대한 직접적인 계시를 받지 못했다면 항상 환자에게 하나님께서 무엇을 해주리라고 믿는지 물어보십시오. 그 다음 그들의 믿음의 정도에 맞게 기도하십시오. 만약 병자가 하나님께서 두통을 제거하시길 원하고 있으면, 그것이 당신이 기도할 수 있는 범위입니다. 하나님께서 우리가 병자를 향해 일어서서 걸으라고 명령하기를 원하시면, 그분은 우리에게 방법과 시기에 대해서 말씀해 주십니다. 성령님은 육체를 따라 나오는 종교적 열심을 좋아하지 않으십니다. 그 예를 예수님께서 소경에게 "너희에게 무엇을 해 주기를 원하느냐?"고 물어보신 아래의 성경구절에서 찾아볼 수 있습니다.

> **마태복음 20:29-34, 누가복음 18:35-43**
>
> 그들이 여리고에서 떠나 갈 때에 큰 무리가 예수를 따르더라 맹인 두 사람이 길 가에 앉았다가 예수께서 지나가신다 함을 듣고 소리질러 이르되 주여 우리를 불쌍히 여기소서 다윗의 자손이여 하니 무리가 꾸짖어 잠잠하라 하되 더욱 소리 질러 이르되 주여 우리를 불쌍히 여기소서 다윗의 자손이여 하는지라 예수께서 머물러 서서 그들을 불러 이르시되 너희에게 무엇을 하여 주기를 원하느냐 이르되 주여 우리의 눈 뜨기를 원하나이다 예수께서 불쌍히 여기사 그들의 눈을 만지시니 곧 보게 되어 그들이 예수를 따르니라.

예수님 따라 하기

- 성령님께서 먼저 계시로 소경을 치유하시기 시작하셨습니다.
- 주목: 예수님께서 "너희에게 무엇을 하여 주기를 원하느냐?"고 물으셨습니다. 예수님께서는 이미 하나님 아버지께서 무엇을 하시길 원하시는지 아셨습니다. 그러나 예수님은 치유를 위해 그 사람의 믿음을 시험하셨습니다. 우리도 똑같이 해야 합니다. 때때로 치유되기 위해 무엇이 필요한지 그것을 통해 분명히 나타날 것입니다.
- 어떤 때는 병자가 하나님께서 무엇을 해주실 것이라고 믿는지 물어 보아야 합니다. 우리는 환자가 하나님이 해줄 것이라고 믿는 것 이상의 것을 시도해서는 안 됩니다.
- 예수님은 소경의 눈을 만지셨습니다. 때에 맞게 우리도 역시 치유가 필요한 신체 부위에 안수해야 합니다. 물론 신중히 해야겠지요.
- 누가복음 18장 35-43절에서, 예수님은 문제에 대한 해답을 주셨습니다. "보아라! 네 믿음이 너를 치유하였느니라!" 우리도 똑같이 해야 합니다.
- "불쌍히 여기셨느니라." 어떤 사람이 전심으로 치유를 간구할 때, 우리도 또한 불쌍히 여기는 마음을 가져야 합니다.
- 그 소경들은 즉시 그들의 시력을 되찾았습니다. 치유되는 시간은 우리가 정하는 것이 아니라 항상 주님께 달려 있습니다. 우리는 항상 지금 치유가 일어나고 있다고 기도해야 합니다. 치유가 나타나기까지 시간이 걸린다고 해서 놀라서는 안 됩니다

나의 첫 번째 선교여행.

1979년 하나님께서는 한 사업가를 통해 한국의 서울로 가는 비행기 표를 사도록 하셨습니다. 나는 매년 열리는 아시아 평신도 회의(Asian Christian Layman Conference)에 미국 FGBMFI 대표 네 명 중의 한 사람으로 참석했습니다. 나와 한 방을 쓰게 된 사람은 시애틀 출신의 길

빈(Gil Bean)이었는데, 그는 기도의 용사였습니다. 캘리포니아에서 온 두 명의 복음전도자도 우리 팀의 일원이었습니다. 예루살렘에서 온 이스라엘 사람 슬로모 아이삭(Slomo Isaac)은 주 강사 중 한 사람이었습니다. 그의 설교 도중에 주님께서는 나를 "많은 나라들"로 부르셨습니다. 그가 나를 쳐다보았을 때, 나는 꼼짝 못한 채 "너는 전 세계로 가게 될 것이다!"라고 말하는 것을 들을 수밖에 없었습니다. 전에 한 번도 만난 적이 없던 이 사람을 통해 나는 우리 주님이 명령하시는 음성을 들었습니다. 의자에 꼼짝없이 앉은 채, 이 말씀의 의미가 무엇일까? 궁금해 했습니다. 나는 재빨리 냅킨에 이 말씀을 적어서, 이 날의 예언의 말씀을 기록하는 노트에 기록해 두었습니다.

그들은 우리를 위해 설교 일정을 짜놓았습니다. 길(Gil)과 나에게는 두 가지 일정이 있었습니다. 첫 번째는 한 대형 장로교회의 주일 아침 예배였습니다. 그 다음 주일에는 대략 200명 정도 모이는 한 오순절 교회에서 예배가 있었습니다. 그 두 교회는 똑같이 예수님을 구주라고 설교하였지만, 오순절 교회는 매번 예배 때마다 하나님의 초자연적인 역사하심을 고대하였습니다. 비록 그날 아침의 주 강사로 소개되었지만 나는 그 사실을 몰랐었습니다.

예상치 못했던 일이 일어나다.

나는 하나님의 은혜와 사랑에 관해서 세 가지 요점으로 설교를 잘 준비했습니다. 길(Gil)은 무엇이든지 성령님의 방법대로 되게 해달라고 기도했습니다. 나는 한국인 통역자를 통해 최선을 다해 설교했지만 그들은 더 많은 어떤 것을 기대하고 있는 것처럼 보였습니다. 목사님들이 강단에 있는 큰 의자에 앉아 있는 동안 교인들은 바닥에 앉아 있었습니다. 내가 설교를 끝냈을 때 그들은 매우 공손했고 내가 말한 것을 좋아하는 것처럼 보였습니다. 그런 다음 예상치 못한 어떤 사건이 일어났습니다. 교회의 담임목사님이 교인들을 앞으로 나오라고 초청했습니다. 전 교인들은 일어서서 강단을 향해 모여들기 시작했습니다.

길(Gil)은 손을 흔들어 나를 부른 후 속삭였습니다. "저 사람들이 하는 말이 이 예배는 신유 집회라고 교인들에게 광고가 되었답니다. 아마도 당신과 내가 병자를 치유해야 할 것 같습니다." "뭐라고요?" 길(Gil)은 "기름을 가지고 왔습니까"?라고 물었습니다. "내가 갖고 있는 것은 내 열쇠고리 위에 붙은 기름이 묻은 작은 이 패드 조각밖에 없는데요".라고 내가 대답했습니다. "기름을 잊어버리다니. 이거 너무 늦었는걸."그가 말했습니다. "내가 무엇을 위해 기도해야 할지를 어떻게 알겠습니까?"라고 내가 말했습니다. 길(Gil)은 "당신은 그들을 모릅니다. 그리고 그들 역시 당신이 무엇을 기도하는지를 모릅니다. 그러나 하나님은 아십니다. 그러므로 방언기도를 시작합시다. 그리고 내려가서 각 사람의 머리에 손을 얹고 기도합시다. 저는 이쪽 끝에서부터 시작하겠습니다. 당신은 저쪽에서 시작하십시오. 자 갑시다!"라고 말했습니다.

우리는 빨리 기도할 수가 없었다.

미국에서는 이런 식으로 하지 않았습니다. 길(Gil)과 함께 아시아 사람과 좋은 경험을 하게 하신 하나님께 감사를 드립니다. 나는 재빨리 오른쪽으로 갔고, 길(Gil)은 왼쪽으로 갔습니다. 그들은 마치 어미 새가 먹이를 물고 왔을 때 모여드는 한 떼의 굶주린 아기 새들 같았습니다. 빽빽이 모인 그들은 내가 벽에 몰려 태극기가 내 얼굴에 떨어질 때까지 제단 앞으로 가까이 나아가려고 밀려왔습니다. 우리는 그들을 위해 빨리 기도할 수 없었습니다. 내가 기도할 때, 하나님의 능력으로 인해 쓰러져서, 치유가 필요한 뒤에 있는 파도 같은 인파에 지장을 줄 정도였습니다. 그것은 내가 지금까지 참여했던 것 중 가장 특이한 치유 모임이었습니다. 내가 마치 치유를 책임지고 있는 것처럼 보였습니다!

나는 작은 기름 패드를 사용하였지만, 대략 5분 정도 쓰자 바닥이 나 버렸습니다. 그들은 조금도 관여하지 않았습니다. 우리가 어떻게 기도하던지 간에 하나님께서 치유하실 것이라는 믿음의 분위기가 충만했습니다. 우리가 할 수 있는 모든 것은 단지 우리가 그들을 만지든지 아니면 그들이 우리를 만지도록 허락하는 것 뿐이었습니다. 우리는 마가복음 3장에서 예수님께서 하신 것과 같은 것을 경험했습니다.

마가복음 3:9-10

예수께서 무리가 에워싸 미는 것을 피하기 위하여 작은 배를 대기하도록 제자들에게 명하셨으니 이는 많은 사람을 고치셨으므로 병으로 고생하는 자들이 예수를 만지고자 하여 몰려왔음이더라

예수님 따라 하기

- 많은 무리들은 문제를 일으킬 수 있습니다. 계획을 세우거나 아니면 회중을 통제할 수 있도록 다른 사람들을 사용하십시오.
- 병자가 치유된 것에 대한 모든 영광과 찬양을 예수님께 돌려 드리십시오.
- 일어난 어떤 기적으로 인해 당신을 칭찬하고 우쭐대게 만드는 사람들을 피하십시오.
- 성경은 "칭찬으로 사람을 시련(시험) 하느니라"라고 말하고 있습니다.(잠언 27:21)

중보기도가 열쇠였다.

우리가 병자를 위해 계속 기도하고 있을 때 교회의 리더들이 우리의

팔을 잡고 교회 옆문으로 인도한 후 점심식사를 위해 식당으로 데리고 갔습니다. 거기서 우리는 이번 모임 때 하나님의 치유의 능력이 넘쳐나도록 하기 위해 온 교회가 금식기도를 했다는 사실을 알게 되었습니다. 우리가 경험했던 것이 놀라울 이유가 없었습니다. 그것은 바로 중보기도의 결과였기 때문입니다! 이것은 바로 수십 년간 한국 사람들이 해오고 있던 것이었습니다. 미국 사람들과 달리 그들은 어떻게 불신의 장벽을 파괴하고, 하나님의 임재와 은혜를 받을 수 있는가를 알고 있었습니다. 우리는 단지 그들이 기도한 것에 대한 응답에 참여자가 되었을 뿐이었습니다. 그들이 무릎으로 기도한 대가가 지불되었던 것이었습니다.

국제 그리스도의 대사들

지금 나와 소냐가 하고 있는 사역에 대한 비전은 1979년에 주님께서 주셨습니다. 집중 기도기간 동안 주님은 서부 시애틀에 있는 올림픽 산의 찬란한 일몰을 볼 수 있도록 인도하셨습니다. 태양 빛 가운데 나는 "그리스도의 대사들"이라는 단어를 보았습니다.

> **고린도후서 5:20**
>
> 그러므로 우리가 그리스도를 대신하여 사신이 되어 하나님이 우리를 통하여 너희를 권면하시는 것 같이 그리스도를 대신하여 간청하노니 너희는 하나님과 화목하라

> **예수님 따라 하기**
>
> 우리는 예수님께서 하신 것을 할 수 있는 권세와 능력을 부여 받은 그리스도를 위한 대사들입니다. 예수님은 그의 피로 우리의 대사직에 인을 치셨습니다.

디모데들을 만드는 사람.

내가 비전으로 가득 차 있을 때, 주님은 "너는 나를 위한 대사들을 훈련시킬 것이다. 그리고 전 세계로 가게 될 것이다. 이 임무를 위해 너 자신을 준비시켜라."라고 말씀하셨습니다. 그 비전은 내가 다양한 기도 모임들과 FGBMFI의 회의들에 참석할 때마다 계속해서 확증 되었습니다. 똑같은 예언의 말씀이 나의 일상생활 속에서 계속 나타났습니다. "너는 디모데들을 만드는 사람이 될 것이다. 너는 많은 나라들에 영향을 끼칠 것이다. 너는 그 사역을 위한 성도들을 준비하도록 부름 받았다. 너는 팀을 이루어 이 일을 할 것이다." 우리는 수년 동안 이런 확증의 말씀을 주신 주님께 계속 감사를 드리며 기뻐했습니다. 오늘날, 우리가 하나님의 뜻 안에 있다는 사실을 확실히 알게 되었습니다. 우리는 하나님 뜻 안에 거하겠다고 작정했습니다.

소냐와 나는 경영학 학사 학위 소지자 입니다. 그러나 그 비전의 초기에 우리 두 사람은 공식적인 신학 교육을 받지 못했습니다. 하나님의 초자연적인 능력에 관해 얻을 수 있는 모든 책을 읽던 우리는 하나님 말씀에 대한 더 많은 기초가 필요함을 절실히 느끼게 되었습니다. 나는 통신으로 성경을 가르치는 학교에 등록을 해서 1년 이상 공부하여 졸업을 했습니다. 다음 몇 년 동안은 모든 기독교 사역 세미나, 교회 세미나, 컨퍼런스, 십자군 모임들 그리고 시애틀 내의 운전해서 갈 수 있는 거리 범위 안에서 열린 행사에 참석했습니다. 이런 컨퍼런스들은 보통 병자 치유를 포함하고 있었습니다. 후에 소냐와 나는 캐나다의 밴쿠버에 있는 리젠트 대학(Regent College)에서 있었던 세미나에 참석해서, 시애틀에 있는 시애틀 태평양 대학교(Seattle Pacific University)의 전(前) 신학대학장이었던 래리 쉘턴(Larry Shelton) 박사로부터 자극을 받았습니다. 동시에 우리가 섬기고 있는 지역교회에서 매우 활동적으로 사역했습니다. 소냐는 새신자 반을 가르쳤고, 나는 협동목사가 되어 다양한 반들을 가르쳤습니다. 신자들이 사역할 수 있도록 그들을 훈련시키는 역할을 맡았습니다. 우리 둘은 매주마다 교회에서 먼저 기도로 주일을 준비하는 사역을 했습니다.

우리는 시애틀의 다른 교회들에서 사역하다가 결국에는 미국 북서부에서 사역하였습니다. 또한 중요 전도 집회가 도시에서 열릴 때 방문 사역을 위한 기도와 사역팀을 지휘했습니다. 이런 대부분의 모임들에서 치유사역은 주요 사역의 초점이 되었습니다. 우리는 계속해서 기적들을 목격했습니다. 그래서 더 이상 하나님께서 병자를 치유하시는 것에 놀라지 않게 되었습니다. 우리는 계속해서 하나님의 진정한 역사하심을 발견하였고, 계속 병자를 치유하시는 하나님을 고대하였습니다. 치유 받기 위해 모인 사람들은 다음 구절의 백부장과 유사한 높은 기대가 있었습니다.

누가복음 7:1-10, 마태복음 8:5-13, 요한복음 4:46-53

예수께서 모든 말씀을 백성에게 들려 주시기를 마치신 후에 가버나움으로 들어가시니라 어떤 백부장의 사랑하는 종이 병들어 죽게 되었더니 예수의 소문을 듣고 유대인의 장로 몇 사람을 예수께 보내어 오셔서 그 종을 구해 주시기를 청한지라 이에 그들이 예수께 나아와 간절히 구하여 이르되 이 일을 하시는 것이 이 사람에게는 합당하니이다 그가 우리 민족을 사랑하고 또한 우리를 위하여 회당을 지었나이다 하니 예수께서 함께 가실새 이에 그 집이 멀지 아니하여 백부장이 벗들을 보내어 이르되 주여 수고하시지 마옵소서 내 집에 들어오심을 나는 감당하지 못하겠나이다 그러므로 내가 주께 나아가기도 감당하지 못할 줄을 알았나이다 말씀만 하사 내 하인을 낫게 하소서 나도 남의 수하에 든 사람이요 내 아래에도 병사가 있으니 이더러 가라 하면 가고 저더러 오라 하면 오고 내 종더러 이것을 하라 하면 하나이다 예수께서 들으시고 그를 놀랍게 여겨 돌이키사 따르는 무리에게 이르시되 내가 너희에게 이르노니 이스라엘 중에서도 이만한 믿음은 만나보지 못하였노라 하시더라 보내었던 사람들이 집으로 돌아가 보매 종이 이미 나아 있었더라.

> ### 예수님 따라 하기
>
> - 치유자 되시는 예수님에 대한 큰 믿음을 가진 사람을 만날 때마다, 그들의 시각이 우리가 아니라 예수님께 맞춰져 있기 때문에 그 사람들이 치유될 것을 믿고 동의하기는 훨씬 쉽습니다.
> - 만약 우리가 하나님께서 하시는 일을 그대로 따라 한다면(마치 예수님처럼), 그 다음에는 그분이 하고자 하시는 것이 나타나는 것을 보게 될 것입니다. 우리는 가서 "단지 말씀만 선포"하면 그대로 될 것입니다.
> - 만약 하나님께서 "가라, 오라, 저것을 해라, 이것을 해라..."고 말씀해 주시고, 당신이 순종해서 명령하면, 당신의 선포한 명령은 하나님의 권세와 능력을 덧입게 됩니다! 당신은 그 명령을 확신할 수 있고, 명령은 성취될 것입니다. 그것이 **위대한 믿음** 안에서 사역하는 것입니다. 그러면 당신은 성령님을 통해 하나님 아버지가 말씀하시는 것을 순종함으로써 믿음의 은사를 실행하는 것입니다.

경험은 우리를 확신시켰다.

1980년대 중반까지 치유하시는 하나님에 대한 우리의 믿음은 확고했습니다. 하나님께서 믿음으로 나아오는 사람을 누구든지 치유하시길 원하신다는 근본적인 진리를 더 이상 부인할 수 없을 정도로 수많은 확실한 치유들을 목격했습니다. 그때에 우리는 꾸며낸 것과 진실한 것을 분별할 수 있었습니다. 치유하시는 하나님에 대한 사람들의 흔들림 없는 믿음을 존중했습니다. 그러나 신유의 진실을 확인하기 위해, 치유의 과정 중에 있음을 믿는 사람들에게 의료기관으로부터 확인을 받으라고 격려했습니다. 의료기관으로부터 좋은 소식을 갖고 올 때에 모든 사람들은 진짜 기적이 나타남으로 인해 기뻐했습니다. 누가복음 17장에서도 이런 예가 있습니다.

누가복음 17:12-19

한 마을에 들어가시니 나병환자 열 명이 예수를 만나 멀리 서서 소리를 높여 이르되 예수 선생님이여 우리를 불쌍히 여기소서 하거늘 보시고 이르시되 가서 제사장들에게 너희 몸을 보이라 하셨더니 그들이 가다가 깨끗함을 받은지라 그 중의 한 사람이 자기가 나은 것을 보고 큰 소리로 하나님께 영광을 돌리며 돌아와 예수의 발 아래에 엎드리어 감사하니 그는 사마리아 사람이라 예수께서 대답하여 이르시되 열 사람이 다 깨끗함을 받지 아니하였느냐 그 아홉은 어디 있느냐 이 이방인 외에는 하나님께 영광을 돌리러 돌아온 자가 없느냐 하시고 그에게 이르시되 일어나 가라 네 믿음이 너를 구원하였느니라 하시더라

예수님 따라 하기

- 하나님 앞에서는 불치병을 가진 사람들이나 두통을 가진 사람들 모두가 똑같습니다. 하나님께 있어서 모든 치유는 똑같이 쉽습니다.
- 예수님을 치유자로 믿는 믿음이 열쇠입니다. 문둥병자들은 치유해 달라고 예수님께 소리침으로써 자신들의 믿음을 증명해 보였습니다. 그들은 치유해 달라고 간절히 예수님을 찾았습니다.
- 그들이 "가라"는 예수님의 명령에 순종해서 **가다가** 깨끗함을 받았습니다. 성령님께서 보여주시는 것에 대한 철저한 순종이 필요합니다.
- 한 사람은 하나님께 감사와 영광을 돌리며 돌아왔습니다. 이것 때문에 그는 단지 깨끗함을 받은 것이 아니라 백 퍼센트 치유된 것입니다.
- 예수님은 그 사람에게 "네 **믿음**이 너를 구원하였느니라"고 말씀하셨습니다. 지속적으로 하나님께 감사 드리는 것은 과정 중에 있던 치유를 완전한 것으로 만듭니다.

모든 영광을 하나님께.

단순히 놀라운 체험으로 느끼던 것에서 하나님 치유의 능력이 진정으로 나타남을 깨닫기까지 십 년이 걸렸습니다. 우리는 모든 종류의 치유들을 관찰했습니다. 어떤 것은 의문시되기도 했지만 어떤 것은 확실한 치유였습니다. 어떤 것은 평범한 것이었지만, 굉장한 것도 있었습니다. 누가 사역을 했고 어떻게 기도했느냐에 관계없이 우리는 아주 중요한 진리 하나를 배웠습니다. 그것은 바로 항상 모든 영광과 존귀를 하나님께 돌려드리도록 매우 조심해야 한다는 것입니다. 많은 치유의 결과를 얻었다고 해서 우리 또는 어느 누구도 칭찬을 받아서는 안 됩니다. 장기간의 금식과 중보기도가 어느 정도의 역할을 했을지 모릅니다. 하지만, 치유의 궁극적인 원인은 하나님의 말씀과 자비, 은혜를 의지하는 사람들을 치유하시길 원하시는 긍휼의 하나님께 있습니다.

고기를 잡으러 가다.

수년 전, 조종사인 교회의 친구가 비행기를 빌려서 콜럼비아(British Columbia) 호수 근교에서 열리는 낚시대회에 가자고 말했습니다. 고기 잡는 것을 좋아하는 나는 신학자이자 교수인 친구 래리 쉘턴(Larry Shelton)에게 비용을 분담해서 함께 가자고 설득했습니다. 우리는 장비를 경비행기에 싣고 워싱턴주 스노미쉬(Snohomish)를 출발하여 캐나다의 비어(Bear) 호수에 있는 외딴 낚시터로 여행을 시작했습니다. 비행기에서 래리는 자신이 심근경색으로 고통 받고 있기 때문에 대략 5천 피트 이상 올라가지 말라고 조종사에게 상기시켰습니다. 높은 고도는 숨 쉬는데 어려움을 줄 수 있고, 그로 인해 약한 심장에 과중한 압력을 받을 수 있기 때문이었습니다. 그러나 한 시간 이상의 비행 후에, 더 이상 길과 도시화된 흔적이 없는 호수지역에 도착하자 안심이 되었습니다. 우리는 우리가 온 것을 여기 사람들이 알 것이라 짐작하며 활주로 아래의 작은 숙소 위를 윙윙거리며 두 번 선회하였습니다. 사실 그들은 우리를 데리러 활주로까지 오기로 되어 있었습니다.

우리는 그 숙소로부터 대략 2마일 가량 떨어져 있는, 버려진 기차 선로를 따라 있는 포장이 안 된 가설 활주로에 착륙하였습니다. 마중 오기로 되어있는 사람들을 한참 기다리다가, 결국 모든 가방과 낚시 도구를 내려서 옮기기로 결심하고, 숙소 방향의 오래된 길을 따라 걷기 시작했습니다. 반 마일쯤 걸었을 때, 래리가 갑자기 모든 도구를 떨어뜨리더니 가방 위에 앉아 숨을 헐떡였습니다. 그리고는 더 이상 못 가겠으니, 우리 보고 먼저 갔다가 자기를 데리러 돌아오라고 말했습니다. 그는 말하지 않았지만, 우리는 그가 심장 문제 때문에 더 이상 걷기 힘들다는 것을 알았습니다. 우리는 금방 돌아오겠다고 하고 그 자리를 떠났습니다.

얼마 안 가서 숙소에서 온 관리인을 만났는데, 그는 두 청년과 함께 지프 2대를 몰고왔습니다. 다시 돌아와서 래리를 데리고 그 숙소로 갈 수 있게 되었습니다. 숙소를 운영하던 부부가 "도착했을 때 왜 무전을 치지 않았습니까?"라고 물었습니다. 조종사는 "사람들이 우리 보고 당신 집을 선회하면 당신이 우리를 데리러 올 것이라고 해서 무전을 치지 않았습니다."라고 대답했습니다. "모든 비행기들이 우리 집을 선회하면서 이곳에 옵니다. 왜 무전으로 연락을 하지 않았습니까?" 그 조종사는 모든 사람들에게 사과했고, 우리는 결국 그곳에 도착할 수 있게 된 것에 감사했습니다. 래리는 그때 한 발짝도 더 갈 수 없는 상태였다고 하면서 특별히 자기가 제일 감사하다고 했습니다.

헬리콥터를 부르다.

이틀 후 래리에게 심근경색이 일어났습니다. 그 사건은 외딴 강으로 낚시 여행을 떠나려고 준비하던 이른 아침에 일어났습니다. 아침 식사를 하러 내려오지 않아 침실로 찾아갔더니 그는 매우 여위고 창백한 얼굴로 침대에 누워 있었습니다. "죤, 심장에 문제가 생겼어. 오늘 낚시하러 못 가겠어. 만약 좋아지지 않으면, 모르겠어 좋아질지 안 좋아질지." 라고 말했습니다. 지금 우리가 있는 장소는 멀리 인적이 끊긴 곳이었습니다. 만약 그를 비행기까지 데리고 가려고 하다가는 죽고 말 것입니다. 숙소의 무전기를 사용해서, 주인은 150마일 떨어진 가장 가까운 병원으로 연락을 취했습니다. 증세를 무전으로 전해 들은 의사는 래리의 심장이 마비되고 있으니 즉시 병원으로 데려와야 한다고 말했습니다. 결국 우리는 헬리콥터 회사로 연락을 취해서, 한 시간 정도 내에 헬리콥터가 도착할 수 있다는 연락을 받았습니다.

래리는 매우 안 좋아 보였습니다. 그때 갑자기 성령님께서 "죤! 무엇을 해야 하는지 알고 있잖니? 그를 위해서 기도해라!" 말씀하셨습니다. 나는 래리에게 손을 얹은 후 죽음의 영은 떠나고, 그의 심장은 정상 기능을 찾고, 치유와 건강은 그에게 돌아오라고 명령했습니다. 심지어 하나님께서 그에게 새로운 심장을 주시길 기도했습니다. 그는 내 친구였기에 가만히 서서 그가 죽도록 내버려 둘 수는 없었습니다. 그를 살리기 위해 우리가 할 수 있는 모든 것을 했다는 걸 그의 아내, 봔지(Vangie)가 알기를 원했습니다. 그녀는 아마 죽어가는 친구 앞에서 우리가 적어도 기도는 했을 거라고 생각할 것이기 때문입니다. 큰 소리로 "아멘!" 한 후 우리는 기다렸습니다. 헬기가 대략 45분 안에 왔습니다. 그것이 내 생각인지 성령님의 생각인지 기억은 안 나지만, 나는 이 모든 상황을 카메라에 담았습니다. 나는 들것에 누워있는 래리도 몇 번 찍고, 그를 언덕으로 운

반해서 헬기에 싣는 남자들도 여러 번 찍었습니다. 심지어는 이륙할 때에 아주 안색이 안 좋은 그의 모습을 한 장 찍기도 했습니다.

내가 이런 일들을 한 이유는, 최악의 상황이 벌어질 때 그의 아내에게 모든 이야기를 다 해주어야 한다는 생각 때문이었습니다.

지름길로 가다.

150마일 내에 있는 유일한 병원으로 가는 도중에, 조종사는 래리에게 1만 피트가 넘는 고도로 산을 넘어서 지름길로 가는 것과 추가로 45분이 더 걸려서 돌아가는 것 중 어느 항로로 갈지 원하느냐고 물었습니다. 래리는 "높이 올라가서 산을 넘어가요. 얼마나 더 살 수 있는지 모르겠어요."라고 했습니다. 결국 심장 발작이 시작된 지 3시간 만에 응급실에 안전하게 도착할 수 있었습니다. 당직 의사는 심장 전문의였습니다. 응급처치를 해서 대략 2시간 정도 후에 래리를 안정시켰습니다. 그 후 의사는 "래리, 당신 심장의 상태는 매우 심각했었습니다. 당신이 했던 것만큼 그렇게 오랫동안 심장이 멈추지 않고 지속될 수는 없었습니다. 만약 다른 사람이 당신과 같은 상황에 처했더라면 병원으로 오는 도중에 죽고 말았을 것입니다. 당신은 매우 운이 좋은 사람입니다."라고 조용히 말했습니다. 래리는 "나를 위해서 기도해 준 크리스천 친구가 있었습니다! 그것이 바로 내가 살 수 있게 된 이유입니다!" 하나님은 3년 후에 심장이식을 통해 그에게 새로운 심장을 주셨습니다!

귀 먹고 벙어리 된 자들에 대한 치유.

귀 먹은 사람들, 벙어리들 혹은 두 가지 장애를 다 갖고 있는 사람들에게 사역하는 것이 처음에는 어려운 것처럼 보입니다. 우리는 이런 어려움의 근원이 육체적인 것보다는 영적인 것이라는 것을 발견했습니다. 해결책은 성령님께서 그것을 드러내도록 허락하는 데 있습니다. 영적인 것이 수반될 때 우리는 다음 구절의 예수님께서 하신 것과 유사한 방법으로 기도해야 합니다.

마가복음 7:32-37

사람들이 귀 먹고 말 더듬는 자를 데리고 예수께 나아와 안수하여 주시기를 간구하거늘 예수께서 그 사람을 따로 데리고 무리를 떠나사 손가락을 그의 양 귀에 넣고 침을 뱉어 그의 혀에 손을 대시며 하늘을 우러러 탄식하시며 그에게 이르시되 에바다 하시니 이는 열리라는 뜻이라 그의 귀가 열리고 혀가 맺힌 것이 곧 풀려 말이 분명하여졌더라 예수께서 그들에게 경고하사 아무에게도 이르지 말라 하시되 경고하실수록 그들이 더욱 널리 전파하니 사람들이 심히 놀라 이르되 그가 모든 것을 잘하였도다 못 듣는 사람도 듣게 하고 말 못하는 사람도 말하게 한다 하니라

예수님 따라 하기

- 성령님이 우리를 이상하게 보이도록 하실 때도 있습니다. 이상하더라도 성령님께서 지시하는 것이면 항상 순종해서 해야 합니다.
- 이것은 병자들의 귀에 손가락을 넣고, 침을 바르고, 혀를 만지는 것과 같은 이상한 것도 포함됩니다.
- 예수님께서 하신 것처럼 항상 문제가 있는 부위에 대고 그것이 치유되도록 명령하십시오.
- 귀먹고 벙어리 되게 한 영에게 "예수님의 이름으로 열릴지어다!"와 같은 말로 선포하십시오. 성령님께 순종한다면 당신은 성공하게 될 것입니다.

귀먹고 벙어리 된 소년이 치유되다.

나(존)는 1988년 말레이지아에서 길(A. L. Gill) 박사와 여섯 주간을 보낼 수 있는 특권을 갖게 되었습니다. 그 여행 동안 나는 그가 다섯 개의 치유 십자군 팀을 인도할 수 있도록 도왔습니다. 첫 번째 큰 기적은 위에 있는 마가복음 7장 32-37절과 유사한 것으로, 쿠안탄(Kuantan)의 도시에서 일어났습니다. 우리는 각 십자군이 활동하기 전에 3일에 걸쳐 치유 팀을 훈련시켰고 마지막 하루나 이틀 밤 시간 동안에는, 시내 곳곳에 초청장을 보내서, 사람들에게 모임에 와서 치유 받으라고 초청했습니다.

두 명의 중국인 여자가 포함된 한 치유팀이 귀먹고 벙어리 된 여덟 살 된 소년을 위해 기도하게 되었습니다. 여자들의 기도를 받을 수 있도록 소년의 어머니는 그를 데리고 앞으로 나아왔습니다. 손가락을 그의 귀에 넣고, 혀에 손을 댈 수 있도록 성령님께서 분명히 인도하셨습니다. 그들은 소년의 귀가 열리고 혀가 풀어질 것을 명령했습니다. 몇 분 안에 그 소년은 듣고 말할 수 있게 되었습니다. 그 소년의 첫 번째 말은 중국말로 "예수님"께 감사를 드린 것이었습니다. 그의 어머니는 매우 놀라면서 그날 밤 자신의 삶을 예수님께 드렸습니다. 두 명씩 보내는 치유 사역은 마가복음 6장에서 발견할 수 있는 성경적인 원리입니다.

마가복음 6:7-8, 12-13

열두 제자를 부르사 둘씩 둘씩 보내시며 더러운 귀신을 제어하는 권능을 주시고 명하시되 여행을 위하여 지팡이 외에는 양식이나 배낭이나 전대의 돈이나 아무 것도 가지지 말며… 제자들이 나가서 회개하라 전파하고 많은 귀신을 쫓아내며 많은 병자에게 기름을 발라 고치더라

> ### 예수님 따라 하기
>
> - 예수님은 우리가 둘씩 사역하길 원하십니다. 당신과 같은 믿음을 가진 사람과 함께 사역한다면 가장 좋을 것입니다.
> - 두 명 이상이 합력하면, 사역하는 데 더 많은 힘이 됩니다. 한 사람이 기도할 동안에, 다른 사람은 성령님의 음성을 들을 수 있습니다.
> - 우리는 이미 모든 악한 영들을 다스릴 권세를 갖고 있습니다. 그러므로 그것을 사용하십시오! 우리는 우리의 능력과 권세로 하는 것이 아니라 우리의 힘 되신 예수님의 이름으로 하는 것입니다.
> - 빛 가운데 행하십시오. 하나님께서 가는 곳마다 우리의 모든 필요를 채우십니다.
> - 사역하는 순서를 주목하십시오: 설교, 회개, 귀신 내어쫓기, 기름 바르기, 그 다음에 병자를 치유하기.
> - 항상 기름병을 갖고 다니십시오. 그것은 성경적이며, 치유 받을 만한 믿음이 병자로부터 나오도록 만드는 접촉점이 됩니다.

많은 기적들.

말레이지아 여행은 하나님의 참되고 초자연적인 치유 능력의 영역 속으로 나를 완전히 밀어넣었습니다. 앞의 사건은 단지 우리 팀 중의 두 사람에게서 일어난 것이었고, 수많은 사건들이 일어났습니다. 독자 여러분은 내가 말하려고 하는 것을 완전히 이해하기 어려울 것입니다. 필름으로 따지면 12통 정도나 될 분량의 많은 사건을 눈으로 직접 목격했고, 하나님의 놀라운 역사하심 속에 6주 동안에 걸쳐 치유 받은 사람들과 개인적으로 인터뷰도 했습니다. 다섯 번의 집회 동안에 평균 400명 이상 되는 사람들이 매번 참석했습니다. 나의 공식적인 기록에 의하면 130번의 기적적인 치유, 190번의 예수님께 대한 진정한 회심이 있었고, 740명의 사람들이 성령세례를 받았습니다. 네 명의 완전히 귀신들렸던 사람이 놓임 받아 올바른 정신이 돌아온 것을 직접 목격했습니다. 사람들이 예수님의 능력으로 완전히 치유되고 귀신으로부터 자유롭게 되었을 때마다 일지에 기록하고 사진을 찍어서 기록으로 남겼습니다.

숫자를 잊어버리다.

예수님께서는 자신이 한 것보다 더 위대한 것도 우리가 할 수 있다고 말씀하셨습니다. 우리는 말레이지아에서 개인적으로 이것을 경험했습니다. 때때로 나누어져 사역한 우리 두 사람은 동시에 기적들을 경험했습니다. 교회의 지도자들과 훈련된 치유 팀들이 병자를 위해 함께 기도했습니다. 이때에 수많은 기적들이 집회장소 안에 나타났습니다. 실감할 수 없을 정도로 "더 위대한 일들"을 경험했습니다. 나는 병자를 위해 기도하는 한편 이쪽 치유팀에서 저쪽 치유팀으로 뛰어다니고, 사진을 찍으며 기록을 남기려고 애썼습니다. 나는 지금 정말로 일어나고 있는 기적들로 인하여 기쁨과 놀라움에 압도되었습니다. 나는 병자를 치유하시길 원하시는 살아계신 하나님의 진정한 나타나심을 다시 한 번 체험했습니다. 기적들이 일어나는 가운데서 숫자 세는 것도 잊어버렸습니다. 그리고는 단지 예수님께서 하셨던 일들을 즐겁게 하게 되었습니다!

숫자 세는 것을 잃어버리다.

다섯 번째 주간, 어느 순간부터는 숫자 세는 것을 잃어버렸습니다. 후에 오디오 테이프, 사진들 그리고 기록들을 검토하면서 그 숫자를 다시 계산하려고 애썼습니다. 그때에 내 귀에 "오늘 밤은 굉장했다."는 소리가 들렸습니다. 우리는 20명의 사람들이 구원 받고, 더 많은 사람들이 성령세례를 받고, 한 무리의 사람들이 각색 형태의 치유의 기적을 받는 것을 경험했습니다. 주님을 찬양합니다!

요즘 때때로 나는 옛날의 방식으로 되돌아가서 누가 어떻게 치유되었는지를 세려고 시도합니다. 그때마다 성령님은 부드럽게 그것은 성령님의 일이라는 점을 상기시켜 주십니다. 그분은 "죤, 숫자는 잊어버리고, 단지 예수님이 했던 것 대로만 계속해서 해라. 내가 기록은 계속 하겠다. 우리는 마지막 나팔 소리가 울려 퍼진 후에 모든 것을 검토하게 될 것이다."라고 말씀하십니다.

사도행전은 끝나지 않았다

다음 이야기들은 우리가 하는 사역에서 지속적으로 일어난 대표적인 사건입니다. 하나님께서 직접 개입하셔서 병자를 치유하셨기 때문에 가슴이 떨리고 놀랐습니다. 우리가 경험했던 일들을 더 많은 목사님들과 지도자들, 특별히 미국에 있는 사람들이 경험할 수 있기를 원합니다. 너무나 풍부한 체험을 했기 때문에, 간증해 달라는 요청이 없어도 수일 전에 체험한 상상할 수 없는 경험을 이야기 할 것입니다. 사람들은 우리를 멍한 눈으로 쳐다보고, 가볍게 웃으면서 그 이야기를 믿기 원하는 한편, 우리가 그 이야기를 과장했다고 생각하는 듯합니다. 그런 그들의 태도는 때때로 우리가 주님께서 행하신 위대한 일을 간증하는 것에 대해 죄의식을 느끼게 합니다. 믿는 사람들이여! 사도행전의 이야기는 끝나지 않았습니다. 사도행전에 나타난 치유와 기적보다 더 많은 것들이 오늘날 계속 일어나고 있습니다! 다음 이야기가 당신의 믿음을 더욱 세워 줄 수 있기를 바랍니다.

오토바이 타던 사람이 치유 받다.

최근 우리는 병자를 치유하고 하나님의 음성을 듣는 법에 대한 연수회를 가졌습니다. 오토바이를 타던 한 사람이 그 연수회에 참석했고 치유 기도를 받으라는 우리의 초청에 나타났습니다. 그는 대형 오토바이 할리 데이비슨을 타던 중 트럭과 부딪친 후 몸의 일부분이 그 밑에 깔려서 온 몸에 상처를 입었다고 말했습니다. 전에 담배를 많이 피웠던 데다, 갈비뼈가 부러지니 숨을 제대로 쉴 수가 없다고 했습니다. 하나님께서 치유해 주시길 원하느냐고 물었을 때, "지금 완전히 치유 받길 원합니다!"라고 말했습니다. 그 대답을 듣고, 우리는 즉시 기도하기 시작했습니다. 나(죤)는 그의 가슴에 손을 댄 후 예수님의 이름으로 치유되라고 명령했습니다. 그런 다음 그에게 숨을 깊이 들어 마시라고 했고, 그는 따라 했습니다. 놀랍게도 전보다 더 깊이 숨을 쉴 수 있게 되었고, 고통도 전혀 없었습니다. 그는 모든 사람들에게 하나님이 자신을 치유하셨다고 간증하기 시작했습니다. 한 달 후에 그 교회 목사님을 만났을 때 오토바이 타던 사람의 안부를 물었습니다. 목사님은 그 사람이 계속 치유되고 있고, 많은 사람들에게 계속 간증하고 있다고 확신 있게 말했습니다.

사업가가 비명을 지르기 시작하다.

어느 날 한 사업가가 절뚝거리며 문으로 들어올 때 나(소냐)는 사무실에 앉아 있었습니다. 그를 한번 쳐다본 나는 그가 큰 고통을 갖고 있음을 알았습니다. "소냐, 등에 경련이 일어나서 의사에게 가는 중이야."라고 말했습니다. 그에게 관심을 표현하면서 응급의사에게 데려다 줄 운전사가 필요하냐고 물었습니다. 그는 고맙지만 자신이 혼자 할 수 있다고 말하면서 돌아서서 떠나려고 했습니다. 그 순간 등에 또 다른 경련이 일어나서 참을 수 없는 고통 때문에 비명을 지르기 시작했습니다.

모든 부사장들의 사무실은 한 복도에 이어져 있었습니다. 문 옆에 있는 벽이 천정부터 바닥까지 유리로 되어 있기 때문에, 그 사람이 소리지르자 내 사무실 밖에서 일하고 있던 사람들의 모든 시선이 내 친구에게로 쏠렸습니다.

그것 굉장한데요!

그가 의식을 잃은 것처럼 보였기 때문에 나는 급히 일어나 책상을 돌아서 뛰어나갔습니다. 그에게 다가갔지만 어떻게 기도를 해야 할지 몰랐습니다. "어떻게 좀 해줘요! 어떻게 좀 해줘요!"라고 그는 소리쳤습니다. 그의 등에 손을 얹은 나는 예수님의 이름으로 근육은 안정되고 고통은 가라앉으라고 명령했습니다. 그리고는 "당신이 일전에 방언에 대해서 저에게 물어봤죠? 지금 방언으로 기도하겠습니다."라고 말하자 그는 "어떻게 좀 해줘요! 어떻게 좀!" 다시 소리쳤습니다. 잠깐 동안 방언으로 중보기도하자 그는 등을 반듯이 펴기 시작했고 그 고통은 사라졌습니다! 서서히 돌아선 그는 접시만큼 큰 눈을 하고 소리쳤습니다. "그것 굉장한데요!" 나는 그에게 "그럼요! 나는 굉장한 하나님을 섬기고 있습니다!"라고 말했습니다. 사무실을 둘러보자, 호기심으로 가득 찬 눈을 하고 나의 특별한 "응급조치"를 보며 많은 사람들이 웃었습니다.

그 동료직원과 부인 그리고 딸은 내가 살고 있는 마을에 있는 작은 교회에 나오기 시작했습니다. 그 교회 목사님은 확실하게 구원의 복음을 제시하지 않다가 몇 개월이 지난 후에 그에게 구원의 복음을 전했습니다. 그가 계속해서 복음에 대해 묻는 것을 보고 나는 그가 구원 받았음을 확신하게 되었습니다. 얼마나 기쁜 일입니까!

어느 날 아침 그가 내 사무실로 달려와서는 잠깐 시간 좀 낼 수 있느냐고 물었습니다. 시간을 내서 그와 이야기 했는데, 그는 전날 밤에 고열이 있는 딸을 들쳐 업고 병원 응급실로 달려갔었다고 말했습니다. 그 순간 그는 내가 일전에 기도했던 것이 생각났습니다.(지금 생각하건데, 그 당시 그는 치유에 대한 어떤 가르침도 받지 않았었고, 나의 사무실에서 단지 치유를 경험했을 뿐이었습니다.) 작은 딸을 꼭 껴안은 그는 예수님께서 너를 치유하시길 원하신다고 딸에게 말했습니다. 주일학교에서 예수님에 대해 배워서 알고 있던 그 소녀는 어린 아이 같은 믿음으로 아빠 말에 동의했습니다. 그는 소리쳤습니다. "열은 예수님의 이름으로 떠나갈지어다!" 그런 다음 내가 "예수님의 이름으로 기도합니다!"라고 했던 것을 기억하고는 똑같이 그 말을 간절한 기도에 덧붙였습니다. 그는 기쁨의 눈물을 흘리면서 어떻게 딸의 열이 내렸고, 치유되었으며, 아침에는 정상이 되었는지 말했습니다.

매일의 삶에서 나타나는 하나님의 능력을 보여주는 진정한 기독교는 사람들의 관심을 끕니다. 치유가 필요한 곳에 이런 식으로 치유사역이 될 때마다, 사람들을 구원으로 인도하고, 삶 가운데 "치유의 은사"가 나타나는 것을 보는 것이 우리의 모습이 되어야 합니다.

자궁암이 치유된 여인.

어느 주일 오전 예배 후에 한 여인이 우리를 찾아와 기도해 달라고 요청했습니다. 그녀는 자궁암 진단을 받고 다음날 수술을 위해 의사와 만나기로 예약되어 있다고 하면서 괴로움에 떨고 있었습니다. 우리는 짧게 기도한 후에 예수님의 이름으로 암을 꾸짖고 치유될 것을 명령했습니다. 그러자 그녀는 안정을 되찾고, 평안한 모습으로 떠났습니다.

몇 달 후에 그녀는 암이 치유됐다는 굉장한 소식을 갖고 우리에게 달려왔습니다. 수술도 하지 않았는데 암이 흔적도 없이 사라졌다고 했습니다! 우리는 그녀와 함께 기뻐했습니다.

왜 모든 사람이 치유 받지 못할까?

그 주일 점심식사를 하러 가면서 그 친구가 가져온 좋은 소식 때문에 몹시 기뻤지만 우리는 다시 한 번 치유의 수수께끼에 대해 이야기를 나눴습니다. 제1장에서 우리는 모든 문제에 대한 대답을 내놓지 못했습니다. 단지 우리는 기도하고 그 결과는 하나님께 맡겨 드려야 한다는 것을 알 뿐입니다.

최근 사랑하는 우리의 친구 중 한 명이 암으로 죽었습니다. 우리는 그녀와 그녀의 남편과 함께 치유를 위해 4년 동안 열심히 노력해 왔었습니다. 그러나 그녀는 예수님의 품으로 갔습니다. 그 다음날 아침 나는 그 친구의 죽음에 대해 예수님께 물었습니다. 나는 다음과 같은 생각을 나의 일기장에 기록했습니다: "소냐, 네 친구이자 나의 친구인 니나(Nina)는 선한 싸움을 싸웠다. 그녀는 더 이상의 질문도 없고, 의심도 없는 영광가운 데 있다. 모든 것, 진실로 모든 것이 그녀에게 완벽히 되었다. 너의 주변에 너와 똑 같은 차원의 생각을 갖는 사람들을 위해서 너는 단지 나의 신실함 가운데 안식해라. 그러면 어느 날 너도 나의 완전한 뜻을 알게 될 것이다."

은혜 치유와 하나님의 주권.

하나님은 주권자이십니다. 어떤 인간의 도움도 필요 없이 기적으로 치유하고자 하시는 하나님의 결정은 그분의 선택에 달려 있습니다. 우리는 이것을 "은혜 치유"라고 부릅니다. 이런 범주에 속하는 병자는 하나님께 간단히 기도를 드렸을 뿐인데 갑자기 치유된 경우를 말합니다. 우리는 하나님께서 이런 식으로 더 많이 역사하시길 바라고 있습니다. 그러면 이 책은 필요 없어지겠지요. 그러나 진리는 성령님과 함께 역사하시는 주님이 믿음으로 나아오는 사람에게 자신의 몸을 치유의 수단으로 주셨다는 것입니다. 예수님께서는 치료하시길 원하십니다. 우리는 최상의 이해와 지도력을 갖고 기도에 힘써야 하며 나머지 결과는 은혜와 사랑이 충만하신 주님의 손에 남겨 놓아야 합니다.

그들이 치유되지 않을 때.

지혜가 충만하신 하나님은 치유되지 않는 사람들에 대한 대답을 갖고 계십니다. 이것은 예수 그리스도는 우리의 치유자이시라고 설교하는 정직한 사역자에게 수수께끼일 것입니다. 우리가 경험한 결과는 모든 사람이 다 치유 받는 것은 아니라는 것입니다. 많은 사람들이 치유 받지만 전부는 아닙니다. 우리는 출애굽 직후에 이스라엘 민족과 우리에게 말씀하신 하나님의 결정에 모든 것을 맡겨야 합니다.

> **출애굽기 15:25-26**
>
> … 모세가 여호와께 부르짖었더니 여호와께서 그에게 한 나무를 가리키시니 그가 물에 던지니 물이 달게 되었더라 거기서 여호와께서 그들을 위하여 법도와 율례를 정하시고 그들을 시험하실새 이르시되 너희가 너희 하나님 나 여호와의 말을 들어 순종하고 내가 보기에 의를 행하며 내 계명에 귀를 기울이며 내 모든 규례를 지키면 내가 애굽 사람에게 내린 모든 질병 중 하나도 너희에게 내리지 아니하리니 나는 너희를 치료하는 여호와임이라

구약에 나타난 하나님을 주의 깊게 연구해 보면 때때로 하나님께서

치유하시기 위한 조건들이 나타나 있습니다. 예수님은 더 나은 약속-(치유도 그 중의 하나) - 을 갖고 있는 신약을 시작하셨습니다. 예수님은 신구약 모두에서 똑같이 주권자 하나님이십니다. 우리는 우리의 욕망, 노력, 믿음의 공식이 아니라 그분의 자비하심을 의지해야만 합니다. 성경은 다음과 같이 말합니다:

> **로마서 9:14-16**
>
> 그런즉 우리가 무슨 말을 하리요 하나님께 불의가 있느냐 그럴 수 없느니라 모세에게 이르시되 내가 긍휼히 여길 자를 긍휼히 여기고 불쌍히 여길 자를 불쌍히 여기리라 하셨으니 그런즉 원하는 자로 말미암음도 아니요 달음박질하는 자로 말미암음도 아니요 오직 긍휼히 여기시는 하나님으로 말미암음이니라

이 성경 원리를 신유와 관련된 우리의 토론에 포함하지 않는 것은 궁극적으로 누가 치유되고 누가 치유되지 않는지를 결정하시는 사랑의 하나님의 주권을 무시하는 것입니다. 우리가 병자를 위해서 기도하는 이유는 예수님께서 치유를 보증해주셨기 때문이 아니라 예수님께서 치유를 원하신다고 선포하셨기 때문입니다! 마지막 결과는 예수님께 달려 있습니다.

여자 소경이 치유되다.

우리는 태국 북쪽의 라후(Lahu) 부족과 함께 있으면서 그들에게 치유하시는 하나님에 대해 가르쳤습니다. 설교 후, 한 늙은 여자 소경이 기도 받으러 앞으로 나왔습니다. 우리 팀원 중의 한 사람은 스티븐 다로우(Steven Darrow)였는데, 그는 노스웨스트(Northwest)에서 큰 소프트

웨어 회사를 경영하고 있었습니다. 그와 그의 부인 도린다(Dorinda)는 훈련과정을 마친 믿음이 충만한 사람들이었습니다. 스티븐과 오스트레일리아에서 온 한 선교사가 그녀를 위해 기도하기 시작했습니다. 잠시 후, 그녀의 시력이 돌아왔을 때 그녀는 놀라움으로 주변을 돌아보기 시작했습니다. 이 놀라운 기적은 그 마을에 큰 소동을 일으켰습니다. 이틀 후에는 무당 한 사람이 우리 모임에 나타났습니다. 그는 얼마 전 일어났던 몹시 놀라운 그 사건을 들어서 알고 있었습니다.(그의 이야기는 제6장에 있습니다.) 이 이야기가 우리에게 대단한 이유는 협력사역을 통해 병자를 치유했다는 점 때문입니다. 예수님께서 하신 것을 하도록 우리 모두는 부름 받았습니다.

나면서부터 절름발이 된 여자가 걷다.

처음 태국에 왔을 때 스티븐의 부인 도린다는 치유사역을 하는 데 있어 소극적이었습니다. 하지만 믿음의 은사가 그녀에게 오자 두려움이 없어졌습니다. 나면서부터 절름발이 된 한 여자가 기도 받기 위해 인도되었습니다. 똑바로 섰을 때 그녀의 다리는 절름발이 상태로 늘어져 있었으며, 심지어 뒤쪽으로 다리가 틀어져 있었습니다. 도린다와 다른 사역팀에 속해 있던 케씨 낙스(Kathy Knox)가 거의 뛰다시피 해서 그녀에게로 와서 그녀를 지탱하면서 붙잡고, 사역하기 시작했습니다. 믿음의 은사가 임한 도린다는 그녀의 다리가 힘을 얻고, 치유되라고 예수님의 이름으로 명령했습니다. 창조의 기적이 필요했는데, 그들은 그것을 믿었습니다.

그 마을 사람들 모두 완전히 놀랐습니다. 여자는 힘을 얻고, 다리가 똑바로 펴지기 시작해서 절뚝거리며 한 발짝씩 내딛기 시작했습니다. 몇 발짝 앞에 있던 도린다가 걸어오라고 손짓하자 마치 걸음마를 배우는 아기처럼 걸어서 오기 시작했습니다. 그녀는 아기 걸음으로 도린다가 있는 곳까지 왔습니다. 그것은 그녀에게 있어서 굉장한 치유인 동시에 우리 모두에게는 잊을 수 없는 경험이었습니다.

본토 미국인들이 병자를 치유하는 것을 배우다.

우리는 국제적으로 잘 알려진 복음전도자 길(A.L. Gill) 박사가 남부 다코타의 로즈 버드 정부지정 인디안 거주지(Rose Bud Indian Reservation) 선교부에서 치유 십자군 팀을 인도하는 것을 도왔습니다. 병자를 치유하는 법을 가르치기 위해 며칠 밤을 보냈습니다. 학습기간 동안 그들은 서로에게 실습을 했는데 치유가 필요했던 사람들이 고침 받았습니다. 다른 사람을 돕기 위한 그들의 믿음이 활발하게 나타나기 시작했고, 십자군 활동이 시작되던 첫날 밤이 되었을 때는 사역할 수 있는 준비가 되어 있었습니다.

설교 후 사람들은 치유 받고자 앞으로 나아왔고, 죤은 2인 1조로 된 치유 팀들을 준비시켰습니다. 훈련 받기 전까지는 한 번도 병자를 위해 기도해 본 적이 없는 사람들이 위대한 결과가 나타나는 사역을 보게 된 것은 참으로 흥분되는 일이었습니다.

목장주인의 심한 반복성 통증이 치유 받다.

목장 주인이던 한 노인이 치유 받고자 왔었습니다. 의사는 그의 어깨에 찢어질 듯이 아픈 반복성 통증이 있다고 진단했습니다. 그는 너무나 고통이 심해서 일을 할 수가 없었습니다. 기도 후 그는 어깨를 완전히 움직일 수 있게 되어 몹시 기뻐했습니다.

다음날 저녁, 내(소냐)가 사람들과 인사를 나누다가, 그 목장주인이 온 것을 보고 어깨가 어떠냐고 물었습니다. 그는 하루 종일 일을 했는데도 아무런 이상 없이 아주 좋다고 했습니다. 그래서 나는 당신에게 어떤 일이 있었는지 사람들에게 간증해 줄 수 있냐고 물었습니다.

나는 그런 일을 한 번도 해보지 못했다.

나는 그의 눈을 보고 그가 무대에 올라가서 마이크에 대고 그가 체험한 치유 기적을 간증하는 것을 몹시 두려워하고 있다는 것을 알았습니다. "오! 아니에요. 사모님! 저는 그런 것을 전에 한 번도 해보지 못했어요. 저는 할 수 없어요!" 그는 말했습니다. 그래서 당신의 간증은 다른 사람의 믿음에 도움을 주고, 그들도 아마 치유 받게 될 것이라고 설명했습니다. 그는 매우 겸손하고 예수님을 사랑하는 사람이었기에 결국 설득시킬 수 있었습니다.

다음날 저녁 설교 전에 몇 사람이 자신들이 받은 치유에 대해 간증을 했습니다. 작은 노인인 목장 주인의 순서가 오자, "당신들도 예전의 저처럼 TV에서 치유 사건을 볼 때마다, 그것이 진짜인지 아니면 가짜인지 의아하게 생각하고 있다는 것을 압니다. 그래요, 지난밤 제 어깨가 치유되었습니다. 저는 찢어지는 듯한 반복성 어깨 통증이 있었습니다. 당신들은 저를 믿으세요! 저는 제가 치유되었다고 확신 있게 말할 수 있습니다. 제가 연극을 하는 것이 아닙니다!" 청중들은 그의 말에 동의하는 박수를 치기 시작했습니다. 그들은 모두 이 겸손한 사람이 치유팀이었던 이웃들의 도움으로 하나님의 치유 능력을 간증하고 있음을 알았습니다.

출혈성 습진이 있던 어린이가 치유되다.

우리는 우리가 섬기는 교회내 그룹들을 지도했는데, 경우에 따라서는 우리가 감독하고 있는 다른 그룹들을 방문하기도 했습니다. 최근 그 그룹들 중 하나가 기도 중에 굉장한 치유를 체험했다는 소식을 들었습니다.

세 자녀를 둔 홀어머니의 두 살 난 예쁜 아기가 습진 때문에 온 몸이 피가 나고 고름이 나오는 상처로 뒤덮여 있었습니다. 그녀는 어떠한 의료적 해결책도 찾지 못했고, 의사들도 치유를 포기했습니다. 그러는 사이에 상황은 더욱 악화되었습니다. 우리는 부드럽게 간단한 기도를 드린 후 그 아이의 몸에 치유가 나타나도록 명령했습니다. 그때부터 치유가 시작되더니 며칠 후에는 완전히 치유되어서 더 이상 재발되지 않았습니다. 예수님은 우리의 치유자이십니다!

그렇습니다. 당신도 병자를 치유할 수 있습니다

지금까지 이야기한 사람들처럼 이 사건을 읽는 당신도 병자를 치유하도록 자극 받기를 소망합니다. 아마 당신은 주님이 얼마나 당신을 사용하시길 원하시는지 알고 있는 사람들과 함께 실습하는 것이 꼭 필요할 것입니다. 병자를 치유하는 법을 배우는 데는 예수님께서 모든 제자들에게 약속하신 점진적인 계시가 필요합니다. 성령세례에 자신을 맡긴 사람들은 단순히 적절한 때마다 치유의 은사들을 사용하는 것이 필요합니다.

이것은 "은사들"이지 "은사"가 아닙니다.

신자가 성령의 은사를 받을 때, "치유의 은사들(복수)"은 병자들을 위해 나타나도록 즉각적으로 사용될 수 있습니다. 다른 은사들 또한 그것이 필요한 사람들을 위해 사용될 수 있습니다. 작은 훈련을 통해, 성령님께서 각각의 경우를 위해 필요하다고 간주하시는 어떤 은사를 사용하기 시작할 수 있습니다. 어떤 사람이든 믿음의 걸음을 내딛기로 결심하고 병자를 위해 기도하기 시작하면, 성령님은 그 사역을 이루도록 돕기 위해 그 자리에 계십니다. 성령님은 그 분이 주권적으로 계획하시는 때와 장소마다 치유의 은사들을 나눠 주십니다. 이것은 고린도전서 12장에 약속되어 있습니다.

고린도전서 12:7, 9, 11

각 사람에게 성령을 나타내심은 유익하게 하려 하심이라… 다른 사람에게는 같은 성령으로 믿음을, 어떤 사람에게는 한 성령으로 병 고치는 은사를, 이 모든 일은 같은 한 성령이 행하사 그의 뜻대로 각 사람에게 나누어 주시는 것이니라

예수님 따라 하기

- 성령님께서 사람들을 치유하기 원하신다고 표시하실 때, 치유의 은사들은 이미 주어지기 시작한 것입니다.
- 주목 : 치유의 은사는 특별한 개인들을 위해서만 주어지는 오직 하나의 큰 은사가 아닙니다.
- 치유의 은사는 믿음을 갖고 한 걸음 내 디뎌서 병자를 위해 기도할 수 있는 사람이라면 누구든지 사용할 수 있습니다.

대중에게 잘 알려진 복음전도자를 당신은 믿고 싶겠지만, "내부" 정보의 특권을 받은 "특별한" 사역자들은 없습니다. 성경은 그 안에 약속된 것을 읽고 믿도록 모든 사람에게 열려져 있습니다. 예수님은 모든 크리스천은 병자를 위해 기도할 수 있으며 치유의 하나님을 믿을 수 있다

고 약속하십니다. 이 장을 맺고 하나님의 음성을 듣는 것으로 옮겨가면서, 우리는 당신이 의심과 소심함에서 벗어나서 예수님께서 당신도 할 수 있다고 말씀하신 것을 실행할 수 있기를 기도합니다. 예수님은 그렇게 약속하셨기 때문에 당신이 그것을 하도록 도우실 것입니다.

실습해 봅시다

- 야고보서 1장 22절은 우리가 들은 것(읽은 것)을 **행하라**고 말씀하고 있습니다.
- 부록 B의 이장과 관련된 "실습합시다"에서 이장에서 추천하는 일들을 생각해 보십시오.
- "병자 치유하는 법 배우기"라는 이름의 사역 기술 과제를 하십시오.

| 제4장 |

사역기술 4

하나님으로부터 음성듣기

예수님은 우리에게 주님을 따르는 사람들은 그분의 음성을 듣는다고 말씀하셨습니다. 성령세례를 받은 신자는 성령님과 직접적인 관계를 갖게 되고 하나님으로부터 직접 들을 수 있는 우선적인 후보자가 됩니다. 이 장에서 우리는 성경적인 근거와 하나님의 음성을 듣고 순종한 사례들을 살펴볼 것입니다. 우리는 하나님께로부터 듣는 방법과 그 분이 말씀하신 것을 하는 방법을 가르칠 것입니다.

하나님의 음성을 듣는 것은 매혹적인 경험입니다. 그분은 우리의 관심을 끄는 법을 알고 계십니다. 그분은 전혀 예상할 수도 없고, 아주 무의식적인 방법으로 말씀하시기 때문에 우리는 그분의 음성이라고 생각하게 됩니다. 비록 현대적 사고방식으로는 비이성적인 것처럼 보이고 증명하기가 매우 어렵지만 우리는 성령님으로부터 듣는 것을 마음속 깊이 알게 됩니다. 성령으로 거듭날 때 우리에게 "듣는 귀"가 주어졌습니다. 오늘날 우리는 성령님께서 교회에 말씀하시는 것을 들을 수 있습니다. 크리스천은 다양한 방법을 통해 하나님으로부터 계속 들어야 합니다. 그분은 성경 말씀, 설교들, 다른 크리스천들, 예언, 책들, 작은 기독교 소책자들, 테이프, 크리스천 음악 그리고 심지어 대중매체를 통해서도 말씀하십니다. 의도적으로 우리는 이번 장을 개인적인 방법으로 하나님으로부터 듣는 것에 할당했습니다. 우리는 성령의 음성을 개인적으로 듣는 것에 초점을 맞출 것입니다. 예수님은 다음과 같이 말씀하셨습니다.

요한복음 10:27

내 양은 내 음성을 들으며 나는 그들을 알며 그들은 나를 따르느니라

요한복음 18:37

… 빌라도가 이르되 그러면 네가 왕이 아니냐 예수께서 대답하시되 네 말과 같이 내가 왕이니라 내가 이를 위하여 태어났으며 이를 위하여 세상에 왔나니 곧 진리에 대하여 증언하려 함이로라 무릇 진리에 속한 자는 내 음성을 듣느니라 하신대

요한복음 10:16

또 이 우리에 들지 아니한 다른 양들(**이방인들을 말한다**)이 내게 있어 내가 인도하여야 할 터이니 그들도 내 음성을 듣고 한 무리가 되어 한 목자에게 있으리라

예수님 따라 하기

하나님은 우리에게 말씀하십니다. 그분의 음성을 듣는 것은 믿는 사람들에게 허락된 특권입니다. 많은 시간이 걸린다 할지라도, 하나님의 음성을 분명히 듣는 법을 발견해야만 하고 그런 다음 우리에게 하라고 말씀하시는 것에 순종해야 합니다.

우리는 하나님이 말씀하시는 것을 듣고 순종해야 한다.

예수님께서 하신 일을 하는 데 있어서 가장 중요한 요소는 그분의 음성을 듣고, 말씀하시는 것을 하는 것입니다. 만약 사역자들이 열매 맺는 사역의 비결을 찾고 있다면, 이것이 바로 그 비결입니다. 우리 주변 사람들의 필요를 채울 수 있는 가장 효과적인 방법은 하나님께서 그 사람들이 정말로 필요한 것이 무엇인지 우리에게 말씀하시고, 그 해결책을 드러내시도록 하는 것입니다. 그것이 바로 예수님께서 하신 것입니다. 서론을 진술할 때, 요한복음 5:19-20절은 이 책의 근본이 되는 성경구절 이었습니다. 병자를 고쳐주시고 귀신을 쫓아내신 예수님의 완벽한 사역의 비밀은 바로 예수님께서 계시를 따라 모든 일을 행하셨기 때문이라고 굳게 믿습니다.

> **요한복음 5:19-20**
>
> … 그러므로 예수께서 그들에게 이르시되 내가 진실로 진실로 너희에게 이르노니 아들이 **아버지께서 하시는 일을 보지 않고는 아무 것도 스스로 할 수 없나니** 아버지께서 행하시는 그것을 아들도 그와 같이 행하느니라 아버지께서 아들을 사랑하사 자기가 행하시는 것을 다 아들에게 보이시고 또 그보다 더 큰 일을 보이사 너희로 놀랍게 여기게 하시리라

하나님은 항상 모든 사람의 문제의 근원과 해결책을 아십니다. 육체적이든, 감정적이든, 영적이든지 간에 하나님은 사람들의 모든 것을 알고 계시고, 각 사람들에게 필요한 해결책을 갖고 계십니다. 우리가 그분께 진정한 마음으로 나아가서 응답해 달라고 간절히 간구하면, 하나님은 듣고 계실 뿐만 아니라 그 해결책도 보이실 것입니다.

시편 142:5-6

여호와여 내가 주께 부르짖어 말하기를 주는 나의 피난처시요 살아 있는 사람들의 땅에서 나의 분깃이시라 하였나이다 나의 부르짖음을 들으소서 나는 심히 비천하니이다 나를 핍박하는 자들에게서 나를 건지소서 그들은 나보다 강하니이다

예레미야 42:6

우리가 당신을 우리 하나님 여호와께 보냄은 그의 목소리가 우리에게 좋든지 좋지 않든지를 막론하고 순종하려 함이라 우리가 우리 하나님 여호와의 목소리를 순종하면 우리에게 복이 있으리이다 하니라

하나님께서 무슨 말씀을 하시든 그분으로부터 듣는 것이 필요합니다. 하나님께서 원하시는 방법대로 우리는 그분 말씀을 받게 될 것입니다. 어린 사무엘처럼 우리도 "주님, 말씀하옵소서, 당신의 종이 듣겠나이다"(사무엘상 3:10)라고 말해야 합니다. 왜냐하면 하나님의 음성을 듣기 위해서 대가를 지불하고 스스로 훈련한 사람들에게 응답이 오기 때문입니다. 하지만 대부분의 신자들에게 있어 개인적으로 하나님의 음성을 듣는 것은 어려운 일입니다. 이번 장은 하나님으로부터 직접 듣기를 소망하는 사람들을 돕기 위해 쓰여졌습니다.

존(John)이 하나님으로부터 듣는 법을 배우다

그들은 약간 "이상한" 것처럼 보였다.

어떤 크리스천이 "하나님은 저에게 말씀하십니다."라고 하는 말을 처음 들었을 때, 나(존)는 그들이 미쳤다고 생각했습니다. 나는 과학 분야

의 일종인 경영학 학사학위 소지자이기 때문에 과학적으로 증명이 가능한 것이면 옳다고 생각했지만, 이해할 수 없는 것은 믿으려고 하지 않았습니다. 나는 보이지 않는 하나님으로부터 직접 들을 수 있다고 하는 것을 이해할 수 없었습니다. 나는 초신자였고, 하나님께서 나를 위해 준비하고 계신 모든 것을 받기 원했습니다. 그러나 모든 것이 새로웠습니다. 자연히 나는 하나님과 대화할 수 있다고 말하는 사람들에게 회의적이었습니다. 그때 그들은 약간 이상한 사람들처럼 보였습니다. 나는 거짓된 경험이 아닌 정말로 하나님과 만나 이야기 하는 체험을 하고 싶었습니다.

그래서 나는 "하나님, 다른 크리스천들에게처럼 저에게도 말씀해 주세요. 저도 당신의 양들 가운데 한 명입니다. 저는 당신의 음성 듣기를 원합니다. 그러니 말씀해 주세요."라고 기도했지만 응답이 없었습니다. 열심히 하나님의 음성을 들으려 했지만, 항상 침묵만 있었습니다. 결국 몇 개월 후 하나님의 음성을 듣는 사람들은 하나님이 특별히 기름 부으신 사람들이라고 가정하게 되었습니다. 그들은 하나님으로부터 직접 들을 수 있는 특권을 지닌 영적인 사람들임에 틀림 없었습니다. 하지만 후에 모든 크리스천은 하나님으로부터 직접 들을 수 있다는 사실을 발견했습니다. 우리는 단지 어떻게 듣는가를 배워야 합니다. 하나님 음성을 듣기 위해서는 개인적인 훈련이 필요합니다. 예수님과 깊은, 개인적인 관계를 갖도록 이끌어 주는 성경말씀에 순종함으로써 하나님의 음성을 듣는 법을 발견했습니다. 비록 숙달되기까지는 오랜 시간이 걸렸지만, 내 삶을 이 일을 위해 헌신했습니다. 나는 교회의 지도자들 가운데서 하나님의 음성을 잘 듣고 있는 사람들을 보았습니다. 하나님의 음성을 듣는 법을 그들에게서도 배웠습니다. 초신자인 내가 어떻게 하나님의 음성을 듣게 되었는가 라는 관점으로 다음 이야기를 들려 드리겠습니다.

그것은 놀라운 경험이었습니다.

시애틀 시내 근처에서 내가 참석한 FGBMFI의 첫 번째 모임은 놀라운 경험이었습니다. 처음 참석한 사람들을 일어서게 한 후 자신을 소개하게 했습니다. 그것은 별로 어렵지 않았지만, 그 다음에 예기하지 않았던 일이 일어났습니다. 내가 이름을 알려주고, 그 동안 해온 일에 대해 말했을 때, 그들은 얼마나 오랫동안 예수님을 믿어왔느냐고 물었습니다. 나는 "대략 한 주쯤 되었습니다."라고 말했습니다. 그 순간 모든 사람들이 일제히 박수를 쳐서 깜짝 놀랐습니다. 나는 머쓱해서 웃으면서 자리에 앉고는 의아하게 생각하며 멍하니 앉아 있었습니다. 그런 다음, 그들은 눈을 감고 손을 들고서는, 그전에 한 번도 들어본 적이 없는 노래를 부르기 시작했습니다. 그리고 내 바로 오른쪽 옆에 있던 한 사람이 다람쥐(chipmunk) 소리처럼 말하기 시작하기 전까지 어떤 말들을 일제히 중얼거렸습니다. 내 옆의 남자는 자동 총과 같은 날카로운 목소리로 전혀 알아들을 수 없는 외국어를 말했습니다. 모든 사람은 손을 들고 듣고 있었습니다. 그리고는 침묵이 흘렀습니다. 이상했습니다.

주님께서 말씀하신다.

갑자기 그 방의 저쪽 끝에서 꽤 큰 유대인 남자가 "주님께서 말씀하십니다....."라고 말했습니다. 그 사람의 메시지 전체를 나는 알아들을 수 있었습니다. 이 남자가 말하기 전까지는 나는 그곳으로부터 탈출하고 싶었습니다. 하지만 이 남자의 메시지를 듣고부터는 이해가 되고 마음이 평안해졌습니다. 그래서 조금 더 듣기를 원했습니다. 그것은 마치 하나님을 대신해서 직접 말하는 것 같았습니다. 나는 이 모임이 어떤 형태의 것인지 알지 못했지만 그 사람이 하나님께로부터 어떤 말을 듣고, 말하고 있다는 것을 알았습니다. 후에 래리 알하데프(Larry Alhadeff) 라는 그 남자에게 소개되었습니다. 그는 좋은 사람이었으며, 사교적이었으며, 전혀 이상한 점은 없었습니다. 그 후 그들은 형제애를 나타내는 "강한 포옹"을 했지만, 나는 그렇게 하기가 힘들었습니다.

흥분된 상태로 점심모임을 떠나 직장으로 돌아왔습니다. 무슨 일을 겪었는지 이해가 되지 않았습니다. 내가 아는 것은 단지 래리가 하나님의 음성을 듣고 나서 우리에게 말했다는 사실 뿐이었습니다. 비록 그것을 해석하기는 어려웠지만 내 안에 기쁨이 있었습니다. 그래서 다시 그 모임에 참석해서 하나님에 대해 그들이 알고 있는 어떤 것들, 특별히 어떻게 하면 하나님의 음성을 들을 수 있는지를 알고 싶었습니다. 이것이 그의 백성들에게 말씀하시는 초자연적인 하나님에게로 향하는 나의 여행의 시작이었습니다. 나중에 나는 바울이 고린도전서 12장에서 말한 방언의 은사와 그것과 한 짝을 이루는 통변의 은사를 받았습니다.

> **고린도전서 12:7-11**
> 각 사람에게 성령을 나타내심은 유익하게 하려 하심이라 어떤 사람에게는… 각종 방언 말함을, 어떤 사람에게는 방언들 통역함을 주시나니 이 모든 일은 같은 한 성령이 행하사 그의 뜻대로 각 사람에게 나누어 주시는 것이니라.

예수님 따라 하기

매번 크리스천들이 모임을 가질 때마다 성령님은 초자연적인 은사들을 나눠 주십니다. 우리는 성령님께서 순간적으로 주시는 말씀을 받고 전할 수 있도록 열린 마음이 되어야 합니다.

시행착오의 학교.

성경에 대한 이해가 점점 늘어나기 시작했습니다. 하나님 말씀을 읽고 묵상했으며, 나의 삶 가운데 적용하려고 노력했습니다. 예수님께서 우리에게 할 수 있다고 하신 말씀을 실험했습니다. 굉장한 일이 일어났습니다. 하나님께서 어떻게 그의 백성들에게 말씀하시는가에 대해 점점 더 깊이 이해하게 되었습니다. 첫째로 나는 하나님 말씀을 듣는 다른 사람들을 관찰했습니다. 둘째로 나는 성경에서 본 구절과 비교했습니다. 그런 다음 내 자신도 하나님 말씀을 들으려고 시도했습니다. 내가 목격한 다른 사람들이 하는 것처럼 하려고 할 때는 잘 안됐습니다. 처음에는 내가 하나님으로부터 받았다고 생각한 것들이 내 생각인 것으로 판명이 났습니다. "계시"들의 대부분은 실망과 좌절로 끝났습니다. 이렇게 나는 시행착오를 거치면서 배우고 있었습니다.

초창기에 나에게 성경을 가르쳐준 분 중에 어떤 선생님은 하나님께서 말씀하신 것으로 생각되면 반드시 메모해 두어야 한다고 가르쳤습니다. 그래서 나는 하나님의 생각으로 내 마음을 채워 달라고 앉아서 기도했습니다. 그리고 하나님께서 내 마음에 나타내 주시는 것을 믿음으로 한 구절씩 적기 시작했습니다. "와! 이거 굉장하군!" 하고 생각했습니다. 그리고는 내가 한 것을 확인 받기 위해 FGBMFI의 오랜 친구인 할리 굿윈(Harley Goodwin) 목사를 집으로 초대했습니다. 그는 최근에 나온 많은 "계시들"을 검토했습니다. 이 목사님께서 나에게 세례를 주셨기 때문에 나는 그의 영적인 능력을 존중했습니다.

그것은 내 것과 하나님의 것이 각각 절반씩 혼합된 것이었습니다.

내 자료를 읽은 후 그는 웃으면서 말했습니다. "존 형제님, 이중 일부는 좋게 보이지만, 대략 당신 것과 하나님의 것이 각각 절반씩 혼합된 것입니다. 만약 내가 당신이라면, 그것 모두를 쓰레기통에 버리겠습니다. 왜냐하면 당신의 혼은 영과 서로 겨루고 있습니다. 만약 당신이 성경이 말씀하고 계시는 것을 모르고 있다면, 당신은 성경이 말씀하고 있다고 생각하는 것과 당신이 듣기를 원하는 것을 모두 기록하게 될 것입니다. 그 결과, 이미 선포되어진 하나님의 말씀과 함께 하나님께서 말씀해주시길 바라는 당신의 것이 혼합됩니다. 이것은 매우 위험합니다. 그 대신에 이미 진리로서 세워진 하나님 말씀이 당신의 마음을 새롭게 할 수 있도록 해야 하며, 이미 성경 속에 말씀 되어진 것을 순종해야 합니다." 나는 그것을 모두 버린 후 열심히 성경을 읽기 시작했습니다.

 서서히 나는 종교적 열심과 성령님께서 부드럽게 말씀하시는 것으로 사역하는 것의 차이점을 구별하기 시작했습니다. 그 과정의 풍파 속에서 나는 귀중한 교훈을 배웠습니다. 우리가 생각하고 있는 것이 하나님으로부터 영감 받은 것인지를 알기 위해서 분별력 있고 성숙한 지도자들 앞에서 전하는 것이 안전한 방법입니다. 성숙한 신자들이 당신의 말들을 평가할 수 있도록 허락하는 것은 하나님께로부터 온 것인지 아닌지를 배울 수 있는 건전한 방법의 하나입니다. 모든 사람은 같은 성령을 받았습니다. 성령님께서 많은 사람들에게 긍정적인 증거를 주시도록 허용해서 모든 것이 일치될 때, 그 내용의 진실성이 확인됩니다. 아마 이것은 계속 반복되어야 할 것입니다. 하나님으로부터 정말로 듣기 위해서는 시간이 필요합니다. 또한 우리가 듣고 있는 하나님 말씀을 확인할 수 있는 다른 사람들이 필요합니다. 하나님의 말씀을 듣는 과정에서 우리를 바로잡아주고, 비평하고, 안내할 수 있는 성숙한 크리스천을 우리 주변에 두는 것은 매우 중요합니다. 이것은 또한 우리 스스로를 판단할 수 있는 기회를 제공합니다. 나는 가르침을 받을 준비가 돼있고 권위에 순종합니까?

당신은 어떻게 예언하는가?

모든 종류의 FGBMFI의 모든 모임을 참석했던 첫 해 동안, 꽤 많은 사람들이 하나님으로부터 영감 받은 말씀을 사람들에게 자연스럽게 전하고 있는 것을 알게 되었습니다. 때로는 그 말씀이 전체 회중을 위한 것이었고, 때로는 개인들을 위한 것들이었습니다. 나는 지방회장에게 어떻게 나도 그것을 배울 수 있겠냐고 물었습니다. 처음에는 그 대답이 수수께끼 같았습니다. "형제님, 당신 안에 그것을 갖지 않으면 밖으로 말할 수 없습니다."라고 그는 대답했습니다. 그게 무슨 뜻이냐고 물었습니다, 지혜롭게 그는 "하나님께서 당신에게 어떤 말씀을 주시기까지 당신은 하나님을 대신해서 말할 수 없습니다. 하나님의 말씀으로 당신을 새롭게 하기 위해 많은 시간을 보내야 합니다."라고 대답했습니다. 그래서 "그렇게 하겠습니다."라고 내가 말하자 그는 "권면의 말을 전할 수 있는 가장 좋은 방법은 성경 말씀을 완전히 아는 것입니다. 수년간 말씀을 묵상하고 암송할 때 그렇게 될 수 있습니다." 라고 말했습니다. 그것은 매우 어려운 것처럼 보였습니다. 더 쉬운 방법이 있을 것 같았지만, 그 목사님은 그렇게 말했습니다. 성경은 묵상이 그 열쇠라고 말합니다.

시편 119:15-16

내가 주의 법도들을 작은 소리로 읊조리며 주의 길들에 주의하며 주의 율례들을 즐거워하며 **주의 말씀을 잊지 아니하리이다**

예수님 따라 하기

하나님 말씀을 묵상하고 암송하는 것은 성령님의 영감을 담을 수 있는 저수지를 만드는 것입니다. 주님은 우리 마음 속에 새겨진 하나님 말씀을 사용하셔서, 자신의 계획을 알리는 말씀들이 나오도록 하십니다.

딕 밀(Dick Mill).

캘리포니아로부터 한 예언자가 왔었는데, 그의 이름은 딕 밀(Dick Mill)이었습니다. FGBMFI의 중요한 모임 때마다 그가 종종 설교를 했습니다. 그전에 한 번도 예언자를 보지 못했던 나는, 그가 하는 사역을 보았을 때 무척 놀랐습니다. 그는 개개인을 쳐다보고는 그들을 지적하면서 말했습니다. "당신의 이름은 무엇입니까? 주님께서 당신에게 주시는 말씀이 있습니다." 그런 다음 그들의 이름을 부름과 동시에 신약과 구약에서 여러 성경 구절들을 말했습니다. 한 사람이 따라 다니면서 그가 말하는 성경 구절들을 적은 후, 그것을 해당되는 사람에게 건네 주었습니다. 나중에 이것들을 본 우리들은 우리 개인들에게 그대로 적용되는 그 말씀을 보고 매우 놀랐습니다.

걸어 다니는 성경책.

딕(Dick)은 하나님 말씀을 너무나 잘 알고 있는 문자 그대로 걸어 다니는 성경책이었습니다. 수백 개의 구절들을 암송하는 데 전념했고, 특정한 개인들을 쳐다볼 때마다 성경말씀이 나타나도록 성령님을 의지했습니다. 하나님 말씀을 개인들에게 전달하기 전에 사람들을 주목하는 것의 중요성을 알고 있었습니다. 우리는 비밀스러운 사역의 진실성을 나중에 다시 살펴볼 것입니다. 사도행전 3장에는 이런 선례가 있습니다.

> **사도행전 3:4-6**
> 베드로가 요한과 더불어 주목하여 이르되 우리를 보라 하니 그가 그들에게서 무엇을 얻을까 하여 바라보거늘 베드로가 이르되 은과 금은 내게 없거니와 내게 있는 이것을 네게 주노니 나사렛 예수 그리스도의 이름으로 일어나 걸으라 하고

> **예수님 따라 하기**
>
> 어떤 사람의 필요가 무엇인지 집중하는 것은 하나님으로부터 듣는 길을 여는 방법입니다. 그것은 연습이 필요합니다. 주님은 우리의 필요를 채우기 원하십니다. 그리고 그분의 특별한 뜻을 확실히 알리기 위해 성숙한 신자들을 사용할 것입니다.

젊은이, 일어서십시오.

딕은 내가 있는 방향을 보고, 나를 지적한 후 말했습니다. "젊은이, 일어서서 나에게 손을 주세요. 주님이 당신을 위해 말씀하십니다." 나는 일어서서 내 이름이 죤 이라고 말하고 그의 손을 잡았습니다. 그는 말했습니다. "죤, 당신을 위한 주님의 말씀이 바로 이것입니다."

여호수아 1:9

내가 네게 명령한 것이 아니냐 강하고 담대하라 두려워하지 말며 놀라지 말라 네가 어디로 가든지 네 하나님 여호와가 너와 함께 하느니라 하시니라

창세기 28:15

내가 너와 함께 있어 네가 어디로 가든지 너를 지키며 너를 이끌어 이 땅으로 돌아오게 할지라 내가 네게 허락한 것을 다 이루기까지 너를 떠나지 아니하리라 하신지라

출애굽기 4:12

이제 가라 내가 네 입과 함께 있어서 할 말을 가르치리라

> **예수님 따라 하기**
>
> 이 방법이 사람들의 삶을 안내하는 안전한 접근 방법입니다. 주님이 우리 마음에 무엇을 말씀하고 계신지 확신시키기 위해 이런 방법을 사용하십니다. 성경 말씀은 우리 삶에 관한 지침을 제공받는 가장 좋은 출발점 입니다.

그는 하나님께서 미래에 어떻게 나를 사용하실 것인가에 대한 짧은 권면으로 예언을 마쳤습니다. 나는 나의 첫 번째 성경책에 이 성경말씀들을 기록했고 세월이 지나면서 여러 차례 다시 기록하며 마음에 새겼습니다.

확신을 주는 말씀.

그 후 6개월이 채 안 돼서 다른 예언자가 왔습니다. 그의 이름은 딕 조이스(Dick Joice)였는데 딕 밀(Dick Mill)과 유사한 사역을 하고 있었습니다. 나를 지적하고는 일어서라고 했습니다. 그런 다음 전에 딕 밀이 했던 것과 매우 흡사하게 권면하는 일련의 성경구절을 나에게 주었습니다. 그는 "하나님을 섬기기 위해 부름 받은 당신에게 주는 말씀은 이것입니다."라고 말했습니다.

> **이사야 42:18-19**
>
> 너희 못 듣는 자들아 들으라 너희 맹인들아 밝히 보라 맹인이 누구냐 내 종이 아니냐 누가 내가 보내는 내 사자 같이 못 듣는 자겠느냐 누가 내게 충성된 자 같이 맹인이겠느냐 누가 여호와의 종 같이 맹인이겠느냐

> **빌립보서 3:13**
>
> 형제들아 나는 아직 내가 잡은 줄로 여기지 아니하고 오직 한 일 즉 뒤에 있는 것은 잊어버리고 앞에 있는 것을 잡으려고

에스겔 12:25, 28

나는 여호와라 내가 말하리니 내가 하는 말이 다시는 더디지 아니하고 응하리라 반역하는 족속이여 내가 너희 생전에 말하고 이루리라 나 주 여호와의 말이니라 하셨다 하라 그러므로 너는 그들에게 이르기를 주 여호와의 말씀에 나의 말이 하나도 다시 더디지 아니할지니 내가 한 말이 이루어지리라 나 주 여호와의 말이니라 하셨다 하라

누가복음 21:15

내가 너희의 모든 대적이 능히 대항하거나 변박할 수 없는 구변과 지혜를 너희에게 주리라

골로새서 4:3

… 또한 우리를 위하여 기도하되 하나님이 전도할 문을 우리에게 열어 주사 그리스도의 비밀을 말하게 하시기를 구하라 내가 이 일 때문에 매임을 당하였노라

예수님 따라 하기

하나님께서 우리를 향한 그분의 뜻을 확신시키시는 한 방법은 그 전에 서로 알지 못했던 두 명 또는 그 이상의 성숙한 신자들을 통해 똑같은 성경말씀이나 관련된 성경말씀을 전달해 주십니다. 주님은 개인적으로 우리에게 말씀하시는 것을 확신시키기 위해 이런 방법을 사용하십니다.

그 당시 나는 이 두 종류의 예언적 말씀의 중요성을 깨닫지 못했습니다. 나를 향한 하나님의 계획이 지금 막 나타나기 시작한 것입니다.

하나님 말씀으로 가득 채우라

그때 나는 그 두 사람이 하나님의 음성을 듣고 있다는 것을 알았습니다. 그 확실한 증거가 너무나 많았습니다. 성령님께서 그들의 사역에 함께하셨습니다. 그 두 사람이 하나님께서 주신 말씀을 전달할 때 이상하게도 믿음이 충만해지며 무엇이든지 이루어질 것 같은 담대함으로 그곳의 분위기는 가득 찼습니다. 그 때 나는 깨달았습니다. 그 사람들은 하나님 말씀으로 충만했는데, 수천 개의 성경구절을 암송하기 위해 수년을 보냈던 것입니다. 그들이 기름부음 받은 사람이라는 것에 의심의 여지가 없었습니다. 하나님 말씀은 그들의 생각을 새롭게 변화시키셨습니다. 그들의 생각이 하나님 말씀처럼 되었기 때문에 정말로 하나님을 대신해서 말하는 것 같았습니다. 이 계시가 나를 섬광처럼 때렸습니다. 이것이 아마도 내가 기다리던 응답일 것입니다. 만약 내가 성경 구절들을 암송한다면 무슨 일이 일어날까 궁금해졌습니다. 나는 분명히 그렇게 해야 했습니다. 왜냐하면 성경 전체를 잘 알지 못했기 때문입니다.

기꺼이 사업적 방법을 적용하다.

나는 오래곤(Oregon) 주의 포틀랜드(Portland)에 있는 한 큰 봉투 제조업체의 회계 책임자였습니다. 내 업무영역은 북 시애틀에서부터 캐나다 국경에 이르는 모든 주를 포함하고 있었습니다. 나는 나의 판매와 마케팅 기술을 발전시키기 위해 많은 세미나에 참석했습니다. 내가 배운 것 중에 특별히 기억되는 한 원리가 있었는데 그것은 새로운 판매 전략을 습득하는 방법이었습니다. 발제자는 우리가 만약 21일 동안 계속적으로 연습한다면 그 새로운 판매 전략은 우리의 일상생활의 일부가 되고 표현력이 향상될 것이라고 말했습니다. 나는 그 원리를 성경 암송에 적용하기로 결심했습니다. 신구약에서 내가 좋아하는 성경 구절들을 선택했습니다. 그런 다음 각 성경구절을 일곱 번씩 녹음했습니다. 이런 식으로 90분짜리 테이프가 끝날 때까지 했습니다. 그 후에 또 새로운 테이프를 녹음하기 시작했습니다. 내 마음속에 하나님의 말씀의 보물이 쌓여가기 시작했습니다.

시편 119:10-11

… 내가 전심으로 주를 찾았사오니 주의 계명에서 떠나지 말게 하소서 내가 주께 범죄하지 아니하려 하여 주의 말씀을 내 마음에 두었나이다

예수님 따라 하기

하나님의 말씀은 성령님과 함께 우리 안에 들어오십니다. 말씀은 결코 소멸되지 않습니다. 영원히 살아계십니다. 우리가 하나님의 말씀을 암송할 때, 우리의 인간적인 이해는, 하나님의 생각인 영원한 진리로 대체됩니다.

내 자신에게 귀를 기울이다.

출퇴근 시간과 약속 장소로 운전해 가는 동안 나는 오직 성경말씀만 들었습니다. 21일이 다 되었을 때 내가 들었던 성경구절을 아주 쉽게 끊기지 않고 완벽하게 큰 소리로 따라 할 수 있게 된 것을 깨닫고는 매우 놀랐습니다. 처음 몇 단어만 들어도 그 성경구절을 끝까지 말할 수 있게 되었습니다. 괄목할 만한 것은 단지 6개월 만에 130개의 주요 성경구절을 암송하게 된 것이었습니다. 성령님의 인도로 이렇게 된 것이 틀림없었습니다. 내가 암송하려고 선택했던 성경구절은 구원, 영생, 성령의 능력, 치료, 구속 그리고 예수님께서 우리도 할 수 있다고 말씀하신 것 등

의 영원한 약속들이었습니다. 지금도 대부분의 성경구절을 정확하게 암송할 수 있습니다.

그러자 뭔가 굉장한 것이 일어나기 시작했습니다. 내가 기도한 것들이 그대로 이루어졌습니다. 사람들이 기도를 요청하거나 그들이 처한 상황에 관심을 가질 때, 그들의 필요를 채울 수 있는 성경의 약속들을 갑자기 알게 되었습니다. 성령님께서 사람들의 문제의 해결책이 되는 일련의 성경 말씀들을 생각나게 해주셨습니다. 그것은 너무나 자연스럽게 일어났기 때문에 나는 주님께서 나를 통해 주시는 말씀이라는 것을 확실히 느낄 수 있었습니다. 그분은 내 영 안에 축적되어 있는 말씀들을 다른 사람들을 축복하는 도구로 사용하셨습니다. 그것은 아주 큰 기쁨이었습니다. 주님은 전혀 생각지도 않은 방법으로 나를 사용하셨습니다. 결국 나는 안전하고 신뢰할 수 있는 방법으로 하나님의 음성을 듣고 있었습니다. 그것은 마치 기록된 하나님 말씀을 시의 적절하게 울려 퍼뜨리는 메아리로 내가 쓰임 받는 것 같았습니다.

성령님의 음성을 듣다

공적인 모임에서 성령님에 의해 영감 받은 말씀을 처음 전했던 순간을 결코 잊을 수 없습니다. 그 일은 북 시애틀에 있는 갈릴리안(Galilean) 식당에서의 FGBMFI 오찬 모임 때 일어났습니다. 예배 중에 인도자 가운데 한 사람이 방언으로 회중들을 향한 메시지를 전달했습니다. 그 모임을 주최한 지도자는 우리에게 그 메시지에 대한 적절한 통변이 있을 때까지 기다리라고 했습니다. 우리는 질서 있게 하나님께서 무어라고 말씀하시는지 이해할 필요가 있었습니다. 우리는 한참 동안 기다렸습니다. 그러는 가운데 나는 그 방의 다른 쪽에서 하나님의 임재를 느끼며 즐기고 있었습니다. 하나님께서 주시는 말들이 넘쳐나는 것 같았고 동시에 내 마음 속에 어떤 환상이 나타나는 것 같았습니다. 나는 나 혼자만의 성령축제를 즐기고 있었습니다.

고린도전서 14:27

만일 누가 방언으로 말하거든 두 사람이나 많아야 세 사람이 차례를 따라 하고 한 사람이 통역할 것이요

예수님 따라 하기

공적인 모임에서 방언과 통변의 은사가 함께 나타날 때 두 사람 이상을 성령님께서 사용하시도록 허락하는 것이 가장 좋습니다.

"내가 무엇을 해야 하나요?"

그 때 내 옆에 앉아 있던 한 남자가, 방언으로 전달된 메시지에 대한 통변이 나에게 임했다는 내용의 지식의 말씀을 받았습니다. 그는 팔꿈치로 나를 치면서 말했습니다. "형제님, 당신은 그 방언에 대한 통변을 받았습니다. 어서 전하세요!" 나는 감고 있던 눈을 뜨며 "무엇을 해야 하지요?"라고 물었습니다. 그러자 그는 "단지 성령 안에서 당신이 듣고 보고 있는 것을 말하세요."라고 했습니다. 이제 나만의 성령축제는 끝났습니다. 나는 주저하며 내가 보고 들었던 것을 사람들에게 말했습니다. 그러자 모든 사람이 일제히 박수로 만유의 주님께 영광을 돌렸습니다. 그 말씀은 성령님으로부터 영감 받은 것임에 틀림이 없었습니다. 처음으로 대중모임에서 주님의 음성을 듣고 그분이 말씀하시길 원하는 것을 전달하는 특권을 누렸습니다. 성령님께서는 그 모임의 회중들을 가르치기 위한 분위기를 만드셨습니다.

고린도전서 14:26

그런즉 형제들아 어찌할까 너희가 모일 때에 각각 찬송시도 있으며 가르치는 말씀도 있으며 계시도 있으며 방언도 있으며 통역함도 있나니 모든 것을 덕을 세우기 위하여 하라

예수님 따라 하기

성령 하나님은 믿는 자가 모일 때 임재 하십니다. 모든 사람은 이 성령님을 기대하는 마음으로 모여야 하며, 모인 무리들을 가르치시고 세우시는 주님으로부터 오는 어떤 계시들을 전할 준비를 해야 합니다.

성령님께 민감하라.

하나님 말씀을 더욱 더 암송할수록 하나님께서는 더욱 더 많이 다른 사람들에게 권면의 말을 전할 수 있도록 나를 사용하셨습니다. 달이 가고 해가 갈수록 성령님의 사역에 대한 민감함이 계속 커져가는 것을 깨닫게 되었습니다. 한 개인을 위해 기도할 때, 내가 마치 그들의 삶과 그들의 상황에 맞는 최상의 기도 제목을 알고 있었던 것 같았습니다. 그 사람들을 직접 쳐다보거나 어깨에 손을 얹고 기도할 때 마치 불꽃이 일어나는 것 같았습니다. 이런 식으로 성령님과 같이 사역하는 것에 익숙해지기 위해서는 많은 시행착오가 있었지만, 나는 계속 그런 식으로 사역했습니다. 어떤 때는 올바르게 들었지만 어떤 때는 그렇지 못했습니다. 내가 세미한 인도하심에 순종하지 않고 주저하고 있을 때 성령님을 슬프게 하고 있다는 것을 곧바로 깨닫게 되었습니다. 그분의 인도하심을 따르기를 주저하고 의심할 때 성령님은 부드럽게 그것을 깨닫도록 하셨습니다. 만약 우리가 오랫동안 의심하고 머뭇거리면 기름 부으심은 사라지고 우리는 불쌍한 사람이 되고 맙니다.

안전한 접근.

나는 하나님께서 원하시는 것을 잘못 전했을 때 어떻게 용서를 구해야 되는지를 배웠습니다. 당신이 하나님의 음성에 순종하려고 애를 쓸 때, 다른 크리스천들은 당신을 쉽게 용서할 것입니다. 하나님의 음성이 올바른지 확신하지 못하는 사람들에게 나는 "안전한 접근 방법"을 추천합니다. 그것은 바로 이런 식입니다. "선생님, 아마 내가 틀릴지도 모르겠습니다만 주님이 말씀하셨다고 생각되는 어떤 것을 당신에게 말씀 드리고 싶습니다. 그래도 괜찮겠습니까?" 우리가 이렇게 접근한다면 대부분의 사람들은 "예, 하십시오."라고 반응할 것입니다. 하나님 말씀을 전한 후에 나는 다시 묻습니다. "내가 전한 그 말씀이 당신에게 어떤 의미를 갖습니까? 그 말씀이 당신이 처한 상황에 적용이 됩니까? 나는 그들의 정직한 반응을 받아들입니다. 만약 하나님의 말씀을 잘못 전했을 때 나는 언제든지 용서를 구할 준비가 되어 있습니다. 우리는 이 사역을 하면서 하나님께서 우리를 인도하신 경우가 95% 정도는 된다는 것을 깨달았습니다. 하나님 말씀을 올바로 전달하는 것을 배울수록 다른 사람들에게 용서를 구하는 횟수도 점점 줄어갔습니다.

하나님 말씀에 불순종하는 횟수도 점점 줄게 되었습니다. 하나님에 의해 인도되고 있다고 생각할 때 나는 점점 더 사역에 대한 자신감을 갖게 되었습니다. 결국 하나님의 음성에 의해 인도 받고 있다고 생각하면서 계속 사역을 진행하게 되었습니다. 내 속에서부터의 약한 인도하심이든 아니면 강한 인도하심이든 상관없이 성령님의 명령이면 그대로 선포했고, 내 생각에 나타난 대로 행동했습니다. 그와 동시에 내가 말씀을 전달했던 사람들로부터 비평을 들을 수 있도록 마음의 문을 항상 열어 놓았습니다. 에베소서 6장에 나타난 바울의 가르침대로 순종하길 원했습니다.

에베소서 6:18

… 모든 기도와 간구를 하되 항상 성령 안에서 기도하고 이를 위하여 깨어 구하기를 항상 힘쓰며 여러 성도를 위하여 구하라…

예수님 따라 하기

예수님께서는 믿는 자들은 방언을 할 수 있다고 말씀하셨습니다. 또한 바울도 우리가 방언으로 기도할 때 사실상 성령으로 기도하는 것이라고 말했습니다. 방언 기도는 하나님으로부터의 음성을 들을 수 있도록 성령님이 우리 안에서 활동하도록 만듭니다.

방언으로 기도하기.

에베소서 6장 18절 말씀은 하나님의 음성을 듣기 위한 중요한 방법을 말하고 있습니다. 방언 기도는 선택이 아니라 필수이고 적극적으로 추구해야 하는 것입니다. 성령 안에서 더 많이 기도할수록 더 많이 하나님으로부터 듣게 될 것입니다. 성경암송과 함께 방언기도는 매일 하나님의 음성을 들을 수 있도록 통로를 열어 줍니다. 이것은 예수님 안에 거하는 한 부분입니다. 거한다는 것은 주님과 너무나 가까워 이기적으로 기도하지 않는 것을 말합니다.

요한복음 15:17

내가 이것을 너희에게 명함은 너희로 서로 사랑하게 하려 함이라

예수님 따라 하기

예수님께서는 우리가 기도의 제목을 두고 간절히 구할 때 그분의 말씀을 사용하여 기도하기를 원하십니다. 성령 안에서 기도할 때 우리는 우리의 영 안에 거하고 있는 예수님의 말씀으로 기도하게 됩니다. 이렇게 기도하면 우리는 예수님의 뜻을 따라 기도하게 되고, 예수님은 우리가 구하는 대로 주실 것입니다.

항상 성령 안에서 기도하라

1970년부터 1980년 사이에 나는 은사운동을 하는 많은 지도자들로부터 중요한 사실을 배웠습니다. 그들은 항상 한 가지에 동의했습니다. 지금도 나는 그들의 이런 가르침을 되새깁니다. "성령님으로부터 우리가 들을 수 있는 방법은 항상 성령 안에서 기도하는 것입니다. 만약 당신이 기회 있을 때마다 방언으로 기도하지 않는다면, 당신은 하나님의 최상의 것을 잃어버리고 있는 것입니다." 그들은 우리에게 가능한 한 길게 방언으로 기도하도록 도전을 주었습니다. 나는 30분 이상 방언으로 기도할 때마다 무슨 일이 일어났는지를 기억하고 있습니다. 내 안에서 무슨 일인가가 일어났습니다. 그것은 마치 내 안에 초강도의 충전이 일어나는 것과 같았습니다. 나는 그 순간 영적인 행복감에 도취되고 말았습니다. 오직 방언으로만 성령님과 연결될 수 있는 것 같았습니다.

고린도전서 14:2, 4
방언을 말하는 자는 사람에게 하지 아니하고 하나님께 하나니 이는 알아듣는 자가 없고 영으로 비밀을 말함이라 … 방언을 말하는 자는 자기의 덕을 세우고 예언하는 자는 교회의 덕을 세우나니 …

예수님 따라 하기

바울은 믿는 자들에게 기회 있을 때마다 방언으로 기도하라고 강력하게 권면하고 있습니다. 더 많이 방언으로 기도할수록 더 많은 하나님의 신비가 우리의 영 안에 넘쳐나서 우리를 깨닫게 하시고, 사역에 새로운 힘을 불어 넣으실 것입니다.

멈추고 들어라.

많은 시간을 내야하는 대가를 치르고서라도 방언으로 기도하길 원하는 신자들은 고린도전서 14장에 약속된 것을 받게 됩니다. 나는 오랫동안 성령 안에서 기도한 후 순간적으로 멈춰서 들을 때마다 내 마음속에 하나님을 찬양하고 경배하는 말들을 들을 수 있습니다. 방언으로 기도하면서 동시에 내 마음속의 성령님으로부터 내가 이해할 수 있는 분명한 말들이 나옵니다. 내 추측으로는 이것이 내가 방언으로 기도한 것의 통변이라고 생각됩니다.

> **고린도전서 14:13-14**
>
> 그러므로 방언을 말하는 자는 통역하기를 기도할지니 내가 만일 방언으로 기도하면 나의 영이 기도하거니와 나의 마음은 열매를 맺지 못하리라

예수님 따라 하기

- 바울은 방언 기도에 대한 심오한 진실을 말하고 있습니다. 그는 방언으로 기도하는 자는 그 기도에 대한 통변을 위해서 기도해야 한다고 말하고 있습니다.
- 방언기도는 우리 마음이 아니라 우리 영에서 일어나는 영적인 교류입니다.
- 바울은 우리 마음이 우리가 기도한 것을 깨달을 수 있도록 성령님께 통변을 달라고 기도하기를 권면하고 있습니다.
- 우리가 혼자 있을 때마다 이런 식으로 기도하도록 숙련해야 합니다.

개인적인 예배.

고린도전서 14장 말씀은 거의 전부 교회의 공적인 모임과 관련되어

있습니다. 그러나 어떻게 한 개인이 교회에 와서 이런 성령의 은사를 표현하는 방법을 배울 수 있겠습니까? 그래서 집에서 훈련할 것을 제안합니다. 만약 우리가 스스로를 교화시키는 법을 배우지 못한다면 어떻게 교회를 교화시키는 법을 배울 수 있겠습니까? 집에서 혼자 안전하게 방언기도와 통변의 원리들을 적용해 봅시다.

흥미로운 기도 방법.

앞에서 인용한 성경구절은 방언으로 기도할 때 그에 대한 통변도 받을 수 있다고 말하고 있습니다. 그 구절은 "그분이 통변해 주시기를 기도하라"고 말하고 있습니다. 나는 이 사실을 혼자서 오랜 시간 동안 하나님께 방언으로 기도할 때 깨닫게 되었습니다. 나는 "주님, 제가 무슨 말을 하고 있는 거죠?"라고 하나님께 기도하면 내 생각 속에 언어들이 나타났습니다. 그러면 다시 그 말들을 하나님께 말하곤 했습니다. 그 말들은 대부분 찬양과 경배 그리고 영광을 돌리는 것 등 하나님을 높여드리는 말들이었습니다. 방언기도는 나의 믿음과 신앙을 튼튼하게 만들어 주는 일상적인 훈련이 되었습니다. 결국 나는 성령님의 음성을 듣고 있다고 결론 내리게 되었습니다. 성령님은 내게 주신 말씀을 다시금 하나님께 돌려 드리라고 권면 하셨습니다. 성령님은 내 머리로 생각해 낼 수 있는 것보다 훨씬 더 아름답게 하나님을 송축하고 찬미하는 말씀들을 나에게 주셨습니다.

주의.

믿음으로 내 머리에 떠오르는 말들을 계속해서 말할 때, 어떤 경우에는 하나님께서 내가 하길 원하는 말씀들을 주시는 경우도 있었습니다. 그 말씀들은 개인적인 것이었는데, 내가 처한 상황에 적용되는 말씀들이었습니다. 하나님께서 이런 식으로 주시는 말씀들을 받아들이는 데 주의할 점이 있었습니다. 하나님의 음성을 들으려는 열심이 있다면, 우리가 듣는 음성들 가운데 특별히 개인적으로 적용되는 말씀은 반드시 시험해 보아야 합니다. 성령님께서 말씀하시고 있다고 생각되면 나는 재빨리 그 말씀을 기록했습니다. 그런 다음 나는 "주님, 이 말씀이 당신으로부터 온 것이라면, 어떤 식으로든 당신의 방법대로 확인해 주십시오."라고 기도했습니다. 나는 여러 번의 확증이 오기 전까지는 기록한 그 말씀대로 행동하지 않았습니다. 우리가 똑같은 말씀을 반복해서 듣던지, 똑같은 환상들이 우리 생각 속에 계속 나타나던지, 계속해서 같은 꿈을 꾸게 될 때 그것은 성령님으로부터 들은 말씀이라는 좋은 표시 입니다. 특별히 우리가 방언으로 장시간 기도할 때 이런 일들이 일어납니다.

확증이 올 때.

하나님께서 그 말씀들을 확증해 주시면 나는 그 분이 원하시는 대로 즉시 순종했습니다. 아주 적은 예외가 있었지만 내가 들은 말씀들의 대부분은 하나님께서 주신 것들이었습니다. 하나님께서 여러 번의 확증을 주시면, 당신도 그 말씀이 하나님으로부터 온 것이라는 것을 더 확실히 알 수 있습니다.

시 119:105-106

주의 말씀은 내 발에 등이요 내 길에 빛이니이다 주의 의로운 규례들을 지키기로 맹세하고 **굳게 정하였나이다**

베드로전서 5:10

모든 은혜의 하나님 곧 그리스도 안에서 너희를 부르사 자기의 영원한 영광에 들어가게 하신 이가 잠깐 고난을 당한 너희를 친히 온전하게 하시며 **굳건하게 하시며** 강하게 하시며 터를 견고하게 하시리라

예수님 따라 하기

예수님께서 우리가 어떤 일 하기를 원하실 때, 성령님은 여러 번의 확증을 주셔서, 그 말씀들이 예수님으로부터 온 것임을 확신시켜 주십니다. 대부분의 확증들은 자연스럽게 갑자기 일어나는데, 그것이 바로 하나님의 음성을 확인할 수 있는 중요한 열쇠가 됩니다.

어떻게 이런 일들이 우리 일상 생활가운데 일어나는가

하나님의 음성을 듣는 것은 일상 생활을 사는 데 커다란 유익이 됩니다. 예수님처럼 하나님의 음성을 매시간마다 듣는다는 것은 굉장한 일일 것입니다. 그러나 대부분의 기독교인들은 그렇지 못합니다. 심지어 우리가 알고 있는 영적인 지도자들, 성숙한 사람들과 경건한 목회자들도 예수님처럼 하나님의 음성을 듣지 못합니다. 우리가 비록 예수님처럼 하지는 못하지만 그처럼 듣기를 원합니다. 우리 모두 이 목표를 위해 열심히 전진해야 합니다. 만약 모든 기독교 지도자들이 정말로 정직하다면, 늘 하나님의 음성을 들으셨던 예수님의 삶과 우리의 삶이 거리가 무척 떨어져있다는 사실을 인정해야 합니다. 우리가 할 수 있는 것은 하나님 아버지와 더 가깝고 더 친밀한 관계를 갖도록 계속해서 노력하는 것입니다. 다음은 어떻게 하나님의 음성을 듣고 순종하려고 노력했는가에 대한 좋은 실례들 입니다.

우리는 신중해야만 한다.

하나님의 음성 듣는 법을 배우기 위해서는 우리 삶 가운데 신중한 행동이 필요합니다. 나(소냐)는 말씀의 사람이고, 거의 40년 동안 말씀 안에서 살았는데, 성령님은 수많은 영적 원리들을 가르쳐 주셨습니다. 성경말씀을 통해 어떻게 하나님을 기쁘시게 할 수 있으며, 어떻게 그분에 대한 나의 사랑을 표현할 수 있는지를 배웠습니다. 말씀을 통해 하나님의 음성 듣는 법을 배우는 것은 흥미로운 일일 뿐만 아니라, 우리가 나아가야 할 삶의 방향을 만들어 줍니다. 다음 성경 구절들은 수년 동안 나를 인도해 주었습니다.

히브리서 4:12

하나님의 말씀은 살아 있고 활력이 있어 좌우에 날선 어떤 검보다도 예리하여 혼과 영과 및 관절과 골수를 찔러 쪼개기까지 하며 또 마음의 생각과 뜻을 판단하나니

사무엘상 15:22

… 순종이 제사보다 낫고…

요한복음 14:15

너희가 나를 사랑하면 나의 계명을 지키리라

예수님 따라 하기

하나님의 말씀은 살아서 역사하고 있으며, 초자연적입니다. 순종을 통해 하나님에 대한 우리의 사랑을 표현할 수 있음을 하나님은 성경 안에 분명히 말씀하셨습니다. 그러므로 하나님이 기뻐하시는 삶을 살기 위해서는 그분 말씀을 알아야만 합니다. 또한 하나님은 성경 말씀을 통해 우리에게 분명히 말씀하십니다.

마음을 새롭게 하기.

수년 동안 하나님께서는 그분의 말씀을 통해 나(소냐)의 죄와 육적인 행동을 다스렸습니다. 그것은 마치 영적인 빛이 말씀들을 조명해서 나 개인의 통찰과 확신 그리고 이해를 높여주는 것과 같았습니다. 이것은 성령님에 의해 계시되는 성경의 초자연적인 현상입니다.

많은 경우에 있어서 나의 혼의 모습(정신, 감정, 의지)과 내 영혼 사이에 몹시 맹렬한 싸움이 있었습니다. 영적 전투의 가장 큰 영역 중 하나는 바로 자기 합리화입니다. 얼마나 고약한 생각입니까? 나는 항상 옳다고 생각했고, 항상 다른 사람보다 나의 견해가 낫다고 생각했습니다. 다음에 기술하는 사건은 얼마나 내가 이 문제와 싸워 왔는가를 알 수 있습니다.

회사의 경영자는 하나님의 음성을 듣는 것이 필요하다.

나는 전자제품 회사의 간부로 일했는데, 내가 맡은 일을 매우 좋아했습니다. 회사가 성장해 감에 따라 이사회는 사장과 함께 회사가 한 단계 더 성장할 수 있도록 새로운 최고 경영자를 고용하고자 했습니다. 회사의 재조직화로 인해 4명의 새로운 경영자가 고용됐습니다. 나는 이 사람들과 매일 조화를 이루어야만 하는 위치에 있었습니다.

그 전의 경영진과는 항상 좋은 관계를 유지하며 일해 왔기 때문에, 순진하게도 나는 보통 때와 같이 일하면 될 것이라고 생각했습니다. 얼마나 무례한 생각입니까! 새로운 내부 조직은 첫날부터 나를 배제시키기 시작했습니다. 내 일을 진행할 수 있도록 적시에 맞는 정보를 줄 줄로 믿었던 나는 가장 참기 힘든 지경에까지 이르렀습니다. 몇 주일이 지났을 때, 그 상황은 점점 악화되었습니다. 그 상황을 바꾸기 위해서 나는 아무 말도, 아무 것도 하지 않았습니다. 분명한 것은 그들은 나를 싫어할 뿐만 아니라 내가 그 회사에서 나가주기를 바랐던 것입니다.

내 자신이 처한 힘든 환경에 대해 하나님께 열심히 기도했습니다. 그러나 이유는 모르지만 응답이 없었습니다. 내가 그토록 좋아했던 일들이 점점 비참한 지경에 이르는 것을 보자, 회사에 나가는 것이 지긋지긋해졌습니다. 어느 금요일 오후에, 이사회를 위해 필요한 자료가 나오지 않아서 결국 나의 보고서가 늦어지게 되자, 나는 한계에 부딪쳤습니다. 게다가 그 자료가 월요일에나 가능하다는 소식을 무례한 방법으로 듣게 되자 나는 폭발하고 말았습니다.

눈에 불이 일어나다.

내 눈에 불이 일어났다고 생각될 정도로 몹시 화가 났습니다. 분노해서 떨며, "이렇게도 전문가답지 못한 당신을 나는 믿을 수 없어요!" 라고 중얼거리고는, 내 방으로 들어가면서 문을 쾅 닫았습니다. 중역실의 모든 사람들은 내가 그렇게 분노하는 것을 보고 충격을 받았습니다. 나는 가방과 지갑을 든 후, 문을 확 열고 나간 후, 다시 한 번 문을 쾅 닫았습니다. 그때 나는 모든 사람들의 주의를 끌었습니다. 집에 가려고 차가 있는 곳으로 터벅터벅 떠날 때 아무도 나에게 말을 걸지 않게 하신 하나님께 감사 드립니다.

내 생애에서 그정도로 완전히 이성을 잃은 적은 거의 없었습니다. 그것은 병적이었습니다. 우리는 동부 워싱턴에 있는 매혹적인 바바리안(Bavarian) 마을로 주말 여행을 떠나려고 계획했습니다. 나는 분노와 좌절, 자기 합리화, 통제하지 못한 성품을 존에게 화풀이함으로 풀었습니다. 내가 할 수 있는 것은 세 가지였습니다.

1. 그 동안 이익이 많이 나는 스톡 옵션과 보너스 프로그램을 만들 수 있도록 노력했던 회사에 사표를 내고 떠나는 것이었습니다.
2. 회사에 남아서 나름대로의 주장을 펴고 있는 그들과 싸우는 것입니다. 결국 나는 회장과 내가 개인적으로 알고 있는 모든 이사들에게 직접 보고하게 될 것입니다. 이를 통해 내 대적들을 매우 슬프게 만들고, 자기 합리화의 마귀를 만족시키게 될 것입니다.
3. 하나님의 은혜로 위와 같은 방식으로 대응하지 않는 것입니다.

결국 나는 성경책을 펴고 말씀으로 인도함을 받았을 때 비로소 평온을 찾을 수 있었습니다.

고린도전서 13:4-7

사랑은 오래 참고 사랑은 온유하며 시기하지 아니하며 사랑은 자랑하지 아니하며 교만하지 아니하며 무례히 행하지 아니하며 자기의 유익을 구하지 아니하며 성내지 아니하며 악한 것을 생각하지 아니하며 불의를 기뻐하지 아니하며 진리와 함께 기뻐하고 모든 것을 참으며 모든 것을 믿으며 모든 것을 바라며 모든 것을 견디느니라

예수님 따라 하기

이 성경구절은 전체 성경 중에 가장 강력한 성경구절 중의 하나입니다. 완벽한 모범이신 예수님은 이런 형태의 사랑을 보이셨습니다. 우리도 예수님의 사랑이 필요합니다!

예수님이 말씀을 통해서 한 번 더 말씀하셨다.

나는 무례했고, 이기적이며, 쉽게 화를 잘 냈으며, 불쾌했던 사소한 일까지 머리 속에 담아 두었습니다. 또한 다른 사람이 어떻게 나를 대하

는가에 너무 민감했습니다. 사도 바울이 고린도전서 13장에 기록해놓은 것과 같은 사랑은 오로지 하나님으로부터 올 수 있습니다. 주님께 그런 사랑을 달라고 간구하자 주님은 내 마음을 즉시 부드럽게 만드셨습니다. 예수님은 성경 말씀을 통해 다시 한 번 말씀하셨습니다. 지난 금요일에 나에게 무례한 행동을 했던 그 여자를 위해 작지만 의미가 담긴 선물을 사고 싶은 마음이 생겼습니다.

월요일 아침, 출근해서 밝은 얼굴로 "좋은 아침!"이라고 인사하면서 예쁘게 포장한 선물을 그 여자의 책상 위에 올려 놓았습니다. 내가 사무실에 들어갈 때 그녀는 막 입을 열려고 했습니다. 분명히 나와 대판 싸울 준비를 하고 있었던 것 같았습니다. 그러나 나의 행동이 그녀의 마음을 완전히 바꿔 놓았습니다.

추한 자기합리화를 그만두다.

바로 그날부터 변화가 일어났습니다. 나는 추한 자기합리화를 그만두고, 만약 주님께서 계속해서 부당한 처사를 만나도록 하시고, 내 성격의 어떤 점을 변화시키려고 하신다면, "주님! 당신 은혜가 족합니다."라고 말하기로 결심했습니다.

두 달 후, 그 경영자들 중 한 사람이 내 방에 머리를 들이밀고는 잠깐 이야기 좀 나눠도 되겠냐고 물었습니다. "물론요."라고 대답하면서도 솔직히 나는 "뭐요, 지금?" 하고 속으로 생각했습니다. 왜냐하면, 특별히 그 남자는 우리가 대화할 때마다 가장 짜증나게 하는 사람이었기 때문입니다.

그는 나를 사기꾼처럼 생각했었다.

그의 사무실로 가서, 그 사람의 책상 맞은편에 앉을 때 나는 마음을 단단히 먹었습니다. 내가 와줘서 고맙다고 말하고는, 사업상 어떤 문제를 토론하기 전에 무언가 나에게 말할게 있다고 했습니다. 내가 고개를 끄떡이자, 그는 나를 처음 본 순간부터 좋아하지 않았었다고 말했습니다. 그는 나를 위선자로 생각하고 있었습니다. 그런 사람이 매일 들락거리는 것을 좋아하는 사람은 아무도 없겠죠? 하지만 내가 솔직한 사람이고, 자신이 착각했음을 깨닫게 되었다고 말했습니다. 그런 후 앞으로 몸을 수그리고 웃으면서, 다음과 같이 가장 믿기 어려운 말을 했습니다. "소냐! 사실 당신을 정말 좋아합니다."

그가 원래 말하려고 했던 사업 이야기로 화제를 옮길 때까지 나는 말문이 막혀서 아무 말도 못하고, 너무 놀라 멍하니 앉아 있었습니다. 그는 직원 중 한 사람과 생긴 아주 심각한 문제를 말하고는 어떻게 그 일을 처리했으면 좋겠냐고 나에게 자문을 구했습니다. 우리 두 사람은 함께 해결책을 찾았는데, 그 결과 회사와 그 직원 모두에게 좋은 영향을 주었습니다.

그 회사에서의 남은 시간들은 매우 즐거웠습니다. 우리는 결국 친구와, 서로 도와주는 협력자가 되었습니다. 그렇습니다. 우리는 일상 생활 속에서 성경 말씀과 성령님으로부터 주님의 음성을 들을 수 있습니다! 다음 이야기는 주님께서 말씀하시는 더 극적인 방법을 말해줍니다.

"죤, 내가 너를 복음전파를 위해서 부른다"

이사야 6:8

내가 또 주의 목소리를 들으니 주께서 이르시되 내가 누구를 보내며 누가 우리를 위하여 갈꼬 하시니 그 때에 내가 이르되 내가 여기 있나이다 나를 보내소서 하였더니

> ### 예수님 따라 하기
>
> 하나님의 가장 높으신 부르심 중의 하나는 복음을 전하라고 부르시는 것입니다. 만약 복음을 선포하라는 하나님의 개인적인 음성을 듣는다면, 우리가 해야 하는 유일한 반응은 "예, 주님! 제가 여기 있사오니 저를 보내소서!"라고 대답하는 것입니다.

잭 인더 박스(Jack-in-the-Box).

1975년 11월 3일 정오, 나(존)는 워싱턴 주, 시애틀 시내 근처에 있는 잭 인더 박스의 자동차를 탄 채 음식을 구입할 수 있는 창구에서 막 점심을 건네 받았습니다. 판매 주문을 받기 위해 매우 바빴기 때문에 시간을 아끼기 위해 차 안에서 점심식사를 하려고 했습니다. 음식 주문 창구 가까운 곳에 주차를 한 후, 크고 촉촉한 햄버거가 들어있는 포장지를 벗겼습니다. 그것을 막 한 입 물었을 때, 하나님의 음성이 갑자기 내 차 안에 가득 차며 들려오기 시작했습니다. 주님은 "존 데커, 복음전파를 위해서 너를 부른다!"라고 말씀하셨습니다. 충격을 받아 입을 다물 수 없었습니다. 토마토, 양상추, 양파가 내 무릎의 냅킨 위에 떨어졌습니다. 그런 후 다시 한 번 "존 데커, 복음전파를 위해서 너를 부른다!"라고 주님이 말씀하셨습니다. 어안이 벙벙하고, 눈동자는 커졌으며, 호흡이 멈추는 듯한 느낌 속에서 나는 스피커가 가슴에 달려있는 커다란 잭 인더 박스 상(像)을 쳐다보았습니다. 그러나 그 음성은 스피커에서 나오는 소리가 아니었습니다. 만유의 주시요, 만왕의 왕이신 주님께서 말씀하신 것이었습니다! 나는 서서히 남은 햄버거 조각들을 박스 안에 다시 주워 담았습니다.

확증을 구하다.

그전에 어떤 목사님이 나에게, 만약 인생에 큰 변화가 생기는 문제를 주님께서 말씀하고 계시다고 생각되면 여러 번의 확증을 구하라고 가르쳐 준 적이 있었습니다. 이것이 그 경우에 해당되었습니다. 나는 "주님! 만약 그것이 주님께서 하신 말씀이라면, 매우 중대한 것입니다. 제가 주님의 말씀이었다고 생각하는 그 말씀에 대한 세 번의 확증을 주십시오!"라고 기도했습니다. 내가 어려운 확증을 하나님께 구할수록 정말로 하나님의 음성인지가 더 확실해질 것이라고 생각되었습니다. 내가 묻자마자 "언덕 위에 있는 공원으로 차를 몰고 가라. 내가 너에게 확증을 주겠다!"라는 음성이 들렸습니다. 그 음성이 너무나 분명하고 강력해서 순간적으로 공원으로 차를 몰기 시작했습니다. 차 시동이 꺼지자, "이제, 뭘 하지요?"라고 나는 중얼거렸고, 방금 전처럼 다시 한 번 "히브리서 3장을 펴라!"고 하는 그분의 음성이 크게 들렸습니다. 뒷좌석에 있던 봉투 샘플이 든 박스들을 더듬거려서 내 성경책을 찾은 후, 히브리서 3장을 즉시 읽어 내려갔습니다.

히브리서 3:7-8

… 그러므로 성령이 이르신 바와 같이 오늘 너희가 그의 음성을 듣거든 광야에서 시험하던 날에 거역하던 것 같이 너희 마음을 완고하게 하지 말라

예수님 따라 하기

"존, 내가 말하고 있다!"라는 음성과 함께 심한 충격이 내 속 사람을 통해 왔습니다. 이것이 하나님이 당신에게 말씀하시고 계시다는 것을 알 수 있는 하나의 방법입니다.

나는 성령님이 개인적으로 이 구절을 나에게 주셨다는 것을 깨달았습니다. "좋습니다. 그것이 첫 번째 확증이군요."라고 말하자마자, 주님은 "페이지를 넘겨라!"고 말씀하셨습니다. 내가 페이지를 넘기자마자 똑같은 말씀이 한 번이 아니라 두 번 더 있었습니다!

히브리서 3:15

… 성경에 일렀으되 오늘 너희가 그의 음성을 듣거든 격노하시게 하던 것 같이 너희 마음을 완고하게 하지 말라 하였으니

히브리서 4:7

… 오랜 후에 다윗의 글에 다시 어느 날을 정하여 오늘날이라고 미리 이같이 일렀으되 오늘 너희가 그의 음성을 듣거든 너희 마음을 완고하게 하지 말라 하였나니

예수님 따라 하기

만약 우리가 들은 것이 성령님의 음성이라면, 우리가 그것을 하나님의 음성으로 인정하고 받아들일 때까지 계속해서 같은 말씀을 주실 것입니다.

"좋습니다. 이것이 두 번째 확증입니다." 라고 말하는 순간 조수석 창문을 크게 두드리는 소리를 듣고 깜짝 놀랐습니다. 오른쪽으로 돌아보자 내 기도 파트너가 웃으면서 나에게 문을 열어달라고 했습니다. 도대체 무슨 일이 일어나는 건지 알 수가 없었습니다. 그는 자리에 앉으면서 말했습니다. "하나님께서 나에게 차를 몰고 이리로 가서, 당신을 찾아서 만난 후, '뭔가 아주 중요한 일을 시키려고 당신을 부르신다' 고 말하라고 하셨습니다."

"좋습니다 하나님, 이것이 세 번째 확증입니다."라고 말하다.

내가 그 동안 벌어진 일과 그가 온 것이 하나님께서 나를 부르신 것을 믿도록 하기 위한 세 번째 확증이었다고 말한 후, 우리는 울며 기도하기 시작했습니다. 내 차 앞 좌석에 앉아서 손을 들고는, 세 번씩이나 확증을 주셔서 복음을 전하도록 부르심을 깨달을 수 있도록 하신 하나님을 찬양했습니다. 이 확실한 하나님과의 만남은 주님의 사역을 위해 나를 준비시킨 일련의 사건들의 시작이었습니다. 나는 다음 성경구절에서 베드로 역시 세 번이나 확실하게 하나님을 만났음을 발견했습니다.

사도행전 10:13-20

또 **소리**가 있으되 베드로야 일어나 잡아 먹어라 하거늘 베드로가 이르되 주여 그럴 수 없나이다 속되고 깨끗하지 아니한 것을 내가 결코 먹지 아니하였나이다 한대 또 두 번째 **소리**가 있으되 하나님께서 깨끗하게 하신 것을 네가 속되다 하지 말라 하더라 **이런 일이 세 번 있은 후** 그 그릇이 곧 하늘로 올려져 가니라 베드로가 본 바 환상이 무슨 뜻인지 속으로 의아해 하더니 마침 고넬료가 보낸 사람들이 시몬의 집을 찾아 문 밖에 서서 불러 묻되 베드로라 하는 시몬이 여기 유숙하느냐 하거늘 베드로가 그 환상에 대하여 생각할 때에 **성령께서 그에게 말씀하시되** 두 사람이 너를 찾으니 일어나 내려가 의심하지 말고 함께 가라 내가 그들을 보내었느니라 하시니

예수님 따라 하기

- 위의 성경구절은 오늘날 성령님께서 믿는 자들에게 어떻게 말씀 하시는 가에 대해 가장 잘 나타나 있는 신약의 성경구절 입니다.
- 이 성경구절에서 나타난 것처럼 성령님은 명령하심과 동시에 어떤 환경 또한 준비하심을 기대할 수 있습니다. 성령님은 이것을 주님께서 말씀하신 것을 우리가 확인할 수 있는 계기로 사용하십니다.
- 그런 다음 우리는 단지 우리가 들을 것에 순종해야 합니다. 사도행전 10장을 구체적으로 묵상할 수 있는 시간을 가지십시오.

더 많은 확증들.

몇 달 후 FGBMFI의 타코마(Tacoma) 지방회에서 설교했는데, 전에 한번도 보지 못했던 사람이 내 앞에 나타났습니다. 그는 내 손을 잡고 내 눈을 그윽한 눈길로 쳐다보며 말했습니다. "주님이 당신에게 이전보다 더 담대하라고 말씀하십니다. 더 이상 지체해서는 안 됩니다. 당신은 성령의 놀라운 권능으로 복음을 전할 것입니다. 전능하신 하나님의 능력이 당신과 당신 말에 함께 하실 것입니다." 나는 잠시 눈을 감고 하나님께 감사드리기 시작했습니다. 내가 눈을 다시 떴을 때, 그 사람은 보이지 않았습니다. 재빨리 그 사람을 찾아보았지만 소용 없었습니다. 다른 사람들에게 물어보았지만 아무도 그 사람이 누구며 어디서 왔는지 알지 못했습니다. 나의 삶을 포기하고 복음을 전하도록 확신을 주는 이와 유사한 일련의 확증이 이후 2년 동안 계속 이어졌습니다. 결국 나는 1977년 봄에 하나님 말씀대로 순종했습니다. 나는 성령의 역사의 신비스러운 방법을 이해하기 시작했습니다. 사도행전 13장에서 나는 성령님께서 바나바와 사울에 관하여 말씀하신 것을 볼 수 있었습니다.

사도행전 13:1-3

안디옥 교회에 선지자들과 교사들이 있으니 곧 바나바와 니게르라 하는 시므온과 구레네 사람 루기오와 분봉 왕 헤롯의 젖동생 마나엔과 및 사울이라 주를 섬겨 금식할 때에 **성령이 이르시되** 내가 불러 시키는 일을 위하여 바나바와 사울을 따로 세우라 하시니 이에 금식하며 기도하고 두 사람에게 안수하여 보내니라

예수님 따라 하기

하나님의 음성을 듣기를 진정으로 소망하고 부지런히 주님을 찾으면 반드시 응답해 주십니다. 금식, 기도 그리고 주님 사역을 감당하는 것은 성령님으로부터 들을 수 있는 좋은 환경을 만드는 성경적 방법입니다. 위 성경구절에서 성령님은 이방인의 사도로 바나바와 사울을 부르셨음을 확인시켜 주셨습니다. 이와 같은 사건들은 우리에게도 일어날 수 있습니다.

일지 기록을 통해 하나님의 음성을 듣는 법을 배우다.

나(소냐)는 종종 워크샵이 있을 때마다 목사님들과 지도자들에게 하나님의 음성을 정기적으로 듣고 있는지 질문합니다. 예외 없이 거의 모든 사람들이 그렇다고 대답했습니다. 다음으로 내가 하나님께서 말씀하신 것을 다음날에도 기억하느냐고 물으면 사람들은 호기심에 찬 눈으로 나를 바라봅니다. 그 다음, 하나님이 말씀하시지만, 우리는 그 분 말씀을 기록하는 것이 훈련되지 않았기 때문에 하루가 지나면 잊어버리지 않느냐고 질문합니다. 하나님 말씀은 우리 생각과 혼합되기 때문에 분명하게 기억되지 않습니다.

하나님 말씀을 읽는 것 외에, 내가 깨달은 하나님 음성을 듣는 데 가장 중요한 것은 하나님께서 말씀하신 것을 기록하는 것입니다. 나는 거의 40년 동안 하나님 음성을 기록해 오고 있습니다. 매일 아침 성경책을 읽은 다음 경배(하나님의 존귀하심에 대한 짧막한 선포), 내 생각, 그리고 내 기도를 적습니다. 그런 다음 하나님 음성에 귀를 기울이고는 열심히 내가 들은 것과 내가 받은 은혜를 적습니다.

주님, 정말 당신입니까?

언젠가 주님이 나에게 앞으로 일어날 일에 대해 말한 것이 기억납니다. 나는 거의 믿기 어려웠습니다. 사실, 나는 노트 여백에 크게 별 표시를 해놓고 물었습니다. "주님, 정말 당신입니까? 이것은 정말로 터무니없어 보입니다!" 얼마 후에 그 말씀대로 이루어졌을 때 내가 얼마나 놀랐는지 상상이 됩니까! 그때 나는 매우 놀라서 "주님 당신이군요! 정말로 당신이군요! 나는 당신인지 의심했지만 그것이 분명 주님의 음성이었군요!"라고 말했습니다.

수년에 걸쳐 이런 일들은 아주 자주 일어났습니다. 그것은 나에게 놀라우신 삼위일체의 하나님-하나님 아버지, 우리 주 예수 그리스도, 존귀하신 성령님-과 일대 일의 관계를 갖는 것이었습니다.

하나님은 전세계 어디에서나 말씀하신다.

북부 태국의 한 피난민 촌으로 선교를 떠났을 때, 존은 우리 선교팀의 총경비가 들어있는 돈 주머니를 차고 있었습니다. 어느 날 오후 선교지에서 허름한 숙소로 돌아오는 길에 존은 더위를 참을 수 없어서 돈주머니를 허리에서 풀고는 앞 좌석 뒤쪽에 놓아두었습니다. 숙소로 돌아와서 침대에 누웠을 때, 하나님께서는 즉각 존이 돈주머니를 잃어버렸다고 말씀하셨습니다. 존이 자동차 안에 그 돈주머니를 놓고 온 것입니다. 재빨리 승합차로 달려갔는데, 하나님의 은혜로 돈 주머니는 그대로 있었습니다.

그는 포르노 잡지에 중독되었다.

어느 주일날 아침 우리는 설교하기 위해 캘리포니아에 있는 한 교회로 일찍 갔습니다. 목사님이 우리에게 예배팀과 만나는 시간을 주셔서 어떻게 예배를 마무리 할 것인가에 대해 그들과 이야기를 나눴습니다. 그 팀에 교역자의 아들처럼 보이는 한 젊은이가 있었는데, 죤과 나는 그를 보자마자 그가 좋아졌습니다. 그는 귀엽고, 잘생겼으며, 매우 재능이 많았습니다.

사람들을 예수님께로 초청했을 때, 수많은 사람들이 주님을 영접했습니다. 많은 사람들이 예수님을 구주로 영접했고, 어떤 사람들은 치료 받았으며, 또한 많은 사람들이 성령세례를 받았습니다. 이런 굉장한 사역 중간에 나의 시선은 앞에서 말한 젊은이에게 쏠렸습니다. 인간적으로 우리 두 사람이 그 젊은이를 좋아했었기에, 그가 포르노 잡지에 중독되어서, 거짓된 삶을 살고 있다고 분별했을 때, 나는 매우 충격을 받았습니다. 잠깐 곰곰이 이 문제를 생각한 후, 죤에게 가서 내가 주님으로부터 들은 것을 말했습니다. 죤은 그런 분별을 하지 못했기에, 나는 내가 잘못 들었을 거라고 생각했습니다.

몇 분이 더 지난 후, 뭔가를 말해야만 한다는 것을 깨달았습니다. 그 청년은 내 옆에 있던 여자 목사님에게 가서, 마치 어머니와 아들처럼 많은 이야기를 하고 있었습니다. 나는 숨을 깊이 들이쉬며 기도한 후 그에게 가서 뭐 좀 물어봐도 되는지 질문했습니다. 내가 무슨 이야기를 하려고 하는지 상상도 못한 채 "물론요."하고 대답했습니다. "당신 포르노 잡지에 중독되었나요?" 내가 이렇게 물어보자 그는 마치 각목으로 한대 얻어맞은 사람처럼 얼굴색이 하얗게 변하더니 울음을 터뜨리며 대답했습니다. "예! 그렇습니다. 그것 때문에 고민입니다."

그는 두 명의 젊은 여자와 잠자리를 했다.

나는 즉시 죤에게 가서 내가 하나님으로부터 들은 것이 사실이었다고 말하고는, 그 젊은이를 위해 사역해 달라고 요청했습니다. 존은 우리가 떠난 후에도 그를 책임지고 도와줄 것을 전도사님 한 분에게 부탁하였습니다. 매우 추하게도 그는 포르노 잡지를 즐겼고, 지금은 회중 가운데 있는 두 명의 젊은 여자와 잠자리를 같이 하고 있었습니다! 믿기 힘들었습니다! 그는 사탄이 위선의 그물을 짜도록 허용하고 있었습니다. 존은 더럽고 거짓된 영을 몰아내고는, 그를 책임질 사람을 세워놓았습니다. 그 후 담임 목사님을 포함한 여러 목사님들과 이야기를 나누었을 때 그분들 또한 충격을 받고 비탄에 잠겼었습니다.

우리가 후에 이 사건을 다시 알아보았을 때, 슬프게도 그 젊은이는 교회를 떠났다는 것을 알게 되었습니다. 분명한 것은, 그는 여전히 그 문제로 씨름하고 있을 것이며, 그 유혹들을 뿌리치기 어려울 것입니다. 남자들은 종종 이런 종류의 속박을 끊기 위해 강력한 프로그램이나 도와줄 사람이 필요합니다. 우리는 점점 더 많은 교회에서 이런 통탄할 일이 일어나고 있는 것을 발견했습니다. 원수들의 가면을 벗기고, 도움이 필요한 사람들을 돕기 위해 지혜의 말씀의 은사, 지식의 말씀의 은사 그리고 영들 분별함의 은사가 필요합니다. 오! 하나님의 집을 위한 거룩함이여 우리에게 임하소서!

초자연적인 전략들.

최근 주님은 우리 두 사람 모두에게 영적 전투와 중보라는 새롭고 중대한 측면을 다루도록 도전을 주셨습니다. 주님께서는 성령 안에서 매일 많은 시간 동안 기도하는 데 전념하면 미래의 사건들을 보이시겠다고 말씀하셨습니다. 그것은 우리가 선지자가 되는 것이 아니라, 하나님의 뜻에 가장 알맞게 우리의 힘을 쏟게 되는 것을 말합니다. 또한 만약 우리가 큰 대가를 지불하고라도 주님과 가깝고 친밀한 관계를 갖는다면 적들의 전략을 사전에 드러내시겠다고 말씀하셨습니다. 우리는 잠재적인 비극을 피하고, 하나님의 길을 계속 따르게 될 것입니다. 이런 일을 이루기 위해서는 정말로 헌신된 중보기도의 용사들과 연합하는 것이 필요하다고 말씀하셨습니다.

대가를 지불하기.

진정한 중보 기도자는 주님과 계속적인 관계를 갖기 위해 수많은 대가를 지불합니다. 그것은 값싼 것도 아니고 일시적인 것도 아닙니다. 심각한 일이고 생명을 위한 것입니다. 다른 사람을 대신해서, 혹은 십자가의 원수를 대적해서 하나님께 부르짖으며 수많은 시간을 보내야 하지만, 감사하다는 보답을 받지 못하는 일입니다. 매력적인 일도 아닙니다. 우리는 평범하게 직장생활하며 은혜의 하나님이 주시는 축복들을 받으며 안정되고 편안한 삶을 살고 있었을 것입니다. 그러나 "순종이 제사보다 낫다"고 하신 성경말씀을 기억했습니다. 그래서 하나님께 간구하고, 방언 기도를 하며, 그분의 음성을 듣는 데 점점 더 많은 시간을 보냈습니다. 그것은 매우 가치 있는 일이었습니다.

단지 지금 시작일 뿐이다.

우리와 우리 사역과 관련된 미래에 영향을 줄 중대한 것들에 대한 하나님의 음성을 듣기 시작했습니다. 우리의 일지는 계속 채워져 갔으며, 하나님께서 계속 보여주시는 것으로 인해 기뻤습니다. 육십 대 중반에 이 책을 쓰고 있지만 해가 갈수록 점점 힘이 넘칩니다. 우리가 알고 있는 하나의 진실은 바로 하나님의 음성을 듣는 것이 열매 맺는 사역의 열쇠라는 사실입니다. 주님은 처음과 나중을 아십니다. 지금으로부터 5년 후, 10년 후에 우리가 어떻게 될 것인지를 알고 계십니다. 우리의 모든 것을 드리고 주님 손에 모든 것을 맡긴다면, 주님께서 더 쉽게 우리를 그 분 뜻대로 사용하실 것입니다. 우리가 항상 머물러야 할 곳이 바로 주님임을 잊지 않는다면, 주님은 우리를 더 자신의 뜻에 알맞게 사용하실 것입니다.

실습해 봅시다

- 야고보서 1장 22절은 우리가 들은 것(읽은 것)을 **행하라**고 말씀하고 있습니다.
- 부록 B의 이 장과 관련된 "실습합시다"에서 이 장에서 추천하는 일들을 생각해 보십시오.
- "하나님으로부터 음성 듣기"라는 이름의 사역 기술 과제를 하십시오.

| 제5장 |

사역기술 5

계시에 의해 병자를 치료하기

예수님은 성령님을 통한 아버지 하나님의 계시를 통해 병자를 치료하셨습니다. 본 장에서는 어떻게 그런 일들을 할 수 있는지 배울 것입니다. 성령님의 인도하심을 따르면서 병자를 위해 기도하기 원하시는 그 분의 뜻에 순종할 때 치료와 기적들은 나타날 것입니다

    예수님께서는 하나님께서 하시는 것을 본대로 행동하셨습니다. 예수님께서 하나님으로부터 오는 계시 지식 때문에 완벽하게 사역하셨다고 믿는 것은 옳은 생각입니다. 그리고 예수님께서 사람들을 보고 긍휼히 여기셨지만, 하나님께서 선택하신 사람들만 치료하셨다고 믿는 것이 옳은 생각입니다. 때때로 모든 사람들이, 때로는 "많은" 사람들이, 경우에 따라서는 한 사람만 치료를 받았습니다. 이 사실을 통해 우리는 예수님께서 기도한 사람들이 모두 다 낫게 된 이유를 알 수 있습니다. 바로 하나님 아버지의 무한한 지혜와 예지로서 사람을 선택하셨고, 그 선택된 사람들에게 한결 같은 자비와 긍휼을 보이셨기 때문입니다. 예수님이 기도하셨던 사람들은 바로 성령님을 통해서 하나님 아버지께서 계

시하신 사람들이었습니다.

> **요한복음 5:19-20**
>
> 그러므로 예수께서 그들에게 이르시되 내가 진실로 진실로 너희에게 이르노니 아들이 아버지께서 하시는 일을 보지 않고는 아무 것도 스스로 할 수 없나니 아버지께서 행하시는 그것을 아들도 그와 같이 행하느니라 아버지께서 아들을 사랑하사 자기가 행하시는 것을 다 아들에게 보이시고 또 그보다 더 큰 일을 보이사 너희로 놀랍게 여기게 하시리라

예수님 따라 하기

성령님의 인도하심에 따라 병자를 치료하는 법을 배우는 것은 숙달하기 힘든 사역기술 중의 하나입니다. 그러나 예수님은 이런 방법으로 치료 사역을 하셨습니다. 주님은 예수님처럼 그런 사역을 할 수 있는 방법을 우리가 배우길 원하십니다. 전세계에 있는 성령 충만한 성도라면 누구나 그렇게 할 수 있습니다. 점점 더 많은 성도들이 하나님께서 치료하실 사람들에게 그들을 인도하시는 성령님의 뜻을 발견하고 있습니다.

하나님의 계시가 나타날 때마다 치료도 나타난다.

우리는 위의 성경 구절을 신유사역을 위한 보다 확실한 설명서로 삼았습니다. 우리가 우리 주변 사람들의 상황에 대한 어떤 환상이나 말씀을 하나님께로부터 받을 때마다, 하나님은 역사하시기 시작하셨습니다. 우리가 이런 감동을 받고 행동할 때마다, 사람들은 거의 대부분 우리를 통해 하나님의 계시하심을 받았습니다. 특별히 치료의 경우 더욱 그러했습니다. 그래서 우리는 이것이 초자연적인 사역의 열쇠라고 확실히 믿게 되었습니다. 물론 치료 받기를 요청하는 사람들을 위해 항상

기도해야 합니다. 하지만 성령님의 인도 없이는 눈에 보이는 결과들이 나타나지 않았습니다. 그래서 항상 하나님께서 치료를 원하시기를 기대해야만 했습니다. 그렇지만 하나님의 음성과 계시에 의해 사역할 때마다, 치료는 항상 나타났습니다.

멈추고 들어라.

만성적인 병, 심한 고통, 생명을 위협하는 병에 대한 치료는 의학적인 검사와 함께 조심스런 확신이 필요합니다. 우리의 간증이 감정이 아니라 사실에 근거하길 원합니다. 항상 하나님께서 치료를 원하신다면 아주 좋을 것입니다. 그러나 모든 사역자들은 이 사실을 반드시 배워야 합니다: 하나님께서 우리 주변 사람들에 대한 것을 계시할 때마다, 멈추어서 들어야만 합니다. 그런 다음 그 계시에 따라 행동하고 사역해야 합니다. 모든 사람은 축복을 받고 동시에 하나님은 영광을 받으셔야 합니다.

마태복음 10:19-20

··· 너희를 넘겨 줄 때에 어떻게 또는 무엇을 말할까 염려하지 말라 그 때에 너희에게 할 말을 주시리니 말하는 이는 너희가 아니라 **너희 속에서 말씀하시는 이 곧 너희 아버지의 성령이시니라**

예수님 따라 하기

예수님은 어떻게 사역해야 하는지를 계시해 주십니다. 우리에게 말할 것을 주실 수 있도록 성령님과 아주 가까워야 한다고 말씀하십니다. 아버지의 성령님께서 우리를 통해 필요한 사람들에게 말하실 수 있도록 그분을 의지해야 합니다. 하나님께 치료해 달라고 간구하는 사람들 앞에 있을 때 예수님은 우리가 이런 방식으로 반응하길 원하십니다. 오직 하나님께서 말씀하시는 대로만 행하십시오.

하나님의 말씀과 성령님께 순종하라.

하나님의 말씀은 우리가 병자를 치료할 수 있는 권세를 주십니다. 또한 성령님은 치료가 나타날 때와 치료될 사람들을 우리에게 말씀해 주십니다. 하나님의 말씀은 우리가 치료할 수 있다고 말씀하시고, 성령님은 그 때를 말씀해 주십니다.

하나님이 먼저 사역하신다.

하나님께서 우리의 사역 대상자들에 관련된 특별한 말씀, 생각, 환상, 상징적인 이미지들을 보여주시기 시작할 때, 무엇을 계시하시는지 주의 깊게 지켜보아야 합니다. 어떤 때는 아주 짧은 순간 동안 보여진 후 사라지기도 합니다. 계시가 우리에게 나타나고, 그 깨달음대로 행동할 때, 치료는 즉시 일어납니다. 하나님께서 요구하시는 유일한 것은 계시된 대로 철저히 순종하는 것 뿐입니다. 계시대로 순종하고 행동한다면, 치료는 거의 대부분 나타납니다. 왜냐하면 하나님께서 우리보다 먼저 일하시기 시작하셨기 때문입니다. 병자뿐만 아니라 사역자들도 그 모든 것이 하나님의 은혜임을 깨달아야 합니다. 모든 사람들은 치료를 시작하시고 마치신 하나님께 모든 찬양을 즉시 돌려드려야 합니다. 아래의 고린도전서 12장에서 성령님께서 하나님의 사람들을 통해 우리의 유익을 위해 초자연적인 은사를 나타내시는 것을 알 수 있습니다.

고린도전서 12:7-10

각 사람에게 성령을 나타내심은 유익하게 하려 하심이라 어떤 사람에게는 성령으로 말미암아 **지혜의 말씀**을, 어떤 사람에게는 같은 성령을 따라 **지식의 말씀**을, 다른 사람에게는 같은 성령으로 믿음을, 어떤 사람에게는 한 성령으로 병 고치는 은사를, 어떤 사람에게는 능력 행함을, 어떤 사람에게는 예언함을, 어떤 사람에게는 **영들 분별함**을, 다른 사람에게는 각종 방언 말함을, 어떤 사람에게는 방언들 통역함을 주시나니…

예수님 따라 하기

- 예수님께서는 자신이 그렇게 하셨던 것처럼 사역자들이 계시에 의해서 사역하기를 원하십니다.
- 성령님이 신자들에게 임하실 때 다양한 은사를 나눠주십니다. 이 은사들 중 세 가지는 하나님의 뜻에 합당하게 되기 위해 "보고 들음으로써" 우리가 다른 사람에게 사역할 수 있도록 만들어 줍니다.
- 성령님께서 숨겨진 지혜와 지식 그리고 초자연적인 활동들을 우리에게 보여주시는 것이기 때문에 이것들은 계시 은사로 불려집니다.
- 이런 계시들에 따라 사역할 때, 비로소 하나님의 온전한 뜻에 따라 사역하는 것입니다. 다음 장에서는 영들 분별하는 것에 대해 살펴볼 것입니다.

파란색 블라우스를 입고 있는 여인.

최근 아프리카 아이보리 코스트(Ivory Coast)의 아비쟌(Abidjan)에서 개최된 사역 훈련 센터에서 목회자 워크샵을 가르치는 동안에 나(죤)는 지식의 말씀을 받았습니다. 성령님은 그 때 내가 가르치고 있던 계시에 의한 사역을 실제 삶을 예로 들어서 목회자들과 리더들에게 가르치길 강하게 원하셨습니다. 성령님은 부드럽게 내 강의를 중단시키고는 "죤, 내가 어떤 사람을 치료하길 원한다."고 말씀하셨습니다. 내가 하고 있던 것을 멈춘 후 눈을 감고는 하나님께서 더 말씀하시기를 기다렸습니다. 통역하고 있던 사람에게 "주님께서 누군가를 치료하시길 원하십니다. 주님의 역사를 기다립시다."라고 목사님들께 말하라고 부탁했습니다. 눈을 계속 감고 있는데, 내 마음에 파란색 블라우스를 입고 있는 여인이 보이기 시작했습니다. 그 여인이 목사님들 중에 있을 거라고 생각되었습니다. 그런데 그 여인은 등에 고통이 있는 것처럼 등을 문지르고 있었습니다. 그것이 전부였고, 더 이상의 말씀과 환상은 없었습니다. 이런 환상들이 있을 때마다 인간의 지식적인 언어로 분석하려고 해서는 안 된다는 것을 알고 있었기에, 믿음으로 즉시 하나님께 계시 받은 대로 행동했습니다. 그래서 나는 "이 자리에 등에 심한 고통을 가진 여인이 있습니다. 하나님께서 지금 당신을 치료하시길 원하십니다. 당신은 파란색 블라우스를 입고 있습니다. 만약 앞으로 나오시면 하나님께서 즉시 치료하실 것입니다."라고 선포했습니다.

그 여인은 웃으면서 앞으로 나왔다.

나는 하나님의 계시가 나타날 때 담대해야 됨을 배웠습니다. 내가 아니라 하나님께서 기적을 일으키기 시작하시는 것이기 때문입니다. 당신이 하나님의 말씀이라고 믿고 선포한 때와 그 사람이 말씀에 따라 나타나기까지는 무척 오랜 시간이 걸리는 듯한 느낌이 듭니다. 내 경우, 그녀는 단지 30초 만에 일어나서 앞으로 나왔지만 말입니다. 큰 안도와 더불어 다시 한 번 믿음이 충만해져서, 그녀의 어깨에 손을 얹고 "등의 고통은 예수님의 이름으로 떠나갈지어다! 아멘!"하고 선포했습니다. 그런 후 통역자에게 말했습니다. "저 여인에게 등을 여러 방향으로 구부려 보라고 하세요. 고통은 사라졌습니다!" 불어를 몰랐지만, 나는 웃으면서 내 등을 구부려 보이면서 그녀도 똑같이 해 보라고 시켰습니다. 그녀는 등을 구부려 보고는 미소를 지으면서 고통이 사라졌다고 말했습니다. 등을 앞뒤 좌우로 구부려 보이면서 그 사실을 입증해 보였습니다.

쉬는 시간에 우리에게 와서는 계속해서 감사하다고 말했습니다. 그녀는 수년 동안 참기 힘든 고통을 갖고 있었습니다. 우리 소식지에 싣기 위해 그녀의 사진을 찍고는 그녀에게 그 소식지를 보내주겠다고 약속했습니다.

지혜의 말씀에 대한 정의

지혜의 말씀은 하나님께서 인간에게 주시는 신적인 계시로서, 주어진 상황에 대한 하나님의 계획과 최상의 행동방침이 인간에게 나타나는 것을 말합니다. 이 지혜는 하나님으로부터 성령님을 통해 예고 없이 갑자기 인간에게 전해지는데, 하나님의 뜻에 맞는 행동이 무엇인지 나타냅니다. 그것은 당황될 때, 시련을 겪을 때, 박해와 위험 중에 있을 때 그것을 극복할 수 있는 완전함, 회복, 평화와 능력을 제공해 줍니다.

그것은 미래를 보여준다.

지혜의 말씀은 지식의 말씀과 매우 유사하지만, 앞으로 될 일에 대해 무엇이 하나님의 뜻인지 나타나는 것을 말합니다. 즉 몇 분 후, 며칠 또는 몇 개월 후의 미래가 어떻게 될지 나타나는 것입니다. 우리는 단지 성령님으로부터 보여지고 들려지는 것에 순종만 해야 합니다. 하나님의 무한한 지혜는 주님의 뜻이 무엇인지 나타내 주십니다. 우리가 아직 오지 않은 것들을 주님으로부터 정확하게 보고 들은 후, 그것에 따라 행동한다면, 그것이 바로 예수님처럼 하는 것입니다. 우리는 아직 오지 않은 미래의 일을 말씀해 주시는 진리의 성령님과 함께 일하게 될 것입니다.

요한복음 16:13-14

그러나 진리의 성령이 오시면 그가 너희를 모든 진리 가운데로 인도하시리니 그가 스스로 말하지 않고 오직 들은 것을 말하며 **장래 일을 너희에게 알리시리라** 그가 내 영광을 나타내리니 내 것을 가지고 너희에게 알리시겠음이라

예수님 따라 하기

- 다른 사람을 위해 기도하는 동안 또는 기도 전이라도, 성령님은 우리 마음 속에 말과 환상을 주셔서, 우리가 무엇을 하고 말해야 될지를 알려 주십니다.
- 성령님은 "아직 오지 않은 것들"을 계시해 주십니다. 성령님을 통해 "우리에게 알려진 것"들을 따라 행동하고 순종한다면, 기적을 경험하게 될 것입니다.
- 이런 방식으로 성령님과 협력하는 법을 숙달하는 데는 많은 시간과 시행착오를 거쳐야 합니다.

보이고 들리는 것들.

무엇이 일어날 것인지 우리 마음속에 그 환상들이 보일 것입니다. 또한 우리 앞에 있는 사람들에게 무엇을 말해야 하는지 성령님의 가르침을 듣게 될 것입니다. 사전에 하나님의 뜻을 알게 될 것입니다. 하나님께서 무엇을 하시려고 하는지 알게 될 것입니다. 아마 그 순간에는 이해하지 못할지도 모릅니다. 우리가 해야 할 것은 믿음으로 순종하고 하나님만이 아신다는 것을 믿고 온전히 순종하는 것입니다. 지혜의 말씀은 종종 지식의 말씀과 함께 나타날 것입니다. 그 두 가지는 함께 나타나는 은사입니다. 하나님은 문제의 근원이 무엇인지를 알려주시는 동시에 그 해결책도 말씀해 주십니다. 이런 일이 일어나는 것은 매우 흥분된 일

입니다. 하나님의 계시가 나타날 때, 사역자는 전적으로 하나님만 의지하며 잠시 동안 모든 것을 중단하고 있어야 할 것입니다. 하나님은 모든 신호들을 보내실 것이므로, 우리는 단지 그 신호에 따라 행동하고, 주님의 뜻이 자연계의 영역 안에 이루어지도록 하면 됩니다.

흰색 머리띠를 한 여인.

중앙 아프리카의 말라위(Malawi)에서 사역 훈련 센터 교사들을 가르치고 있을 때, 나(존)는 지혜의 말씀을 받았습니다. 주일 예배 전에 있던 기도시간에, 성령님께서 내가 치유에 대해 가르치고 있는 계시를 보여 주셨습니다. 내가 좋은 설교를 준비하고 있었지만, 주님은 더 나은 것을 갖고 계셨습니다. 기도하는 동안 내 마음속에 머리카락을 위로 올리고 흰색 머리띠로 묶은 한 여인이 보였습니다. 그 여인이 계속해서 내게 나타났습니다. 그래서 "주님, 제가 무엇을 보고 있는 거죠?"라고 물었습니다. 내가 들은 전부는 "내가 그녀를 치료할 것이다."라는 말씀 뿐이었습니다. 주님은 더 이상 구체적인 것은 말씀해 주시지 않았습니다.

나는 흰 머리띠를 한 여인을 찾기 위해 모든 사람들을 살펴보면서 강단으로 올라갔습니다. 그러나 그녀는 보이지 않았습니다. 신유에 대해 설교하기 시작하고 나서 "주님, 제 생각에는 이번에는 제가 주님 뜻을 잘못 깨달은 것 같은데요."라고 생각하는 순간 문이 열리면서 다른 무리의 사람들이 들어왔습니다. 그 무리 중에 바로 그 여인이 있었습니다. 10분 정도를 더 설교한 후에 "존, 그녀를 앞으로 나오라고 해라."고 하시는 음성을 들었습니다.

통역을 통해 "이 자리에 흰 머리띠를 한 여인이 있습니다. 하나님이 그 여인을 치료하시길 원하십니다."라고 말했습니다. 사람들은 일제히 그 여인을 찾기 위해 둘러보기 시작했습니다. 나는 그 여인이 다른 여인과 말다툼을 하기 시작하는 것을 보았습니다. 흰 머리띠를 한 그 여인은 자기가 아니라며 고개를 계속 좌우로 흔들었습니다. 나는 "오, 아니에요 주님! 저 사람이 정말로 당신이 말씀하신 그 여인입니까?"라고 생각하는 순간 성령님은 지혜의 말씀을 더 부어주셨습니다. 나는 비록 주어진 계시가 일부분일지라도 하나님께서 주신 대로 진행해야 된다는 것을 알고 있었습니다. 주님은 "그래, 저 여인이 맞다. 저 여인은 난소에 병을 갖고 있으며, 그것 때문에 염려하고 있다. 내가 그녀를 고칠 것이다."라고 말씀하셨습니다.

새로운 난소.

와! 이제 무엇을 해야 하는지 알았습니다. 담대함을 갖고 그녀를 바라보았습니다. 그리고 그녀를 지적하면서 방금 전 주님으로부터 들은 대로 말했습니다. 그녀는 놀라면서 잠시 동안 머뭇거리더니, 일어나 앞으로 나아왔습니다. 소녀에게 그녀의 아랫배에 손을 얹으라고 한 후 내가 기도했습니다. 주님께서 항상 계시하신 대로 치료하셨기 때문에 담대하게 "예수님의 이름으로 새로운 난소가 생길지어다. 사탄아! 너는 그녀를 잡고 있지 못한다. 내가 네게 명하노니 당장 그녀를 풀어줄지어다. 고통은 지금 당장 떠날지어다. 예수님의 이름으로 기도합니다. 아멘!" 통역자를 통해 그녀에게 치료됐다고 말하고는 의사에게 가서 확인해 보라고 했습니다. 그녀는 고통이 사라졌으며, 의사에게 가서 진단서를 받아오겠다고 말했습니다. 주말에 돌아온 그녀는 의사가 진단한 후 더 이상 난소의 문제가 없다고 말하면서 진단서를 떼어 주었다고 사람들 앞에서 말했습니다.

예수님은 우리의 완벽한 모범이시다.

예수님은 지혜의 말씀가운데 사역하신 우리의 좋은 모범이 되십니다. 인간이셨지만 전능하신 성령님의 능력으로 충만해서 사역을 감당하셨습니다. 온전히 성령님에 의지해서 초자연적인 사역을 하는 모범을 보여주셨습니다. 우리도 주님이 하신 것과 같은 것을 할 수 있다고 말씀하셨습니다. 사복음서는 모두 하나님의 계시에 의해서 예수님이 사역하신 아름다운 예들을 보여주고 있습니다. 아래 구절들은 지혜의 말씀에 의해 미래의 것들이 보여진 예입니다.

요한복음 11:1-4

어떤 병자가 있으니 이는 마리아와 그 자매 마르다의 마을 베다니에 사는 나사로라 이 마리아는 향유를 주께 붓고 머리털로 주의 발을 닦던 자요 병든 나사로는 그의 오라버니더라 이에 그 누이들이 예수께 사람을 보내어 이르되 주여 보시옵소서 사랑하시는 자가 병들었나이다 하니 예수께서 들으시고 이르시되 **이 병은 죽을 병이 아니라 하나님의 영광을 위함이요 하나님의 아들이 이로 말미암아 영광을 받게 하려 함이라** 하시더라

마태복음 26:33-34

베드로가 대답하여 이르되 모두 주를 버릴지라도 나는 결코 버리지 않겠나이다 예수께서 이르시되 내가 진실로 네게 이르노니 **오늘 밤 닭 울기 전에 네가 세 번 나를 부인하리라**

예수님 따라 하기

● 이 두 가지 예를 통해, 예수님은 우리에게 성령님을 통해 오는 하나님의 계시로 어떻게 사역하는지를 보여주고 계십니다.

- 예수님은 아버지로부터 듣고 본 것을 사람들 앞에서 그대로 반복해 말했습니다.
- 성령님께서 지혜의 말씀을 주실 때 우리도 똑같이 해야 합니다.
- 우리도 성령님을 통해 하나님 아버지가 하시는 일을 보고 듣게 될 때 그대로 사람들 앞에서 반복해 말하고 행동해야 합니다.

남쪽 휘드베이(Whidbey) 섬에서 온 여인.

내(존)가 처음 계시에 의해 사역하기 시작했을 때, 매우 두려워했습니다. 이런 것을 하기 위해 한 걸음 내딛는 것은 많은 용기가 필요합니다. 1977년 FGBMFI의 설교자로서 참석했던 저녁 만찬 기도모임을 기억합니다. 설교 중에 성령님은 한 여인을 치료하시겠다고 하시며, 나보고 그 여인을 불러내라고 하셨습니다. 나에게는 전혀 새로운 것이었습니다. 나는 성령님이 "그녀는 치료를 원한다. 그녀에게 말하라."고 말씀하신 것을 들은 줄로 생각했습니다. 스스로 바보가 되길 원하지 않으면서 설교를 계속했습니다. 그러나 그녀 쪽을 볼 때마다, 내 속에서 계속 그녀에게 말하라고 촉구하는 것이 들렸습니다. 전에 텔레비전이나 기도 모임에서 성숙한 설교자나 부흥사들이 그렇게 하는 것을 보았을 뿐인데, 지금 하나님은 내가 그 일에 순종하는지 시험하고 계신 것 같았습니다.

내가 틀릴지 모릅니다만...

믿음을 갖고 "내가 틀릴지 모르지만, 자매님! 당신이 치료될 부분이 있다고 믿습니다. 맞습니까?" 모든 사람들이 그녀의 반응을 기다리고 있었기 때문에, 그 다음 5초 동안은 영원한 것처럼 느껴졌습니다. 놀란 표정으로 그녀는 "예 그래요." 라고 대답했습니다. 그 순간 나는 안도의 한숨을 몰아 쉬며, 믿음이 충만해지는 것을 느꼈습니다. 강단에서 내려와 그녀에게 안수하며 선포했습니다. "예수 그리스도의 이름으로 명하노니 치료될지어다!" 무슨 병이었는지는 모르지만, 그녀는 잠깐 동안 팔다리를 뻗치고 등을 구부려 보더니 "그것이 사라졌어요! 그 고통이 완전히 사라졌어요!"라고 소리쳤습니다.

하나님은 모든 사람들의 모든 것을 아신다.

하나님은 그 모임의 흐름을 바꾸셨습니다. 사람들은 자발적으로 기도 받기 위해 앞으로 나왔습니다. 다른 치료들도 틀림없이 나타났지만, 기억 나지 않습니다. 그러나 남쪽 휘드베이 섬에서 온 그 여인은 결코 잊을 수 없습니다. 그 사건은 뭔가 새로운 것을 나에게 보여주었습니다. 성령님은 사람들의 모든 것을 항상 아십니다. 겁이 많아서 어떤 것도 제대로 하지 못하는 부족한 그릇인 나를 통해 하나님의 지혜와 지식의 말씀을 나타내는 데 하나님은 이 모임을 사용하셨습니다. 나는 큰 교훈을 배웠는데, 그것은 바로 주님이 치료가 필요한 사람을 계시할 때마다 그 사람은 반드시 치료 받는다는 사실입니다! 우리가 주님을 위해 우리의 계획을 포기하고 그의 음성에 순종할 때, 기적은 일어나기 시작합니다.

빌립은 지혜의 말씀을 받았다.

성령님은 빌립에게 직접 말씀하셨고, 앞으로의 하나님의 계획을 말씀하셨습니다. 그는 가사로 가는 길로 가도록 명령 받았는데, 어떤 지점에 이르렀을 때 성령님은 내시가 타고 있는 마차로 가라는 두 번째 지혜의 말씀을 주셨습니다. 그가 순종하자 초자연적인 응답을 받았습니다.

사도행전 8:26-29

주의 사자가 빌립에게 말하여 이르되 **일어나서 남쪽으로 향하여 예루살렘에서 가사로 내려가는 길까지 가라** 하니 그 길은 광야라 일어나 가서 보니 에디오피아 사람 곧 에디오피아 여왕 간다게의 모든 국고를 맡은 관리인 내시가 예배하러 예루살렘에 왔다가 돌아가는데 수레를 타고 선지자 이사야의 글을 읽더라 **성령이 빌립더러 이르시되 이 수레로 가까이 나아가라** 하시거늘

예수님 따라 하기

- 성령님이 빌립에게 말씀하신 것과 똑같은 방식으로 우리에게도 말씀하실 것입니다.
- 당신이 다른 사람에게 사역하고 있을 때 성령님의 음성은 강하게 직접적으로 들려올 것입니다. 중요한 열쇠는 그분이 말씀해 주시길 기대하는 것입니다.
- 다른 사람들에게 사역하기 전 또는 중간에 방언기도를 하며 성령님의 방향과 계시를 간구하며 기대해야 합니다.
- "주님, 다음에 제가 무엇을 하길 원하십니까? 주님, 당신은 이 사람을 위해 무엇을 하고자 하십니까? 주님, 제가 어떻게 이 사람을 위해 기도할까요?"라고 기도하십시오.
- 오로지 예수님이 하신 대로만 하십시오.

바울도 지혜의 말씀을 받았다.

강력한 사역 중에 혹은 고난의 때에, 성령님으로부터 오는 지혜의 말씀은 꼭 필요합니다.

바울도 사전 정보를 하나님으로부터 받았는데, 그것은 그가 승선한 배가 사나운 폭풍을 만났지만 아무도 죽지 않을 것이라는 것이었다.

사도행전 27:21-25

여러 사람이 오래 먹지 못하였으매 바울이 가운데 서서 말하되 여러분이여 내 말을 듣고 그레데에서 떠나지 아니하여 이 타격과 손상을 면하였더라면 좋을 뻔하였느니라 내가 너희를 권하노니 이제는 안심하라 너희 중 아무도 생명에는 아무런 손상이 없겠고 오직 배뿐이라 내가 속한 바 곧 내가 섬기는 하나님의 사자가 어제 밤에 내 곁에 서서 말하되 **바울아 두려워하지 말라 네가 가이사 앞에 서야 하겠고 또 하나님께서 너와 함께 항해하는 자를 다 네게 주셨다** 하였으니 그러므로 여러분이여 안심하라 나는 내게 말씀하신 그대로 되리라고 하나님을 믿노라

예수님 따라 하기

- 천사는 우리를 방문하지 않을지도 모르지만, 성령님은 항상 함께 계셔서, 우리가 처한 현재 상황의 결과에 대한 정보와 통찰력을 주십니다.
- 주님은 시작과 끝을 아시므로, 우리가 사람들을 치료하고 위로하기 위해 무엇을 해야 하는지 계시해 주십니다.

계시는 극적으로 나타나야만 되는 것은 아니다.

우리가 받는 지혜의 말씀은 예수님, 빌립 그리고 바울이 받은 것처럼 극적인 것이 아닐지도 모릅니다. 그러나 우리는 하나님의 완전한 뜻으로 가는 길에 대한 사전지식을 받을 수 있습니다. 우리는 단지 성령님의 뜻과 때에 맞춰 나타나도록 기대하는 것 뿐입니다. 이 은사는 사람들에게 사역하고 있지만 무엇을 해야 할지 실마리를 찾지 못할 때 큰 도움을 줍니다. 우리의 마음이 하나님의 뜻이 무엇인지에 초점을 맞추고 있을 때, 하나님이 응답해주시는 때가 있을 것입니다.

단짝 친구가 최고의 선물을 받았다.

나(소녀)의 가장 친한 친구는 제니 깁슨(Janie Gibson) 입니다. 1952년 중학생 시절부터 50년 동안 나의 가장 좋은 친구였습니다. 비록 대학교 때 이후로 같은 마을에 살지는 않았지만, 계속 가장 가까운 친구로 지냈습니다. 50번의 생일과 50번의 크리스마스 동안 우리가 서로 교환한 선물들을 상상이나 할 수 있습니까? 매일 그녀를 생각나게 하는 것들이 집안 곳곳에 있습니다. 그게 너무나 많아서 최근에는 작은 소모품들(문구류 등)을 선물하기로 그녀와 합의했습니다.

때가 되었다는 것을 알고 있었던 것 같았다.

1970년경 제니와 그녀의 남편이 우리를 방문했을 때, 나는 그들이 개인적으로 주님을 알고 있지 못한 점에 관심을 가졌습니다. 그들은 자라면서 교회에 다녔지만 구세주 주님에 대한 개인적인 필요를 전혀 느끼지 못했습니다. 최근에 내가 체험한 성령세례의 놀라운 경험을 나눌 때 그들의 마음이 열리는 것을 느꼈습니다. 마치 그들이 주님을 영접할 때가 되었다는 것을 알고 이야기 하는 것 같았습니다.

성령세례를 받다.

우리 집에서 열리는 성경공부에 그들을 초대했습니다. 제니는 오길 원했지만 글린(Glynn)은 주저했습니다. 부담스럽지 않게 설득한 후에, 그는 결국 제니와 함께 오기로 했습니다. 그때 우리가 무엇을 이야기 했고 무엇을 가르쳤는지 정확히 기억은 안 나지만, 모임이 끝날 때쯤 그들에게 주님을 개인적인 구세주로 영접하겠느냐고 물었습니다. 그들은 진심으로 받아들였으며 우리 모두는 기뻐했습니다. 그 후 나는 그들과 다른 부부가 성령세례를 받도록 인도했습니다. 친구들과의 일반적인 관계에 추가적으로 이런 경험을 나누는 것은 굉장한 일이었습니다.

우리는 함께 극도로 어려웠던 인생의 경험들을 나눴습니다. 그 중의 하나가 그들의 어린 손자인 브리테인(Brittain)에 대한 것인데, 그 아이는 가와사키 병이 온 몸에 퍼져 위독한 상태로 4개월 동안 시애틀에 있는 소아병원에 입원해 있었습니다. 내가 그 아이의 부모인 브라이언(Brian)과 김 깁슨(Kim Gibson)과 함께 병원에 가서, 붓고 생기 없는 작은 몸에 대고 치료에 대해 말한 후 "브리테인(Brittain) 언젠가 나는 네가 농구하는 것을 보게 될 것이다."라고 말한 기억이 납니다.

죽음의 영.

한밤중에 나의 영적 자녀이자 브리테인의 아버지인 브라이언으로부터 전화가 왔습니다. 의사가 브리테인이 오늘 밤을 넘기지 못할 것이라고 말했기 때문에, 브라이언은 사실상 그 병실 안에서 죽음의 영을 느끼고 있었습니다. 미친 듯이, 그는 "소냐, 내가 무얼 해야죠? 그를 보내기 싫습니다!" 조용히 기도하고 나서 나는 그에게 병실 안에 할머니인 제니만 빼고 모두 나가게 하라고 지시했습니다. 그런 다음 가장으로서의 영적인 권세를 설명한 후, 기도하며 하나님께 자신을 복종해서 그 권세를 사용하라고 지시했습니다. 그리고 죽음의 영은 예수님의 이름으로 떠날 것을 담대하게 명령하라고 지시했습니다. 전화를 끊은 그는 정확히 내가 지시한 대로 했습니다. 비록 브라이언은 이런 수준의 영적 전투에 대해 잘 몰랐지만, 그는 온전한 믿음과 담대함을 갖고 행동했습니다. 그러자 그 죽음의 영은 떠나갔습니다! 브리테인은 세계 여러 곳의 기도를 받고 있었는데, 그 기도로 그 아이가 완전히 치료되었습니다. 내가 이 책을 쓰고 있는 지금 그는 일곱 살인데, 농구를 하고 있습니다!

지식의 말씀에 대한 정의

지식의 말씀은 과거 또는 현재의 상황을 깨닫게 하기 위해 하나님이 주시는 신적인 계시입니다. 이 지식은 성령님을 통해 하나님으로부터 예고 없이 갑자기 인간에게 전해지는데, 현재의 삶에 대한 정화와 완전함 그리고 회복을 위한 것입니다.

말씀은 예고 없이 갑자기 온다.

지식의 말씀은 성령님에 의해서 하나님으로부터 직접 우리에게 나타납니다. 이 말씀은 우리의 영에 갑자기 나타납니다. 어떤 때는 희미하게 나타나지만, 상황의 성격과 긴급성에 따라 강하게 나타나기도 합니다. 그것은 성령님으로부터 직접적으로 전해집니다. 갑자기 전해져서 우리 삶에 관련되기 때문에, 우리는 그 말씀이 하나님으로부터 온 것으로 생각할 수 있습니다. 우리는 말씀이 나타난 대로 행해야 합니다.

하나님은 과거와 현재를 드러내신다.

하나님은 모든 것을 보고 계시고, 모든 것을 알고 계십니다. 지식의 말씀은 우리가 이루어야 하지만 잊고 있는 것을 드러내 주기 때문에, 그 사역을 완성할 수 있도록 만들어 줍니다. 교향곡에 비유해서 설명하면, 하나님은 지휘자이십니다. 우리는 여러 가지 도구를 갖고 있는 재능 있는 연주가입니다. 우리 각자는 연주해야 할 파트가 있습니다. 그러나 우리의 은사와 재능을 펼치기 위해서는 지휘자이신 하나님의 신호를 기다려야 합니다. 정확한 때가 오면, 지휘자이신 하나님은 우리에게 사역의 멜로디에 가장 잘 맞게 말씀의 신호를 주십니다. 다음 성경구절은 베드로가 성령이 주신 지식의 말씀을 사용한 예입니다.

사도행전 8:18-24

시몬이 사도들의 안수로 성령 받는 것을 보고 돈을 드려 이르되 이 권능을 내게도 주어 누구든지 내가 안수하는 사람은 성령을 받게 하여 주소서 하니 베드로가 이르되 네가 하나님의 선물을 돈 주고 살 줄로 생각하였으니 네 은과 네가 함께 망할지어다 하나님 앞에서 네 마음이 바르지 못하니 이 도에는 네가 관계도 없고 분깃 될 것도 없느니라 그러므로 너의 이 악함을 회개하고 주께 기도하라 혹 마음에 품은 것을 사하여 주시리라 **내가 보니 너는 악독이 가득하며 불의에 매인 바 되었도다** 시몬이 대답하여 이르되 나를 위하여 주께 기도하여 말한 것이 하나도 내게 임하지 않게 하소서 하니라

예수님 따라 하기

- 베드로의 경우처럼 우리가 어떤 이미지를 보거나, 성령님이 "이 사람은 악독이 가득하며 불의에 매인 바 되었다. 그의 악함을 회개하도록 만들어라."고 하시는 것을 들을 때가 있습니다.
- 우리는 주님이 계시하신 것을 말하고, 주님 말씀대로 그들을 순종하도록 함으로써 계시에 반응해야 합니다.

그것을 상황에 적용하라.

지식의 말씀이 주는 정보에는 우리가 꼭 알아야만 하는 사실이 있기 때문에, 우리가 무엇을 해야 하는지 분명히 알 수 있습니다. 예를 들면,

아무 일도 일어날 것 같지 않지만 어떤 사람이 치료 받도록 기도해야 할 때가 있을 것입니다. 때로는 갑자기 "그는 형제를 용서하지 못하고 있다."라는 말이 들려오면 우리는 즉시 그리고 담대히 이 말씀을 적용해야 합니다. 우리는 지혜와 민감함을 갖고 "나는 지금 당신이 당신 형제를 용서하지 못하고 있는 것을 느끼고 있습니다. 내가 맞습니까?"라는 식으로 물어볼 수 있습니다. 그러면 그들은 그 말이 맞는지 아니면 틀리는지 확인해 줄 것입니다. 우리는 그 때부터 더 나은 쪽으로 확실히 방향을 잡고 기도하게 될 것입니다.

옐림(Yelm)의 경험.

내(존)가 계시에 의해 사역한 것 중 가장 놀라운 것은 1980년대 중반 워싱턴의 옐림에서 있었던 FGBMFI의 저녁 만찬 기도모임이었습니다. 프라이드 치킨을 먹고 있던 중 주님의 음성이 강하게 내 마음속에 들려왔습니다. 주님은 "밖으로 나가서 빌딩 뒤로 가라. 내가 너에게 오늘 밤 무슨 일이 일어날지 말해주겠다."고 말씀하셨습니다. 닭고기도 좋았지만 주님의 음성을 듣는 것은 더욱 좋았습니다. 저녁 식사자리에서 일어나 밖으로 나갔습니다. 밖은 어두웠으며, 빌딩 뒤는 더욱 어두웠습니다. 돌아가야겠다고 생각하면서 약간 떨어진 곳에 있는 불빛을 바라보았습니다. 그리고는 잠시 동안 방언으로 기도한 후 "제게 무얼 말씀하시려고 하시는 거죠, 주님?"하고 물었습니다. 밤의 어두움을 쳐다보고 있을 때 주님은 "나는 오늘 밤 많은 일을 하길 원한다. 만약 네가 주저하지 않고 순종한다면 내가 계시를 통해 나의 영광을 드러내겠다. 너는 온전히 나를 의지하고 어떤 말을 하건 내 음성에 순종해야만 한다."고 말씀하셨습니다. 나는 주님께 대답했습니다. "예, 제가 그렇게 하겠습니다."

하나님의 일정은 구체적이 될 수 있다.

되돌아가서 제자리에 앉았습니다. 약간의 닭고기를 더 먹으면서, 그 방에 있던 사람들을 살펴보았습니다. 어떤 사람들에게 내 시선이 고정되었을 때, 그 사람들을 위한 하나님의 말씀이 내 마음에 나타났습니다. 그것은 "저 사람은 내가 필요하다. 그녀는 오늘 밤 삶을 나에게 줄 것이다. 네가 안수할 때 저 남자의 등이 치료될 것이다. 저 부부는 결혼생활에 큰 문제가 있다. 저기 있는 남자에게 예언의 말씀을 줄 때 그들은 자유롭게 될 것이다. 저 여자는 섭식 장애(거식증, 과식증 따위)가 있는데 예언적 기도를 통해 자유롭게 될 것이다. 이쪽에 있는 부부는 나를 모른다. 네가 그들을 불러내라. 내가 구원하겠다."라는 말씀들이었습니다.

하나님은 모두 그대로 하셨다.

마치 내 귀에 이어폰을 끼고 하나님 말씀을 분명하게 듣고 있는 것 같았습니다. 나는 "예"하고 대답했지만, 그것은 내 기대 이상이었습니다. 지방회장이 나와 소냐를 소개할 때 믿음의 은사가 임했습니다. 나는 강단으로 걸어갔습니다. 내 간증을 하기 시작했는데, 간증의 거의 중간쯤에 주님은 나를 중단시키더니 "내가 지적한 사람들을 불러내기 시작해라. 지금 당장!"하고 말씀하셨습니다. 온전히 확신하면서 나는 주님이 전에 알려준 사람들을 한 사람씩 지적하기 시작했습니다. 그들에게 주님이 방금 전에 무슨 말씀을 하셨는지 알렸습니다. 예외 없이 모든 사람이 성령님께서 말씀하신 것을 받았습니다. 여러 부부가 구원을 받았고, 많은 사람들이 치료를 받았습니다. 섭식 장애가 있던 여인도 장애에서 해방되었고, 많은 사람들이 성령세례를 받았습니다. 하나님은 그 일을 하셨고, 나를 그 도구로 사용하셨습니다.

말씀의 열매에 주목하라.

우리는 항상 우리의 기도사역이 열매를 맺고 있는지 평가합니다. 성령님께서 얼마나 많은 지식의 말씀을 주셨는지 놀라울 따름입니다. 우리의 인간성은 그 귀한 말씀에 따르기를 거부합니다. 우리가 더 많이 경험함에 따라, 과거를 돌아보면 하나님이 우리 생각보다 더 많이 인도하고 계신 것을 보게 될 것입니다. 지식의 말씀인지 아닌지 확신하지 못하고 행했을 때, 그 결과를 확인할 수 있는 보고를 받기까지는 몇 주 또는 몇 개월이 걸릴 수도 있습니다. 이점이 바로 우리가 단순히 하나님 말씀이라고 생각되는 것에 순종한 후 하나님의 구원하심을 기대하는 이유입니다. 우리가 창피를 당하지 않으려고 안주하는 것보다는 불가능을 가능하게 하시는 하나님을 믿고 발걸음을 떼는 것이 더 낫습니다.

예수님은 그들의 믿음을 보셨다.

다음의 치유 사건은 예수님께서 계시를 통해 그 사람들의 믿음을 "보시고" 병자를 치료하신 것을 보여 줍니다. 예수님은 또한 서기관들이 무엇을 생각하는지 "성령으로 파악"하셨습니다.

마가복음 2:2-12
많은 사람이 모여서 문 앞까지도 들어설 자리가 없게 되었는데 예수께서 그들에게 도를 말씀하시더니 사람들이 한 중풍병자를 네 사람에게 메워 가지고 예수께로 올새 무리들 때문에 예수께 데려갈 수 없으므로 그 계신 곳의 지붕을 뜯어 구멍을 내고 중풍병자가 누운 상을 달아 내리니 **예수께서 그들의 믿음을 보시고** 중풍병자에게 이르시되 작은 자야 네 죄 사함을 받았느니라 하시니 어떤 서기관들이 거기 앉아서 마음에 생각하기를 이 사람이 어찌 이렇게 말하는가 신성 모독이로다 오직 하나님 한 분 외에는 누가 능히 죄를 사하겠느냐 그들이 속으로 이렇게 생각하는 줄을 예수께서 곧 중심에 아시고 이르시되 어찌하여 이것을 마음에 생각하느냐 중풍병자에게 네 죄 사함을 받았느니라 하는 말과 일어나 네 상을 가지고 걸어가라 하는 말 중에서 어느 것이 쉽겠느냐

그러나 인자가 땅에서 죄를 사하는 권세가 있는 줄을 너희로 알게 하려 하노라 하시고 중풍병자에게 말씀하시되 내가 네게 이르노니 일어나 네 상을 가지고 집으로 가라 하시니 그가 일어나 곧 상을 가지고 모든 사람 앞에서 나가거늘 그들이 다 놀라 하나님께 영광을 돌리며 이르되 우리가 이런 일을 도무지 보지 못하였다 하더라

예수님 따라 하기

- 예수님은 우리에게 성령님을 의지하는 법의 모범을 보이셨습니다. 예수님은 중풍병자와 친구들 안에 있는 믿음의 계시를 보시고 반응하셨습니다. 우리는 오직 지식의 말씀의 은사를 통해 사람들에게 있는 믿음을 볼 수 있습니다.
- 어떤 사람이 치료 받을 만한 준비가 되었다면 성령님은 우리에게 말씀하십니다. 예수님은 그들의 믿음을 "보시고" "일어나 네 상을 가지고 집으로 가라"는 권세 있는 말씀으로 중풍병자를 치료하셨습니다. 치료는 즉시 일어났습니다. 우리도 똑같이 해야 합니다.
- 성령님은 또한 종교 지도자들이 갖고 있었던 부정적인 것도 드러내셨습니다. 예수님은 성령님을 의지해서 일어나고 있는 것을 드러내고, 처리하는 방법을 우리에게 보여주셨습니다.
- 예수님의 말을 듣고 있던 바리새인들은 용서와 치료는 불가능하다고 생각했습니다.
- 바리새인은 그 두 가지 모두 불가능하다는 고정관념을 갖고 있었습니다. 성령님은 예수님이 그 두 가지 모두를 하도록 인도했습니다: 하나님은 죄 용서와 병자 치료를 모두 하실 수 있습니다. 하나님이 우리를 통해 같은 일들을 하시도록 해야 합니다.

예수님처럼 그것을 하라.

위의 성경구절에서 예수님이 하신 것처럼 당신이 설교하고 가르칠 때, 하나님의 능력은 나타날 것입니다. 하나님의 능력은 치료와 구원을 위해 나타납니다. 심지어 믿음 없고 비판적인 사람이 있을지라도 하나님의 능력은 기적을 일으킵니다. 예수님은 그들을 무시했으므로 우리도 그렇게 해야 합니다. 기름 부으심에 따르고, 성령님이 지시하는 것에 따르십시오. 당신이 그들의 믿음을 볼 때, 그 사람들이 기대하는 한도 내에서 행하십시오. 예수님은 그 사람들이 일어나기를 바라는 것 곧 치료에 동의했습니다. 그러므로 믿음을 나타내 보이는 사람들에게 사역하십시오. 믿음이 없는 사람들은 무시하고 지나가십시오. 하나님은 사람들이 마음을 열어 예수님을 주와 치료자로 받아들이도록 하기 위해, 놀랍고 경이로운 일들을 우리를 통해 이루시길 원하십니다. 우리는 하나님께서 일으키신 표적과 기적을 통해 하나님께 영광 돌리도록 반드시 주의해야만 합니다.

초자연적인 것들 행하기

작고하신 존 윔버(John Wimber)는 "그 일을 하기"라는 말을 1985년에 쓴 책 "능력 복음전도(Power Evangelism)"에서 만들어냈습니다. 초신자였을 때 그는 목사님에게 "언제 당신은 그 일을 하시죠?"라고 예배 후에 물었습니다. 방금 성경에서 발견한 치료와 기적들에 대해 물었지만 결코 만족스러운 대답을 받지 못했습니다.

최근 소냐와 나는 중앙 캘리포니아의 복음교회 서부지역 목회자 컨퍼런스에서 "초자연적인 일 하기"라는 제목으로 일일 세미나를 열었습니다. 목사님들 중 한 분이 그 세미나에 참석하길 원했지만 참석할 수 없어서 네바다(Nevada) 주에 있는 자기 교회에서 다시 동일한 세미나를 해달라고 우리를 초대했습니다. 그 세미나는 많은 교회들이 간과하고 있는 네 가지 영역을 다루었습니다: 1) 신자들이 성령세례를 받도록 인도하는 법 2) 병자를 치료하는 법   3) 계시 지식에 의해 사역하는 법 4) 사람들을 귀신으로부터 해방시키는 법.

아침 세미나 시간 동안 열 다섯 명의 리더들이 성령세례를 받았고 많은 사람들의 각종 문제들이 치료되었습니다. 오후 시간에는 성령님이 지식과 지혜의 말씀을 사람들 사이에 넘쳐 흐르게 주셔서 더욱더 흥미로웠습니다.

우리는 특별한 사람이 아니다.

어떻게 계시의 은사가 나타나는가를 가르치는 동안, 주님은 소냐와 나에게 당신이 하길 원하시는 특별한 치유에 관한 지혜와 지식의 말씀을 주셨습니다. 매번 그 말씀이 나타날 때마다 소냐와 나는 "여러분! 우리는 특별한 사람이 아닙니다. 리더들인 당신들 모두도 이런 일을 할 수 있습니다. 단지 여러분들이 성령님과 함께 행하는 법을 배울 때 여러 번의 시행착오를 기꺼이 감당할 수 있는 많은 용기가 필요합니다." 우리는 그들에게 열명씩 그룹을 만들도록 한 다음 서로에게 지혜와 지식의 말씀을 표출하도록 실습을 시켰습니다.

오후 세미나 시간 동안 하나님은 굉장한 일을 시작하셨습니다. 존은 아래쪽 정강이 뼈의 치료가 필요한 여인이 있다고 말했습니다. 성령님은 어떤 다리이고 어디에 통증이 있는지 구체적으로 말씀하셨습니다. 앞쪽에 있던 한 여인이 담대히 일어서서 "그 사람이 저입니다! 제 정강이가 심하게 감염되었습니다." 말하고는 오른쪽 정강이를 가리키면서 바지를 걷어 올리기 시작했습니다. "오 나의 주님, 그것이 사라졌습니다! 검은 종기가 모두 사라졌습니다!" 크고 검게 보이는 종기가 그 곳에 오랫동안 있었는데, 하나님이 그것을 없애주셨습니다. 이것은 보고 있던 모든 사람들이 주목할 만한 굉장한 기적이었습니다. 우리는 소식지에 싣기 위해 정상이 되고 상처가 사라진 것을 보여주는 그 여인의 사진을 찍었습니다.

우리는 성령님의 계시가 있을 때마다 회중을 참여시키려고 노력했습니다. 첫 번째 방법은 성령님께서 하시려고 나타내시는 것을 사람들에게 크게 말하는 것입니다. 만약 그것이 치료이면, 특별한 질병이 있는 사람을 나오게 한 후 앞에 서도록 합니다. 그다음에는 전에 한 번도 병자를 위해 기도해 본 적이 없는 사람을 불러내어 치료가 필요한 사람과 마주서게 합니다. 주님은 항상 계시하신 대로 치료하시기 때문에 하나님께서 치료하실 때 기도한 사람과 기도를 받은 사람 모두 놀라운 기적을 체험합니다. 이것이 바로 사역자가 아니라 하나님께서 모든 것을 주관하신다는 것을 보여주는 가장 좋은 방법입니다.

삼십 년 동안의 고통.

이번엔 서구 스타일의 옷을 입은 한 점잖은 노인에게 일어난 일입니다. 등에서부터 다리에 이르기까지 고통을 가진 사람이 많다고 주님은 계시하셨는데 그 노인을 포함해서 대략 다섯 명 정도가 반응을 보였습니다. 나(존)는 전에 자신들의 안수로 신유를 체험해 본 적이 없는 다섯 명의 신자들을 앞으로 나오라고 불렀습니다. 소냐는 그들과 섞여서 믿음의 기도를 인도했고, 우리는 하나님이 그들을 치료하시는 것을 목격했습니다. 서구 스타일의 옷을 입은 그 노인을 제외한 모든 사람의 고통이 즉시 떠나갔습니다. 다른 사람들이 제자리에 앉았을 때, 나는 그 노인에게 얼마나 오랫동안 등과 다리에 고통이 있었느냐고 물었습니다. 그는 "삼십 년 동안이요!"라고 대답했습니다. 얼마나 많이 그 고통을 위해 기도했냐고 다시 물었을 때 그는 "셀 수 없을 정도로 많이 기도했어요! 아마 백 번은 될 겁니다."라고 대답했습니다. 그 대답은 그의 믿음이 크지 않음을 보여주었습니다.

갑자기 성령님께서 "질병, 그것은 질병의 영이다."라고 말씀하셨습니다. 나는 주저 없이 "주님은 지금 우리가 질병의 영을 다루고 있다고 계시하셨습니다. 나는 당신을 그것으로부터 풀어줄 것이고 당신은 치료될 것입니다."라고 말했습니다. 우리는 그의 등에 손을 얹고 예수님의 이름으로 질병의 영은 떠나가라고 명령했습니다. "고통이 사라졌을 때 나에게 말해주세요."라고 말하자 그는 "그것이 사라지고 있습니다!"라고 말했습니다. 나는 "아멘! 고통이 완전히 사라질 때까지 계속하겠습니다."라고 말했습니다. 삼십 분 동안 계속 그의 등과 다리를 테스트하면서 고통이 어느 정도 떠나갔는지 알려주었습니다. 결국 그는 "99퍼센트의 고통이 사라졌습니다. 제 생각에 남은 것은 등을 전혀 구부리지 못했기 때문에 생긴 경직뿐인 것 같습니다."라고 말했습니다. 이 일로 인해 우리는 주님께 오랫동안 큰 소리로 찬양하며 카손(Carson) 시에서 이루신 것에 대해 감사의 찬양을 드렸습니다.

계시된 것은 치료된다.

서양의 크리스천들은 결코 치료 받지 못할 것처럼 보이는 모든 병자들과 상처 받은 사람들에게 초점을 맞추는 것을 좋아합니다. 계시의 은사들, 특히 지식의 말씀은 이 모든 것을 바꿉니다. 계시의 은사가 역사할 때마다 치료는 50%에서부터 100%까지 올라갑니다. 병자를 위한 사역에 진정한 계시의 말씀이 포함될 때 병자들은 항상 치료받습니다. 치료는 즉시 일어날 수도 있고 몇 시간 혹은 며칠이 걸릴 수도 있습니다. 하나님께서 계시하실 때마다 그분은 치료하신다고 말할 수 있습니다.

성령님께서 말씀하신 대로 행하심을 신뢰할 수 있습니다. 그분이 우리에게 오셔서 한 개인의 육체적 상태에 대한 지식의 말씀을 계시하실 때 치료는 곧 나타납니다. 하나님은 직접 역사하십니다. 우리가 단지 순종하고 그 길을 따르면 치료는 나타날 것입니다.

예수님은 완벽하게 역사하신다.

예수님은 우리의 믿음의 저자시요 완전하게 하시는 분이십니다. 주님은 지식의 말씀의 저자이시므로 그 안에서 사역할 완전한 길을 우리에게 보여 주십니다. 예수님은 우리도 주님이 하신 것을 할 수 있다고 말씀하셨습니다. 어떻게 할 수 있을까요? 우리는 단지 하나님께서 하신 일을 우리가 목격한 것만 행합니다. 이것은 예수님께서 받으신 것과 똑같이 지식과 지혜의 말씀 안에 있는 환상이나 혹은 말의 형태로 나타납니다.

요한복음 5:19-20

그러므로 예수께서 그들에게 이르시되 내가 진실로 진실로 너희에게 이르노니 아들이 아버지께서 하시는 일을 보지 않고는 아무 것도 스스로 할 수 없나니 **아버지께서 행하시는 그것을 아들도 그와 같이 행하느니라** 아버지께서 아들을 사랑하사 자기가 행하시는 것을 다 아들에게 보이시고 또 그보다 더 큰 일을 보이사 너희로 놀랍게 여기게 하시리라

예수님 따라 하기

우리는 "주님, 저는 단지 성령님에 의해 하나님께서 하시는 것을 보는 것만 행하길 원합니다. 그렇게 할 수 있도록 저를 도와주세요."라고 기도해야 합니다. 그런 다음 우리는 "주님, 저에게 이것보다 더 큰 것을 보여주세요. 저는 예수님께서 하신 것을 하길 원합니다!"라고 기도할 수 있습니다.

주님은 병의 근원을 아신다.

병자를 위해 기도할 때 병이나 고통의 원인이 무엇인지 알지 못할 때가 종종 있습니다. 때로는 환자 자신도 그 이유를 알지 못합니다. 바이러스가 그 원인일 수도 있고, 화학적 불균형, 유전 혹은 어떤 영이 그 원인이 될 수도 있습니다. 그러나 주님은 항상 그 원인을 알고 계십니다. 그래서 우리는 그분으로부터 듣기 위해 기다려야 합니다. 우리가 주님으로부터 듣는다면, 치료는 항상 나타납니다. 아래 성경구절은 마태복음과 마가복음이 서로 연결된 같은 이야기입니다. 예수님께서 귀먹고 벙어리 된 사람에게 안수해 달라는 사람들의 요구를 무시한 것을 주목하십시오. 그 대신 주님은 아버지께서 주신 가르침을 따라 그의 귀에 손가락을 넣으시고 침을 그 사람의 혀에 바르셨습니다.

마가복음 7:31-37, 마태복음 15:29-31

예수께서 다시 두로 지방에서 나와 시돈을 지나고 데가볼리 지방을 통과하여 갈릴리 호수에 이르시매. (마태복음 15:29-30: … 산에 올라가 거기 앉으시니 큰 무리가 다리 저는 사람과 장애인과 맹인과 말 못하는 사람과 기타 여럿을 데리고 와서 예수의 발 앞에 앉히매 고쳐 주시니) 사람들이 귀 먹고 말 더듬는 자를 데리고 예수께 나아와 안수하여 주시기를 간구하거늘 예수께서 그 사람을 따로 데리고 무리를 떠나사 손가락을 그의 양 귀에 넣고 침 뱉어 그의 혀에 손을 대시며 하늘을 우러러 탄식하시며 그에게 이르시되 에바다 하시니 이는 열리라는 뜻이라 그의 귀가 열리고 혀가 맺힌 것이 곧 풀려 말이 분명하여졌더라. (마태복음: 15:31: 말 못하는 사람이 말하고 장애인이 온전하게 되고 다리저는 사람이 걸으며 맹인이 보는 것을 무리가 보고 놀랍게 여겨 이스라엘의 하나님께 영광을 돌리니라) 예수께서 그들에게 경고하사 아무에게도 이르지 말라 하시되 경고 하실수록 그들이 더욱 널리 전파하니 사람들이 심히 놀라 이르되 그가 모든 것을 잘하였도다 못 듣는 사람도 듣게 하고 말 못하는 사람도 말하게 한다 하니라

예수님 따라 하기

- 성령님께서 인도하시는 대로 따를 필요가 있습니다. 성령님께서 인도하실 때 우리는 단지 그분이 지시하시는 대로 행동해야 합니다.
- 아마 평범하지 않은 방법으로 행해야 할 때도 있습니다. 예수님도 아버지께서 보이신 것을 따라 병자의 귀에 손가락을 넣고 침을 그의 혀에 발랐습니다. 그와 동시에 예수님은 "열리라!"고 말씀하셨습니다. 우리도 성령님께서 진정으로 우리를 인도하신다면 똑같이 행해야 합니다.
- 주목 : 예수님은 전에 그 지역 사람들이 예수님을 원하지 않았던 데 가볼리 지방으로 돌아오셨습니다. 이제 사람들은 더 이상 두려움 없이 예수님의 치유 사역을 원했습니다. 이것은 군대귀신으로부터 놓임 받은 사람이 예수님이 그리스도라고 복음을 전파했기 때문입니다(마가복음 5:18-20을 보시오).

사역의 사례들

치앙 마이(Chiang Mai) 치유 십자군.

나(존)는 2002년도 초에 태국 치앙 마이에서 이틀간 있었던 치유 십자군의 주강사였습니다. 우리의 협력 사역자인 그랙(Greg) 카랜 프라이(Karen Fry) 또한 이 치유십자군에서 함께 사역했습니다. 첫날 밤, 하나님께서는 고통, 천식, 감염들, 시력 문제, 고열 등을 가진 스물 다섯 명에서 서른 명 정도의 사람들을 치료하셨습니다. 너무나 많은 기적들이 나타나서 우리는 앞으로 나온 사람들을 위해 빨리 기도했습니다. 성령님

께서 영들 때문에 심한 두통, 만성적 고통을 앓고 있다고 나에게 말씀하신 세 가지 사례가 있었습니다. 내가 그 사람들을 보자마자 성령님께서 분명하게 "질병의 영이 그 병의 원인이다."라고 말씀하셨습니다. 그 영에게 떠나라고 명령하자 그 사람들의 질병은 즉시 치료되었습니다.

귀먹은 사람들이 즉시 치료되다.

둘째 날 밤, 나는 성령님께서 어떤 종류의 질병을 치료하실지 명확히 나타내시고 치료를 시작하시길 기다렸습니다. 성령님께서 다양한 고통들과 질병들을 말씀하실 때 대략 한 시간 동안 스물 다섯 명의 사람들이 치료 받았습니다. 영들은 사람들에게 문제들을 일으키고 있었습니다. 그 영들의 정체가 분명히 드러나고, 환자들이 놓임 받을 것을 명령했을 때, 은혜로우신 성령님은 그 사람들을 치료하셨습니다. 그날 밤의 가장 두드러진 사건은 85-90% 가량 양쪽 귀가 먹은 두 사람이었습니다. 그들은 앞으로 나와 귀를 치료 받으라는 성령님의 초대에 응했습니다. 첫 번째 남자가 일어나서 보청기를 떼어내고는 치료 받을 준비가 되었다고 말했습니다. 그랙과 내가 그 남자를 위해 기도했지만 아무런 효과가 없었습니다. 우리는 멈추어서 무엇을 해야 하는지 의아해 했습니다. 그때 성령님이 조용히 "그것은 귀머거리 영이다!"라고 말씀하셨습니다. 그 사람을 보고 미소 짓고 그의 눈을 강렬히 쳐다보면서 "더러운 귀머거리 영은 떠나갈지어다!"라고 선포하자 그 사람은 온전히 듣게 되었습니다.

손가락에 침을 바르라.

또 다른 귀머거리 남자는 가까이서 첫 번째 남자가 치료 받는 것을 바라보고 있었습니다. 그 기적을 보자마자 그는 재빨리 다음 차례로 섰습니다. 그의 믿음은 컸으며 준비가 되어 있었습니다. 나는 통역하는 사람에게 그의 귀에 대고 "얼마나 오랫동안 귀머거리로 있었습니까?"라고 외치라고 시켰습니다. 그는 "이십 년 동안이요." 대답했습니다. 나는 그랙과 카랜을 쳐다보았고 우리는 이것은 하나님에게는 아주 쉬운 것이라는 것에 동의했습니다.

성령님은 나에게 확실히 말씀하셨습니다. "네 손가락에 침을 발라 그의 귀에 넣고 말하라. '열릴지어다' 라고 말하라." 조금도 주저함 없이 나는 순종했습니다. 양쪽 집게 손가락에 침을 발라 그의 귀에 넣고는 크게 말했습니다. "예수님의 이름으로 열릴지어다!" 일분 정도가 지나자 그는 보청기 없이도 완벽하게 들을 수 있다는 것을 깨달았습니다. 그 또한 하나님의 능력으로 즉시 치료 받았습니다. 나는 이것이 마태복음 15:29-31절과 마가복음 7:31-37에서 예수님께서 하신 것과 같은 것이라는 것을 깨달았습니다. 그랙 그리고 카랜과 함께 호텔로 가면서 이틀 동안의 놀라운 성령님의 역사하심에 감사 드렸습니다. 그 후 우리는 그때 치료 받은 사람들 가운데 많은 수가 복음교회(Foursquare Gospel Church)에 다니고 있고 예수님을 구주로 영접했다는 것을 깨닫게 되었습니다. 우리는 하나님 아버지로부터 듣는 법을 배웠고, 하나님께서 우리가 하길 원하시는 것에 순종했으며, 하나님께서는 많은 그의 백성들을 축복해 주셨습니다.

성령님은 그분이 듣고 계신 것을 우리에게 말씀하신다.

지식의 말씀은 성령님을 통해 하나님 아버지께서 말씀하시는 것입니다. 우리는 성령님께서 아버지로부터 듣고 계신 말씀을 듣습니다. 아버지께서 우리에게 보여주시고 들려주시기 원하는 것을 우리는 보고 듣는 것입니다.

요한복음 16:13-14

그러나 진리의 성령이 오시면 그가 너희를 모든 진리 가운데로 인도하시리니 그가 스스로 말하지 않고 **오직 들은 것을 말하며** 장래 일을 너희에게 알리시리라 그가 내 영광을 나타내리니 내 것을 가지고 **너희에게 알리시겠음이라**

예수님 따라 하기

- 예수님께서는 성령님을 통하여 어떻게 아버지와 서로 교통 하셨는지 말씀하십니다. 주님은 그분이 하신 것을 어떻게 우리가 할 수 있는지 계시해 주십니다.
- 예수님은 아버지께서 성령님을 통해 전달해주시는 말씀을 듣기 위해 기다리셨습니다.
- 예수님은 일어날 일이 미리 계시되는 것을 듣고 계셨습니다.
- 예수님은 하나님의 완전한 뜻을 미리 들으셨습니다!
- 온 마음을 다해 하나님을 섬기기 위한 대가를 지불할 때 우리에게도 같은 일이 일어남을 기대할 수 있습니다. 우리도 예수님께서 하신 것처럼 할 수 있습니다!

남부 시애틀에서의 기적.

몇 년 전 소냐와 나는 워싱턴 주의 남부 시애틀에 있는 한 큰 복음교회로부터 어떻게 병자를 치료하는가에 대해 가르쳐 달라고 초대 받았습니다. 우리는 항상 기적에 대해 가르치기 전에 주님을 찾으며 그분께 배우고 기도했습니다. 우리 일정표를 주님 앞에 놓고, 주님은 모든 모임에서 원하시는 것은 어떤 것이든 하실 수 있음을 상기했습니다. 그 교회에 도착하여 교회를 책임 맡고 있는 리더들과 함께 모여 예배를 위한 기도를 하면서 자신감을 갖고 마음의 준비를 했습니다. 기도시간 동안에 나는 그 모임의 회장이 매우 아프다는 것을 깨닫게 되었습니다. 심한 통증과 두통 때문에 그녀는 그 모임에 오기도 힘들 정도였습니다. 사람들이 그녀 쪽을 바라보며 "자, 회장이 이 모임을 즐길 수 있도록 지금 기도합시다"라고 말했습니다. 모두 그 말에 동의하고 기도하기 시작했습니다. 내가 그녀에게 다가갔을 때 성령님께서 "죤, 지금 당장이 아니다. 내가 후에 그녀를 치료할 것이다"라고 말씀하셨습니다. 그 말씀에 의아해 하면서 나는 뒤로 물러서서 영으로 기도했습니다. 내가 그녀에게 손을 얹고 기도하지 않은 유일한 사람이라는 것을 아무도 몰랐습니다.

성령님이 주도하셨다.

그 모임은 뜨거운 찬양으로 시작되었습니다. 우리가 가르치고 있는 강단의 바닥까지 수많은 젊은이들이 앉아 있었기 때문에 약간의 설 수 있는 공간밖에 남아있지 않았습니다. 다른 때와 마찬가지로 소냐와 나는 강의 시작 전까지 방언으로 찬양하며 기도했습니다. 우리가 가르칠 때 강한 기름 부으심이 있었습니다. 그 다음부터 성령님께서 주도하시기 시작하셨습니다. 나는 성령님께서 "이 모임의 회장을 강단으로 불러오라"고 말씀하시는 것을 들었습니다. 내가 순종하자 성령님은 "치료 사역에 쓰임 받기 원하는 사람을 초대해라. 그래서 가장 먼저 손을 드는 사람이 와서 회장을 위해 기도하도록 하라"고 말씀하셨습니다. 나는 그대로 순종했습니다. 앞쪽 아래에 앉아 있는 젊은 여인이 다른 사람들보다 먼저 손을 재빨리 들었습니다. 나는 말했습니다. "당신이 제일 먼저 손을 들었습니다. 이리로 올라오세요." 강단으로 올라온 그녀에게 손을 회장에게 얹게 한 후 내가 하는 대로 기도하도록 시켰습니다. 그녀는 정확히 한마디씩 내가 하는 대로 따라 했습니다. 그런 다음 나는 그 여인에게 "회장님에게 무슨 일이 일어났는지 물어보세요"라고 말했습니다.

그녀는 회장에게 물었습니다. "무슨 일이 일어났나요?" 회장은 "어머나! 어머나! 사라졌어요! 고통과 두통이 사라졌어요! 제가 치료 받았어요! 하나님께서 지금 저를 치료하셨어요!"라고 말했습니다. 모임에 참석한 사람들은 박수를 치며 하나님께 영광을 돌리기 시작했습니다. 교회 안에는 믿음이 충만해졌습니다. 나는 그 지원자에게 물었습니다. "누가 병을 고쳤습니까?" 마이크에 대고 그녀는 "예수님이요!"라고 소리쳤습니다. 후에 우리는 그녀가 과거에 몰몬교를 믿던 사람이었는데 바로 지난 주일에 구원받았다는 것을 알게 되었습니다. 교회의 많은 성도들이 그 사실을 알고 그녀 같은 갓 믿은 크리스천을 병자 치료에 사용하신 하나님을 찬양하고 기뻐했습니다. 하나님은 기적을 믿고 기도할 때 차별하지 않으신다는 사실 때문에 모든 사람이 희망을 갖게 되었습니다.

고통이 남아있는 것을 용납하지 말라.

성령님께서 나에게 "서로 기도하도록 시켜라. 내가 그들을 치료할 것이다."라고 말씀하시는 것을 들었습니다. 우리는 치료를 위해 개인적으로 기도하려고 계획했지만 성령님께서는 그 계획을 바꾸셨습니다. 나는 몸에 심한 고통이 있는 사람은 누구나 일어서라고 말했습니다. 대략 칠십오 명의 사람들이 일어섰습니다. 나는 "지금 일어선 사람들의 주변에 있는 사람들은 일어서서 병자에게 손을 얹고 내가 하는 대로 이렇게 따라서 기도하세요: '고통아! 너는 예수님의 이름으로 이 사람의 몸에서 떠나갈지어다! 나는 이 고통이 남아 있는 것을 용납하지 않는다. 고통은 끝났다. 예수님의 이름으로 기도합니다. 아멘!' 그런 다음 나는 병자들에게 자신들의 몸을 점검해 보고 만약 고통이 사라졌으면 앉으라고 말했습니다. 사분의 삼 가량의 사람들이 제자리에 앉자 회중들은 박수를 치며 일어섰습니다. 나는 다시 주위 사람들로 하여금 다시 한 번

전과 같은 방법으로 기도하라고 시켰습니다. 이런 식으로 두 번 더 하자 세 명만 남게 되었습니다. 나는 다른 사람들에게 그 세 사람이 치료 받을 때까지 기도하도록 시켰습니다. 그들 역시 그 모임에 참석할 때보다 더 나은 것을 느끼면서 집으로 돌아갔습니다."

지식의 말씀의 사례들

모든 사람들이 참여하였다.

이런 종류의 모임은 교사들의 가르침대로 실습할 기회를 전혀 가져보지 못한 사람들의 믿음을 세워주는 것입니다. 성령님께서는 가능한 한 많은 회중들이 하나님의 치료의 능력을 체험할 수 있도록 소냐와 나를 인도하셨습니다. 성령님께서 이끄시는 모임에서 치료가 필요한 사람들을 위해 기도하도록 사람들을 격려할 때 많은 기적들이 나타납니다. 사람들은 부흥사 한 사람에게 초점을 맞추기보다는 능력과 기적의 근원 되시는 예수님을 더 주목합니다. 소냐와 내가 옆으로 물러서서 성령님께서 자유롭게 우리를 통해 역사하시도록 허락할 때, 예수님께서 그 사역을 하길 원하는 사람을 누구든지 사용하시는 것이 더욱 분명해집니다. 이것이 모든 사람들이 복되고 하나님께서 모든 영광을 받으시는 방법입니다. 반드시 그렇게 되어야 합니다.

베드로는 지식의 말씀을 전했다.

베드로는 성령님으로부터 지식의 말씀을 받아서 아나니아와 삽비라에게 전했습니다. 두 사람이 베드로 앞에서 죽임을 당했을 때 하나님으로부터 온 것임이 즉시 입증되었습니다.

사도행전 5:1-4

아나니아라 하는 사람이 그의 아내 삽비라와 더불어 소유를 팔아 그 값에서 얼마를 감추매 그 아내도 알더라 얼마만 가져다가 사도들의 발 앞에 두니 베드로가 이르되 아나니아야 어찌하여 사탄이 네 마음에 가득하여 네가 성령을 속이고 땅 값 얼마를 감추었느냐 땅이 그대로 있을 때에는 네 땅이 아니며 판 후에도 네 마음대로 할 수가 없더냐 어찌하여 이 일을 네 마음에 두었느냐 사람에게 거짓말한 것이 아니요 하나님께로다

마태복음 12:32

또 누구든지 말로 인자를 거역하면 사하심을 얻되 누구든지 말로 성령을 거역하면 이 세상과 오는 세상에서도 사하심을 얻지 못하리라

예수님 따라 하기

- 예수님께서 베드로에게 조언하셨습니다. 베드로는 누구든지 성령을 훼방하는 자는 사하심을 얻지 못한다는 말씀을 예수님으로부터 들었습니다.
- 베드로는 또한 성령님께서 계시하는 것을 따라 행동하는 것을 예수님으로부터 배웠습니다.
- 아나니아와 삽비라가 자신들을 위해 돈을 감추고는 하나님의 사역을 위해 모든 것을 다 바쳤다고 거짓말을 했을 때 하나님의 심판이 내려졌습니다.
- 성령님의 임재는 너무나 강력해서 두 사람 모두 죽게 되었습니다.
- 우리는 성령님께 거짓말하지 않도록 항상 조심해야 합니다.

아나니아는 지식의 말씀을 전했다.

바울은 다메섹의 아나니아라고 하는 제자에 의해 소경이 된 눈을 고침 받았습니다. 성령님께서는 아나니아에게 그가 바울에 대해 모르고 있던 사실을 말씀해 주셨습니다. 그런 다음 성령님은 지식의 말씀으로 바울에게 어떻게 해야 할 지를 가르쳐 주셨습니다.

> **사도행전 9:10-12**
>
> 그 때에 다메섹에 아나니아라 하는 제자가 있더니 주께서 환상 중에 불러 이르시되 아나니아야 하시거늘 대답하되 주여 내가 여기 있나이다 하니 주께서 이르시되 **일어나 직가라 하는 거리로 가서 유다의 집에서 다소 사람 사울이라 하는 사람을 찾으라 그가 기도하는 중이니라 그가 아나니아라 하는 사람이 들어와서 자기에게 안수하여 다시 보게 하는 것을 보았느니라** 하시거늘

● 예수님 따라 하기 ●

성령님께서 우리를 부르시며 강력한 가르침을 주실 때마다 우리는 반드시 순종해야 합니다.

바울은 지식의 말씀에 의해 병자를 치료하였다.

바울은 앉은뱅이 남자에게 치료 받아 일어설 만한 믿음이 있다는 계시를 받았습니다. 그가 성령님으로부터 들은 대로 순종하자 기적은 나타났습니다.

> **사도행전 14:8-10**
>
> 루스드라에 발을 쓰지 못하는 한 사람이 앉아 있는데 나면서 걷지 못하게

되어 걸어 본 적이 없는 자라 바울이 말하는 것을 듣거늘 바울이 주목하여 **구원 받을 만한 믿음이 그에게 있는 것을 보고** 큰 소리로 이르되 네 발로 바로 일어서라 하니 그 사람이 일어나 걷는지라

> **예수님 따라 하기**
>
> ● 나면서부터 앉은뱅이 된 사람을 완전히 치료 받게 한 바울의 경우는 지식의 말씀의 훌륭한 사례입니다.
> ● 어떤 사람에게 치료 받을 만한 믿음이 있는지를 볼 수 있는 유일한 방법은 성령님의 지식의 말씀의 은사입니다.

한국에서의 기적.

최근 소냐와 나는 한국의 서울 근처에서 사역 훈련 센터 교사 집중훈련을 해달라는 초청을 받았습니다. 육십 명의 목사님들과 리더들이 일주일 동안의 훈련에 참석했습니다. 치유 워크샵 중에 리더인 여자 한 사람이 앞으로 나와 자신이 수년 동안 만성적인 병과 우울증에 시달리고 있다고 하소연했습니다. 그녀가 나(존)를 쳐다보는 순간 지식의 말씀이 내 마음속에 나타났습니다. 성령님께서 "그녀는 질병의 영을 가지고 있다. 그것이 떠나갈 것을 명령하면 그녀는 치료될 것이다"라고 말씀하시는 것을 들었습니다. 나는 그 말씀대로 순종해서 그 영에게 말했습니다. "질병의 영, 너는 묶임을 받았다. 예수님의 이름으로 그 여인을 풀어줄 것을 명령한다!"

내가 다른 말을 더 할 사이도 없이 그녀는 바닥에 쓰러지더니, 계속 기침을 하며 이리 저리로 구르면서 몸부림쳤습니다. 나는 그 여인을 떠나 기도를 받기 위해 줄 서있는 사람들을 위해 기도하러 갔습니다. 내가 다시 되돌아왔을 때까지도 그녀는 여전히 누워 있었는데 묶여있던 것

이 풀린 것처럼 보였습니다. 다음날 활짝 웃으면서 돌아온 그녀는 병이 완전히 나았고 우울증으로부터 완전히 자유롭게 되었다고 말했습니다. 그녀는 수년 만에 처음으로 매일 먹는 약의 도움 없이도 편안한 잠을 지난 밤에 잘 수 있었습니다.

그녀는 병든 자매를 데리고 왔다.

그 여자 리더는 예수님께서 하신 일 때문에 너무나 담대해져서 다음 날 등 수술을 받기로 되어 있는 불교를 믿는 한 자매를 데리고 왔습니다. 그 자매는 수개월 동안 몹시 괴로움을 당해 고통이 사라지길 간절히 바라고 있었습니다. 쉬는 시간 동안 그 여자 리더는 앉기 힘들 정도로 고통스러워 하고 있는 자매에게로 우리를 안내했습니다. 그녀를 바라보았을 때 성령님은 "내가 그녀를 너무 사랑하기 때문에 너를 치료할 것이라고 말해라. 그녀가 해야 할 모든 것은 우리 구주 예수님이 그녀의 치료자라는 것을 인정하는 것이다"라고 말씀하셨습니다. 이 말씀이 통역을 통해 그녀에게 전달되었고 그녀는 고개를 끄떡이며 "예"라고 대답했습니다.

그 순간 나는 그녀의 등이 예수님의 이름으로 치료될 것을 명령했습니다. 그리고는 "당신은 지금 일어설 수 있을 것입니다. 고통은 사라졌습니다"라고 말했습니다. 그녀는 어리둥절한 표정을 하며 천천히 일어서고는 고통을 예상하며 천천히 몸을 앞뒤로 젖혀보았습니다. 그리고는 미소를 지으며 우리를 바라보고는 담대히 "더 이상 고통이 없습니다! 하나님께서 저를 치료하셨습니다!"라고 소리쳤습니다. 어떤 여자 목사님이 신속하게 예수님을 구주로 영접시키는 기도를 그녀에게 시켰습니다. 나는 지혜와 지식의 말씀에 순종했고 그것이 그 여자를 치료하고 구원 받게 만들었습니다.

최선을 위해 노력하라.

사역자인 우리는 지혜와 지식의 말씀으로 잘 사역할 수 있게 될 때까지 하나님을 찾아야 합니다. 이 은사들은 진실한 신자라면 누구든지 사용할 수 있습니다. 이 은사들에 우리의 성공과 실패가 달려 있습니다. 우리는 하나님으로부터 듣기 시작할 때까지 계속 기도하고 하나님 말씀을 묵상해야 하며 심지어 금식해야 합니다. 성결해질 때 계시가 옵니다. 하나님의 영의 인도에 의해 사역하는 것에 온전히 헌신할 때 강력한 사역은 시작됩니다. 지혜와 지식의 말씀에 의한 사역은 예수님께서 경험하신 것 같은 많은 결과들을 만들어낼 것입니다.

우리가 병자를 치료할 수 있다고 예수님과 그분의 말씀은 이미 선언하고 있음을 기억하십시오. 우리는 단지 성령님께서 언제 누구를 지목하실지 기다려야만 합니다. 상처 입은 사람들을 치료하기 위해 성령님과 그분의 은사로 사역하는 법을 배우는 것은 우리가 경험할 수 있는 것 중 최고로 가치 있는 것입니다. 더 나은 것은 없습니다. 그것은 성령님이 운전하시는 차에 탄 것과 같습니다. 우리는 다른 무엇과도 비교할 수 없는 사역의 여정으로 우리를 인도해 주는 놀라운 체험을 하게 될 것입니다.

다음 장에서 우리는 마귀의 속박에서 사람들을 자유롭게 하시는 성령님과 함께 사역하는 법을 배울 것입니다. 예수님은 육적인 치료를 영적 치료보다 우선시 하지 않으셨습니다. 주님은 그 두 가지 모두를 동일한 긍휼하심과 관심을 갖고 다루셨습니다. 우리도 예수님께서 하신 것처럼 하는 것을 배울 것입니다.

실습해 봅시다

- 야고보서 1장 22절은 우리가 들은 것(읽은 것)을 **행하라**고 말씀하고 있습니다.
- 부록 B의 이 장과 관련된 "실습합시다"에서 이 장에서 추천하는 일들을 생각해 보십시오.
- "계시에 의해 병자를 치료하기"라는 제목의 사역 기술 과제를 하십시오.

| 제6장 |

사역기술 6

귀신을 다루는 방법

귀신이라고 하는 주제는 복잡하고, 잘못 이해하기가 쉽다. 예수님께서는 귀신을 다루는 방법과 귀신의 속박으로부터 사람들을 풀어주는 방법을 제자들이 알기 원하셨다. 본 장은 외국의 귀신과 미국의 귀신을 나가게 하는 방법 두 부분으로 나뉘어 있다.

외국의 귀신

내가(존) 예배당으로 들어갔을 때, 경비원 두 사람이 귀신들린 여자를 강단 뒤쪽으로 끌고 가고 있었습니다. 그들은 소리를 지르며 침 뱉고, 몸을 심하게 뒤틀고 있는 여자의 양 팔을 꼭 붙들고 있었습니다. 예배는 시작되었고, 귀신은 사람들이 주 예수 그리스도께 예배하는 것을 싫어하는 것 같았습니다.

아프리카에서 있었던 일.

　우리가 서아프리카 아이보리 코스트의 아비잔에 있을 때, 우리 부부는 각자 다른 교회에서 따로 설교하기로 되어 있었습니다. 프랑스어를 사용하는 백 명이 넘는 목사들에게 우리의 저서 "대사 시리즈(Ambassador Series)"를 사용하여 효과적인 제자의 원칙에 대해 닷새 동안의 강연을 막 끝마쳤습니다. 예배당으로 들어갔을 때 경비원들이 귀신들린 여자를 상대하고 있는 것을 보았습니다. 나는 "주님, 흥미롭군요."라고 말했습니다. 주님께서는 이미 치유에 대해 설교할 것을 말씀하셨기 때문이었습니다. 나는 그분의 마음 속에 다른 어떤 것이 더 있는지 궁금했습니다.

　나는 예수님께서 새로 개척된 이 교회에서 질병과 고통 속에 있는 사람들을 고치기 원하신다는 사실을 강조하며 말씀을 전하였습니다. 통역자와 함께 사역하는 가운데 성령께서는 예수님께서 원하시는 것이 무엇인지 말씀과 환상을 통해 보여주기 시작하셨습니다. 나는 하나님께서 보여주시는 것을 반복해서 말했고, 기도하기 위해 사람들을 앞으로 불러냈습니다. 첫 번째로 나온 사람은 오른쪽 팔꿈치에 심한 통증이 있는 여자였습니다. 내가 순종하여 기도하고, 팔꿈치의 통증과 경직은 떠나가라고 명령하자 그대로 이루어졌습니다. 성령님께서는 등에 만성통증이 있는 여덟 사람을 골라내셨습니다. 또 다시 그들 모두 금세 병이 치료되었습니다. 세 명의 여자들이 발의 통증을 치료 받은 후, 그 귀신들린 여인이 예배당의 뒤 편에서 목청을 높여 소리 지르기 시작했습니다. 나는 그 여자의 소리에 정신이 산만해졌으나 거기 모인 회중들은 전혀 신경 쓰지 않는 것처럼 보였습니다. 나는 냉정하려고 노력했고, 모든 것이 잘 통제되고 있다는 인상을 주려고 노력했습니다. 그러나 예배당 뒤 편을 힐끗 보았을 때, 갑자기 그 여자가 불쌍히 여겨졌습니다.

예수 그리스도의 피가 바로 열쇠다.

나는 신유예배를 잠시 멈추고, 하나님께서 귀신들린 사람들을 얼마나 사랑하시는지, 그 아들을 보내셔서 귀신들린 자들을 자유롭게 하셨다는 간단한 설교를 시작하였습니다. 또 모든 성도들은 귀신을 옭아맬 수 있는 권세와 능력을 받았다고 설교했습니다. 나는 예수 그리스도의 피가 사람들을 영적 속박으로부터 자유롭게 할 수 있는 힘의 근원이라고 가르쳤습니다. 예수 그리스도의 피에 대해 언급하자 그 귀신들린 여자가 완전히 미쳐버렸습니다. 세 사람이 그녀를 결박하고 있었습니다.

나는 담임목사에게 그 여자를 앞으로 데리고 나와도 괜찮겠느냐고 물었습니다. 그는 경비원들에게 그녀를 앞으로 데리고 나오라고 신호를 보냈고, 그녀를 의자에 앉히려고 했습니다. 그녀는 나무판자처럼 경직되어 제대로 앉으려 하지 않았습니다. 그녀는 나를 바라보려 하지 않았고 이쪽 저쪽으로 고개를 돌리며 소리를 지르고 침을 뱉었으며 사람들을 향해 쉿쉿 거리는 소리를 냈습니다. 영어로 나는 "나를 보아라" 하고 말했습니다. 그녀가 나를 보았을 때 그녀의 공허한 눈을 통해 귀신이 싸늘한 눈길로 나를 바라보고 있는 것을 볼 수 있었습니다. "조용히 하고 그 여자에게서 나가라"고 말했습니다. 그 여자가 소리지르는 것을 갑자기 멈추더니, 정상인처럼 고분고분해져 다루기 쉬워졌습니다. 나는 성령님께 더 이상의 지시를 받지 않았으므로 경비원들에게 그녀를 자리로 데리고 가도록 했습니다. 나는 성령님께서 침묵하실 때 멈춰야 하는 것을 배웠습니다. 이제 더 이상의 외침도 없었고 더 이상의 혼란도 없었습니다.

그 여자는 떠났다.

그 예배는 찬양을 좀 더 부른 후 끝났습니다. 나는 길게 줄을 서서 기다리는 고통과 질병이 있는 사람들을 위해 기도하기 시작했습니다. 하나님께서는 늘 그러하시듯 그들을 고치시기 시작하셨습니다. 그 귀신들렸던 여자는 내가 병자들을 위해 기도할 때 어디론가 급히 사라졌습니다. 나중에 한 장로로부터 그 여자가 교회의 교인이었다는 소릴 들었습니다. 그 여자는 한 달 전쯤부터 갑자기 교회에서 이상한 소리를 지르기 시작했고 점점 더 통제불능 상태가 되었답니다. 그는 어떻게 결혼도 하지 않은 여자가 그렇게 되었는지 확실히 알지 못했으나 일종의 의식적인 성행위와 관련된 것이 아닌가 생각했습니다.

나는 귀신들린 사람에 대해 다른 생각을 갖고 있습니다. 그것은 내가 복음서에 기록된 예수님의 수많은 행적들을 경험하고자 하는 것과 같습니다. 예수님에게 있어 귀신들린 사람은 심령이 상한 사람이나 병든 사람이나 고통 당하는 사람과 동일한 범주에 속해 있습니다. 그들은 모두 자유를 누리며 잘 살고 싶어합니다. 누가복음 4장에 예수 그리스도의 사명이 잘 기록되어 있습니다. 예수님께서는 그 제자들도 같은 사명을 감당하기 원하십니다.

누가복음 4:18~19

주의 성령이 내게 임하셨으니 이는 가난한 자에게 복음을 전하게 하시려고 내게 기름을 부으시고 나를 보내사 포로 된 자에게 자유를, 눈 먼 자에게 다시 보게 함을 전파하며 눌린 자를 자유롭게 하고 주의 은혜의 해를 전파하게 하려 하심이라 하였더라

예수님 따라 하기

- 우리의 사명은 예수님께서 행하신 것과 같은 일을 행함으로 우리의 위대한 임무를 완성하는 것입니다. 우리는 말씀을 전하고 병을 고치며 억압된 자에게 자유를 주어 예수 그리스도를 영화롭게 해야 합니다.
- 우리는 사람들을 억압하고 있는 귀신을 내쫓음으로 귀신에게 붙들린 자들에게 자유를 줍니다.

복음서에 나타난 동일한 이야기들을 살펴보자.

복음서에는 영적인 속박으로부터 사람들을 자유롭게 하는 예수님의 방법이 잘 기록되어 있습니다. 본 장에서는 복음서에 나타나 있는 동일한 이야기들을 사건별로 조합하여 편집했습니다. 마태와 마가 그리고 누가는 같은 이야기를 기록하였는데, 성경 한 구절을 기본으로 다른 복음서의 기사들이 약간 다르게 혹은 길게 서술한 장과 절을 추가하여 보여줄 것입니다. 그리고 "예수님 따라 하기"의 제안을 통해 어떻게 우리가 예수님과 같이 할 수 있을까를 살펴보게 될 것입니다.

예수님께서는 유형을 만드셨다.

다음의 성경구절은 예수 그리스도의 사역 초기에 있었던 사건을 서술하고 있습니다. 여기에 영적으로 속박된 사람들을 자유롭게 하는 초창기 예수님의 기도와 사역 유형이 나타나 있습니다. 우리는 어떻게 예수님께서 사람들을 자유롭게 하는지 구체적으로 살펴보고, 오늘날 사람들에게 어떻게 이 유형을 적용하여 사역할 수 있을지 제안을 할 것입니다.

마태복음 8:16~17 마가복음 1:32~34 누가복음 4:40~41

마태복음 8:16~17: 저물매 사람들이 귀신 들린 자를 많이 데리고 예수께 오거늘 예수께서 말씀으로 귀신들을 쫓아 내시고 (누가복음 4:40 … 예수께서 일일이 그 위에 손을 얹으사) 병든 자들을 다 고치시니 이는 선지자 이사야를 통하여 하신 말씀에 우리의 연약한 것을 친히 담당하시고 병을 짊어지셨도다 함을 이루려 하심이더라 (누가복음 4:41 여러 사람에게서 귀신들이 나가며 소리 질러 이르되 당신은 하나님의 아들이니이다 예수께서 꾸짖으사 그들이 말함을 허락하지 아니하시니 이는 자기를 그리스도인 줄 앎이러라)

예수님 따라 하기

본 말씀을 통해 우리는 예수님께서 귀신들린 자들을 다루시는 좀 더 분명한 접근법과 방법을 배우기 시작했습니다. 예수님께서 행하신 일을 연구하면서 우리도 같은 방법으로 사람들을 자유롭게 할 수 있는 위대한 방법을 배울 수 있습니다.

우리가 주목해야 할 몇 가지 사항들이 다음에 나타나 있습니다.

- 병들었거나 귀신들린 사람들을 예수님께로 데리고 나와야 합니다. 예수님께서는 이러한 사역을 찾아다니시지 않았습니다. 사람들은 이미 예수님의 명성을 듣고 자신들의 병이 낫기를 혹은 해방되기를 기대해도 좋다고 믿고 있었습니다. 오늘날 사람들은 이와 유사한 상황 가운데 있는 사람들을 자유롭게 할 수 있는 누군가를 찾고 있습니다. 교회는 이제 일어나 사람들을 자유롭게 하신 예수님처럼 행해야 합니다.
- 사람들은 예수 그리스도의 권능을 사용할 수 있는 사람이라면 누구에게든 병든 자와 귀신들린 자들을 데리고 나올 것입니다.
- 믿음을 보이면 예수 그리스도의 이름으로 우리에게 부여된 권능으로 역사할 수 있습니다.
- 하나님의 권능이 나타났다는 것을 사람들이 미처 알기도 전에 귀신이 때로는 성령의 임재를 먼저 압니다. 귀신은 영적 권위를 사용하는 사람들에게 "소리를 지르고" 도전함으로 대응합니다.
- 사람들 속에 있는 귀신들에게 권능의 말을 선포하면 그 사람들이 자유로와집니다. 예수님의 단호한 말씀은 단순하면서도 적절한 것이었습니다. 예수님께서는 "그에게서 나와라" 혹은 "떠나라"고 말씀하셨습니다.
- 예수님께서는 귀신이 말하는 것을 허락하지 않으셨습니다. 마찬가지로 우리도 귀신을 꾸짖고 말하지 못하게 명령해야 합니다.
- 누가는 예수님께서 병자를 고치시거나 영적으로 구속 당한 자를 해방시키실 때 그들에게 손을 얹으신 점을 지적했습니다.
- 위의 말씀은 예수님께서 주님 앞으로 나온 사람들을 고치시고 자유롭게 하셨을 때 이사야의 예언이 성취되었다는 사실을 분명하게 서술하고 있습니다.

주술사가 자유롭게 되다.

3장에서 태국 북부 라후족의 한 눈먼 노파가 병고침 받은 이야기를 했습니다. 이 놀라운 기적은 그 정글 지역에 신속하게 퍼져 나갔습니다. 이틀 후 그들의 주술사가 나를 찾아왔을 때 그 마을에 굉장한 소동이 일어났습니다. 부족민들은 그 주술사가 눈먼 노파를 치료하신 하나님으로부터 도움을 받고 싶어한다는 사실을 알고 매우 놀랐습니다.

우리의 일행 중 한 사람인 미국인 스티브 데로우 씨가 통역관을 통해 그를 인터뷰했습니다. 그의 양 팔은 마비가 되어 뒤틀려 있었고 그의 심장은 심하게 요동치고 있었습니다. 그는 그가 어렸을 때 기독교인들이 믿는 하나님에 대해 들은 적이 있었으나, 하나님을 저버리고 대신 마법의 힘을 구했다고 했습니다. 그러나 이제는 귀신이 자신에게서 등을 돌리고 자신을 죽이려 한다고 믿고 있었습니다. 놀라운 능력의 하나님께서, 바로 이 시간 태국에서 우리를 통해 이 주술사로 하여금 기적을 행하시는 하나님의 능력을 깨닫게 하신 것입니다. 우리 아버지의 자비와 은혜 그리고 긍휼은 한이 없으십니다!

스티브와 선교사가 귀신을 향하여 권위를 선포하고, 그에게서 나가라고 명령하자 귀신은 그에게서 나갔습니다. 마비된 것이 풀린 그의 팔이 펼쳐진 것을 보니 놀라울 뿐이었습니다. 그는 마치 항복하는 사람처럼 본능적으로 두 팔을 머리 위로 올려 하나님을 찬양했습니다.

온 마을 사람들이 완전히 놀랐다.

두 사람은 주술사가 자신의 죄를 고백하고 오랜 동안 행해왔던 주술행위를 버리도록 인도했습니다. 그는 주 예수 그리스도께서 자신의 삶으로 들어오셔서 그의 구원자요 주인이 되어달라고 간구했습니다. 그리고 그는 성령 세례를 받았고, 알 수 없는 언어로 말하기 시작했습니다. 마을 사람들은 이러한 모든 일들을 지켜보며 놀라움을 금할 수 없었습니다.

이 부족 사회에서 초자연적인 행위는 기독교로 개종하기 전 그들의 삶의 일부였습니다. 그러나 이는 전적으로 두려움과 힘을 근거로 하는 것입니다. 그들은 항상 악령을 달래어 악령으로부터 자신들이나 자신이 사랑하는 사람들, 혹은 이웃들이 아무런 해를 당하지 않도록 했습니다. 주술사들은 귀신의 힘으로 사람들을 지배했고, 사람들을 극도의 두려움에 빠지게 만들었습니다. 그들이 유일하시고 참되신 창조주 하나님, 주술사와 악령들에게서 주권을 넘겨받은 기독교인의 하나님을 보고 기뻐한 것은 언급할 필요도 없습니다. 우리 하나님은 단지 그들을 자유롭게만 한 것은 아니었습니다. 하나님은 그들에게 사랑과 기쁨 또한 평화를 주셨던 것입니다. 예수님께서 당신의 메시지를 복된 소식이라고 칭한 것은 전혀 놀라운 일이 아니었습니다.

믿음, 권능, 영분별

성령님은 인자하게도 우리 주변에 있는 영적인 모든 활동을 분별할 수 있는 능력을 나누어주십니다. 이 능력은 성령의 초자연적인 은사의 한 형태로 나타나는데 고린도전서 12:10에서는 영분별이라고 부릅니다.

> **고린도전서 12:7~11**
>
> 각 사람에게 성령을 나타내심은 유익하게 하려 하심이라 어떤 사람에게는 성령으로 말미암아 지혜의 말씀을, 어떤 사람에게는 같은 성령을 따라 지식의 말씀을, 다른 사람에게는 같은 성령으로 믿음을, 어떤 사람에게는 한 성령으로 병 고치는 은사를, 어떤 사람에게는 능력 행함을, 어떤 사람에게는 예언함을, 어떤 사람에게는 영들 분별함을, 다른 사람에게는 각종 방언

말함을, 어떤 사람에게는 방언들 통역함을 주시나니 이 모든 일은 같은 한 성령이 행하사 그의 뜻대로 각 사람에게 나누어 주시는 것이니라

> **예수님 따라 하기**
>
> ● 영분별의 은사, 초자연적인 믿음, 지식과 지혜의 말씀은 귀신을 대적하는 데 필요한 도구입니다. 그러한 능력들이 없다면 우리의 사역은 상당한 타격을 입을 것입니다.
> ● 이 은사들을 활용하려면 우리가 의심쩍은 귀신의 활동을 대면할 때마다 은사를 사용할 수 있도록 성령님께 간구하기만 하면 됩니다.

어둠을 물리치기.

영을 분별하는 은사 혹은 지혜와 지식의 말씀을 선포하는 은사는 귀신을 물리치는 데 필요한 은사들입니다. 영분별의 은사는 영적인 활동의 근원을 구별하기 위한 초자연적인 인식으로 정의할 수 있습니다. 이 은사는 영적인 활동의 근원이 하늘로부터 나온 것인지 사람으로부터 나온 것인지 혹은 귀신으로부터 나온 것인지 알게 합니다. 지혜와 지식의 말씀을 하는 은사 또한 같은 정보를 제공합니다. 이러한 은사 없이 귀신의 정체를 밝히고 귀신을 내쫓는다는 것은 어둠 속에서 과녁을 겨냥하는 것과 같습니다. 과녁이 저편 어딘가에 있다는 사실을 알고 시위를 계속 당기며 하나라도 맞히기를 바라는 것입니다. 이 은사는 과녁의 중심을 맞히는 방법을 보여주는 조명과도 같습니다.

초자연적인 믿음은 계시로 나타난다.

초자연적인 믿음의 은사는 우리가 귀신을 만났을 때 사용됩니다. 더

러운 영의 실체를 분별할 때에, 귀신의 어떤 활동에 직면한다 할지라도 담대할 수 있는 초자연적인 믿음의 은사를 하나님께서는 부여하십니다. 이러한 믿음이 우리에게 임하면 우리는 그 상황의 주도권을 잡고 귀신이 떠나가도록 담대하게 명령할 수 있습니다. 우리의 믿음과 이해가 깊어질수록 두려움이 생길 수도 있습니다. 귀신은 우리가 두려움을 느끼는 때를 압니다. 귀신은 우리의 두려움이나 겁내는 것을 기회로 삼을 것입니다. 성공하기 위해서는 성령님의 지시대로, 또한 하나님께서 주신 초자연적인 믿음 안에서 일해야 합니다.

예수님께서는 따르는 사람들에게 귀신을 내쫓는 권세를 주셨다.

귀신을 상대하기 위한 무장의 절차를 시작해 봅시다. 먼저 귀신을 쫓아내기 위해 모든 믿는 자들에게 허락하신 권능에 대한 예수님의 가르치심을 살펴볼 것입니다. 또한 왜 이 권세를 먼저 주셨는지도 살펴볼 것입니다. 예수님께서 병자를 고치고 귀신을 물리치는 확실하고 명백한 권세를 제자들에게 주시는 장면이 있는 신약 성서의 말씀을 읽어보지 않을 수 없습니다.

다음에 기록된 말씀을 보면서, 당시에 예수님을 따르던 12명의 제자들에게만 해당되는 일이라고 생각할 수도 있습니다. 초기의 성서 해석은 이러한 생각을 더 굳히게 했습니다. 우리는 이런 생각을 했었습니다. "예수님은 내게 말씀하신 것이 아니야. 게다가 귀신은 이미 구시대적인 발상이야. 분명히 현재에 적용되는 말씀이 아닐 거야. 예수님은 그 당시에 사는 단순한 사람들에게 영적인 문제를 독특하게 묘사하신 것뿐이야."

하지만 그렇지 않습니다. 아래에 기록된 말씀과 더불어 요한복음 14:11~14을 연결하여 볼 때 우리는 그리스도를 믿는 모든 신앙인들이 병든 자를 고칠 뿐 아니라 귀신이 떠나가도록 명령할 수 있는 능력과 권세를 받았다고 하는 성경적인 사실을 볼 수 있습니다.

마태복음 10:1 마가복음 3:13~15 누가복음 9:1~2

마태복음 10:1: 예수께서 그의 열두 제자를 부르사 더러운 귀신을 쫓아내며 모든 병과 모든 약한 것을 고치는 권능을 주시니라 (누가복음 9:1 … 예수께서 열두 제자를 불러 모으사 모든 귀신을 제어하며 병을 고치는 능력과 권위를 주시고) (마가복음 3:14~15 … 또 보내사 전도도 하며 귀신을 내쫓는 권능도 있게 하려 하심이러라)

마태복음 28:18~20

예수께서 나아와 말씀하여 이르시되 하늘과 땅의 모든 권세를 내게 주셨으니 그러므로 너희는 가서 모든 민족을 제자로 삼아 아버지와 아들과 성령의 이름으로 세례를 베풀고 내가 너희에게 분부한 **모든 것**을 가르쳐 지키게 하라 볼지어다 내가 세상 끝날까지 너희와 항상 함께 있으리라 하시니라

예수님 따라 하기

- 예수님께서는 따르는 모든 자들에게 귀신을 다스리고, 물리치며 모든 질병을 치료할 수 있는 능력과 권세를 주셨습니다. 제자 1세대가 그 가르침을 받았습니다.
- 예수님께서는 기독교 지도자들에게 예수님께서 명하신 일(귀신을 쫓아내는 일까지도)을 행하도록 다음 세대의 제자들에게 가르치라고 명령하셨습니다.
- "모든" 귀신을 이기도록 능력과 권세를 모든 믿는 자들에게 주셨는데 그 귀신의 범주에 예외는 없습니다.
- 진리를 믿고 가라고 하신 명령을 받아들였으면 우리는 "파송된 자"가 되는 것입니다.
- 예수님께서는 이미 제자들에게 전세계로 나가라고 명하셨습니다. 우리는 가면서 제자를 만들고 가르치며 세례를 주고 병자를 고치고 귀신을 물리쳐야 합니다.
- 결론은 하나입니다. 우리가 순종하고 명령하신 일을 행하는 것입니다.

방법을 모른다면 어떨까?

귀신을 다루는 방법에 대한 지식이나 이해가 절대적으로 부족한 것 같습니다. 서양 크리스천들의 생각은 더욱 그렇습니다. 21세기로 들어선 이래로 "더 높은 수준의 영적 자각"의 제공을 보증하는 수많은 자료들이 넘쳐나고 있습니다.

수많은 책과 영화, TV가 뻔뻔하게도 외계인이 존재한다거나 죽음에서 일어난 유령이 무섭게 나타난다거나 영혼의 안내자가 우리를 높은 의식으로 안내한다거나 지옥으로 끌어내린다고 선전하고 있습니다. 그들이 안내하는 곳은 모두 같은 장소입니다: 바로 인간의 삶을 도적질하고 죽이고 멸망시키는 것이 목적인 마귀가 팔을 벌리고 있는 곳입니다. 기분 내키는 대로 행동하고, 다른 사람, 특히 주 예수 그리스도는 안중에도 없이 그저 "좋은 삶"을 추구하는 최면술에 걸린 것 같은 이 세상에서 권능을 받은 크리스천들은 유일한 희망입니다. 성경은 이러한 불순종에 경고하고 있습니다. 이러한 생활방식은 다음에 기록된 말씀처럼 결국 영적 속박의 문으로 들어가는 길입니다.

갈라디아서 5:19~21

육체의 일은 분명하니 곧 음행과 더러운 것과 호색과 우상 숭배와 주술과 원수 맺는 것과 분쟁과 시기와 분냄과 당 짓는 것과 분열함과 이단과 투기와 술 취함과 방탕함과 또 그와 같은 것들이라 전에 너희에게 경계한 것 같이 경계하노니 이런 일을 하는 자들은 하나님의 나라를 유업으로 받지 못할 것이요

> ### 예수님 따라 하기
>
> - 위에 언급된 죄악 된 행위에 오랫동안 젖어 있었다는 것은 귀신을 끌어들이기 충분합니다. 우리가 그리스도를 영접하고 이러한 행악을 진심으로 뉘우친다면 우리는 자유롭게 되며 하나님 나라를 물려받게 됩니다.
> - 그러나 우리가 그리스도를 영접한 후에도 돌이켜 이러한 일들을 행한다면 우리는 귀신을 끌어들여 결국 영적으로 구속당하게 됩니다.
> - 누군가 하나님을 개인적으로 알고자 나왔다가 후에 하나님을 배신하기로 했거나 혹은 뻔뻔하게도 공개적인 불순종으로 하나님께 도전하기로 한 자가 있다면, 원수 마귀가 그들에게로 들어갑니다.
> - 유다가 좋은 본보기입니다. 유다가 예수님을 쫓아다니고 그가 해야 할 일을 잘 행했을 때 그는 악으로부터 보호를 받았습니다. 그러나 그가 공공연히 예수님을 배신하기로 한 그 순간 사탄은 그에게로 들어갔고 (누가복음 22:3) 결국 그를 자살하도록 만들었습니다.

놓임을 받을 필요가 있는 사람들이 있다

누군가의 삶에 틈이 생기면 귀신은 속임수를 써서 그 틈을 파고듭니다. 이런 일은 하나님의 명령에 불순종하거나 위에 언급된 갈라디아서 5장에 기록된 삶을 선택할 때 발생됩니다. 이런 경우 그 사람은 여지없이 귀신들리게 됩니다. 이를 그냥 방치한다면 귀신은 종종 이상한 신체적인 문제를 일으킵니다. 이런 문제 중 하나에 대해 성경에서는 "질병의 영"이라고 말합니다. 그 사람은 비정상적인 신체를 만드는 영으로부터 놓임을 받을 필요가 있습니다. 의학적으로 최고의 좋은 약이나 전문적인 상담도 그 사람을 치료할 수 없습니다. 예수 그리스도의 이름으로 적극적으로 기도하는 것만이 그 사람을 낫게 할 수 있습니다. 예수님께서는 이 특별한 영에 대해 다음에 기록된 말씀과 요한복음 5:5에서 언급하셨습니다.

누가복음 13:11~17

열여덟 해 동안이나 귀신 들려 앓으며 꼬부라져 조금도 펴지 못하는 한 여자가 있더라 예수께서 보시고 불러 이르시되 **여자여 네가 네 병에서 놓였다** 하시고 안수하시니 여자가 곧 펴고 하나님께 영광을 돌리는지라 회당장이 예수께서 안식일에 병 고치시는 것을 분 내어 무리에게 이르되 일할 날이 엿새가 있으니 그 동안에 와서 고침을 받을 것이요 안식일에는 하지 말 것이니라 하거늘 주께서 대답하여 이르시되 외식하는 자들아 너희가 각각 안식일에 자기의 소나 나귀를 외양간에서 풀어내어 이끌고 가서 물을 먹이지 아니하느냐 그러면 열여덟 해 동안 사탄에게 매인 바 된 이 아브라함의 딸을 안식일에 이 매임에서 푸는 것이 합당하지 아니하냐 예수께서 이 말씀을 하시매 모든 반대하는 자들은 부끄러워하고 온 무리는 그가 하시는 모든 영광스러운 일을 기뻐하니라

예수님 따라 하기

- 중요한 사항 : 귀신은 다양한 질병과 고통을 가져 오거나 몸을 쇠약하게 하거나 기형이 되게 합니다. 위의 경우 여자를 속박하고 있던 것은 사탄이었으며 심하게 굽은 그녀의 척추가 이를 증명하고 있습니다. 성경은 귀신들이 사람들의 육신을 구속하는 능력을 가지고 있음을 보여줍니다
- 그러나 모든 질병이 다 귀신에 의한 것만은 아닙니다. 우리가 반드시 성령님의 계시의 은사를 의지하여 정말로 의학적인 문제인지 귀신 때문인지 분별할 수 있도록 하는 것이 그러한 이유에서 입니다.
- 예수님께서 그 여인을 군중 속에서 발견하셨고, 또 다른 병자들이 군중 속에 있을 수도 있지만 이 여인을 선택하셨습니다. (예수님께서는 아버지께로부터 계시 받으신 일을 행하셨음을 기억하시오.)
- 예수님께서는 그녀에게 손을 얹을 수 있도록 가까이 나오라고 하셨습니다.
- 예수님께서는 "**여자여 네가 네 병에서 놓였다**"고 말씀하심으로 믿음과 해방의 말을 직접적으로 여인에게 선포하셨습니다.

- 여인은 곧 **펴고** 하나님께 **영광 돌리기** 시작했습니다.
- 크리스천들은 육체적인 장애를 일으키는 귀신으로부터 사람들이 "놓임을 받을 수 있도록" 하는 권세를 받았습니다.
- 이와 유사한 육체적인 문제를 가진 사람을 만나면 성령님께 기도하며 성령님께서 허락하신 구체적인 지시를 매우 예민한 자세로 기다려야 합니다.
- 성령님으로부터 **확실한 말씀**을 지시 받았다면 즉시 행하십시오. 우리는 할 수 있는 **권세**를 **항상** 가지고 있습니다. 그러나 **능력**은 우리가 성령님의 인도하심 대로 순종할 때 발휘됩니다.
- 우리가 귀신을 쫓아내는 일을 시작하기 전에 먼저 예수님처럼 아버지의 시간과 지시, 그리고 뜻에 따라 순종하는 법을 배워야 합니다. 성령님께서 바라시는 대로 우리가 즉시 행할 때 언제나 완전한 승리를 얻을 것입니다.
- 성령님께서 "그 사람을 구속으로부터 자유롭게 하라. 이는 귀신에 의한 것이다."라고 말씀하시면 예수님처럼 **행하십시오**.
- 예수님처럼 **그들에게 손을 얹으십시오**.
- 예수님처럼 그들에게 구원의 **말을 하십시오**. 예수님과 같이 '**네 병에서 놓임을 받으라**'고 말하십시오.
- 성령님의 지시대로 행할 때 여러분은 기적의 증인이 되는 것입니다.

강한 자의 집을 약탈하다.

성경은 귀신을 "강한 자"로 표현합니다. 그들은 우리가 예수 그리스도로부터 받은 힘과 권능에 대해 무지할 때 더 강하게 나타납니다. 예수님께서는 제자들을 귀신보다 더 뛰어나고 강하게 만드셨습니다. 예수님 시대의 종교 지도자들은 귀신을 다스리는 예수님의 능력과 권세에 대해 무지했습니다. 그들은 예수님께서 같은 능력과 권세를 제자들에게 부여했다는 사실을 알지 못했습니다. 오늘날까지도 이것은 마찬가지입니다. 일부 종교 지도자들은 무지하게도 성령님께서 귀신을 내쫓은 사건을 귀신의 왕인 현대판 바알세불을 힘입은 것이라 여기고 있습니다. (다음의 말씀을 참고하시오.) 우리는 귀신의 속박에서 사람들을 풀어주기 위해 하나님을 전적으로 신뢰하여야 합니다.

누가복음 11:14~23 마태복음 12:24~30 마가복음 3:22~30

누가복음 11:14~23: 예수께서 한 말 못하게 하는 귀신을 쫓아내시니 귀신이 나가매 **말 못하는 사람**이 말하는지라 무리들이 놀랍게 여겼으나 그 중에 더러는 말하기를 그가 귀신의 왕 **바알세불**을 힘입어 귀신을 쫓아낸다 하고 또 더러는 예수를 시험하여 하늘로부터 오는 표적을 구하니 예수께서 **그들의 생각을 아시고** 이르시되 스스로 분쟁하는 나라마다 황폐하여지며 스스로 분쟁하는 집은 무너지느니라 너희 말이 내가 바알세불을 힘입어 귀신을 쫓아낸다 하니 만일 사탄이 스스로 분쟁하면 그의 나라가 어떻게 서겠느냐 내가 바알세불을 힘입어 귀신을 쫓아내면 너희 아들들은 누구를 힘입어 쫓아내느냐 그러므로 그들이 너희 재판관이 되리라

그러나 내가 만일 하나님의 손을 힘입어 귀신을 쫓아낸다면 (마태복음 12:28… 하나님의 성령을 힘입어…) 하나님의 나라가 이미 너희에게 임하였느니라 강한 자가 무장을 하고 자기 집을 지킬 때에는 그 소유가 안전하되 (마가복음 3:27, 마태복음 12:29 사람이 먼저 강한 자를 결박하지 않고는 어떻게 그 강한 자의 집에 들어가 세간을 강탈하지 못하리니 결박한 후에야 그 집을 강탈하리라) 더 강한 자가 와서 그를 굴복시킬 때에는 그가 믿던 무장을 빼앗고 그의 재물을 나누느니라 나와 함께 하지 아니하는 자는 나를 반대하는 자요 나와 함께 모으지 아니하는 자는 헤치는 자니라

예수님 따라 하기

- 예수님께서는 사람들에게서 귀신의 움직임을 발견하시면 항상 확고하고 일관된 모습을 보이셨습니다. 우리도 마찬가지여야 합니다. 성령님께서 어떤 귀신인지 드러나게 하실 때까지 기다린다면 우리는 항상 승리할 것입니다.
- 말 못하게 하는 귀신은 "벙어리 귀신"입니다. 우리는 예수 그리스도의 이름으로 벙어리 귀신이 나가고 혀가 풀리도록 명령합니다. 이것이 그 사람을 자유롭게 하는 성령님의 능력입니다.
- 여러분이 귀신을 쫓을 때 "종교" 지도자들이 "마귀의 힘으로 쫓아냈다"고 비난할 것을 대비하십시오. 그들이 성령님의 역사를 마귀의 것으로 돌릴 때, 그들은 성령님에 대해 신성모독을 한 것이며 언젠가는 이 일에 대해 해명을 하게 될 것입니다. 그들과의 논쟁을 피하고 그들을 위해 기도하십시오. 그들의 무지함을 무시하고 사람들을 자유롭게 하는 일을 계속 하십시오.
- 예수님께서 말씀하신 "강한 자"는 귀신의 우두머리로서 사람들의 행동을 조정합니다. 하나님의 전신갑주를 취하고 예수님의 이름을 말할 때 귀신은 여러분을 이길 수 없습니다.
- 구원받았음을 확인한 후 그들이 성령 세례를 받도록 인도합니다.
- 그들의 영적 "집"을 하나님으로 가득하게 하는 것이 중요합니다. 그렇지 않다면, 성령의 전신갑주도 없이, 성령께서 집을 지켜주시지 않는, 깨끗이 "텅 빈" 집이 될 것입니다. 그는 공격 받기 쉬운 상태가 되어 귀신이 다시 돌아와 그를 이길 수 있습니다.
- 집을 가득 채우지 않고 첫 번째 굴레에서 벗어났다면 더 많은 귀신이 그들에게 몰려와 그 마음 가운데 자리잡을 것이며, 그들의 형편이 전보다 더 심한 상태가 될 것입니다(마태복음 12:43~45 참고).
- 주목 : "구속" 받음은 두 가지로 나타납니다. 우두머리 귀신(강한 자)은 하나님을 대적하는 반란이나 중독증 또는 불순종 등과 같은 다양한 방법으로 우리를 먼저 구속하지 않는 한 우리의 집(마음과 육신)을 노략질 할 수 없습니다. 반대로 우리는 우리가 먼저 강한 자를 예수님의 이름으로 구속하지 않는 한 강한 자의 집을 침략할 수 없습니다. 무엇이 그 사람을 구속하고 있든지, 그가 하나님께 항복하고 순종하도록 함으로써 우리는 그를 자유롭게 할 수 있습니다. 여기에는 구원을 받아들이고 물 세례를 받고 성령으로 세례를 받고 하나님의 뜻대로 행하는 모든 것이 포함됩니다.

귀신의 실체

귀신은 사람들을 벙어리로 만들 수도 있다.

말 못하는 원인이 귀신 때문이었던 경우를 우리는 몇 년간 보아왔습니다. 말하고 싶지만, 귀신이 그들을 결박하여 그들 스스로가 말할 수 없다고 믿게 되는 것입니다. 많은 사람들이 예수님께 이러한 문제를 들고 나왔음을 다음의 말씀에서 볼 수 있습니다.

마태복음 9:32~33

그들이 나갈 때에 귀신 들려 말 못하는 사람을 예수께 데려오니 귀신이 쫓겨나고 말 못하는 사람이 말하거늘 무리가 놀랍게 여겨 이르되 이스라엘 가운데서 이런 일을 본 적이 없다 하되

마태복음 12:22~23

그 때에 귀신 들려 눈 멀고 말 못하는 사람을 데리고 왔거늘 예수께서 고쳐 주시매 그 말 못하는 사람이 말하며 보게 된지라 무리가 다 놀라 이르되 이는 다윗의 자손이 아니냐 하니

예수님 따라 하기

- 사람들은 예수님께서 그들을 자유롭게 하실 것을 알고 나왔습니다. 그 벙어리는 자유롭게 되기를 갈망하며 믿음으로 나왔습니다.
- 귀신은 벙어리의 원인이 될 수 있습니다. 다시 말하지만 이 일을 확실히 하기 위해서는 영을 분별할 수 있는 은사가 필요합니다.
- 예수님께서는 담대하게 말하여 벙어리 귀신을 "내어 쫓으라"고 가르치십니다.

- 군중들은 그가 말하게 되자 기이히 여기며 놀랐습니다. 우리는 귀신을 내쫓은 것에 대해 하나님께 즉시 감사해야 합니다.
- 여러분과 여러분의 팀에 대해 부정적인 말을 하는 "종교 지도자"들을 무시하십시오. 항상 그들을 사랑으로 대하십시오. 귀신으로부터 해방된 사람들이 나가서 종교지도자들에게 있었던 일을 이야기 할 때 모든 문제는 해결됩니다.

"말 못함(No Speak)"이라는 이름의 소녀.

두 명의 선교사와, 여자 목사 한 분, 하이테크 회사의 CEO 한 분과 그의 딸, 소냐와 나로 구성된 선교단이 태국 북부의 한 고지대 부족을 찾았습니다. 한 주는 그 곳에 있는 라후 부족 마을에서 가르치고 또 한 주는 카렌 부족 마을에서 가르치기로 되어 있었습니다. 우리의 목적은 그들이 예수 그리스도께서 주신 권능을 충분히 이해하고 사용할 수 있도록 하는 것이었습니다. 우리는 예수님처럼 행했습니다. 우리는 말씀을 가르쳤고 복음을 전했으며 병자를 치료했습니다. 어느 날 오후, CEO의 딸인 던(Dawn)이 그녀가 돌보던 벙어리 소녀가 기도하면 나을 수 있을 거라는 확신을 느꼈습니다.

그 여섯 살짜리 소녀는 유아기 때부터 벙어리였으므로 라후 부족어로 "말 못함"이라는 이름으로 불려왔습니다. 그 부모가 그 소녀를 위해 기도해도 좋다고 허락했습니다. 주님께서 하이테크 회사의 CEO인 스티브 대로우 씨와 라후 부족의 목사로 하여금 소녀를 위해 기도하도록 하셨습니다. 스티브와 목사는 소녀에게 안수하였고, 스티브는 소녀를 속박하고 있는 귀신에게 나가라고 명령했습니다. 스티브는 "벙어리 귀신아, 예수 그리스도의 이름으로 명하노니 소녀에게서 나가라! 나는 이 부족의 저주로부터 이 아이를 풀어줄 것이다. 예수님의 이름으로 떠나라!" 우리는 그 소녀를 다른 아이들과 함께 가서 놀라고 말하고, 그 소녀가 뭔가 말을 하면 와서 알려달라고 당부했습니다. 그날 늦게 아이들이 모두 달려오며 이렇게 말했습니다. "말해요. 말한다구요!" 그날 저녁 아이들은 그 소녀가 난생 처음 노래하는 것을 도와주었습니다. 던은 그 소녀의 이름을 "말 못함"에서 "기쁨"으로 바꾸어 주었습니다. 우리는 놀라우신 하나님을 섬기고 있습니다!

말라리아가 치유되다.

우리가 라후 부족에서 사역할 때, 버마에서 한 여인이 말라리아를 치유 받기 위해 우리를 찾아왔습니다. 그 여인은 라후에서 기적이 있었다는 소식을 듣고는 산을 넘어 수 마일을 걸어왔습니다. 그 여인의 모습은 아주 끔찍했습니다. 쇠약하고, 피부는 누렇게 떠 있었으며, 서 있기도 힘들 정도로 약해 보였습니다. 그 여인이 앉는 동안 성령께서 나 (죤)에게 말씀하셨습니다. "귀신이다. 더러운 영이 이 증세의 원인이다. 내쫓아라!" 두 명의 통역관의 도움을 받아 나는 즉시 그 더러운 영에게 그녀에게서 떠나라고 명령했습니다. 금세 그 여인의 피부색이 정상이 되었고, 여인은 미소를 지었으며 육신에 원기가 회복되었습니다. 그 여인은 우리에게 감사를 표했고 활기차게 돌아갔습니다. 통역관 중 하나는 타이 복음교회의 목사였습니다. 그는 완전히 압도되어 기쁨과 놀라움으로 눈물을 흘리며 말했습니다. "저는 다른 크리스천에게서 예수님께서 사람들을 치료하신다는 소식을 들었습니다. 지금 하나님의 영광을 직접 보았습니다. 내 눈으로 직접 기적을 목격 하였습니다. 그 여인은 말라리아에 걸렸는데… 예수님께서 치료하신 것을 보았습니다. 하나님을 찬양합니다!" 다음의 본문은 예수님께서 간질병과 유사한 증세를 보이는 벙어리 귀신이 든 소년을 어떻게 치유하셨는지 잘 묘사되어 있습니다.

마가복음 9:14~29 마태복음 17:14~21 누가복음 9:37~42

마가복음 9:14~29: 이에 그들이 제자들에게 와서 보니 큰 무리가 그들을 둘러싸고 서기관들이 그들과 더불어 변론하고 있더라 온 무리가 곧 예수를 보고 매우 놀라며 달려와 문안하거늘 예수께서 물으시되 너희가 무엇을 그들과 변론하느냐 무리 중의 하나가 대답하되 선생님 말 못하게 귀신 들린 내 아들을 선생님께 데려왔나이다 (마태복음 17:15 주여 내 아들을 불쌍히 여기소서 그가 간질로 심히 고생하여 자주 불에도 넘어지며 물에도 넘어지는지라) (누가복음 9:39 귀신이 그를 잡아 갑자기 부르짖게 하고 경련을 일으켜 거품을 흘리게 하며 몹시 상하게 하고야 겨우 떠나 가나이다) 귀신이 어디서든지 그를 잡으면 거꾸러져 거품을 흘리며 이를 갈며 그리고 파리해지는지라 내가 선생님의 제자들에게 내쫓아 달라 하였으나 그들이 능히 하지 못하더이다 대답하여 이르시되 믿음이 없는 세대여 내가 얼마나 너희와 함께 있으며 얼마나 너희에게 참으리요 그를 내게로 데려 오라 하시매 이에 데리고 오니 귀신이 예수를 보고 곧 그 아이로 심히 경련을 일으키게 하는지라 그가 땅에 엎드러져 구르며 거품을 흘리더라 예수께서 그 아버지에게 물으시되 언제부터 이렇게 되었느냐 하시니 이르되 어릴 때부터니이다 귀신이 그를 죽이려고 불과 물에 자주 던졌나이다 그러나 무엇을 하실 수 있거든 우리를 불쌍히 여기사 도와 주옵소서 예수께서 이르시되 할 수 있거든이 무슨 말이냐 믿는 자에게는 능히 하지 못할 일이 없느니라 하시니 곧 그 아이의 아버지가 소리를 질러 이르되 내가 믿나이다 나의 믿음 없는 것을 도와 주소서 하더라

예수께서 무리가 달려와 모이는 것을 보시고 그 더러운 귀신을 꾸짖어 (마태복음 17:18 …귀신이…) 이르시되 말 못하고 못 듣는 귀신아 내가 네게 명하노니 그 아이에게서 나오고 다시 들어가지 말라 하시매 귀신이 소리 지르며 아이로 심히 경련을 일으키게 하고 (누가복음 9:42 …귀신이 그를 거꾸러뜨리고 …) 나가니 그 아이가 죽은 것 같이 되어 많은 사람이 말하기를 죽었다 하나 예수께서 그 손을 잡아 일으키시니 이에 일어서니라 (마태복음 17:18 …아이가 그 때부터 나으니라)

집에 들어가시매 제자들이 조용히 묻자오되 우리는 어찌하여 능히 그 귀

신을 쫓아내지 못하였나이까 이르시되 (마태복음 17:20 이르시되 너희 믿음이 적은 까닭이니라 진실로 너희에게 이르노니 만일 너희에게 믿음이 겨자씨 한 알 만큼만 있어도 이 산을 명하여 여기서 저기로 옮겨지라 하면 옮겨질 것이요 또 너희가 못할 것이 없으리라) 기도 외에 다른 것으로는 이런 유가 나갈 수 없느니라 하시니라

예수님 따라 하기

- 예수님께서는 귀신 쫓는 많은 방법을 마태, 마가, 누가의 시각을 통해 자세히 가르쳐 주셨습니다.
- **신체적인 증상**: 위 본문의 소년은 간질과 같은 증세를 보였습니다. 우리는 이것이 진정 귀신의 역사인지 아니면 단순히 두뇌 이상에서 오는 간질인지 알 수 있도록 영분별의 능력을 성령께 간구하여야 합니다. 위 본문의 경우 귀신은 소년을 붙들고 소리지르게 했습니다. 귀신들린 사람들은 비명을 지르거나 고함지르고, 시끄럽게 합니다. 마치 난폭하게 취급 당하거나 땅 바닥에 던져진 듯 거세게 경련을 일으키기도 합니다. 입에는 거품을 물고 침을 뱉습니다. 이를 갈거나 마비가 올 수도 있습니다. 그러다가 결국 혼수상태에 빠진 것처럼 조용해지기도 합니다.
- 귀신이 문제의 원인일 경우에만 귀신을 쫓아낼 수 있음을 명심하십시오.
- **믿음 없음**: 귀신을 쫓아내기 위해서 필요한 것은 흔들리지 않는 믿음뿐이라는 사실을 그 아버지와 제자들에게 말씀하셨습니다.
- 또한 "믿는 자에게는 능히 하지 못 할 일이 없느니라"고 말씀하셨습니다. 우리가 구원의 사역을 감당할 때 기도하며 "믿음의 선물"이 우리에게 내려지기를 기대하여야 합니다.
- **기도와 금식**은 우리가 계시와 믿음의 은사로 성공적으로 일을 감당하려 할 때 필요합니다. 이것은 우리가 구원사역을 시작하기 전에 선행되어야 합니다. 어떤 귀신들은 쉽게 나오지 않습니다. 기도와 금식은 어떠한·귀신이든지 약하게 만들고, 정체를 드러내게 하며, 또한 쫓아내는 데 필요합니다.

- 종교 지도자들과의 **언쟁을 피하십시오**. 새신자들은 종교 지도자들과 논쟁하기 쉽습니다. 이것은 쓸데 없는 일입니다. 절대로 하지 마십시오.
- **부모들과 대화하십시오**. 약으로 병을 해결할 수 있는지 먼저 결정하십시오. 그러나 귀신은 약에 절대 반응하지 않습니다. 하나님께서 하신다는 사실을 부모들이 믿을 것인지 정확히 결정하게 하십시오. 그들이 인정하는 것 이상은 하지 마십시오. 모두가 동의해야 합니다.
- **믿음의 소리에 귀 기울이십시오**. 위의 경우 소년의 아버지는 "무엇을 하실 수 있거든"이라고 말했습니다. 가족들 앞에서 보인 믿음의 말을 들으십시오. 그들이 성공을 기대하기 전에는 더 진행하지 마십시오. "주님, 내가 믿나이다. 나의 믿음 없는 것을 도와주소서!"
- **구원의 사역에 동참하십시오**. 신체를 해치는 귀신에게 말을 먼저 거십시오. 만일 귀머거리라면 "**귀머거리 귀신**"에게 말을 거십시오. 만일 벙어리라면 "**벙어리 귀신**"에게 말을 거십시오. 그리고 귀신에게 **나오라**고 명령하십시오. 귀신에게 **절대 그 사람에게로 다시 돌아가거나 들어가지 말라**고 명령하십시오.
- **귀신 이름 부르기**. 우리는 간혹 귀신들에게 그들의 이름을 물어 봅니다. 그들은 항상 거짓말을 합니다. 그러므로 우리는 사람을 속박하고 있는 귀신의 이름을 진리의 영이신 성령님께 여쭈어 보아야 합니다. 성령님께서 계시해 주시면 그 귀신의 이름을 부릅니다.
- 귀신을 쫓아내는 동안에 계속되는 **신체적 표현들**은 예수님의 권세에 놀란 귀신들의 반응일 뿐입니다. 보이는 현상들에 **관심을 두지 말고**, 성령님의 지시에 귀를 기울이십시오.
- 성령님께서 우리가 할 일을 다 했다고 말씀하시면 우리는 할 일을 다한 것입니다. 더 이상 이상한 현상이 보이지 않기 때문에 우리의 일이 끝난 것이 아닙니다. 그 팀의 모든 사람들이 성령님께서 "그만 되었다" 말씀하시는 것을 들을 때 우리는 우리의 할 일을 다한 것입니다.
- 귀신이 떠난 사람에게 성숙한 기도 파트너와 반드시 가까이 할 것을 약속하게 하시오. 귀신들린 문제를 발생시켰던 동일한 행동이나 사람들, 혹은 그 환경에 결코 돌아가지 않을 것을 약속하게 하시오.
- **보고하시오**. 경험한 사건을 다음에 있을 동일한 사역에 좀더 잘 대응할 수 있도록 팀의 교육자료로 활용하시오.

귀신에 사로잡힌 소년.

일주일 내내 말레이시아의 페낭에서 치유사역을 감당하는 동안 나(존)는 귀신들렸거나(demonized) 귀신에 사로잡힌(demon-possessed) 많은 사람들을 만났습니다. 이 두 부류 사이의 차이는 귀신이 사람을 어느 정도 통제하느냐에 따른 것입니다. 귀신들린 사람은 일상생활에서는 정상적으로 활동할 수 있습니다. 그러나 한 가지 혹은 더 많은 분야에서 그들은 자신의 행동을 통제하지 못합니다. 그들의 정신적인 인지 상태는 아주 뒤틀려 있습니다. 이에 비해 귀신에 사로잡힌 사람은 거의 통제가 불가능합니다.

우리의 선교여행 중에 한 어머니가 귀신에 사로잡힌 아들을 데리고 온 적이 있었습니다. 그녀의 아들은 완전히 정신이 나간 약 일곱 살 정도 되어 보이는 소년이었습니다. 그 어머니는 우리가 병자들을 부를 때까지 예배당 뒤편에 앉아서 소년의 등을 꽉 붙들고 있었습니다. 순서가 되자 그 어머니는 발길질하고 소리지르는 소년을 앞으로 데리고 나왔습니다. 그 소년은 어머니가 소년을 꽉 붙들어 안은 채 의자에 앉자 마치 들고양이처럼 소리지르고 침을 뱉었습니다. 우리는 치유와 해방사역을 위해 각각 두 명씩 30개 조의 치유팀을 훈련했습니다. 그들은 신앙심이 대단했으며 어떠한 것도 할 수 있는 준비가 되어 있었습니다.

두 명의 여신도들로 구성된 한 치유팀이 그 소년에게로 다가가 허리를 숙여 그 소년의 눈을 똑바로 바라보며 "너는 예수 그리스도의 이름으로 묶였다! 그 아이에게서 당장 나와라!" 하며 명령했습니다. 소년은 마비가 되어서 가장 높은 목소리로 비명을 지르더니 지쳐서 폭 쓰러지고 말았습니다. 잠시 후 그 소년은 완전히 해방되었습니다. 소년은 일어서서 그 어머니에게 기대어 놀라움에 가득 찬 눈으로 주위를 둘러보았습니다. 그에게 모든 것이 낯설어 보이는 듯했습니다. 그는 완전히 해방되었고 정상적으로 행동하였습니다. 그 어머니는 너무나 감사해서 소년의 구원사역에 참여했던 두 여신도와 함께 기쁜 마음으로 기도를 하였고 예수님을 그 삶에 기꺼이 받아들였습니다. 나는 하나님께서 믿는 자들에게 이처럼 사람들을 구원하라고 주신 놀라운 능력을 기념하기 위해 이 장면을 사진으로 남겼습니다.

예수 이름의 능력.

다음 날 밤에는 600명이 넘는 사람들이 예배 드리러 모였습니다. 나는 예배당의 뒷자리에 앉아 질병을 치유하는 사역팀의 사역을 기록하고 감독하고 있었습니다. 기적은 매 분마다 일어났습니다. 휠체어를 타고 나왔던 사람이 강단 위로 걸어 나와 병이 치료되었음을 간증하였습니다. 뒤틀리고 굽었던 팔과 다리, 등이 다시 펴져서 강단으로 나와 간증하기도 했습니다. 예배당은 믿음과 흥분의 도가니가 되었습니다.

이 때 나는 당황한 표정으로 나를 바라보는 한 남자를 발견하였습니다. 그가 영어를 말하기에 "하나님께서 형제님께 어떤 일을 하시기 원합니까?"하고 묻자 "저는 잠을 잘 수 없습니다. 저를 위해 기도해 주십시오" 하고 대답했습니다. 나는 "예수님을 아십니까?"하고 물었고, 내가 "예수"라고 말하는 순간 뭔가가 그의 가슴을 강하게 내리치는 것 같았습니다. 내가 그를 만지지도 않았는데 그는 뒤로 넘어져서 바닥에 쓰러지고 말았습니다. 40분 정도 누워 있다가 마침내 일어난 그는 그가 "바다의 여신"을 믿었었다는 사실을 회개하였는데 자신에게 무슨 일이 있었는지도 알지 못했습니다. 나는 그에게 바로 예수님만이 당신의 유일한 희망이라고 말했습니다. 그는 기쁜 마음으로 기도했고 예수님께 구주가 되어 달라고 기도 했습니다. 이 사건은 사람들의 삶 가운데 강력한 진을 구축하고 있는 귀신의 권세 앞에 예수님의 이름이 얼마나 강한

지를 보여주는 예입니다.

거라사의 귀신들린 사람.

앞에서도 말했듯이, 귀신들린 것과 완전히 귀신에 사로잡힌 것의 차이는 귀신이 사람을 조정하는 정도에 따라 구분됩니다. 누군가가 귀신에 사로잡혔다면 그 사람은 자신의 행동을 거의 통제하지 못합니다. 서양에서는 그런 사람들을 정신이상자로 취급하여 대부분 정신병원 등에 가두어 놓습니다. 귀신들린 사람들은 사회에서는 정상적으로 행동하지만 개인적인 삶에서는 어떤 특정한 역할이나 기능을 담당하는 데 큰 어려움을 당할 수 있습니다. 그의 생활에 있어 문제 있는 부분을 계속 파헤치거나 화가 나는 일 등을 하게 되면 그는 이상스럽거나 정신착란적인 행동을 하게 될 것입니다. 다음의 경우는 완전히 귀신에 사로잡힌 사람의 이야기입니다.

마가복음 5:1~20 마태복음 8:28~34 누가복음 8:26~39

마가복음 5:1~20 예수께서 바다 건너편 거라사인의 지방에 이르러 배에서 나오시매 곧 더러운 귀신 들린 사람이 무덤 사이에서 나와 예수를 만나니라 그 사람은 무덤 사이에 거처하는데 (마태복음 8:28 … 귀신 들린 자 둘이…) 이제는 아무도 그를 쇠사슬로도 맬 수 없게 되었으니 이는 여러 번 고랑과 쇠사슬에 매였어도 쇠사슬을 끊고 고랑을 깨뜨렸음이라 그리하여 아무도 그를 제어할 힘이 없는지라 밤낮 무덤 사이에서나 산에서나 늘 소리지르며 돌로 자기의 몸을 해치고 있었더라

그가 멀리서 예수를 보고 달려와 절하며 큰 소리로 부르짖어 이르되 지극히 높으신 하나님의 아들 예수여 나와 당신이 무슨 상관이 있나이까 원하건대 하나님 앞에 맹세하고 나를 괴롭히지 마옵소서 하니 이는 예수께서 이미 그에게 이르시기를 더러운 귀신아 그 사람에게서 나오라 하셨음이라

이에 물으시되 네 이름이 무엇이냐 이르되 내 이름은 군대니 우리가 많음 이니이다 하고 (누가복음 8:30 …이는 많은 귀신이 들렸음이라) 자기를 그 지방에서 내보내지 마시기를 간구하더니 (누가복음 8:31 … 무저갱으로 들어가라)

마침 거기 돼지의 큰 떼가 산 곁에서 먹고 있는지라 이에 간구하여 이르되 우리를 돼지에게로 보내어 들어가게 하소서 하니

허락하신대 더러운 귀신들이 나와서 돼지에게로 들어가매 거의 이천 마리 되는 떼가 바다를 향하여 비탈로 내리달아 바다에서 몰사하거늘 치던 자들이 도망하여 읍내와 여러 마을에 말하니 사람들이 그 어떻게 되었는지를 보러 와서 예수께 이르러 그 귀신 들렸던 자 곧 군대 귀신 지폈던 자가 옷을 입고 정신이 온전하여 앉은 것을 보고 두려워하더라

이에 귀신 들렸던 자가 당한 것과 (누가복음 8:36 …구원 받았는지…) 돼지의 일을 본 자들이 그들에게 알리매 그들이 예수께 그 지방에서 떠나시기를 간구하더라 (누가복음 8:37 … 크게 두려워 하여)

예수께서 배에 오르실 때에 귀신 들렸던 사람이 함께 있기를 간구하였으나 허락하지 아니하시고 그에게 이르시되 집으로 돌아가 주께서 네게 어떻게 큰 일을 행하사 너를 불쌍히 여기신 것을 네 가족에게 알리라 하시니 그가 가서 예수께서 자기에게 어떻게 큰 일 행하셨는지를 데가볼리에 전파하니 모든 사람이 놀랍게 여기더라

예수님 따라 하기

● 예수님께서는 귀신에 사로잡힌 자들에게 사랑과 측은지심으로 다가갈 수 있는 방법을 가르쳐 주셨습니다. 우리는 가서 그들을 자유롭게 해주기만 하면 됩니다.

● 귀신들도 우리가 그들을 굴복시킬 권세와 능력이 있다는 사실을 알고 있으며 어떤 크리스천들은 그들의 영역까지도 위협할 수 있다는 사실을 알고 있습니다. 귀신들은 우리가 가진 권능을 우리가 잘 알고 있는지 알아보려고 종종 우리에게 도전합니다. 그들은 사람들을 통해 이야기

하거나, 크리스천들을 시험하기 위해 자신들의 초인적인 힘을 보여주기도 합니다. 사람의 노력으로는 귀신들을 굴복시킬 수 없지만 예수님의 이름은 귀신을 결박하고 우리들에게 신체적인 해를 입히지 못하도록 만듭니다.
- 귀신에 사로잡힌 사람은 **시끄럽고 역겨우며** 사회에서 정상적인 기능을 할 수 없습니다. 벌거벗은 채로 다니기도 하고 스스로 자해하기도 하고 혼자 살려고 애쓰기도 합니다.
- 귀신들은 그들이 들어가 있는 사람에게서 떠나려 하지 않습니다.
- 귀신이 협상을 요구한다는 것은 대개 귀신들이 우리에게 그들을 굴복할 힘이 있다는 것을 알고 있다는 것입니다. 따라서 예수님처럼 대범하게 귀신을 내어 쫓으십시오. 여기서 "괴롭게 마옵소서"라는 것은 쫓겨났다는 뜻입니다.
- 귀신에 사로잡힌 사람에게 익숙해진 이웃들은 귀신으로부터 해방되는 것이 중요하다는 것을 이해하지 못합니다. 그들은 어떤 일이 벌어질지 두려워합니다. 그들은 우리더러 가라고 말하기도 하는데 특히 하나님이 계시다는 사실이 그들의 생활과 생계를 위협할 경우 그러합니다.
- 누가복음 8:29: **이는 예수께서 이미 더러운 귀신을 명하사 이 사람에게서 나오라 하셨음이라** 이 말씀은 귀신이 즉시 나오지 않는다는 것을 말하고 있습니다. 귀신은 돼지에게 들어갈 때까지는 나오지 않았습니다. (누가복음 8:33 참조)
- 우리가 사역 중 여러 귀신들린 사람을 만날 수도 있을 것입니다. 우두머리 귀신을 잡기 위해 성령님께서 우리에게 주시는 특별한 지시에 귀기울이십시오. 그렇지 않으면 모든 귀신을 쫓아내기 위해 시간이 많이 걸릴 것입니다.
- 귀신으로부터 자유로워진 사람은 이웃을 찾아가서 하나님께서 자신에게 하신 일을 간증하고 복음을 전해야 합니다.

제자들은 예수님처럼 행했다.

초창기의 제자들이 예수님께서 가르치신 것을 어떻게 지속적으로 행했는지 알아보도록 합시다. 제자들은 귀신을 쫓아낸 예수님을 본 증인들이었습니다. 그들은 우리처럼 예수님께서 일러주신 대로 사역을 감당했습니다. 제자들도 우리처럼 단지 성령님으로부터 능력을 받았을 뿐이었습니다. 예수님께서 제자들에게 보이신 방법 대로 귀신을 쫓아내려는 그들의 시도가 어떤 결과를 가져왔는지 살펴봅시다.

빌립은 더러운 영을 쫓아냈다.

예루살렘에서 종교 박해가 시작되자 제자들은 이웃 마을이나 도시로 흩어졌습니다. 제자들은 예수님의 가르치심을 받아왔고 이제 성령의 능력과 기름 부으심으로 복음을 전할 때가 온 것입니다. 빌립은 예수 그리스도께서 주신 권능을 발견하였습니다.

사도행전 8:4~8

그 흩어진 사람들이 두루 다니며 복음의 말씀을 전할새 빌립이 사마리아 성에 내려가 그리스도를 백성에게 전파하니 무리가 빌립의 말도 듣고 행하는 표적도 보고 한마음으로 그가 하는 말을 따르더라 많은 사람에게 붙었던 더러운 귀신들이 크게 소리를 지르며 나가고 또 많은 중풍병자와 못 걷는 사람이 나으니 그 성에 큰 기쁨이 있더라

예수님 따라 하기

- **설교**는 더러운 영을 뒤흔들어 놓습니다. 빌립은 예수님께서 마가복음 16:15~20에서 전하라고 하신 말씀을 전하고 있습니다. 이 기적은 믿는 사람들에게만 나타납니다. 치유, 귀신을 물리침 등등.
- ● **설교**는 사람들로 하여금 빌립이 하는 말에 주의를 기울이게 합니다. 그들은 예수님께서 귀신으로부터, 중풍에서부터, 절름발이로부터 그들을 자유롭게 할 수 있다는 사실을 처음 들었습니다. 그 도시에 큰 기

쁨이 있었습니다. 교리에 대한 저항이나 논쟁은 전혀 없었습니다. 그들은 친구와 가족이 예수의 이름으로 치료받은 것을 기뻐했습니다.
- 사마리아인들은 빌립이 행한 기적을 보았습니다.
- 귀신은 나오면서 큰소리치며 소동을 일으킵니다. 이런 상황이 될 것을 예상은 하고 있지만 복음 전하는 일을 그들이 방해하도록 해서는 안 됩니다. "조용히 해라"하고 명령해야 합니다.
- 귀신은 마비를 일으키지만 귀신이 나가면 마비도 사라집니다.
- 위대한 기사와 표적이 빌립이 말씀을 전할 때 나타났는데 주로 종교지도자들의 방해가 없었기 때문입니다. 종교지도자들은 예비 크리스천(더러운 이방) 백성들과 관련되기 원하지 않았으므로 그곳에 없었습니다.
- 서구 세계에 널리 퍼져있는 의심과 불신을 버린다면 더 많은 치료와 기적이 나타날 것입니다.

바울이 귀신을 물리치다.

바울은 성령세례를 주었고, 예수 그리스도로부터 받은 권능을 행했습니다. 바울은 다음 성경 말씀에서 귀신들린 여종을 고쳐줌으로 능력을 행했습니다.

사도행전 16:16~19

우리가 기도하는 곳에 가다가 점치는 귀신 들린 여종 하나를 만나니 점으로 그 주인들에게 큰 이익을 주는 자라 그가 바울과 우리를 따라와 소리 질러 이르되 이 사람들은 지극히 높은 하나님의 종으로서 구원의 길을 너희에게 전하는 자라 하며 이같이 여러 날을 하는지라 바울이 심히 괴로워하여 돌이켜 그 귀신에게 이르되 **예수 그리스도의 이름으로 내가 네게 명하노니 그에게서 나오라** 하니 귀신이 즉시 나오니라 여종의 주인들은 자기 수익의 소망이 끊어진 것을 보고 바울과 실라를 붙잡아 장터로 관리들에게 끌어 갔다가

일을 어렵게 만들지 말라

초신자들이 구원사역에 참여하게 되면 흥분하거나 감정적이 되는 경향이 있습니다. 우리가 바울이 귀신들린 여종을 상대했던 그 상황을 사용한다면, 이것은 놀라운 사례가 될 수 있습니다.

바울이 사용했던 방법을 개선하려 하거나 더 어렵게 하려 하면 안 됩니다. 단지 바울처럼 하면 됩니다. 끈기를 가지고 성령님의 때를 기다리십시오. 성령님께서 임재하여 귀신을 쫓아내라 말씀하시면 예수 그리스도의 이름으로 귀신에게 나가라고 명령합니다. 성령님께서 이제 되었다고 말씀하실 때까지 단호하고 확실한 자세로 임해야 합니다. 소리를 지르거나 그 사람을 물리적으로 대할 필요도 없습니다. 이러한 행위는 귀신이 여러분을 단순히 인간으로 여기거나 육적인 전략으로 여기도록 할 뿐입니다. 성령의 인도하심을 의지한다면 단시간 내에 귀신들린 사람을 풀어줄 수 있을 것입니다.

신당(spirit house).

제 3 세계나 개발도상국에서 유난히 귀신의 역사가 더 심한 이유를 묻는 사람들이 많이 있습니다. 그 이유는 그들이 일반적으로 더 미신적이기 때문입니다. 그들의 종교는 귀신의 초자연성에 기초를 하고 있습니다. 이를테면 태국의 불교 중 매우 중요한 부분이 바로 "신당(spirit house)" 현상입니다. 이것은 미국에 있는 대부분의 태국 식당과 몇몇 중국 식당에서도 볼 수 있습니다. 태국의 대부분의 가정과 회사에는 귀신을 존경하고 달래기 위해 아름답게 장식한 조형물이 있습니다. 성공한 사람일수록 신당은 더 넓게 조성되어 있습니다. 여러분은 종종 크리스천들이 귀신을 달래기 위한 이 신당의 기능을 잘 모른 채 이 신당의 아름다움을 칭찬하는 것을 보기도 했을 것입니다.

부정적인 힘을 느낄 수 있다.

영권에 민감한 크리스천이라면 신당에서 풍겨나는 부정적인 에너지를 느낄 수 있습니다. 많은 경우 우리는 실제로 신당을 보기도 전에 귀신이 있다는 것을 수없이 많이 느낄 수 있었습니다. 우리는 부정적인 에너지를 감지해서 둘러보았고, 충분히 확신했으며 거기에는 귀신이 있었습니다.

신당 하면 떠오르는 것은 사람들이 귀신을 달래기 위해 꽃과 음식 심지어는 코카콜라를 바쳐 귀신으로부터 해를 받지 않도록 하는 것입니다. 사람들은 귀신(그들은 죽은 친척이나 친구로 생각한다.)을 일부러 초대하여 기만당하며 마귀가 그들의 집에 거주할 수 있는 권리를 주고 있는 것입니다. 바울은 크리스천들에게 "귀신과 교제하지 말라"고 경고하고 있습니다.

> **고린도전서 10:19~21**
>
> 그런즉 내가 무엇을 말하느냐 우상의 제물은 무엇이며 우상은 무엇이냐 무릇 이방인이 제사하는 것은 귀신에게 하는 것이요 하나님께 제사하는 것이 아니니 나는 너희가 귀신과 교제하는 자가 되기를 원하지 아니하노라 너희가 주의 잔과 귀신의 잔을 겸하여 마시지 못하고 주의 식탁과 귀신의 식탁에 겸하여 참여하지 못하리라

> **예수님 따라 하기**
> - 우상이나 신당은 귀신을 유인합니다. 사람들은 때때로 잘 모른 채 귀신에게 희생이 됩니다.
> - 크리스천들은 절을 방문하거나 신당을 숭배하거나 크든 작든 어떤 종류라도 우상을 섬기는 일을 통해 자기 자신을 귀신에게 개방해서는 안 됩니다.
> - 이러한 부정적인 에너지는 신비사상이나 혹은 뉴에이지 모임이나 뉴에이지 서적을 취급하는 서점 내에 혹은 그 주변에서 식별되기도 합니다.

태국의 크리스천들은 타 도시에서 잠시 방문을 위해 찾아오면서 우상과 마술도구 등을 가져오는 예비 크리스천 친척들과 논쟁해야 합니다. 초자연적인 차원의 실체가 있기 때문에 크리스천들은 자신의 집을 방문하는 친척들을 따라온 귀신들의 권세를 기도하며 물리쳐야 합니다. 그렇게 하지 않으면 어떠한 일이 발생할지 모르며, 그들의 집에 깃들어 있는 하나님의 평안이 깨질 것입니다.

절에 귀신의 역사가 집중되어 있다.

이 글을 읽고 있는 여러분에게 아주 억지스러운 이야기로 들릴 수 있지만, 이러한 나라들에 살고 있는 선교사나 크리스천들과 이야기하다 보면 여러분도 이를 쉽게 확인할 수 있을 것입니다. 귀신의 역사가 집중된 다른 장소를 예를 들라면 그들의 사원이나 절 등이 있습니다. 다시 한 번 말하지만, 여러분은 이러한 우상숭배의 장소에서 발산되는 부정적인 에너지를 느낄 수 있을 것입니다. 숭배자는 에너지를 느끼고 그것을 두려워하여, 해를 당하지 않기 위해 어쩔 수 없이 귀신을 달래려 합니다. 크리스천들은 이런 귀신의 장소를 방문해서는 안 됩니다.

마치 젖은 거미줄 같았다.

내가(존) 처음 말레이시아의 페낭을 방문하였을 때 A.L. 그릴 박사와 함께 여행했습니다. 그는 이교도 사원 내부와 주변에서 활동하고 있는 귀신에 대해 특별히 더 민감한 사람이었습니다. 우리가 공항에서 호텔로 가는 도중에 나는 자동차의 뒤 좌석에서 "수천의 사원이 있는 도시"의 처음 보는 광경을 놀라워하며 앉아 있었습니다. 매우 정교하게 세워진 힌두사원이 가까워지자 앞 좌석에 앉아 있던 그릴박사는 백미러를 통해 뒤 좌석에 앉은 내 반응을 살폈습니다. 가파른 지붕에 불쑥불쑥 튀어나온 수천 개의 귀신 상들을 바라보자 갑자기 끔찍한 느낌이 나를 엄습해 왔습니다. 마치 차갑고 축축한 거미줄이 내 위로 떨어진 것 같은 느낌이었습니다. 나의 이런 반응을 보며 그릴 박사는 미소를 지었고, 웃으며 이렇게 말했습니다. "당신의 영적 안테나가 잘 작동하고 있군요. 안테나를 잘 맞추어 놓고 있어야 문제를 막을 수 있습니다." 그는 영분별의 은사를 나타내고 있었습니다. 내가 말레이시아에 있는 6주 동안 쉬지 않고 이 은사를 나타내도록 하신 성령님께 감사했습니다.

하나님께서 그분의 능력을 나타내실 수 있도록 해야 한다.

이러한 나라의 국민들은 초자연적인 것을 믿는 영역에서 살고 있고, 귀신에 대한 두려움에 사로잡혀 있기 때문에 그들에게 사역하기 위한 가장 효과적인 방법은 하나님의 사랑과 능력을 나타내는 것입니다. 태국 남부의 부족민들을 불러 전도집회를 열어 놓았을 때, 누군가가 귀신들어 진흙탕에 넘어지고 뱀처럼 기어 다니기 시작한다면 우리는 그리스도 안에 있는 우리의 권능을 아는 것이 좋을 것입니다. 달변의 설교나 우리가 신학교에서 배운 가르침들은 이러한 상황을 전혀 제압할 수 없습니다. 예수 그리스도께서 우리에게 주신 권능으로 다가가 성령님께서 우리를 통해 역사하시도록 하여야 합니다. 바울은 이러한 상황에 어떻게 대처해야 하는지를 잘 알고 있었습니다.

고린도전서 2:4~5

내 말과 내 전도함이 설득력 있는 지혜의 말로 하지 아니하고 다만 성령의 나타나심과 능력으로 하여 너희 믿음이 사람의 지혜에 있지 아니하고 다만 하나님의 능력에 있게 하려 하였노라

예수님 따라 하기

- 바울처럼 하면 됩니다. 단지 예수 그리스도의 이름으로 그들에게 멈추라고, 조용히 하라고 명령하여 우리의 권능을 나타내면 됩니다.
- 그가 즉시 멈추고 가만히 누워있을 때 이것이 바로 예비 크리스천들의 주목을 받는 상황입니다!
- 복음의 메시지를 전합니다. 하나님의 아들이신 예수 그리스도는 구세주이시며 치료자이고, 성령으로 세례를 주시며, 곧 다시 오실 왕이십니다.
- 복음전파를 마치면 항상 신실하신 하나님께서는 병든 자를 치료하시며 귀신으로부터 사람들을 자유롭게 하십니다.

부족민들이 하나님의 능력을 **보고 경험하여** 다른 어떤 귀신의 능력보다 더 위대함을 알게 되면 예수 그리스도를 유일한, 진정한 하나님, 창조주 하나님으로 받아들이게 됩니다! 할렐루야!

호텔방에서 기도하다.

내 어머니께서 마지막으로 병드셨을 때, 남편 존이 태국에서 선교여

행 중이었기 때문에 나(소냐)는 그와 함께 갈 수 없었습니다. 나는 그때 회복 중이셨던 어머니 가까이 밴쿠버의 한 호텔에 머물고 있었습니다. 언제나 우리는 호텔방에서 기도하며 주 예수 그리스도의 이름과 보혈로 호텔방들을 정결하게 해왔습니다. 그러나 그날 밤, 나는 몹시 피곤하여 기도하는 것을 잊고 말았습니다. 한밤중에 나는 귀신이 나를 질식시키려 하는 바람에 잠에서 깨어났습니다. 나는 매우 두려웠고 간신히 "예수 그리스도의 이름으로 명하노니 떠나라"고 말할 수 있었습니다. 이 말을 여러 번 반복하였으나 귀신은 나를 내려놓지 않았습니다. 결국 "나는 예수의 피로 덮여있으니 너는 떠나라!"고 하자 귀신이 떠났습니다. 더욱 이상한 것은 내가 돌아누워 다시 잠이 들었다는 것입니다! 오직 하나님의 평안만이 이것을 설명할 수 있을 것입니다.

내(존) 생각에 내가 죽어가고 있다.

미얀마와 국경을 맞대고 있는 태국 매사이의 한 호텔에 머무르면서 호텔방에 서성거리는 "하찮은 귀신"에 대해 주의를 게을리 했습니다. 새벽 3시쯤, 갑자기 배가 너무 아파 잠에서 깨어났습니다. 고통을 어떻게든 줄여보려고 비틀거리며 욕실로 걸어갔습니다. 전혀 도움이 되지 않았습니다. 다시 침대위로 쓰러졌고, 온몸에 힘이 다 빠져버려 몸을 가누지 못하고 덜덜 떨기 시작했습니다. 두려움이 나를 엄습했습니다. "심각하구나. 여기는 병원도 없는데 이렇게 죽나보다."고 생각이 들었습니다.

그때 성령께서 개입하셨습니다. "귀신의 권세를 물리쳐라." 즉시 나는 큰 소리로 "너 더러운 귀신아, 네게 명하노니 나를 놓아주고 여기서 떠나라. 내가 너를 제압하고 내 옆에 있는 것을 금한다. 예수 그리스도의 보혈의 능력으로, 떠나라! 이 방 안에 있는 모든 귀신은 결박되었다. 여기 있을 수 없다. 예수 그리스도의 이름으로 명하노니 너희 모든 귀신은 이 방에서 나가라!" 나는 옆방에 있는 사람이 듣거나 말거나 상관하지 않았습니다. 귀신이 나를 죽이려 했다니까요! 곧 고통이 사라지고 몸의 떨림도 멈추었습니다. 나는 침대에 누워 남은 시간을 어린아이처럼 잤습니다.

미국에도 귀신이 있는가?

지금까지 우리는 제 삼 세계 국가에서의 귀신의 역사를 조사해 보았습니다. 이제 미국으로 돌아가 봅시다. 미국에서도 귀신의 활동이 증가하고 있습니다. 크리스천으로서 우리들은 귀신들의 실체와 그것들이 특정인들에게 미치고 있는 힘에 대한 현실을 직시해야 합니다. 1960년대 초, 우리는 바로 우리의 눈 앞에서 벌어지고 있는 우리 나라의 도덕성의 붕괴를 지켜보았습니다. 다음과 같은 사항들이 귀신이 들어오는 지점이 됩니다.

- 동방의 종교 체계 도입
- 신비주의, 마법, 뉴에이지 철학 탐구
- TV와 영화에서 폭력과 성적인 묘사의 증가
- 인터넷을 통한 포르노와 부도덕적인 성 남용
- 마약과 알코올 남용

우리가 진정으로 예수님처럼 행한다면, 인간에 대한 귀신의 역사라고 하는 이 주제를 그냥 지나칠 수 없습니다. 이와는 반대로 사탄에게 사로잡힌 자를 풀어줄 수 있도록 하기 위해 우리가 어떤 역할을 감당할 필요가 있는지 우리는 연구해 볼 필요가 있습니다. 귀신은 온 세상을 무대로 활동합니다. 예수님께서는 사람을 구속하고 있는 귀신을 어디서든 발견하면 내쫓으라고 크리스천들에게 권한을 부여하셨습니다. 본 장의 내용을 상기시키기 위해 바로 여기 미국에서의 경우를 이야기 해보겠습니다.

미국에서 속박을 풀어주다

귀신론 101.

다음에 소개되는 이야기는 내가(죤) 영의 세계를 알게 된 이야기입니다. 이 이야기는 1970년대 중반 워싱턴의 에버릿에서 시작됩니다. 내 절친한 친구 캔 미라클이 나를 병고침과 예언, 성령의 은사로 명성이 자자한 칠십 세의 한 남자에게 소개해 주었습니다. 그는 제시 레이몬드 목사입니다. 그는 순복음교회와 신유 집회, 국제 순복음 실업가회 (Full Gospel Business Men's Fellowship International, FGBMFI)에서 자주 설교하였습니다. 우리는 워싱턴 에버릿에서 열리는 FGBMFI의 오찬모임에서 만났습니다. 그는 그 도시의 북부에 있는 자신의 라이트하우스 기독교서점 안에 있는 한 사무실에서 크리스천들을 상담하고 있었습니다. 이 목사님이 내가 그 지역에 사업차 여행할 일이 있었는데 나를 그의 서점으로 초대하였습니다.

금요일 오후에 그곳에 도착했는데, 그가 복음을 전하며 경험했던 기적 이야기들을 얼마나 흥미진진하게 말해주던지 시간 가는 줄도 몰랐습니다. 나는 그 다음에 벌어진 일을 잊을 수 없습니다.

나와라!

오후 상담이 시작되었습니다. 목사님은 내게 상담하는 것을 지켜보라고 하셨고 나는 돕게 되어 무척 기뻤습니다. 한 남자가 낡은 성경을 들고 왔는데 자신을 성령이 충만한 신앙인이라고 소개하면서 "개인적인 염려"가 있어 도움을 구하러 왔다고 했습니다. 목사님의 사무실은 서점 뒤에 있었는데 책이 진열되어 있는 진열대와 사무실 사이에는 커다란 유리창이 있었습니다. 그 안에서 일어나는 일을 밖에서 모두 볼 수 있었지만 말하는 소리는 겨우 알아들을 수 있었는데 그것은 "그에게서 나와라. 당장!"하고 외치는 목사님의 소리였습니다.

나는 얼른 목사님의 사무실을 바라보았습니다. 목사님은 커다란 의자에 기대어 있는 듯이 편안해 보였습니다. 책상 맞은편에는 그 남자가 팔꿈치를 무릎에 올려놓은 채 붉게 충혈된 눈으로, 목사님을 노려보며, 으르렁거리며, 꺽꺽거리며, 헛 기침을 해댔습니다. 내 머리카락이 모두 곤두서는 것 같았습니다. 무슨 일인가 어리둥절하기만 했습니다. 두려움이 엄습했고, 나는 가능하면 빨리 거기서 나오고 싶었습니다.

그때 전화벨이 울렸습니다. 나는 얼른 전화를 받았습니다. 상대방은 목사님과 통화하고자 했고 긴급한 상황이었습니다. 나는 유리창 너머로 정말로 중요한 전화라고 몸짓을 했습니다. 목사님께서 일어나 문을 열고는 전화를 받으러 오며 "존, 당신이 들어가 나를 대신해서 하시오. 잠깐이면 됩니다." 라고 말했습니다. 나는 난생 처음으로 그 프랑켄슈타인처럼 되어버린 남자를 네 살짜리 꼬마처럼 바라보았어야만 했습니다. 목사님은 미소를 지으며 "염려 마시오. 귀신에게 예수님의 이름으로 말하기만 하면 됩니다. 금방 돌아오겠소." 그는 나를 사무실로 밀어 넣었고 나는 두려움에 가득 차 목사님의 의자에 않았습니다.

그 남자는 나를 노려보기만 했다.

사탄과 책상 하나를 사이에 두고 마주보고 있는 것이 매우 불편했습니다. 붉은 눈의 그 남자는 숨을 가쁘게 몰아 쉬며 나를 노려보았습니다. 아무런 말도 할 수 없었고 나는 얼어있었습니다. 결국 간신히 작은 목소리로 "예수 이름으로 명하노니, 너는 거기 가만히 있어라. 가만히 앉아 있으라고 명령한다!"고 말했습니다. 그는 나를 노려보기만 했습니다. 나는 점점 더 긴장했습니다. 나는 급히 기도했습니다. "주님, 제발 목사님이 빨리 돌아오시도록 해주세요. 어서요, 주님!" 그러자 그 남자는 매우 큰 소리로 신음하며 반쯤 으르렁거려 나를 굳어버리게 했습니다. 결국 목사님이 작은 쓰레기통을 가지고 들어오셔서는 그 남자에게 주면서 "이 더럽고 사악한 귀신아, 나가라. 당장! 예수 그리스도의 이름으로 명하노라!"고 하셨습니다.

나는 멀찍이 벽 쪽으로 물러서면서 목사님께 제발 목사님 자리에 앉으시라고 몸짓을 했습니다. 나는 그 남자가 쓰레기통에 대고 깩깩거리고 경련을 하며 기침하며 뱉어내는 것을 바로 옆에서 보았습니다. 서너 번 이러한 행동을 반복하더니 그 남자가 갑자기 의자 위로 푹 쓰러져 깊은 한숨을 쉬고 턱을 닦고는 "갔어요! 갔어요! 모두 갔다구요!"라고 말했습니다. 목사님도 "그래요. 갔습니다."라고 말했습니다. 그는 목사님을 바라보며 "그것들이 무엇인지 어떻게 아셨습니까?" 하고 물었고, 목사님은 "선생께서 오늘 여기 들어오실 때 주님께서 말씀해 주셨습니다. 선생께서 수 년 동안 포르노에 깊이 빠져 거짓말하고 사악한 영에게 마음을 열어놓으셨다는 것을 말입니다."

나는 어안이 벙벙했습니다. 그는 은사주의 파의 크리스쳔으로 방언을 말하고 교회에 다니는 사람이었습니다. 나는 크리스쳔들은 귀신들리지 않는다고 생각했었습니다. 그렇게 믿고 있었습니다. 나는 매우 혼란스러웠습니다. 그 남자가 떠난 뒤 목사님은 내게 이와 관련된 몇 권의 책을 소개해 주었고, 내가 발견한 것에 대해 토론을 하자며 나를 다시 초대했습니다. 나는 놀라움에 휩싸여 있었습니다. 어떻게 생각을 정리 해야 하는지 실마리를 찾을 수 없었습니다. 영적 세계에 대해서 많이 배웠다고 자부했건만 확실한 것은 한 가지, 그가 크리스천이든 아니든 그 남자를 속박한 눈에 보이는 영적인 실체를 내가 직접 목격했다는 사실입니다. 또한 강력한 귀신으로부터 그 남자를 자유롭게 하신 예수님의 이름의 능력을 보았다는 것입니다.

크리스천도 귀신들릴 수 있는가?

귀신이 주제로 떠올랐을 때 크리스천들은 똑같은 질문을 하는 것 같습니다. "크리스천도 귀신들리나요?" 삼십 년 넘게 연구해온 바로 우리의 대답은 크리스천 자신에게 선택의 여부가 달려있다는 것입니다. 만일 여러분이 악을 행하는 사람을 가까이 한다거나, 죄악의 부정한 생활과 방종된 쾌락으로 하나님에 대한 불순종을 선택한다면, 이는 귀신에게 문을 열어주는 것과 같습니다. 오랜 시간이 걸릴 수도 있지만 결국에는 귀신들리고 맙니다. 가장 중요한 사실은 크리스천들이 이 두 가지 길 중 한 가지를 선택해야 한다는 것입니다. 하나님을 위해 살거나 자신을 위해 살거나. 선택은 여러분의 몫입니다.

매우 충격적이었다.

크리스천도 귀신들릴 수 있다는 사실을 알게 된 것이 너무나도 큰 충격이었습니다. 크리스천 안에 성령과 귀신이 동시에 존재할 수 없다는 것을 증명하는 사람들이 많습니다. 그들은 귀신이 인간의 영이 아니라 혼(마음과 의지, 감정)과 육체에 들어온다는 사실을 가르치지 못했습니다. 우리가 그리스도를 영접하면 우리의 영은 새로워지며 성령과 함께 살아있게 됩니다. 그러나 우리의 마음은 새로워지지 않습니다. 마음은 날마다 "새로워질" 필요가 있습니다. 하나님을 믿는다고는 하지만 성경적인 사실에 대한 지식이 없는 사람들은 사탄의 속임수에 넘어가기 쉽습니다. 우리가 성경에서 말하는 것을 알지 못한다면 우리는 "다른 영"에게 공격 받기 쉽습니다. 바울은 크리스천들에게 다른 영에 의해 미혹 당하지 않도록 주의하라고 경고하고 있습니다.

고린도후서 11:3~4

뱀이 그 간계로 하와를 미혹한 것 같이 너희 마음이 그리스도를 향하는 진실함과 깨끗함에서 떠나 부패할까 두려워하노라 만일 누가 가서 우리가 전파하지 아니한 다른 예수를 전파하거나 혹은 너희가 받지 아니한 다른 영을 받게 하거나 혹은 너희가 받지 아니한 다른 복음을 받게 할 때에는 너희가 잘 용납하는구나

예수님 따라 하기

- 잘못된 장소에서 영적 통찰력을 구하는 사람들은 영적인 타락에 자신들의 마음을 여는 것입니다.
- 이단들은 "다른 예수"를 전하거나 다른 복음을 전하므로 의심이 없는 사람들을 끌어들이는 데 성공했습니다. 여호와증인과 몰몬교는 "다른 영"을 퍼뜨리는 수많은 이단들의 일부입니다.
- 수세기에 걸쳐오며 존경 받는 많은 학자들이 조심스럽게 연구해 온 신학을 근본으로 한 크리스천 주류의 정통교리에 합류하는 것이 안전합니다.
- "다른 영"은 우리의 혼이 듣기 좋고 느끼기 좋은 것을 가르치지만, 결국은 우리를 은혜의 복음에서 떠나 영적인 속박으로 이끌고 가는 것을 속이고 있을 뿐입니다.

디모데전서 4:1~3

그러나 성령이 밝히 말씀하시기를 후일에 어떤 사람들이 믿음에서 떠나 **미혹하는 영과 귀신의 가르침을** 따르리라 하셨으니 자기 양심이 화인을 맞아서 외식함으로 거짓말하는 자들이라 혼인을 금하고 어떤 음식물은 먹지 말라고 할 터이나 음식물은 하나님이 지으신 바니 믿는 자들과 진리를 아는 자들이 감사함으로 받을 것이니라

예수님 따라 하기

- 하나님의 말씀의 진리를 아는 믿는 사람들은 영적으로 율법주의나 미혹하게 하는 영, 귀신의 가르침에 이끌리지 않습니다.
- 성경의 말씀을 알지 못하는 자들은 설교자로 가장한, 오직 돈 버는 일에만 관심 있는 말 잘하는 사기꾼들에게 넘어갈 여지가 많습니다.
- 이단들은 좋은 의도에서 시작했을 수도 있겠으나, 그 지도자가 정통 기독교 교리에 바로 서있지 않을 경우, 미혹하게 하는 영이나 귀신의 가르침이 곧 그 선생이 될 것입니다.
- 영 분별의 은사, 지혜와 지식의 말씀의 은사, 성경에 대한 폭넓은 이해는 크리스천으로서 우상숭배를 피할 수 있는 최고의 방패입니다.

정신적인 학대.

기초 심리학에서는 부정적인 상황이 한꺼번에 발생하면, 인간의 마음은 정신적인 큰 타격을 받게 된다고 가르칩니다.

심각한 신체적 혹은 정신적인 학대를 통한 뜻밖의 상처는 마귀의 속임수를 마음에 자리잡게 (mindset) 합니다. 살인사건을 목격했거나, 어릴적 구타를 당했거나 성폭행 및 강간을 당했거나, 혹은 동성애자들로부터 공격을 당한 사건들을 통해 사람들은 왜곡된 신뢰의 체계나 마귀의 거짓말을 받아들이게 되어 마음에 상처를 입고 심지어는 마음이 비

뚤어지기까지 합니다. 이를 그대로 방치한다면 이렇게 비뚤어진 마음으로 그리스도를 영접하고 거듭나야만이 이 병든 잘못된 마음이 거의 치료를 받게 됩니다. 그러나 어린 시절이나 사춘기의 심각한 정신적인 학대는 마음 속 깊은 한 구석에 "갈고리"가 되어 남습니다. 적극적으로 그 마음을 새롭게 하려고 노력하지 않는다면 마음 깊은 곳에 자리잡은 거짓과 두려움이 귀신의 영을 불러들이는 자석이 될 것입니다.

원수들이 우리의 정신적인 학대와 영혼의 깊은 상처를 통해 어떻게 역사하는지 알고 있는 크리스천들은 귀신에게 사로잡힌 자들이나 건전한 신학에 반항하는 사람들에게 기꺼이 사랑으로 다가가야 할 것입니다. 다음의 말씀을 근거로 하여 노력해야 합니다.

디모데후서 2:24~26

주의 종은 마땅히 다투지 아니하고 모든 사람에 대하여 온유하며 가르치기를 잘하며 참으며 거역하는 자를 온유함으로 훈계할지니 혹 하나님이 그들에게 회개함을 주사 진리를 알게 하실까 하며 그들로 깨어 마귀의 올무에서 벗어나 하나님께 사로잡힌 바 되어 그 뜻을 따르게 하실까 함이라

예수님 따라 하기

- 하나님의 말씀을 대적하거나 하나님께 불순종하는 세속적인 크리스천들은 마침내 귀신의 올무에 빠질 수 있으며 귀신에게 사로잡혀 귀신의 욕심을 행하는 포로가 됩니다.
- 참된 회개는 신앙을 버린 사람, 사탄의 올무에 사로잡힌 사람을 회복시키기 위해 필요한 것입니다.

용서와 회개는 적을 드러나게 한다.

어떤 사람이 용서하지 않으므로 원수마귀의 거짓말을 받아들인다면

이는 거짓의 본체를 받아들이는 것입니다. 문제를 일으킨 사람을 용서할 때 즉각적으로 감정이 풀어지며 영적인 자유가 영혼에 넘쳐납니다. 마찬가지로 우리가 예수 그리스도에게로 나오기 전이나 후에 저지른 죄악을 진심으로 회개한다면 우리의 감정이 자유를 얻습니다. 이러한 상황이 되면 영적인 속박에서 풀려나게 되고 귀신의 영향력에서도 벗어나게 됩니다. 회개를 거부한다면 마귀는 그를 올무에 가둘 것이며 점차적으로 귀신들리게 될 것입니다.

존의 새로운 탐구대상.

병 고치는 것을 배워가면서, 나는 동시에 보이지 않는 귀신의 세계에 대해 내가 배울 수 있는 모든 것을 배우기로 결심했습니다. 3장에 기술하였듯이 병고침을 배우려면 오랜 과정이 필요합니다. 귀신 쫓는 것에 대한 배움 또한 병행되어야 합니다. 병고침을 배울수록 귀신에 대한 문제가 더욱 명백해집니다. 신유는 성령 안에서만, 성령을 통해서만 가능합니다. 귀신을 분별하고 쫓아내는 것 또한 성령 안에서만, 성령을 통해서만 가능한 일입니다. 이 두 가지 모두가 그 자녀들이 자유로와지기를 바라시는 사랑 많으신 하나님의 역사하심에서 비롯됩니다. 하나님은 우리의 모든 것(육과 혼과 영)이 아무런 방해를 받지 않고 자유롭게 하나님께 예배 드리기를 원하십니다.

우리가 치유사역을 계속하다보면 언젠가는 마귀의 영들을 대면하게 될 것입니다. 이는 당연한 것입니다. 이 책에서 우리의 목적은 마귀로부터 사람을 구원하는 일에 대해 믿는 자들이 두려움을 갖지 않도록 하는 것이고, 귀신이 나타났을 때 믿는 자들이 마귀의 영과 상대할 수 있도록 준비하게 하는 것입니다.

귀신을 무시하는 것은 위험하다.

우리의 적이 사용하는 가장 효과적인 무기는 바로 속임수입니다. 만일 사탄이 성경에서 말씀하고 있는 악한 영의 존재를 무시하여 회피하도록 크리스천들을 납득시켰다면 이는 사탄이 승리한 것입니다. 우리는 크리스천 지도자들에게서 귀신으로부터의 해방사역을 감당하는 사람들에 대해 불신하는 비판의 소리를 들어왔습니다. 게다가 우리는 지나치게 열성적이다 못해 광적으로 참여하여 이 해방 사역에 좋지 않은 평판을 가져온 몇몇 사람들을 보았습니다. 목사들과 지도자들은 귀신의 존재와 크리스천들에 대한 귀신의 잠재적인 영향력 등을 설교 중에 현명하게 알릴 필요가 있습니다. 귀신을 무시하는 것은 귀신으로 하여금 아무런 정보도 가지고 있지 않은 사람들에게 덫을 놓도록 하는 것이며, 교회를 혼란스럽게 하는 것입니다.

교회는 흔히 문제가 있는 사람들이 도움을 청하는 곳이기도 합니다. 우리는 성경에 기초한 축귀 사역자를 그 도시에서는 발견할 수 없어 절망한 사람들로부터 전화를 받습니다. 그 근방에서 추천해줄 만한 사역자가 한 명도 없다는 것이 우리를 슬프게 합니다. 이것은 안 될 일입니다! 그래서 우리가 개 교회를 중심으로 자격을 갖춘 사람들로 구성된 팀들이 이러한 사역을 감당할 수 있도록 하기 위해 사역훈련센터(Ministry Training Center: MTC)를 설립하기 위하여 위원회를 조직하였습니다. 숙련된 평신도 사역자들이 이미 과도한 업무로 지쳐있는 목회자들을 도울 수 있을 것입니다. 많은 교회들이 이미 우리 사역훈련센터 졸업생들을 기도 사역 및 병원 전도 사역 등을 위해 활용하고 있습니다. 목회자들은 MTC에서 성경 및 실제적인 훈련을 받은 우리 졸업생들이 믿을 만하다는 것을 알고 있습니다.

방법을 모른다!

크리스천 지도자들이 "방법을 모르겠어! 성경에 근거한 정통성 있는 접근법을 알면 사용할 텐데" 하고 속으로 생각할 것이라 믿습니다. 성경은 사람들의 삶속에 구축한 마귀의 강력한 진을 무너뜨리려고 예수님께서 제자들에게 권세와 능력을 부어준 이야기들로 가득합니다. 그 약속은 아직 유효합니다. 우리는 크리스천 지도자들이 이 문제를 진지하게 연구하여 귀신이 존재하는 것과 크리스천들에게 미칠 영향 등에 관해 균형 있는 메시지를 전달할 것을 강력히 주장합니다. 일반적인 제자훈련과정에서 이를 가르치지 않기 때문에 성도들은 귀신에 대한 진리를 배울 수 없게 됩니다. 그 결과로 가장 보편적으로 나타나는 현상은 귀신의 모든 것에 대한 막연한 두려움이며 귀신 다루는 일은 피해야만 한다는 전설을 유지시킵니다.

21세기 영적으로 복잡한 세대에 들어서면서, 거짓말과 정욕, 음란한 생활로 어리석은 크리스천들을 결박하는 원수의 야비한 전략에 대응하여 우리는 성도들을 바른 지식과 이해로 무장시켜야만 합니다.

귀신의 억압

얼마나 많은 크리스천들이, 성령 충만한 크리스천들이, 귀신의 억압으로 우리를 찾아오는지 헤아릴 수 없습니다. 많은 경우 어린 시절의 학대나 가족 혹은 친구들로부터 괴롭힘을 당한 것에서 그 원인을 찾을 수 있었습니다.

영적 전이.

성폭력은 일반적으로 사악하고 더러운 귀신이 들려있는 가해자로부터 영적인 전이가 발생합니다. 어린이나 나이 어린 사람들이 무고한 희생자일지라도 그 전이는 발생합니다. 그 소중한 희생자가 그리스도께 나와 구원받았을 경우 고백한 모든 죄는 물론 사함 받습니다. 그러나 사악하고 더러운 귀신은 예수 그리스도의 능력과 권능으로 떠나라고 직접 명령을 받을 때까지 그 사람의 삶에서 지속적으로 영향을 미칩니다. 여성의 경우는 좀 더 미묘합니다. 예를 들면, 다소 도발적으로 옷을 입습니다. 남성은 그들에게 지나치게 끌리는데 그들도 그 이유를 모릅니다.

남자가 희생을 당했다면 그는 동성연애자가 되거나 포르노에 중독될 여지가 있습니다. 가장 역겹고 더러운 죄악 중 하나인 어린아이들의 포르노까지 찾도록 사람들을 타락의 늪에 빠뜨리는 더러운 귀신의 만족할 줄 모르는 욕구를 이야기 하고 있는 것입니다. 이러한 경험이 있는 남자와 여자가 서로 접촉했을 때 희한하게 자석처럼 서로 끌리는 것을 볼 수 있었습니다. 이것은 영적인 차원의 일이기 때문에 그들은 이것을 설명할 수 없습니다. 두 귀신이 서로 끌린 것입니다.

왜 나인가?

만일 그 여인이 크리스천이 되었으나 귀신의 역사로부터 구원을 경험하지 못했다면 다음과 같이 말할 것입니다.

- "나를 쳐다보고 나한테 다가오는 남자들 때문에 지겨워. 행복한 결혼생활을 하는 크리스천 남자들까지도 그런다니까."
- "왜 나냐구. 왜 남자들은 나와 함께 일하는 나보다 더 젊고 더 예쁜 여

자애들을 따라다니지 않는 거야?"

　마찬가지로 크리스천이 되었으나 성적으로 왜곡된 시각에 묶여있는 남자는 일반적으로 여성과 성에 대해 왜곡된 시각을 가지고 있습니다. 이 문제가 해결되지 않을 경우, 양성애나 동성애 등으로 연결되는 자연을 거스르는 성적 행위를 하기 쉽습니다. 성적인 표현을 만족스럽게 할 수 있는 건전한 결혼생활을 이룬다는 것은 먼 꿈이 되는 것입니다.
　이 소중한 영혼들은 예수 그리스도의 보혈의 능력과, 사탄과 우리를 괴롭히는 귀신들을 다스리라고 그리스도께서 우리에게 주신 권능으로 자유롭게 되어야 합니다.

잘못된 신학이 사람들을 마귀에 묶여있게 만든다.

　귀신은 거듭난 신앙인들을 괴롭힐 수 없다고 믿는 신실한 크리스천들이 많습니다. 그러나 하나님의 말씀이나, 우리 사역의 경험에 비추어 볼 때 이것은 상당히 위험한 생각임을 알 수 있습니다. 귀신이 크리스천들을 괴롭힐 수 없다고 믿으면서 여러분이 귀신 때문에 고통 받고 있다면, 강압적이고 악하고, 파괴적인 행동을 멈추려 노력하더라도 멈출 수 없다면, 어떻게 할 것입니까? 우리는 미국의 명망 있는 부목사들과 시애틀 근교의 유명한 대형 교회 목회자들이 크리스천은 귀신에게 구속 받지 않는다고 믿고 있다는 사실을 알고 있습니다. 기독교의 신학이 크리스천들이 귀신의 속박으로부터 자유로워지는 것을 허용하지 않는다면 귀신에게 붙들린 사람들에게는 희망이 없습니다. 우리는 크리스천들이 "귀신에 사로 잡혀(possessed)" 있다고는 믿지 않습니다. 하지만 그들은 귀신으로부터 "억압(oppressed)"을 받고 있으며 자유로워질 필요가 있습니다.

카톨릭 사제가 자유로워지다.

한번은 우리가 은사주의파 카톨릭 사제들을 위해서 성령에 대한 세미나를 연 적이 있었습니다. 매 주 금요일 밤, 한 연로한 사제가 강의실 뒤편에 서서 우리의 세미나를 들었습니다. 우리는 그가 단지 우리의 강의를 감독하고 있다고 짐작했습니다. 하루는 그가 세미나가 끝나자 앞으로 나와서 나(소냐)에게로 다가왔습니다. 우리가 그날 밤 귀신들림에 대해 강의 했는데, 그 사제는 그 주제에 대해 이야기를 시작했습니다. 잠자리에 들려고 하는 밤중에 그가 겪었던 일을 말해주었습니다. 불을 끄자마자 어둡고 불길한 존재가 그에게로 다가와 그의 가슴을 부서지도록 누른다는 것이었습니다. 그는 내게 그것이 무엇이라고 생각하는지를 물었습니다. 나는 즉시 그것이 귀신과 관련이 있는 것 같아 보인다고 말하며 기도해드려도 괜찮으시겠냐고 물었습니다. 이 겸손한 사제는 "물론이지요"라고 대답했고 죤과 나는 조심스럽게 그를 다른 방으로 데리고 가서 귀신을 분별하고 구원의 기도를 드리자 그가 자유로워졌습니다. 그 다음 주 세미나 시간이 되었을 때 그는 밝은 미소와 함께 좋은 소식을 가지고 왔습니다. 우리가 기도해준 이후로 그 귀신이 나타나지 않는다는 것입니다! 이 얼마나 감사한 일입니까!

인터넷 포르노그라피.

인터넷 포르노그라피의 출현과 함께 많은 남자들이 심지어는 크리스천 남자들(목사들, 사제들, 지도자들)이 사무실이라고 하는 개인적인 공간에서 인터넷 포르노에 중독되어 가고 있습니다. 그들이 중독되어가는 과정은 이렇습니다. 호기심 때문에 웹사이트에 한번 들어가 봅니다. 음란한 마음이 홍수처럼 그에게로 밀려옵니다. 성령님께서 즉시 그를 설득하여 그가 사이트에서 나오지만 그의 마음속에 자극적인 장면들이 반복해서 떠오릅니다. 머지않아 그는 다시 깊이 더 깊이 끌려 그 타락한 소굴을 다시 찾게 됩니다. 그러는 내내 성령님께서는 그에게 말씀하시고 경고하시며 그의 행위에 마음 아파하십니다. 이러한 남자들 모두가 여기에서 벗어나기 위해서 해야 할 것은 하나님께 부르짖는 것입니다. 진심으로 뉘우치고 (돌아서며), 책임감 있게 도와줄 아내와 다른 남자에게 이 사실에 대해 이야기해야 하며 즉시 컴퓨터에 음란사이트 차단 프로그램을 설치해야 합니다. 요한1서에서 우리는 즉시 우리의 죄를 고백하여 용서를 받아야 하며 이러한 불의에서 깨끗하게 되어야 한다는 것을 알 수 있습니다.

요한1서 1:8~10

만일 우리가 죄가 없다고 말하면 스스로 속이고 또 진리가 우리 속에 있지 아니할 것이요 만일 우리가 우리 죄를 자백하면 그는 미쁘시고 의로우사 우리 죄를 사하시며 우리를 모든 불의에서 깨끗하게 하실 것이요 만일 우리가 범죄하지 아니하였다 하면 하나님을 거짓말하는 이로 만드는 것이니 또한 그의 말씀이 우리 속에 있지 아니하니라

예수님 따라 하기

회개는 그리스도에게로 돌아가기 위해 필요한 것이다. 회개는 또한 자유롭기 위해서도 필요하다. 죄에 대하여 회개하는데 실패했다면 우리 마음 속에 귀신이 들어오도록 허락하는 것이다.

성령을 무시하면 어떻게 되는가?

성령의 설득을 무시하며 죄악된 행동을 계속하는 것은 그 사람의 일생에 있어 어떤 중요한 시기에 사악하고 더러운 귀신이 그에게 붙어있

을 **권리를 갖게 하는 것**입니다. 어떠한 행위를 하지 않고는 못 견디게 되고, 멈출 수 없게 된다면 그는 악한 귀신의 영향 아래 있게 되며 종종 사악한 영의 친구인, 거짓말 하는 영이 그의 인격을 침범하게 됩니다. 그는 이제 죄악의 노예가 되어 자신의 삶을 파괴하는 귀신의 권세 아래 있게 됩니다. 결국에는 멸망의 소용돌이로 끌려들어가게 됩니다.

크리스천의 사명은 무엇인가?

크리스천들은 귀신과 귀신이 하는 일에 대해 배울 필요가 있습니다. 예수님께서는 제자들에게 보여주신 그 도전을 제자들이 받아들이기 원하셨습니다. 크리스천들이 가장 먼저 알아야 할 것은 예수님께서 우리에게 제시하신 사명입니다. 우리가 어디로 가서 무엇을 해야 하는지를 이해했을 때 균형 잡히고 효과적인 사역자가 되기 위해 필요한 요구사항들을 어떻게 달성해야 하는지 배우기 시작할 것입니다. 본서 1장에서 우리는 예수님의 명령이 무엇인지 알아보았습니다. 사도행전 1장에서 예수님께서는 제자들에게 성령으로 세례를 받기 전까지는 전하지도 말고 전 세계로 나가지도 말라고 명령하셨습니다. 3장에서 우리는 성령으로 세례를 받은 제자들이 하나님의 초자연적인 능력을 발하기에 적당한 위치에 있음을 보게 됩니다. 우리가 병을 고치고 귀신을 쫓아낸다면 틀림없이 우리는 성령으로 가득 차 있을 것입니다.

신병훈련소 제자의 신분

초창기 제자들이 이러한 일들을 배우는 3년 간의 신병훈련소 교육기간 중에, 그들은 단순히 예수님의 명령과 권위를 믿고 나갔던 것입니다.

오순절 성령강림은 아직도 먼 미래의 일이지만 그들은 단순히 믿고 나갔던 것입니다.

성령이 아직 그들에게 충분히 임한 것은 아니었습니다. 성령세례를 받은 여러분과 나는 오늘날 예수님의 이름으로 기적 행하는 일을 얼마든지 더 많이 할 줄 믿습니다. 다음의 말씀에서 예수님께서 제자들을 보내시면서 그들이 전혀 경험해 본 적이 없는 것들을 하라고 명령하시는 모습을 볼 수 있습니다.

마태복음 10:5~8 마가복음 6:7~13

마태복음 10:5~8 예수께서 이 열 둘을 내보내시며 (마가복음 6:7 … 둘씩 둘씩 보내시며 더러운 귀신을 제어하는 **권능을 주시고**) **명하여** 이르시되 이방인의 길로도 가지 말고 사마리아인의 고을에도 들어가지 말고 오히려 이스라엘 집의 잃어버린 양에게로 가라 가면서 전파하여 말하되 천국이 가까이 왔다 하고 병든 자를 고치며 죽은 자를 살리며 나병환자를 깨끗하게 하며 **귀신을 쫓아내되** 너희가 거저 받았으니 거저 주라 (마가복음 6:12~13 제자들이 나가서 회개하라 전파하고 **많은 귀신을 쫓아내며** 많은 병자에게 기름을 발라 고치더라)

예수님 따라 하기

- 성령님께서 우리를 보내시면 성령님의 인도하심과 능력을 의지하여, 병 고침이든 귀신을 쫓는 것이든 성령님께서 원하시는 것을 행해야 합니다.
- 우리가 온전한 복음(Full Gospel)을 전할 때 병을 고치고 귀신을 물리칠 기회를 갖게 됩니다.
- 우리가 사람들에게 회개를 설교할 때 빛과 어두움 사이의 "충돌"이 있을 수 있습니다.
- 이러한 충돌은 사탄의 속박에 의해 발생하는데, 이러한 경우 귀신을 쫓아내야만 합니다. 우리는 귀신을 쫓아내어 사람들을 자유롭게 해줄 준비가 되어 있어야 합니다.

● 우리는 사역할 때 기름부음에 필요한 기름 한 병을 준비해야 합니다. 이것은 성령이 임했다는 성서적인 상징입니다. 귀신은 사람에게 기름을 사용하는 것을 공개적으로 방해할 수 있습니다. 성령께서 기름을 사용하라고 말씀하실 때 기름을 사용하십시오.

존이 신병훈련소에 들어가다.

FGBMFI의 연회에 참석하던 초기 몇 년 동안, 각종 병과 질병을 위해 기도할 수 있는 기회가 수없이 많았습니다. 어떤 때는 기도받기를 원하는 사람들이 기도해 줄 수 있는 실업가들보다 더 많기도 하였습니다. 우리는 흩어져 혼자 기도해야 했습니다. 나는 동역자와 함께 "둘씩" 사역해야 하는 예수님의 전략의 지혜를 모르고 있었습니다. 한 작은 아메리카 원주민 어머니가 1미터 90센티에 134 킬로그램이 나가는 아들을 내가 기도하는 곳으로 데려왔습니다. 그는 길고 검은 머리카락을 땋아서 늘어뜨렸고 부족민 스타일의 옷을 입고 있었습니다. 그녀는 아들에게 간절한 기도를 받게 하려 했습니다. 그녀는 "제 아들은 도움이 필요합니다. 아이가 이상하게 행동합니다. 뭔가가 그를 공격하려고 하는 것을 보았답니다" 하고 말했습니다. 나는 손을 그에게 얹고 방언으로 기도하기 시작했습니다. 내 눈은 감고 있었으나 내 마음 속으로 거대한 가재의 집게발 같이 생긴 것이 소년의 몸 중간 부분을 온통 붙들고 있는 것이 보였습니다. 눈을 뜨면 아무것도 볼 수 없었고, 눈을 감으면 그것이 보였습니다. 그 때 성령께서 말씀하시는 소리를 들었습니다. "그 소년은 귀신에 묶인 것이다."

소년은 얼굴이 붉게 달아올라 몸을 앞으로 구부렸다.

이 때까지 나는 한 번도 귀신을 쫓아 본적이 없었습니다. 하지만 일은 이미 벌어졌고 나는 성령님의 도우심을 느낄 수 있었습니다. 내가 모을 수 있는 최대한의 권위를 다하여 나는 "예수님의 이름으로, 나는 더러운 귀신, 너를 결박한다"고 크게 외쳤습니다. 그 거대한 인디언 소년은 등골이 오싹하게 으르렁거렸고 무릎에 닿을 정도로 몸을 수그렸습니다. 나는 이 일이 내 힘으로는 안 된다는 것을 즉각 알 수 있었습니다. 나는 도움될 만한 사람이 없는지 주위를 둘러보았습니다. 나는 이제부터 할 일을 알고 있는 동역자가 필요했습니다. 그 거대한 인디언 소년은 아직 수그린 채 반은 끙끙거리며 반은 으르렁거리고 있었습니다.

그 때 나는 필(Phil)을 발견했고 그의 주의를 끌기 위해 내가 있는 곳을 가리키며 손을 흔들었습니다. 필 이즈라엘슨은 중앙 아메리카로 여러 번 여행하였는데, 그가 귀신을 다루던 경험을 이야기했던 것이 기억났습니다. 그는 어떻게 해야 할지 알 거라고 생각되었습니다. 나는 능력과 권세로 일을 시작하였으나 그 사역을 마치기에는 경험이 없었습니다.

소년은 미소를 지으며 일어났다.

필이 내게로 다가와 "무슨 일이야?"하고 물었습니다. 나는 "저 아이가 귀신들렸는데 자네 도움이 필요하네"라고 대답했습니다. 필은 나에게 미소를 짓더니 그 소년에게로 가서 등에 손을 얹고 권위 있게 그 상황을 다루었습니다. 그는 "예수 그리스도의 이름으로 명하노니 거짓말하는 귀신은 그에게서 나올지어다!" 하고 기도하였습니다. 그는 이렇게 세 번을 기도했습니다. 갑자기 그 소년이 크게 으르렁거리더니 긴 한숨을 내쉬고 쿵 하는 소리와 함께 바닥으로 나가 자빠졌습니다. 소년은 약

5분 동안 누워있더니 일어나 미소를 지었습니다. 소년과 그 어머니는 필에게 감사의 말을 했고, 소년이 계속 귀신으로부터 자유를 얻기 위해 필요한 것이 무엇인지 이야기 했습니다. 필은 그 소년이 구원을 확신하도록 기도했으며 성령의 세례를 받도록 인도했습니다.

그들이 떠나고, 나는 필에게 도와줘서 고맙다는 말을 했습니다. 나는 의문에 가득 차 있었고, 필은 내가 다시 귀신의 역사에 직면하게 되었을 때 취할 수 있는 매우 귀중한 조언을 몇 가지 해주었습니다. 몇 달 지나지 않아 나는 다시 귀신들린 사람을 대면하게 되었습니다. 이번에는 나도 어떻게 해야 할지 알고 있었습니다. 그 사람은 해방되었습니다. 필이 내게 가르쳐 준 대로 역사는 일어났습니다. 이렇게 올바르게 일할 수 있도록 지도해 주는 훌륭한 사역자들을 주신 하나님께 감사드립니다.

성공했을 때 기쁨이 온다.

영적으로 구속된 사람들, 특히 크리스천으로서 이런 일을 당한 사람들을 자유롭게 하는 일에 동참할 때, 굉장한 만족이 있습니다. 파괴적인 삶에 빠져버린 무지하고 성숙하지 못한 신앙인을 볼 때 불쌍한 마음에 머리를 흔들게 됩니다. 우리는 그들이 직면하고 있는 큰 혼란과 압박감 그리고 고통을 봅니다. 그들은 자신들을 결박하고 있는 것으로부터 자신을 끌어낼 힘이 없습니다. 그들은 자포자기 상태입니다. 여러 가지 시도를 해보았지만 아무것도 되는 것은 없습니다. 그들은 계속 기도하지만, 귀신의 속박에서 벗어나지 못합니다. 귀신들린 사람이 직장에서 혹은 가정에서조차 정상적으로 살아간다 하더라도, 귀신은 그의 개인적인 삶의 어떤 특정한 분야에서는 제대로 역할을 다하도록 내버려 두지 않습니다. 그리스도 안에서 귀신들이 우리에게 복종하는 것과 예수 그리스도의 이름으로 결박을 풀라는 우리의 명령에 귀신이 굴복해야만

한다는 사실을 알고 이해할 수 있다는 것은 놀라운 특권입니다.

70명이 시험에 통과했다.

70명의 사람들이 한동안 예수님과 함께 있었습니다. 그들은 예수님께서 어떻게 병자를 고치시고 귀신을 쫓으시는지 보았습니다. 그들은 제자교육의 신병훈련을 끝내가고 있었고 이제는 그들에게 주어진 새로운 권세와 능력을 시험하기 위해 파송 되려는 찰나였습니다. 일은 성공이었습니다!

> **누가복음 10:17~20**
>
> 칠십 인이 기뻐하며 돌아와 이르되 주여 주의 이름이면 귀신들도 우리에게 항복하더이다 예수께서 이르시되 사탄이 하늘로부터 번개 같이 떨어지는 것을 내가 보았노라 내가 너희에게 뱀과 전갈을 밟으며 원수의 모든 능력을 제어할 **권능**을 주었으니 너희를 해칠 자가 결코 없으리라 그러나 **귀신들이 너희에게 항복하는 것**으로 기뻐하지 말고 너희 이름이 하늘에 기록된 것으로 기뻐하라 하시니라

예수님 따라 하기

- 그 칠십 인은 행함으로 배웠습니다. 그들은 예수님께서 가르쳐주신 대로 했습니다. 그들은 예수님의 이름으로 행하여 놀라운 권능을 발견했습니다.
- 우리도 마찬가지로 예수님께서 말씀하신 대로 할 수 있습니다. 우리는 담대하게 앞으로 나아가 그리스도의 권능을 행해야 합니다. 우리가 우리의 권능에 대해 읽었어도 그것을 행하기 전까지는 결코 그것을 경험할 수 없습니다.

- 귀신은 우리에게 항복합니다! 귀신은 우리의 입에서 나오는 예수 그리스도라고 하는 이름 앞에 엎드립니다.
- 두려워할 것 없습니다. 예수님께서는 원수의 모든 능력에 대항할 수 있는 권능이 우리에게 있다고 말씀하셨습니다.
- 귀신을 쫓아내는 우리의 사명을 완수했다고 기뻐해서는 안 됩니다. 우리는 우리의 일을 마치고 우리의 이름이 하늘나라에 기록되는 것을 기뻐해야 합니다. 우리가 자유롭게 해준 사람들이 예수님을 위해 살고, 천국에서 우리를 만날 때 우리는 더욱 기쁠 것입니다.

개인적인 계시가 필요하다.

누가복음 10:17~20은 성경의 "중요한 계시"의 하나로 우리가 인용한 것입니다. 우리가 이 말씀을 "나에게 권세가 있다"라는 의미의 개인적으로 영접할 수 있는 계시로 받을 때 영적인 세계로 접근하는 우리의 인식이 변화될 것입니다. 우리는 귀신을 다루는 문제에 대해 두려워하는 대신에 예수 그리스도께서 우리에게 주신 권세를 부여 받은 자의 책임감을 다해 마귀에게 눌린 사람들을 풀어주어야 합니다. 어떤 주석가들은 "뱀과 전갈"을 귀신의 모든 범주로 연관시켜 해석합니다. 신앙인으로서 우리가 뱀과 전갈 그리고 우리의 대적 사탄을 제어할 모든 권능을 가졌다는 사실을 아는 것은 큰 위로가 됩니다. 모든 귀신의 영들은 우리에게 굴복합니다. 이는 귀신들이 반드시 예수님의 이름으로 명령하는 우리의 모든 명령에 복종해야 한다는 것을 의미합니다. 그러나 우리는 이러한 모든 것을 기뻐하기만 해서는 안 됩니다. 우리는 이러한 사실을 받아들이고 행동에 옮겨야 하며 귀신의 영들이 사람들 속에서 역사할 때 이 권세와 능력을 사용해야 합니다.

기뻐할 때에도 균형을 유지해야 한다.

귀신과 관련한 모든 문제에 온통 마음을 빼앗기기가 너무 쉽습니다. 그러나 우리의 목적은 일시적으로 귀신을 정복하고 사람들에게서 쫓아내는 것이 아닙니다. 예수님께서는 예수님과 함께 할 영원한 구원에 목적을 두라고 말씀하셨습니다. 우리는 우리의 이름이 천국에 기록된 것을 기뻐해야 합니다. 우리의 목적은 만주의 주가 되시는 하나님과 함께 영화롭게 되는 것입니다. 우리가 사람들을 귀신의 속박에서 자유롭게 해야 하는 이유는 그들이 천국으로 갈 수 있도록 길을 예비해야 하기 때문입니다. 결국 우리 모두 기뻐할 수 있습니다!

예수님의 이름이면 된다.

다음의 말씀에서 보다시피 여러분이 어떤 교파에 속해 있든 아니든 귀신을 내쫓는 여러분의 권세와 능력은 온전히 예수 그리스도의 이름에 달려있습니다.

> **마가복음 9: 38~41 누가복음 9:49~50**
> 요한이 예수께 여짜오되 선생님 우리를 따르지 않는 어떤 자가 주의 이름으로 귀신을 내쫓는 것을 우리가 보고 우리를 따르지 아니하므로 금하였나이다 예수께서 이르시되 금하지 말라 내 이름을 의탁하여 능한 일을 행하고 즉시로 나를 비방할 자가 없느니라 우리를 반대하지 않는 자는 우리를 위하는 자니라 누구든지 너희를 그리스도에게 속한 자라 하여 물 한 그릇이라도 주면 내가 진실로 이르노니 그가 결코 상을 잃지 않으리라

> **예수님 따라 하기**
>
> - 예수님께서는 그분의 이름이 기적을 행하기 위한 최종 권세라고 확인시켜 주셨습니다. 이 말씀에서 보면 예수님께서는 다른 사람을 섬기는 것과 함께 귀신을 쫓는 것이 우리가 할 수 있는 "사역"임을 말씀하십니다.
> - 만일 여러분이 다른 교회나 다른 교파의 사역자가 예수님의 이름으로 귀신을 성공적으로 쫓아내는 것을 보았다면 그들을 비판하지 마십시오.
> - 우리는 귀신으로부터 사람들을 자유롭게 하는 것에 대해 자랑하거나 배타적인 분위기를 조장할 필요가 없습니다. 우리가 사용하는 사역의 스타일과 방법은 귀신의 속박으로부터 사람들을 자유롭게 하기 위한 부차적인 것에 불과합니다.
> - 언제나 결과를 살펴봅시다. 그들의 삶이 중독이나 습관적인 죄악의 굴레로부터 구조되었는가? 사역팀이 효과적으로 일했는가? 사람들의 자유로움이 지속되는가? 그들의 삶이 극적으로 변화되었는가? 예수님께서 모든 영광을 받으셨는가?

경험으로부터 훈련은 시작된다.

1970년대 중반의 어느 FGBMFI 주말수련회에서 나(죤)는 귀신들린 한 남자를 구원하려고 하던 사업가들을 보았습니다. 마침 그 자리를 지나가고 있었는데 세 남자가 마치 논쟁을 하고 있는 것처럼 보였습니다. 두 남자는 성경을 인용하여 말하고 있었고, 세 번째 남자는 그 두 남자가 말하는 것을 받아들이려 하지 않았습니다. 성령에 대한 서로 다른 입장에서부터 시작된 일이었습니다. 아무것도 모르는 초신자인 나는 배울 만한 것이 있을까 싶어 그곳에 앉았습니다. 그때 갑자기 그 세 번째 남자가 (편의상 조(Joe)라고 부르지요) 다른 두 사람으로부터 돌아서서는 몸을 구부린 채 커다란 소리로 고함치더니 "날 설득할 수 없어. 당신들이 싫어!"하고 소리를 질렀습니다. 그러자 다른 두 사람이 즉시 "사악한 귀신아 우리가 너를 결박하였다. 명하노니 그 사람을 풀어주고 나와라!"하며 그의 등 뒤에서 퍼부었습니다. 나는 즉시 그 명령하던 두 남자 뒤로 가서 무슨 일이 일어날지 지켜 보았습니다.

조는 바닥에 쓰러져 웅크린 채로 그에게 명령하는 두 남자에게 대들고 있었습니다. 조는 "너는 거짓말을 하고 있어. 내 능력은 너를 능가한다. 더 이상 가까이 오지마." 소리쳤습니다. 그 때 다른 사람들이 소란이 일어나고 있는 주변으로 모여들었습니다. 내 옆에 있던 그 남자가 "사탄아, 네가 거짓말하고 있다. 예수 이름으로 명하노니 그 남자를 풀어주어라" 하고 외쳤습니다. 그 남자들은 조를 팔로 붙들어 제압하고 그를 의자에 앉혔습니다. 이때 조는 놀라운 초인적인 힘으로 두 남자를 바닥으로 휙 던져버렸습니다. 조는 겨우 70킬로그램도 나가 보이지 않았기 때문에 그런 그가 두 남자를 던져버렸다는 것은 놀라운 일이었습니다. 그 두 남자는 거구였기 때문입니다.

조는 으르렁거렸다.

조는 누구든 나서는 사람이 있으면 상대하겠다는 듯이 우리를 향해 소리를 질러댔습니다. 우리는 모두 어찌할 줄 몰라 뒤로 물러서 있었습니다. 그 두 남자는 잠시 후 일어나 다시 집중하려 했으나 별로 내키지 않는 듯했습니다. 조는 서둘러 문을 지나 그 건물을 빠져나가 차를 타고 수련회 장소를 떠나버렸습니다. 우리 모두는 머리를 흔들며 뭐가 잘못되었는지, 왜 조가 귀신으로부터 벗어나지 못했는지 이야기 했습니다.

나중에 알게 된 것인데 조는 한 크리스천 동료의 강요에 못 이겨 마지못해 수련회에 참석한 것이었습니다. 그는 사탄의 의식과 동양의 무술에 깊이 빠져 있었으며 그를 장악하고 있는 사탄의 힘을 좋아했습니다.

그는 "구원" 받기를 원하지 않았던 것입니다. 그는 다른 사람을 조정하도록 그에게 주어진 귀신의 능력을 좋아했습니다. 나는 오래 전 이 사건으로 귀신의 세계는 사실이며 귀신을 만났을 때 적절하게 대응할 수 있도록 더 강한 훈련을 받을 필요가 있다는 것을 깨달았습니다.

누구에게 전화를 할 것인가?

내(존)가 시에틀 근교에서 700클럽 긴급상담센터의 소장으로 있을 때 자살로부터 사람들을 구할 수 있도록 백 명이 넘는 상담원들을 여러 가지 효과적인 방법으로 훈련시켰습니다. 훈련과 사역을 동시에 할 수 있는 정말 생산적인 시간이었습니다. 처음에는 귀신을 분별하고 대응하는 방법을 상담자들에게 훈련시킬 방법이 필요했습니다. 많은 상담자들이 귀신들린 것 같은 가족이나 친구가 있었는데, 사역을 위해 마땅히 그들을 데리고 갈만한 곳이 없었습니다. 그 근방의 교회들은 영적으로 심각하게 속박되어 있는 사람들을 다루기에는 적당하지 않았습니다. 위의 문제에 관해 조사를 한 후 최근에 나온 레스터 섬랄 박사의 "귀신론과 구원"이라고 하는 비디오 과정을 사용하기로 결정했습니다. 약 12명 정도를 훈련시킨 후 그들을 세 팀으로 조직했습니다. 그런 다음 구원을 필요로 하는 사람들을 위해서 집중적인 인터뷰 과정을 개발했습니다. 아주 효과적이었습니다.

여기서 배울 점이 있다.

- 상담을 받은 사람들의 절반 만이 정말로 구원이 필요한 사람들이었습니다. 대부분의 사람들은 그들을 붙들고 있는 일반적이고

습관적인 죄악을 회개하는 것이 필요했습니다.
- 진정으로 구원이 필요한 사람들의 절반이 사역에 응했고, 이 사람들은 거의 예외 없이 자유로워졌습니다. 단 한 명의 예외가 있었는데 그 전문직에 종사하는 남자는 여러 귀신으로부터 벗어났지만, 아내를 용서하고 아내와 화해함으로써 온전한 구원을 이룰 수 있었는데 이것을 거절하고 말았습니다. 지금도 그의 영적인 상태는 더욱 나빠지고 있습니다.
- 영적인 상태는 보통 회개하지 않은 죄악이나 용서하지 않는 마음, 성경의 원칙들을 지키지 않음으로 인해 흔들립니다.
- 생리학적인 상태로는 **확실히** 귀신들린 것 같은 행동을 할 수 있습니다. 영을 분별하는 초자연적인 은사나 지혜와 지식의 말씀의 은사를 사용하는 것은 귀신 쫓는 사역을 하는 사람들에게 있어 매우 결정적인 사항입니다. 그러한 은사가 없이는 존재하지 않는 귀신을 쫓아내려는 위험한 상황에 빠질 수 있기 때문입니다. 비록 선한 의도로 시작했다 하더라도, 제대로 알지 못한 사역자가, 있지도 않은 귀신을 쫓는다고 소중한 사람들을 괴롭게 할 수 있기 때문입니다.
- 우리는 그에게 생리학적인 문제가 있을 것이라고 하는 가능성은 무시합니다. 왜냐면 우리는 영적인 문제에 접근하기 전에 먼저 의학적인 검진을 받으라고 강하게 권하기 때문입니다.
- 다른 사람들이 소리를 들을 수 없이 떨어져 있는 편안한 방에서 상담을 합니다. 귀신에게 비명이나 소리를 지르지 않도록 함에도 불구하고 가끔씩 우리를 놀라게 할 수 있습니다.
- 계시의 은사를 잘 활용할 수 있는 성숙하고 믿을만한 크리스천으로 팀을 구성하여 구원사역을 감당합니다.

절망에 빠진 부모가 도움을 필요로 하다.

오늘날의 청소년들은 마약이나 술, 주술, 난잡한 성생활, 모든 권위에 대한 반항 등으로 나타나는 귀신에게 자기 자신을 굴복시키고 있습니다. 가나안에서 온 여인에게 이런 종류의 귀신에게 굴복한 딸이 있었습니다. 다음의 말씀을 통해 예수님께서는 우리가 할 일을 보여주십니다.

마태복음 15:21~28 마가복음 7:24~30

마태복음 15:21~28: 예수께서 거기서 나가사 두로와 시돈 지방으로 들어가시니 (마가복음 7:24: 예수께서 일어나사 거기를 떠나 두로 지방으로 가서 한 집에 들어가 아무도 모르게 하시려 하나 숨길 수 없더라) 가나안 여자 하나가 그 지경에서 나와서 (마가복음 7:25: 이에 더러운 귀신 들린 어린 딸을 둔 한 여자가 예수의 소문을 듣고 곧 와서 그 발 아래 엎드리니) 소리 질러 이르되 주 다윗의 자손이여 나를 불쌍히 여기소서 내 딸이 흉악하게 귀신 들렸나이다 하되 (마가복음 7:26: 그 여자는 … 자기 딸에게서 귀신 쫓아 내 주시기를 간구하거늘)
예수는 한 말씀도 대답하지 아니하시니 제자들이 와서 청하여 말하되 그 여자가 우리 뒤에서 소리를 지르오니 그를 보내소서 예수께서 대답하여 이르시되 나는 이스라엘 집의 잃어버린 양 외에는 다른 데로 보내심을 받지 아니하였노라 하시니 여자가 와서 예수께 절하며 이르되 주여 저를 도우소서 대답하여 이르시되 자녀의 떡을 취하여 개들에게 던짐이 마땅하지 아니하니라 여자가 이르되 주여 옳소이다마는 개들도 제 주인의 상에서 떨어지는 부스러기를 먹나이다 하니 이에 예수께서 대답하여 이르시되 여자야 네 믿음이 크도다 (마가복음 7:29: 예수께서 이르시되 이 말을 하였으니 돌아가라 귀신이 네 딸에게서 나갔느니라 하시매) 네 소원대로 되리라 하시니 (마가복음 7:30: 여자가 집에 돌아가 본즉 아이가 침상에 누웠고 귀신이 나갔더라) 그 때로부터 그의 딸이 나으니라

예수님 따라 하기

- 다른 교회에서 온 사람이 귀신을 쫓아내는 훌륭한 크리스천 팀이 있다는 것을 알았을 때 그들은 그 팀을 찾아내기 위해 무슨 일이든 할 것입니다.
- 예수 그리스도와 그의 말씀, 성령의 인도하심에 기꺼이 따르겠다고 하면 그는 자유함을 입고 하나님의 축복을 받을 자격을 갖게 됩니다.
- 성령의 모든 요구에 응했을 때 사역은 완수되고, 예수님처럼 우리도 이렇게 말합니다. "돌아가라. 귀신은 나갔느니라!" 귀신은 예수 그리스도께서 우리에게 부여하신 권세와 능력 때문에 쫓겨납니다.

그들은 목요일에 왔다.

700클럽에서 그 세 팀의 상담자들에게 구원사역을 감당할 수 있도록 훈련을 마친 후 팀원들의 가족이나 친지들과 약속을 잡았습니다. 700클럽 사무실 주위에 목요일은 "귀신의 날"이라고 소문이 났습니다. 우리는 오전과 오후 각각 한 차례씩만 약속을 잡았습니다. 우리는 문을 닫고 앉아 상담을 진행했습니다. 섬랄 박사의 비디오 과정을 마친 사람들은 훈련의 일환으로 그 상담에 참여할 수 있도록 했습니다. 우리는 거의 두 시간에 걸쳐 이야기를 나눴는데, 그 사람의 혼에 어떤 존재가 들어갔을지도 모를 "잠입 지점"에 대한 것이었습니다.

질문은 상당히 철저하고 구체적이어서 만일 그가 귀신에게 눌려 있었다면 상담 중 그러한 사실이 드러나게 되었습니다. 만일 그에게서 그를 괴롭히는 귀신이 발견되면, 우리는 그가 완전히 자유로워질 때까지 상담 약속을 잡습니다. 대개 성령께서 구별하신 귀신은 그것이 무엇이든 간에 두 번째 만났을 때 두 시간 동안에 다 쫓겨납니다. 그 사역은 언제나 매우 전문적이며, 세심한 관찰 가운데 진행됩니다. 팀원들은 그 후 그들 나름대로 매우 보람된 사역을 감당해 오고 있습니다.

휠체어 탄 여인.

한번은 우리 700 클럽 사무실에서 구원을 위한 목요 상담 진행 중 귀신 때문에 놀란 적이 있었습니다. 우리는 척추의 선천적 기형으로 인해 휠체어에 갇혀 지내던 한 크리스천 여인과 상담 중이었습니다. 그녀는 말이 느리긴 했지만 보기에는 전혀 이상이 없었습니다. 그녀는 언제나 다른 사람의 도움에 의지하여 생활해야 했습니다. 상담 도중 우리는 사춘기 이후 어떤 더러운 영이 그녀를 괴롭혀 왔다는 사실을 발견할 수 있었습니다. 그 어린 나이에 어떤 젊은 남자에게 상습적으로 강간을 당했던 끔찍한 경험을 이야기 하면서 그녀는 부들부들 떨며 울었습니다. 성령님께서 그 여인의 마음과 육신을 강하게 붙들고 있는 음탕하고 더러운 영과 맞서라고 계시하셨습니다. 우리가 귀신에게 나오라고 명령하자 귀신은 우리 사무실 위 아래층에 다 들릴 정도로 크게 비명을 질렀습니다. 내가 전에 한 번도 들어보지 못한 정말 소름이 끼칠 정도로 큰 비명소리였습니다. 우리는 즉시 귀신의 권세를 제압하고 우리가 그녀를 위해 사역하는 동안 조용히 있으라고 명령했습니다. 그녀를 완전히 자유롭게 하기 위해서 우리는 한 번의 상담을 더 해야 했습니다. 이 사건을 통해 우리는 예수님께서 행하신 것은 우리도 즉시 해야 한다는 것을 깨달았습니다. 예수님께서는 "잠잠하고 그에게서 나오라"고 하셨습니다. 우리는 그제서야 왜 주님께서 그리 말씀하셨는지 알게 되었습니다.

승리했다.

그 일년 반 동안, 귀신이 어떻게 사탄의 속임수에 넘어가기 쉬운 연약한 사람들에게 달라붙게 되는지에 관해 간파하였습니다. 목요일 구원 활동들을 감독하면서 더욱 확실히 알게 되었습니다. 소냐와 나의 이 경험들은 오늘날 귀신에 대해 우리가 가르치는 데 매우 귀중한 것이 되었습니다. 우리는 전혀 귀신을 두려워하지 않습니다. 우리가 강력한 귀신과 마주 대할 때에도, 감사하게도 성령님께서는 우리를 완벽한 승리로 이끄십니다. 우리가 경험한 소중한 교훈들을 소개하면 다음과 같습니다.

- 심각한 영적인 문제가 있는 크리스천들에게 초점을 맞춥니다.
- 예비 크리스천들은 귀신 쫓는 일을 진행하기 전에 먼저 회개하고 예수 그리스도를 주님으로 영접해야 합니다.
- 구원이 필요한 사람이 전화로 도움을 요청해야만 합니다. 그들이 만일 직접 상담에 나오지 않겠다고 하면 더 이상 일을 진행할 필요가 없습니다.
- 피상담자의 친구 때문에 여러분이 서두르지 않도록 해야 합니다. 충분한 시간을 갖고 상담하면서 무엇이 피상담자의 상태의 원인이 되는지를 조사해야 합니다.
- 상담약속을 잡기 전 피상담자의 개인사에 관련한 모든 정보를 파악해야 합니다.
- 가능하면 부모와 형제들 가까운 친구나 그 사람에 대해 잘 알고 있는 크리스천들에게 물어보는 것도 좋습니다. 그리고 여러분이 그 사람들과 이야기 한 사실을 피상담자가 알아야만 합니다. 전화 한 통화면 됩니다.
- 피상담자의 가족이나 친구들에게 "구원"이라는 용어 대신에 "개인 기도"라는 용어를 사용합니다.
- 진행하기 전 철저한 의학적인 검사를 받도록 함으로써 조울증과 같은 생리적이거나 의학적인 문제 요소를 완전히 제거해야 합니다.
- 구원 사역이 피상담자의 영적인 불안정을 "급히 고쳐주는" 일로써 여겨져서는 결코 안될 일입니다. 피상담자가 주 예수 그리스

도를 전적으로 의지하게 함으로써 시작해야 합니다.
- 성공적으로 구원하기 위해 사후관리가 필요합니다. 피상담자가 계속 자유를 유지하기 위해 장기간에 걸쳐 개인적으로 책임감을 가지고 돌보는 사람이 필요합니다. 처음 문제가 되었던 사람이나 상황을 다시 찾지 않도록 결심해야 합니다.
- 성령이 충만한 사람이나 매우 성숙한 기도 동역자를 1년 이상 정기적으로 만날 것을 권합니다.

원숭이 신전에서 발생한 일.

여기 미국에서 우리는 귀신 숭배가 증가하는 것을 볼 수 있는데 두려운 결과를 초래하고 있습니다. 나(소냐)는 최근에 여기 오레곤주 벤드에 있는 우리 교회에 참석하고 있는 한 성령 충만한 크리스천과 이야기를 나누었습니다. 그녀는 그리스도께로 나오기 전 뉴에이지의 열렬한 신봉자였습니다. 그녀가 미국 남서부에 있는 원숭이 신전에 가게 된 이야기를 들려주었습니다. 그곳을 간 이유는 초자연적인 세계에 대한 깨달음을 얻기 위해서였다고 합니다. 신전에 들어가자마자 어린 딸이 주체할 수 없을 정도로 울기 시작했습니다. 결국 이 엄마는 그 딸이 왜 그렇게 무서워했는지 알 수 있었습니다. "엄마, 원숭이 주변에 날아다니는 저 무시무시한 것들 보여? 우릴 싫어해서 죽이려고 하잖아." 분명히 이 아이는 영적인 세계에 대한 직관이 있었고, 주님께서 이를 사용하여 우리가 귀신이 득실거리는 신전에 들어가는 것을 막으셨습니다.

그러한 신전들을 멀리하라!

무지한 크리스천들이 호기심에 이끌려 사탄 신전이나 절, 힌두사원 또는 이슬람 사원을 방문하였을 때, 그들이 가장 쉬운 표적이 됩니다. 이미 언급하였듯이 귀신 활동의 중심지를 방문하는 것이 얼마나 위험한 일인지 아무리 강조해도 지나치지 않습니다. 한번은 내(소냐)게 쌍둥이를 기르고 있는 젊은 엄마가 찾아와 그녀의 삶에 있는 극도의 고통과 무서운 귀신의 역사를 이야기 해주었습니다. 나는 그녀에게 이 일이 언제부터 시작되었는지 말해달라고 했습니다. 그녀는 즉시 대답하기를 그녀가 샌프란시스코에서 대학을 다닐 때 사탄을 숭배하는 모임을 찾아간 적이 있었는데 바로 그날 밤부터 사탄의 역사가 시작되었다고 말했습니다. 그녀와 친구들이 장난 삼아 영적인 것을 찾기 위해 간 것이 아니라, 호기심과 권태로움에 못 이겨 찾아 갔었다고 합니다. 얼마나 비극적인 실수입니까! 분명히 뭔가 영적인 존재(귀신)가 그녀에게 들어갔습니다. 그녀는 끊임 없이 두려움과 무서운 악몽에 시달려야 했습니다.

나는 네가 누군지 안다. 나는 너를 증오해!

나는 귀신의 존재를 분별하였고 그녀에게 진정으로 자유롭기 원하느냐고 물었습니다. "그럼요. 다른 무엇보다 더 간절히 원합니다! 언제가 좋을까요?"하고 대답했습니다. 나는 다음 주로 약속을 잡았습니다. 우리 팀에는 세 분의 목사님과 한 분의 사모님 그리고 내가 있었습니다. 우리는 기도실로 들어가 동그랗게 둘러앉아 기도하기 시작했습니다. 그녀는 바로 정신을 잃었고 천천히 바닥으로 쓰러졌습니다. 마치 불빛이 꺼져버리는 것 같았습니다. 우리가 귀신에게 말을 걸자 끔찍한 남자 목소리가 의식이 없는 그녀를 통해 말하기 시작했습니다. "나는 너희들이 누군지 안다. 나는 너희들을 증오해!" 귀신이 쉿쉿거렸습니다. 우리가 잠잠하라고 명령하자 귀신은 그녀를 바닥에 난폭하게 내동댕이치기 시작했습니다. 덩치가 큰 목사님 세 분이 그녀를 붙들고 있어야 했습니다.

십분 정도가 지난 후, 귀신은 물러갔습니다. 우리가 그녀의 이름을 부르자 그녀는 의식을 회복하기 시작했습니다. 그녀는 아무것도 기억할 수 없었으나 뭔가 놀라운 일이 있었다는 것을 알았습니다. 그녀의 검고 자연스럽게 구불거리는 머리칼은 땀에 젖어 있었고, 그녀는 매우 지쳐 있었습니다. 우리는 그녀가 회개하고 주 예수 그리스도의 구원과 십자가에서 흘리신 보혈의 능력을 영접하도록 도와주었습니다. 그날 그녀는 완전히 자유로워졌습니다. 사탄의 졸개들을 굴복시키신 하나님의 능력을 찬양합시다!

퇴마사(The Exorcist).

존이 700 클럽 긴급 상담센터의 워싱톤 벨뷰 지역 소장을 하고 있을 때, 한 젊은 남자를 알게 되었는데 매우 가정적이었고, 상담센터에서 매주 40시간 자원봉사를 하면서도 경제적으로는 문제가 없는 사람이었습니다. 그는 고등교육을 받은 파일럿이었고 신앙심 깊고 성령이 충만한 크리스천이었습니다. 그의 가족은 우리와 함께 동부 복음교회에 다니고 있었습니다. 좀 친해지자 그는 이상한 이야기를 우리에게 해주었습니다.

그가 더 젊었을 때 그는 공포영화를 즐겨 보았다고 합니다. 그는 아드레날린이 분출되는, 잔인한 영화일수록 더 좋아했습니다. 그러나 "퇴마사(The Exorcist)"라는 영화를 보았을 때 급격하게 그의 삶을 변화시킨 어떤 일이 발생했습니다. 영화를 관람하다가, 뭔가 그를 죽일 것 같은 공포에 몰아넣는 것을 체험했습니다. 어떤 실체가 그의 가슴을 짓누르고 있다는 느낌을 받았습니다. 그는 그것을 밀어내려 했지만 되지 않았고 알 수 없는 공포에 사로잡혀 버렸습니다. 극장에서 나오면 이런 느낌이 사라지겠지 했으나 그렇지 않았습니다.

두려움이 거의 그를 질식하게 했다.

　매일 밤 잠자리에 들기 위해 불을 끄면 귀신의 존재가 그를 눌렀습니다. 두려움은 거의 그를 질식하게 만들어 그는 비명을 지르고 불을 다시 켜야 했습니다. 그는 자신이 미쳐가고 있다고 여겼으며 이해할 수 없어 소리쳐 울었습니다. 연속된 몇 가지 사건들을 통하여 하나님께서는 자신을 계시하였고, 그는 하나님을 영접하고 결국 두려움의 영으로부터 벗어날 수 있었습니다. 이 이야기는 퇴마사(The Exorcist) 같은 영화를 좋아하는 순진한 사람들에게 주는 경고가 될 수 있습니다.

"싸이코(Psycho)"가 나의 허술한 틈을 노렸다.

　나는(소냐) 고등학교 때 안토니 홉킨스 주연의 "싸이코"라는 영화를 보았습니다. 무슨 영화인지도 모르고, 감정적으로 준비할 틈도 없이 비비안 리가 샤워하다가 칼에 찔려 죽는 장면을 보면서 허를 찔리고 말았습니다. 이것이 내게 나쁘게 작용하여 그 이후로 몇 년 동안 밤에 혼자 집에 있을 때에는 샤워를 할 수 없었습니다. 지금에서야 내가 어리석었음을 알게 되었으며 그러한 것들이 어떻게 우리 삶의 정서에 각인을 찍을 수 있는지 알게 되었습니다. 나는 아이들이 즐겨보는 영화나 TV의 이야기들이 오랜 기간 동안 아이들에게 부정적으로 미칠 영향들을 바라볼 때 걱정하지 않을 수 없습니다. 우리의 원수가 사용하는 방법들에 대해 지혜롭게 대처합시다!

귀신들이 우리 교회에 찾아오다

우리 교회에 다니는 성도들에게도 여전히 그들을 괴롭히는 "과거의 그림자" 같은 것이 있을지도 모릅니다. 그들은 마귀의 견고한 진을 벗어날 다른 방법이 없다는 것을 알고 있기 때문에 그 고통을 참아내는 것만 배웠습니다. 그들은 "꾹 참는" 법을 배웠고 그럼으로써 생겨나는 고통을 견뎌야 했습니다. 지도자로서 우리는 이 소중한 성도들이 도움을 필요로 하지만 어찌 해야 할지 모르는 것을 알아야만 합니다. 그들이 아는 최선책은 하나님께서 어떻게든 개입하실 것이라는 희망을 가지고 교회에 나가는 것입니다. 예배나 은혜가 충만한 설교 중에 놀라운 성령의 역사가 임하면, 그 귀신들이 정체를 드러낼 수도 있습니다. 불가피하게 발생하는 이러한 상황에 대처하기 위해 우리는 적절한 계획을 세워야만 합니다.

적절하지 못한 시간에 그들이 나타났다.

귀신은 언제나 적절하지 않은 시간에 나타나는 것 같습니다. 그들의 사명은 성령님께서 하시는 일을 방해하고 혼란을 일으키는 것입니다. 귀신은 강의실에도 나타날 수 있고, 가족모임이나 교회의 예배 중에도 나타날 수 있습니다. 미국에도 나타날 수 있고 우리가 사역하는 어느 나라에서나 나타날 수 있습니다. "귀신은 모두 아프리카에 있다"고 생각하기도 하지만, 인간이 있는 곳이라면 어디든지 귀신이 있습니다! 다음의 이야기는 예배 중에 나타난 귀신을 어떻게 상대할 것인가에 대한 통찰력을 줍니다.

마가복음 1:23~27 누가복음 4:33~35

마가복음 1:23~27: 마침 그들의 회당에 더러운 귀신 들린 사람이 있어 소리 질러 이르되 나사렛 예수여 우리가 당신과 무슨 상관이 있나이까 우리를 멸하러 왔나이까 나는 당신이 누구인 줄 아노니 하나님의 거룩한 자니이다 예수께서 꾸짖어 이르시되 잠잠하고 그 사람에게서 나오라 하시니 더러운 귀신이 그 사람에게 경련을 일으키고 큰 소리를 지르며 나오는지라 (누가복음 4:35: … 예수께서 꾸짖어 이르시되 잠잠하고 그 사람에게서 나오라 하시니 귀신이 그 사람을 무리 중에 넘어뜨리고 나오되 그 사람은 상하지 아니한지라) 다 놀라 서로 물어 이르되 이는 어찜이냐 권위 있는 새 교훈이로다 더러운 귀신들에게 명한즉 순종하는도다 하더라

예수님 따라 하기

더러운 귀신 들린 사람이 교회(회당)에 있다는 것은 참으로 흥미로운 일입니다. 북아메리카에서는 아주 드문 일이지만 우리 교회를 방문한 귀신 들린 손님과 함께 예배를 드릴 수도 있습니다. 예수님께서는 예배를 방해하려고 하는 귀신에게 어떻게 맞서야 하는지 가르쳐 주셨습니다. 예수님처럼 예배를 맡은 사람은 다음과 같이 할 필요가 있습니다.

- 사람을 통해 말하고 있는 귀신을 "선생님, 말씀하지 마십시오"라고 말하여 빠르고 단호하게 귀신을 꾸짖어야 합니다. 이것은 다른 혼란을 방지하기 위해 그 사람을 "결박"하는 역할을 합니다.
- 어떤 것이든 그 사람과 대화하지 마십시오.
- 안내자로 하여금 그 사람을 안내하여 예배실(회당)에서 나와 다른 방으로 인도하고 문을 닫도록 지시합니다.
- 경험이 풍부한 팀과 함께 구원을 시작하십시오. "그에게서 나오라"고 말합니다.
- 귀신은 예배를 방해하고 사람들의 관심을 예수님에게서 자신들에게로 돌리려 함을 인식하십시오. 귀신은 성령님께서 임재하시면 어느 때든지 요란하게 등장합니다.

- 침착하고 예수 그리스도께서 주신 권능과 강한 자신감을 갖고 일을 진행합니다.
- 귀신들린 사람들을 대할 때 조용히 그들에게 말함으로써, 예배당에서 그 사람들이 소리지르며 안내자들에게 끌려나가는 소동을 벌이지 않도록 합니다. 일반적으로 매우 단호하게 "예수 이름으로 명하노니 조용히 하라"고 말하면 됩니다.

강의실에서 생긴 일.

존이 워싱톤주 보텔에 있는 동부 복음교회에서 사역훈련센터(MTC) 강의를 진행하고 있을 때입니다. 이 특강은 고급 과정이었는데 영적인 결박을 파괴하는 내용이었습니다. 성령께서 강의실 안에 있는 누군가가 두려움의 영에게 묶여있다고 지식의 말씀을 주셨습니다. 얼마 안 되어 강의실 안에 있던 한 여인이 비명을 지르며 울기 시작하자 존은 입을 열었습니다. 귀신은 그 정체를 완전히 드러냈습니다. 존은 즉시 그 여인에게로 가, 강사 답게 당당히 귀신을 굴복시켜 그 여인에게서 귀신을 쫓아내었습니다. 귀신이 나간 후, 이 귀한 여인 주위에 앉아서 사역하고 있는 여학생들의 모습이 참으로 아름다웠습니다. 그 당시 우리는 모든 강의를 비디오 테이프에 녹화하고 있었기 때문에 모든 장면이 필름에 담겨 있습니다!

그녀는 크리스천이었다.

실제 사례를 들어가며 우리가 수년간 가르쳐 온 것을 서술하다 보니 하나님께서는 참으로 은혜가 많으신 분임을 다시 한 번 깨닫게 됩니다. 성경의 가르침대로 행했을 때 나타났던 표적과 기사를 통해 하나님의 능력을 우리와 우리 학생들에게 보여주신 하나님의 은혜 앞에서 우리는 낮아질 수 밖에 없습니다. 위의 사건에서는 크리스천들이 어떻게 악마에게 억압당하고 왜 구원이 필요한지 확실히 보여주고 있습니다. 그 여인은 6주가 넘게 우리 강의를 들었습니다. 그녀는 구원 받았으며 성령충만 해왔습니다. 우리는 모두 그녀가 과거의 황폐했던 삶으로 인해 깊은 상처를 받았다는 것을 알았으나, 그녀의 삶의 큰 부분을 차지하며 그녀를 지배했던 귀신은 분별하지 않았습니다. 이 지식의 말씀의 초자연적인 은사를 통해, 하나님께서는 수년 동안 그녀를 괴롭히던 두려움의 영으로부터 그녀를 구원하셨습니다. 얼마나 은혜로우신 우리 하나님이십니까!

귀신은 돌아가고자 했다.

한 영혼이 일단 귀신에게서 해방되면, 우리는 그가 자유로움을 유지할 수 있도록 도와야만 합니다. 예수님께서는 우리가 우리의 집(육신, 혼, 그리고 정신)을 하나님의 성령으로 완전히 채워야 한다고 말씀하십니다. 그들은 날마다 하나님의 말씀으로 그들의 마음을 새롭게 하며 매 순간마다 영적인 언어로 기도해야 합니다. 영적으로 건강하고 성령이 충만한 크리스천들과 매주 교제를 나누는 것 역시 필요합니다. 예수님께서는 이것을 다음과 같이 말씀하십니다.

> **마태복음 12:43~45 누가복음 11:24~26**
> 더러운 귀신이 사람에게서 나갔을 때에 물 없는 곳으로 다니며 쉬기를 구하되 쉴 곳을 얻지 못하고 이에 이르되 내가 나온 내 집으로 돌아가리라 하고 와 보니 그 집이 비고 청소되고 수리되었거늘 이에 가서 저보다 더 악한 귀신 일곱을 데리고 들어가서 거하니 그 사람의 나중 형편이 전보다 더욱 심하게 되느니라 이 악한 세대가 또한 이렇게 되리라

> **예수님 따라 하기**
>
> - 마르고 물 없는 곳은 어디라고 말하기 어렵습니다. 학자들은 "메마르고 건조한 곳"이 의미하는 바를 아주 조금밖에 이해할 수 없었습니다. 황폐하여 동물이나 사람이 살지 않는 사막 같은 곳이라고 했습니다. 요한계시록 18장 2절에 나오는 귀신의 처소인 무너진 도시 바벨론이 그렇게 묘사되었습니다.
> - 각 개인 구원을 확인하고 그들이 성령의 세례를 받도록 인도하는 것은 그들의 성령 충만을 확실히 하는 것입니다.
> - 우리가 이 일을 하지 않는다면, 그 사람은 전에 자신을 결박했던 같은 귀신에게 다시 공격받기 쉬운 상태가 됩니다. 귀신은 전보다 더 많은 귀신들을 불러 함께 다시 돌아가려 합니다.

으르렁대기 시작했다.

어느 화요일 저녁 우리 집에서 구역모임을 하고 있었는데, 성령세례에 대해 가르치고 있었습니다. 몇몇 참석자들이 지난 주 흥미를 보였고, 그들도 경험하게 해달라고 요청을 했습니다. 이 주제에 관해 철저히 가르친 후 성령의 은사와 방언의 은사를 받고 싶어하던 사람들을 식당 쪽으로 모이라고 했습니다. 네 명의 여성과 한 명의 남성이 다가왔습니다. 그들에게 안수하고 기도하기 시작하자 그 남성이 갑자기 흉측한 목소리로 으르렁대기 시작했습니다. 귀신이 드러나자 그는 등을 구부렸습니다. 나(소냐)는 그의 옆에 서 있었기 때문에 이렇게 벌어진 일을 가장 먼저 보게 되었습니다.

이런, 귀신이 여기 있었네.

존은 그 방의 반대편에 있었는데 나는 재빨리 존에게로 다가가 "여기에 귀신이 있어요"하고 말했습니다. 죤이 그 남자에게로 다가가 그것이 거짓말하는 귀신임을 속히 분별해냈습니다. 그 귀신은 그 남자에게 은사를 받을 만한 가치가 없는 사람이라고 말하고 있었고, 그가 우리의 가르침대로 하려 하자 귀신이 자기 자신을 드러낸 것입니다. 죤이 예수 그리스도의 능력의 이름으로 그 귀신을 상대하자 귀신은 떠났습니다. 우리들 중 대부분이 사람에게 들어온 귀신을 본적이 없었으므로 이것은 우리 구역원들에게 대단히 유익한 학습시간이 되었습니다.

나는 "귀신 같은 것"을 싫어해요.

그날 저녁에 우스운 일이 하나 있었는데 한 여인이 그날 그 모임에 나오는 길에 남편에게 "여보, '귀신 같은 것' 이 나타나면 그 근처에 절대 가지 않았으면 좋겠어요. 너무 무서워 죽을지도 모르잖아요"라고 말했다고 합니다. 그러나 그 일이 있은 후 그녀는 귀신에 대한 두려움이 사라져버렸기 때문에 모든 광경을 잘 볼 수 있어서 얼마나 감사했는지 모른다며 중계방송을 할 정도였습니다. 그녀는 이 사건이 한 번도 상상해 본 적 없는 가장 자연스러운 일이었다고 말했습니다. 악한 영은 흉악한 방법으로 나타나지만, 예수 그리스도의 이름의 권세는 귀신을 물리쳤고, 결국 귀신은 떠났습니다. 이렇게 간단한 것이라니! 그녀는 놀랐습니다.

지도자 부부가 구원을 원하다.

중앙 캘리포니아 교회에서 지도자들을 대상으로 사역하고 있을 때, 더러운 귀신이 어떻게 우리의 삶에 들어올 발판을 마련하는지에 대해 토론회를 가졌습니다. 우리는 귀신이 견고한 진을 사람 속에 구축하여 사람들이 거짓말하고 속이게 만들 때까지, 그들이 숨바꼭질 놀이하듯 역사하는 것을 말했습니다. 놀랍게도, 예배 후 한 지도자 부부가 죤에게로 찾아왔습니다. 그는 죤이 설명했던 것과 정확히 일치하는 경험을 했었다는 것과 아내에게 죄악된 행동에 대해 거짓말 하기 시작한 것 등을 죤에게 이야기 했습니다. 그의 사랑스런 아내는 어찌할 바를 모르고 있었습니다. 죤은 이 사람의 구원을 위해 목사님 중 한 명을 불렀고 예수 그리스도의 이름으로 사악하고 거짓말하는 귀신으로부터 이 젊은 남자를 자유롭게 했습니다. 그 후에도 그들은 이 젊은 남자의 삶을 책임감 있게 도와주었고, 최근에 우리가 확인한 바로는, 그 남자는 매우 잘 지내고 있었습니다.

흔한 일이지만, 삼촌 중 한 명이 그가 어렸을 때 그를 매우 괴롭혔는데 그 삼촌은 포르노를 좋아했었습니다. 그런데 인터넷을 통한 충동적인 탐닉이 계속되면서 이제는 결국 그 젊은 지도자가 포르노의 노예가 되어버리고 말았습니다. 어느 날 그는 자신의 고의적인 죄악으로 인한 삶의 두려운 결과들과 소중한 아내까지 잃게 될지도 모른다는 사실을 깨달으면서도 죄악 된 행동을 멈출 수 없게 되어버린 자신을 발견하였습니다.

고의적인 죄악이야말로 위험한 것이다.

이 이야기는 귀신의 속박이 어떠한 행동을 야기하는지 보여줍니다. 술이나 마약, 도둑질, 거짓말, 험담 그리고 그와 유사한 파괴적인 행동 등이 될 수 있습니다. 크리스천들이 고의적인 죄악을 계속하는 것이야말로 매우 위험한 일입니다. 죄는 여러분이 가고자 하는 것보다 더 멀리 가게 하고, 머무르고자 하는 시간보다 더 오래 머무르게 하며, 소비하고자 하는 것보다 더 많은 것을 지불하게 하며, 상상도 하지 못할 만큼 더 해를 입힌다는 말이 있습니다. 결국 영원한 결과를 초래합니다.

여러분이 이 글을 읽으면서 우리가 이야기한 일들이 여러분에게도 일어났다고 여겨진다면 이러한 영적인 차원의 일들을 잘 이해하고 하나님께서 주신 능력을 사용하여 여러분을 자유롭게 해줄 수 있는 목사님을 즉시 찾아가 도움을 청하십시오. 사역자는 만일 이러한 종류의 사역에서 영향력을 나타내려면 자신의 삶을 통해 역사하시는 성령의 초자연적인 계시의 은사를 받아야 합니다.

음란전화와 정신병원

하루는 내(소냐) 친한 친구가 전화를 걸어 가슴 아픈 소식을 들려주었습니다. 그 친구의 아버지가 직장에서 해고되었고 그로 말미암아 퇴직금의 상당부분을 잃었다는 것입니다. 내 친구는 다른 주에 살고 있었는데 나와 같은 도시에 살고 있는 자신의 부모님을 찾아가 줄 수 있겠느냐고 물었습니다. 그것은 내게 참으로 어려운 일이었습니다. 나는 그분들을 고등학교 때부터 알았고 무척 존경했습니다.

노부부와 포옹과 눈물로 인사를 마친 후 아주 안타까운 이야기를 듣게 되었습니다. 조심스럽지만 조사하는 듯한 나의 질문에 대답할 때, 그분들이나 나나 마음이 무척 아팠습니다. 친구의 아버지는 몇 년 동안 포르노에 빠져있었고 결국 지난 해 그의 삶을 영원히 바꿔버린 어떤 일이 벌어졌습니다. 그가 여자들에게 음란전화를 걸기 시작했던 것입니다. 오래지 않아 경찰이 그가 직장에서 음란전화 하는 것을 추적했습니다. 그러나 직장에서 많은 사람들로부터 사랑과 존경을 받았기 때문에 아무도 그가 처벌 받는 것을 원하지 않았습니다. 결국 그는 구두의 경고만 받았습니다. 그러나 얼마 지나지 않아 그는 전화를 더 많이 걸었습니다. 그는 현행범으로 잡혔고 다시 전화를 할 경우 해고당할 것이라는 경고문을 서면으로 받게 되었습니다. 회사측으로부터 모든 퇴직대비적립금과 건강보험 등이 귀속될 것이라는 이야기도 들었습니다. 회사측에서는 그에게 정신과 상담을 받아보도록 했으나 그는 도움을 거절했습니다. 그의 모든 전화가 감시 받는다고 사측에서 말했으나 놀랍게도 그는 멈추지 않고 음란전화를 더 많이 했습니다. 여기까지 이야기하자 그의 아내는 주체를 못하고 울었고, 나는 이 이야기를 믿을 수 없었습니다.

그는 이야기를 계속 했습니다. 경찰이 회사로 찾아와 동료들이 보는 앞에서 그를 체포했습니다. 그는 경제적인 손실을 입으며 즉각 해고당했습니다. 지역 신문에 기사까지 났었고, 모욕과 수치심은 더 이상 견딜 수 없는 정도에 이르렀습니다.

그는 "뭔가에 홀렸었다"고 말했다.

왜 계속 전화를 했으며 전화가 도청되는 것을 알면서도 전화를 걸었는지 묻자 그는 의미심장한 이야기를 했습니다.

> "내 마음속으로는 이것이 내 삶을 망치고 내 결혼생활을 망치며 내 명예로운 은퇴를 망쳐놓을 것을 알았지. 내 아이들에게도 엄청난 수치를 주게 될 것도 알았네. 하지만 전화를 걸어야 한다는 강박관념을 이겨낼 수 없었어. 그때마다 뭔가가 내게로 온 것 같았고 나는 뭔가에 홀린 사람처럼 저항할 아무런 힘도 없었지."

이것은 귀신의 영향을 받고 있는 사람의 상태를 잘 보여주고 있습니다. 이 불쌍한 남자는 구원의 복음과 예수 그리스도를 통한 구원에 대한 내 이야기를 들을 준비가 되어 있지 않았습니다. 그러나 그의 작은 아내는 달랐습니다. 그녀는 그날 밤 자신을 하나님에게로 다시 드렸습니다. 말하기 슬픈 일이지만, 그는 그 후 몇 년을 더 사악한 귀신에게 괴롭힘을 당하며 살았고 죽을 때까지 회개하지 않고 하나님을 영접하지 않았습니다. 얼마나 헛된 삶입니까? 남은 여생을 사탄의 권세 아래서 살았다니! 그러나 하나님의 믿을 수 없을 정도로 한없는 사랑과 은혜는 "나와 같은 죄인"에게도 여전히 베풀어지고 있습니다.

대를 이어가는 귀신들.

우리 모두 "그 사람은 성격이 참 이상해. 그 아버지랑 똑같다니까" 하는 말을 들어 보았을 것입니다. 모든 가족들이 습관과 성격, 그리고 행동을 물려받습니다. 마찬가지로 가까워진 귀신들도 발견되지 않는 한 한 세대에서 다른 세대로 대물림 될 수 있습니다.

위의 경우 더러운 귀신이 우리들의 친구인, 그 아들에게 대물림 되었습니다. 그가 비록 성령 충만한 크리스천이었으나 잡지와 비디오 등을 통한 포르노의 유혹을 물리치지 못했습니다. 하나님에 대한 고의적인 불순종이 계속되었고 그의 아버지에게 벌어진 일과 똑같은 일이 그에게도 벌어졌습니다! 그는 음란전화를 한 혐의로 체포되었고 직장에서도 해고되었습니다. 믿겨지지 않겠지만, 그의 아버지가 당했던 일을 모두 알면서도, 그 자신이 같은 일을 했던 것입니다. 그는 곧 인터넷 포르노에도 중독되었습니다.

그들에게 즉시 우리 집으로 오라고 했다.

그가 체포된 후 그의 아내가 내게(소냐) 전화를 걸었고, 나는 즉시 우리 집으로 오라고 말했습니다. 우리는 서로 다른 주에 살고 있었습니다.

그들은 나의 초청에 응했고, 전화 통화 후 수 시간 내에 우리 집에 도착했습니다. 그 남자는 그가 속한 공동체에서 꽤 존경을 받아왔는데 이번 사건이 그와 그의 아내, 가족, 동료 등의 신뢰를 파괴하는 일격을 가한 셈이었습니다. 도착했을 때 그의 얼굴은 감정이 바닥난 것 같이 보였습니다. 그의 아내는 아직 충격에서 벗어나지 못했고 이혼을 해야 할지 말아야 할지 결정을 내리려 하고 있었습니다.

우리는 도와줄 수 있는 동역자 한 분을 청했고, 그 친구가 진심으로 깊이 뉘우치고 있다고 결정한 후 존과 그 동역자는 협력하여 그가 완전히 구원받을 수 있도록 했습니다. 바로 우리 눈 앞에서 놀라운 변화가 일어났습니다.

우리는 하늘로부터 지혜를 달라고 열심히 기도했다.

그러는 동안 나(소냐)는 그의 아내 곁에 서서 그녀가 겪은 끔찍한 이 고통을 이겨낼 수 있도록 도왔습니다. 그녀는 그 시아버지가 정신 나간 행동으로 체포되고 해고되었을 때 시어머니가 이혼하지 않은 것을 보고, 시어머니에 대한 존경심을 잃어버렸다고 말했습니다. 그런데 지금 그녀가 똑같은 상황에 놓여있는 것입니다. 우리는 구원사역이 어떻게 이루어지며 회복이 가능하다는 것을 설명했습니다. 그녀는 믿고 싶어 했으나 이 끔찍한 상처가 어떻게 치료될 수 있는지 상상하기 어려워했습니다. 우리는 하늘로부터 지혜를 달라고 열심히 기도했습니다.

완전히 자유롭게 되었다.

그 구원사역은 완전하고 완벽했습니다. 그들은 성령이 충만한 교회에 출석하는 등 우리가 제안한 모든 것을 이행했습니다. 몇 년이 지난 지금은 그들은 완전히 자유를 누리며 치료되었습니다. 그들의 결혼생활은 지금까지 살아온 날 중 최고의 행복을 누렸습니다. 그들은 그들이 할 수 있는 모든 것을 다해 하나님을 섬겼습니다. 얼마나 놀라운 승리입니까! 얼마나 큰 기쁨입니까! 우리 하나님만이 이러한 기적을 이루십니다!

우리 친구는 정신적인 억압이 극에 달했다.

우리 친구 중 하나는 조울증이었는데 약을 먹지 않으면 망상에 시달렸습니다. 그러다가 그는 결국 한 지방 병원의 정신과 병동에 갇히고 말았습니다. 그의 가족들이 우리에게 전화를 해 그를 방문해 줄 것을 요청했습니다. 그 가족들은 그가 FBI가 자신을 쫓으며, 일거수 일투족을 감시하고, 그를 체포하려고 한다는 망상에 시달리고 있다고 말했습니다. 그가 출근하기를 두려워했던 시점에서 이런 과대망상이 있었습니다.

그는 우리를 보고 기뻐했으나 여전히 과대망상으로 고통 받고 있었습니다. 그는 그가 경험한 것을 이야기하기 시작했습니다. 우리는 그의 눈을 정확히 바라보았고 그에게 있어서 이 모든 일들이 사실이라는 것을 알고 있다고 말했습니다. 그리고 그가 거짓말 탐지기로 시험을 해보면 통과할 것이라고 말했으나 사실은 모두 망상이었습니다. 우리는 귀신을 발견할 수 없었고, 그에게 비정상적인 행동을 유발하는 정신적인 문제가 있다고 확신했습니다.

그를 쫓는 FBI는 없었다.

이 사람은 우리를 사랑했고 신뢰했으나 **그가 알고 있는 현실**이 현실이 아니라는 것을 믿게 하기는 매우 어려웠습니다. 우리는 약물치료 만이 그를 쫓아다니는 FBI가 없는 현실로 그를 돌아오게 할 수 있다고 말하는 의사들과 가족들의 말에 힘을 실어 주었습니다. 약물치료를 시작한 지 몇 주가 지나자, 그는 다시 좋아졌습니다. 그는 두뇌가 명석한 사람이었는데 약물치료가 그의 뇌 기능을 저하시키는 것 같다며 약물치료를 좋아하지 않았습니다. 우리는 그것이 바로 그와 같은 상태 또는 유사한 상태에 있는 사람들이 처방을 받지 않는 이유라고 생각했습니다. 이러한 중요한 시점에서의 가장 적절한 태도는 우리가 그 친구를 위해 하고 있는 것처럼 병고침을 위해 기도하는 것입니다. 귀신은 약물에는 반응하지 않지만 육체적인 문제는 약물에 반응하는 것 같습니다.

침례교 소녀가 귀신에 대해 배우다

1965년 성령세례를 받은 후 나(소녀)는 성경을 열심히 공부하기 시작했습니다. 말씀이 살아 움직이며, 구절마다 나에게 큰 의미를 주었습니다. 성경을 공부하던 이 침례교 소녀가 믿기 어려웠던 주제는 바로 귀신들림이었는데 이 초자연적인 활동에 대한 신약성경의 말씀에 나는 매료되고 말았습니다. 이 다른 차원의 세계와 관련된 내가 찾을 수 있는 모든 자료는 다 읽었습니다. 대부분은 제 삼 세계에서 활동하는 선교사들의 이야기였습니다.

그들은 이러한 이상한 것들을 그만두라고 말했다.

한번은 우리 목사님들께서 잠시 들르셨는데 내가 읽고 있던 책을 보셨습니다. 제목을 한번 보시더니, 이런 이상한 것들을 그만두라고 하셨습니다. 전혀 득될 것이 없다는 것이었습니다. 나는 그분들이 이 초자연적인 주제에 대하여 갖는 단호하고 적대적인 반응에 놀라서 오히려 그분들의 말씀을 듣는 편이 낫겠다고 생각했습니다. 나는 몇주일 가량 그 책을 옆으로 밀어두고 이 문제에 대한 하나님의 인도하심을 구했습니다.

"선생"되신 성령님께서 나를 인도하셨다.

관심이 남아있는 정도가 아니라 극적으로 커졌습니다. 이제 와서 생각해 보면 "선생"되신 성령님께서 날 인도하셨던 것 같습니다. 내가 읽었던 모든 책들에 대해 극히 비판적이 될 수 있었기에, 우리 목사님들의 주의에 귀 기울였던 것이 오히려 잘 된 일이었습니다. 성경 안에서 성경을 근거로 한 상관관계를 찾을 수 있을까요? 찾을 수 없다면, 나는 그 성경의 말씀들을 의심했습니다. 지금까지 나는 성경을 여러 차례 통독했고 헬라어와 영어가 한 줄씩 들어간 헬라어-영어 신약성경을 포함하여 좋은 성경공부 자료를 가지고 공부하였습니다. 나는 항상 신학의 보수적인 측면에 치우쳤던 편이었으며 그것이 오히려 내 맘을 편하게 했습니다.

나는 매우 특별한 사명을 위해 준비되고 있었다.

내가 매우 특별한 사명을 위해 준비되고 있다는 사실을 조금씩 알게 되었습니다. 내가 한 번도 생각해 본 적 없는 일이었습니다! 내 친구 그래미 해쳐는 성령 세례를 받은 후의 내 놀라운 영적 성장에 대해 전율했습니다. 그녀는 나의 가장 열렬한 팬이었으며 내가 쉽게 사람들을 성령 세례 받도록 인도하는 것을 보고 놀라워했습니다.

하루는 그래미가 내게 전화를 걸어 시애틀 근교에서 약물에 취해 살다가 얼마 전 워싱톤 주 리치랜드로 돌아온 자기 친구의 아들을 만나줄 수 있느냐고 물었습니다. 나는 도대체 내가 이 마약에 중독된 젊은이에게 무슨 말을 할 수 있을까 도무지 상상이 되지 않았지만 정면으로 부딪쳤습니다!

내가 왜 그 일을 해야 하는지 이유를 물었을 때 그래미는 다음과 같이 설명했습니다. 그 젊은이가 시애틀 시내를 걷고 있었는데, 갑자기 쓰러져서 움직일 수 없게 되었답니다. 하나님께로 돌아가지 않으면 자신은 곧 죽게 될 것이라고 하나님께서 말씀하시는 것을 그는 듣게 되었습니다. 그는 곧장 기도하는 어머니에게로 돌아왔고, 어머니는 오순절교단의 목사님을 소개했습니다. 그러나 이것은 그들에게 도움이 되지 않았습니다. 그 어머니는 아들을 도와줄 사람을 애타게 찾고 있었습니다. 그래서 그래미가 내게 전화를 한 것이었습니다.

그의 팔에 새겨진 문신에 내 시선을 빼앗겼다!

마지못해, 다음 주 토요일 오후에 그 젊은이를 만나기로 했습니다. 그래미와 그 젊은이의 엄마, 그리고 내가 속한 토요일 아침기도회원들이 함께하기로 했습니다. 약속시간이 되어 초인종이 울리고 문을 열자 나는 매우 낯선 광경을 보게 되었습니다. 내 앞에 탑처럼 서 있는 이 젊은이는 이십 대 초반에 키는 183센티 가량 되고 긴 갈색머리에 내가 본 중 가장 아름다운 커다랗고 푸른, 그러나 **공허한** 눈을 가지고 있었습니다. 그의 팔에 새겨진 분홍색 형광 문신이 내 시선을 사로잡았습니다! 그 젊은이 역시 이 꼿꼿이 서 있는 작은 여인이 그의 인생에 대해 도대체 뭐라고 말할 것인지 생각하며 나를 판단했을 것입니다.

성령님께서 특이한 방법으로 나에게 임하셨다.

그 젊은이에게 자리를 권한 후 그에게 무슨 일이 일어났는지를 물었습니다. 그는 당연히 긴장했고, 하나님을 만났던 시애틀의 거리에 대해 이야기 했습니다. 그가 이야기하는 동안 성령님께서 특이한 방법으로 내게 임하셨습니다. 성령님께서는 이 젊은이를 향한 하나님의 아가페 사랑을 내가 가슴으로 느끼며 그 사랑에 빠져들게 만드셨습니다. 내 심장은 "주님, 저 밖에 얼마나 많은 잃어버린 젊은 영혼들이 있습니까? 그들은 지옥을 향해 가고 있고 이 험한 세상에 희망도 없이 살아가고 있습니다. 그들이 마약과 섹스 그리고 다른 어떠한 것들에 중독되었다는 것이 이상할 것도 없겠지요!"하고 소리치고 있었습니다.

하나님의 엄청난 은혜로 말미암아 우리는 통했습니다. 나는 그의 두려움과 혼란스러움을 느꼈고 그는 나를 통해 하나님의 사랑을 느꼈습니다. 이 젊은이가 얼마나 가슴이 벅찬지 갑자기 점프하여 날 깜짝 놀라게 하더니 이렇게 말했습니다. "선생님, 난생 처음 느껴보는 강한 감동을 억누를 수가 없습니다. 제 친구들을 데리고 다시 와도 되겠습니까?" 나는 당황해서 "글쎄… 어… 물론이지"하고 중얼거렸습니다.

나중에 안 사실이지만 그들은 꽤 큰 마약 거래상이었다.

그는 두 명의 친구를 데려왔는데 나중에 안 사실이지만 그들은 그 근방에서 꽤 큰 마약 거래상이었습니다. 몇 주일 내에 그 모임은 삼십 명 가량으로 불어났고 믿을 수 없는 광경이 벌어졌습니다. 그들은 진심으로 회개하여 마약을 끊고 자신들의 새로운 주님을 기쁘시게 하는 일을 구하는 등 살아계신 그리스도와의 참된 만남을 갖고 있었습니다. 어느 날 밤, 나는 앉을 수 있는 곳에는 어디든 앉아 있는 히피 스타일의 아이들로 가득한 거실과 식당을 둘러보았습니다. 그들은 각자 자기들의 성경책을 꺼내 들고는 이 구절에서 예수님께서 하신 말씀이 무슨 뜻인지를 토론하고 있었습니다. 온 집안이 담배연기로 가득 차 있었기 때문에 난 웃지 않을 수 없었습니다. 교회 다니는 사람들이 지나가다가 이 광경을 본다면 역겨워서 토했을 것입니다. 그들이 인식하지 못하는 것은 그 아이들이 이 몇 주간 동안 얼마나 많이 변했는가 하는 사실입니다. 담배를 피우는 것은 이 시점에 있어서 아주 사소한 문제일 뿐입니다.

이 집이 감시 받고 있다구요!

몇 주 후 과거에 마약 거래상이었던 한 사람이 담배연기 가득한 우리 모임에 찾아와 경찰이 이 집을 감시하고 있다는 사실을 아느냐고 물었습니다. "뭐라구? 왜 우리 집을 감시하고 있는 거지?" 내가 물었습니다. 그는 한번 생각해 보라고 했습니다. 갑자기 이 근방의 대형 마약 거래상들과 마약 복용자들이 커다란 검정색 성경책을 들고 일주일에 몇 번씩 어떤 집에 모여 모임을 갖습니다. 당신이 경찰이라면 관심을 갖지 않으시겠습니까? 나는 손바닥으로 이마를 쳤고 내가 얼마나 순진했는지 놀랐습니다. 내가 전혀 새로운 문화에 떠밀려 들어간 것이었습니다.

벌써 그 모임에 정보원을 심어놓았습니다.

나는 그 아이들 중 한 부모에게 전화를 걸어 경찰서장을 만나러 갈 경우 함께 갈 수 있느냐고 물었습니다. 그들은 그렇게 하겠다고 하였고 나는 바로 전화를 걸어 약속을 잡았습니다. 놀랍게도 우리는 바로 다음 날 오후로 약속을 잡을 수 있었습니다. 나는 사적으로 경찰서장을 만나본 적이 없었습니다. 내가 그에 대해 아는 것이라고는 그가 이 도시에서 평판이 좋다는 것이 전부였습니다. 비서가 우리를 그의 사무실로 안내하였을 때 그는 일어서서 책상을 지나 걸어나오면서 악수를 청해 우리를 놀라게 했습니다. "이야기를 시작하기에 앞서, 저는 제가 거듭난 크리스천임을 먼저 알려드리고 싶습니다. 선생님 집에서 벌어지고 있는 일들이 우리 동네의 젊은이들에게 유일한 희망이 되고 있다는 것을 믿습니다. 저는 벌써 선생님의 모임에 정보원을 심어두었는데 언제나 긍정적인 보고가 들어오고 있기 때문에 모든 것을 알 수 있습니다. 그들은 종교적인 것에 대해서는 이해하지 못하나 그 모임이 건전하다고는 말하고 있습니다." 나는 입을 다물지 못한 채 이 훌륭한 사람의 손을 잡고서 있었습니다. 모임에 참석하는 인원이 늘어 집에서 모임을 갖기 어렵다면 경찰서에서 400달러를 지원할 테니 모임을 할 수 있는 새로운 장소를 임대하라고까지 말했습니다. 이 얼마나 놀라운 일입니까!

나의 특별한 사명.

나는 내게 주어진 사명이 어떤 것인지도 모른 채 내 특별한 사명을 위해 훈련 받아왔습니다. 이 아이들의 대부분은 중산층의 자녀들이었습니다. 그들은 교회에 다닌 경험이 있었으나 큰 의미를 갖지는 못했습니다. 평범한 일상에 환멸을 느껴서 그들은 쉽게 마약에 빠져들었고 그들의 윤리의식마저 무너져버렸습니다. 늘어나는 마약 흡입량을 감당하기 위한 절도는 일상이 되어버렸습니다. 환각제를 사용하는 사람들은 불쌍한 신세가 됩니다.

나를 전적으로 신뢰하게 되자 그들은 소위 "환각상태"에 빠져들었을 때 경험한 끔찍한 일들을 이야기하기 시작했습니다. 대부분의 아이들에게 지금도 환각이 재발되기도 하였는데 그 재발은 경고도 없이 찾아왔습니다. 놀랍게도 그들은 귀신을 만나기도 했는데 마치 선교사가 기록한 그 책에 나온 것과 같은 내용이었습니다. 나는 지난 몇 달 동안 내가 공부한 것을 그 아이들과 나눌 수 있었습니다. 아이들은 신약성경을 통하여 예수님께서 귀신의 권세를 굴복시킨 말씀을 읽고, 자신들도 역시 자유로워질 수 있다고 믿었고 실제로 그렇게 되었습니다. 아주 놀라운 일입니다. 제일 먼저 자유롭게 된 아이가 몇 주 안에 다른 아이들을 자유롭게 하고 있었습니다. 그들은 단순히 귀신이 어떻게 역사하는지 실례를 보여주는 책들을 사용하였고, 그런 다음에 예수님께서 사람들을 귀신으로부터 자유롭게 하시는 성경 말씀들을 보여주었습니다. 놀라운 일들이 아닙니까!

능력대결에 대해 말하라!

나는 이 초자연적인 구원들이 아이들에게 신약성경 형태의 기독교를 친밀하게 만든 것이라고 생각합니다. 그 아이들은 이미 죽은 종교를 경험했고 이에 속하는 것을 원하지 않았습니다. 능력대결에 대해 말하십시오! 아이들은 이것이 필요했고 받아들였습니다! 그렇습니다. 성령님께서는 내게 "네 자신이 인정받을 수 있도록 공부하라"고 나를 이끄실 때, 정확하게 무엇을 하셔야 하는지 잘 알고 계셨습니다. (디모데후서 2:15 참고)

그 무렵 캐나다에서 온 복음전파자 부부가 우리 지역을 방문했습니다. 여러 젊은이들이 그들의 이야기를 듣고자 찾아갔습니다. 그 젊은이들은 매우 흥분한 상태로 돌아왔는데 그 부부가 귀신을 물리치고 병자들을 고쳤기 때문이었습니다. 내 부모님께서 나와 함께 이 이야기를 듣고 있었는데 나는 그분들을 억지로 그 천막집회에 모시고 갔습니다. 예상했던 대로 그 캐나다인 부부는 기사와 표적이 따르는 순복음의 메시지를 전하고 있었습니다.

몇몇은 맨발이었다.

집회 후 우리는 그들을 만나 우리 가운데 일어난 일들을 설명했습니다. 나는 그들에게 우리에게 설교해 줄 수 있는지 물어 보았습니다. 그 즈음에 나는 난처한 입장에 빠져 있었습니다. 우리 지역의 교회들 중 어느 한 곳도 이 개심한 히피 소년들이 그들의 청소년들에게 영향을 끼칠 것을 원하지 않았습니다. 나는 그들의 심정을 충분히 이해할 수 있을 것 같았습니다. 내가 이 모임의 아이들을 데리고 내가 다니는 복음주의 교회를 찾아갔을 때도 그런 일이 있었습니다. 아이들 중 몇몇은 맨발이었습니다. 한 아이는 상의도 입지 안은 채 멜빵바지를 입고 신도 신지 않았으며 갈색 중산모를 쓰고 있었는데 예배 중에 모자를 벗지도 않았습니다. 지금 나는 아이들의 인생에 어떤 일이 일어났는지를 생각하며 전율하였고, 그들의 외모는 무시하게 되었습니다. 그러나 불행하게도 내가 다니던 교회의 외골수 성도들은 그런 자비심을 가지고 있지 않았습니다. 그렇습니다. 그들은 다른 사람들을 구원하는 것을 기뻐하기는 했으나 그 구원이 다른 장소에서 이루어지기를 원했던 것이었습니다.

예수님의 사람들.

그 캐나다인 부부는 미국 북서부에 몇 번의 집회가 더 예약되어 있었는데 그 집회들을 마친 후 다시 이곳으로 돌아오기로 약속했습니다. 그들은 정말 하나님의 선물이었습니다! 우리는 400명 가량이 모여 예배드리는 교회가 되었습니다. 그래미와 우리 부모님도 함께 하셨습니다. 우리의 찬양은 환상적이었고 이 새로운 예배 인도자들은 목사이자 교사인 굉장한 친구들을 모셔와 나중에 예수님의 사람들로 불려진 이 사람들을 위해 사역하도록 했습니다. 역사상으로 보면 우리는 미국의 서

해안 지방에서 히피 마약 복용자들 사이에 시작된 하나님의 주권운동의 일부였습니다. 삼십 년이 지난 지금도 그 모임에 있었던 그 시대 젊은이들로부터 연락을 받게 되면 그렇게 기운이 날 수 없습니다. 그들은 목사가 되었고 복음전도자, 선교사가 되었습니다. 물론 이것은 실제로 있었던 일이고, 그들은 지금까지도 예수님께서 행하셨던 일을 하고 있습니다!

예수님은 우리의 영웅이시며 최고의 모범이시다.

사람들을 귀신의 속박에서 벗어나도록 하는 것은 물론 쉬운 일이 아닙니다. 혼란스러우면서 성가신 사역일 수도 있습니다. 물론 우리가 이 일을 찾아 다니지는 않았지만 주님께서 우리에게 허락하신 사명을 감당하기 위해 우리에게 이 일이 맡겨지면 대처했습니다. 예수님의 사역 중 가장 빈번했던 일은, 어디론가 계속 가시다가, 하나님께서 필요하실 때 멈추셨고, 사람들의 필요를 충족시키시고, 가던 길을 계속 가셨습니다. 그분은 우리의 영웅이시며 최고의 모범이십니다!

크리스천만이 할 수 있다.

크리스천의 신앙 체계 안에서 만이 말로 하는 명령이 귀신을 굴복시키는 능력과 권세를 가진다는 것은 참으로 흥미로운 일입니다. 다른 모든 종교들은 그 귀신을 숭배하거나 달래주고 혹은 그 존재를 부인합니다. 그들이 귀신과 만나게 되었을 때 그 상황을 해결하려고 한다면 결과는 혼란과 두려움, 좌절뿐입니다. 다음의 말씀이 이 일의 실질적인 예가 됩니다.

사도행전 19:13~16

이에 돌아다니며 마술하는 어떤 유대인들이 시험삼아 악귀 들린 자들에게 주 예수의 이름을 불러 말하되 내가 바울이 전파하는 예수를 의지하여 너희에게 명하노라 하더라 유대의 한 제사장 스게와의 일곱 아들도 이 일을 행하더니 악귀가 대답하여 이르되 내가 예수도 알고 바울도 알거니와 너희는 누구냐 하며 악귀 들린 사람이 그들에게 뛰어올라 눌러 이기니 그들이 상하여 벗은 몸으로 그 집에서 도망하는지라

예수님 따라 하기

- 성령이 충만한 크리스천만이 예수 그리스도로부터 권세와 능력을 받아 귀신을 성공적으로 쫓을 수 있습니다. 귀신은 권능을 가진 자와 그렇지 않은 자를 알아봅니다. 귀신은 우리가 하고 있는 일이 무엇인지 우리가 알고 있나 알아내려고 우리에게 도전할 것입니다.
- 귀신은 사로잡힌 자들에게 초인적인 힘을 줍니다. 우리가 예수 그리스도의 이름과 성령의 인도하심으로 그들을 대면할 때 두려워할 이유가 없습니다.
- 귀신이 부여한 초인적인 능력은 크리스천이 그리스도의 보혈의 능력으로 굳건히 서서 귀신에게 예수님의 이름으로 복종을 명령할 때 없어집니다.

중보자가 반드시 필요하다.

여러분이 이런 사역을 감당하고 있거나 혹은 감당하기 원한다면 여러분을 기도로 도울 동역자를 보내달라고 하나님께 간구할 것을 권합니다. 우리는 백 명이 넘는 신실한 중보자가 있어 우리가 매월 발행하는 "기도 경보(Prayer Alert)"를 받아보고 기도로 우리를 위해 중보하고 있습니다. 그들의 기도는 능력이 커서 우리가 그 효과를 실제로 느끼는

데, 특히 우리가 영적인 싸움이 격렬한 외국에 나가 있을 때 더욱 그렇습니다. 예수 그리스도께서는 모든 사람이 자신들의 은사를 가지고 마치 한 몸처럼 역할을 감당하기 원하십니다. 우리에게 중보자를 주시는 하나님께 감사 드립니다!

우리의 책임이다.

많은 크리스천들이 귀신에 관련되거나 귀신을 쫓는 일 등에 관련되지 말라며 경고로 "스게와의 일곱 아들" 이야기를 인용하고 있습니다. 씩 한 번 웃으며, 어깨를 으쓱거리고는 만일 그들이 관련되면 예상 되어지는 결과로서 이 이야기를 언급합니다. 그렇지 않습니다! 스게와의 아들들의 이야기는 예비 크리스천들에 대한 경고의 말씀입니다. 그들의 권세와 능력에 대해 알고 있는 크리스천들만이 이 권능을 사용하여 사람들을 자유롭게 할 수 있습니다!

예수 그리스도와 아무런 연관이 없는 사람은 영원이 사라지지 않는 딜레마에 빠지게 됩니다. 그들은 자신도 모르는 사이 귀신의 영향에 압도되고 매혹됩니다. 귀신은 문자 그대로 그들에게 달려들어 제압하고 어떤 사람들에게는 옷을 벗은 채 집 밖으로 뛰어 나가도록 만듭니다. 그들의 마음은 마약과 거짓말, 희망 없음으로 인하여 너무도 병들고 뒤틀려져서 결국 귀신의 충동에 의해 자살까지 하게 됩니다. 저녁뉴스는 어린이들이 유괴되고, 성폭행 당하고, 살해당하는 소식들로 가득합니다. 살인, 강간, 폭력 등의 뉴스들이 우리의 감각을 격렬하게 공격하고 있습니다. 사회의 모든 공동체와 계층들이 마귀의 세력에 조종당하는 우리 청소년들의 끔찍한 모습에 공격 당하고 있습니다.

그들의 희망은 우리 안에 있는 그리스도요, 영광스런 희망이다!

크리스쳔인 우리들만이 길을 잃고, 죽어가는 이 세상에서 유일한 희망이 됩니다. 세상으로 나가서 사람들을 구속에서 풀어주며, 주님 명령하신 대로 행하라는 주님의 부르심에 우리가 응답하지 않는다면 누가 나서겠습니까? 우리가 그 해답을 갖고 있습니다! 그 해답은 우리 안에 있는 그리스도, 영광스런 희망이십니다. 예수님께서 우리에게 그 이름과 권세와 능력을 주셔서 우리가 주님이 남겨두고 가신 일들을 감당하도록 하셨습니다. 우리의 대답은 오직 이사야가 말한 것처럼 "내가 여기 있사오니 나를 보내소서!" 하는 것 뿐입니다.

실습해 봅시다

- 야고보서 1:22절 말씀처럼 들은 (읽은) 것을 **행하십시오**.
- 부록 B의 이 장과 관련된 "실습합시다"에서 이 장에서 추천하는 일들을 생각해 보십시오.
- "귀신을 다루는 방법"이라는 제목의 사역 기술 과제를 하십시오.

| 제7장 |

어디로 가야 하는가?

예수 그리스도께서 우리를 위해 행하신 모든 일을 깨달았다고 하는 것은 우리도 다른 사람들에게 주님의 행하신 일을 전하며, 주님의 명령을 준행하라고 가르치는 일을 명령 받은 것을 의미합니다.

마태복음 28:18~20
예수께서 나아와 말씀하여 이르시되 하늘과 땅의 모든 권세를 내게 주셨으니 그러므로 너희는 **가서** 모든 민족을 제자로 삼아 아버지와 아들과 성령의 이름으로 세례를 베풀고 내가 너희에게 분부한 모든 것을 가르쳐 지키게 하라 볼지어다 내가 세상 끝날까지 너희와 항상 함께 있으리라 하시니라

누가복음 9:2
하나님의 나라를 전파하며 앓는 자를 고치게 하려고 **내보내시며**

마태복음 10:7~8
가면서 전파하여 말하되 천국이 가까이 왔다 하고 병든 자를 고치며 죽은

자를 살리며 나병환자를 깨끗하게 하며 귀신을 쫓아내되 너희가 거저 받았으니 거저 주어라

> **예수님 따라 하기**
>
> 가라!

할 수 있다.

사고의 전환과 약간의 훈련을 통해 우리도 예수님처럼 할 수 있습니다. 예수님께서 우리에게 권세와 능력을 주시고, 우리도 가서 예수님의 행하신 일을 행하라고 명령하셨습니다. 교회 가는 일보다 더, 성경공부나 기도회보다 더 많이 순종해야 합니다. 이것은 사람들에게로 가서 구원의 복음으로, 성령의 능력 받음으로, 육신의 질병을 치료함으로, 그리고 마귀에게 눌린 자를 자유하게 함으로 그들을 섬기는 것을 의미합니다.

진정한 기적은 필요하다.

"가라"고 하신 주님의 명령에 크리스천들이 왜 머뭇거리는지 우리는 충분히 이해합니다. 소수의 사람들만이 가야 한다고 생각하고 있고, 더 적은 수의 사람들만이 가서 어떻게 해야 할지를 배웠습니다. 사람들의 삶을 변화시키기 위해서는 사고방식의 철저한 변화와 강한 충격, 실제적인 훈련이 필요합니다. 요점은 다음과 같습니다.

하나님의 영광이 확연하게 드러나는 경험을 하지 않았다면 이 세상의 많은 사람들이 예수 그리스도께로 나오지 않았을 것입니다.

요한복음 14:11

내가 아버지 안에 거하고 아버지께서 내 안에 계심을 믿으라 그렇지 못하겠거든 행하는 그 일로 말미암아 나를 믿으라

예수님 따라 하기

- 우리가 전하는 메시지가 하나님으로부터 받은 것임을 확실히 하기 위해 기적은 필요합니다.
- 주 예수 그리스도의 복음을 전하는 사람에게는 기사와 표적이 따르며 이로 말미암아 그가 전하는 메시지가 살아계시고 실제로 존재하시는 하나님, 우리의 삶을 변화시키시는 하나님으로부터 나온 것임을 드러냅니다.

어디서부터 시작해야 하나?

앞에 있는 각 장들을 통해서 우리는 기적을 믿을 뿐만 아니라 우리를 통해 기적을 행하시는 하나님을 기대하도록 하기 위해 매우 조심스럽게 이야기를 풀어왔습니다. 우리가 여기까지 오는데 삼십 년이 걸렸으나 이제 다른 사람들에게는 그리 오랜 시간이 필요하지는 않을 것입니다. 아마도 일 년, 아니면 길어야 2년 가량이면 될 것입니다. 하나님을 얼마나 진지하게 바라는가에 따라 이 기간이 좌우될 것입니다.

예수님께서 하신 일을 따라가는 길은 곧고 단순합니다. 어떤 사람들에게는 매우 쉬운 일이 될 것입니다. 또 다른 사람들에게는 생각의 변화가 요구되기도 할 것입니다. 좀 더 세련되고 고등교육을 받은 우리들에게는 그 길이 더 어려울 수도 있을 것입니다. 그러나 꼭 그럴 필요는 없습니다. 예수님께서는 우리의 삶에서 복음을 믿고 적용하는 방식이 어

린아이와 같아야 된다고 말씀하셨습니다.

예수님께서 하신 일을 시작하려면 예수님께서 우리에게 허락하신 비전을 약하게 하는 완고한 정신 자세를 버려야 할 필요가 있습니다. 크리스천이 된 지 얼마나 되었느냐 하는 것은 문제가 되지 않습니다. 우리의 도전은 예수 그리스도의 이름으로 다른 사람을 자유롭게 할 수 있도록 준비하는 데 얼마나 오랜 시간이 걸리느냐 하는 것입니다. 어려운 것 같이 보이지만, 이루어질 수 있습니다.

지역교회를 통해 훈련이 이루어져야 한다.

예수님께서 하신 일을 이루기 위해 성도들이 훈련을 받을 수 있는 좋은 장소가 어디 일까요? 우리는 세미나나 "부흥성회" 장소가 아닌 각 성도가 섬기는 교회를 통해서 훈련 되어야만 한다고 믿습니다. 사람들은 자신들에게 부족하다고 여기는 "무언가"를 지속적으로 구하게 하는 초자연적인 실체에 대한 깊은 열망 때문에 찾아 헤맵니다.

교육과정을 통한 체계적인 교육과 실습은 이러한 요구를 충족하기 위한 최상의 방법입니다. 이러한 형태의 학습이 매우 효과적이라는 것을 우리는 경험을 통해 알고 있습니다. 부록 A는 지역교회에 설립된 사역훈련센터에서 목회자들이 **대사 시리즈**와 **사역기술 시리즈**를 확실하게 사용할 수 있도록 도와 줄 것입니다.

모든 훈련은 실습이 포함되어야 한다.

우리 생각에는 어떠한 교재를 사용하여 훈련을 받든 간에 실습을 포함시켜 학생들로 하여금 안전한 상황 가운데서 초자연적인 것에 노출되도록 해야 합니다.

튼튼한 성경적 기초 위해 실습이 더해질 때 비성서적인 경험이나 과잉 행위 등을 막을 수 있습니다. 우리는 말씀을 바탕으로 한 경험을 기초삼아 실습을 하고 있습니다.

갈급한 크리스천이 타 지역에서 열리는 세미나나 부흥성회 등을 참석할 때 진정한 성령의 임재하심보다는 혼의 영역을 기초로 한 감정적인 흥분이나 모방행위 등에 쉽게 빠질 우려가 있습니다.

하나님의 능력.

우리는 우리 주 예수 그리스도께서 증명하신 것처럼 성령님의 강력한 역사하심을 옹호하고 있습니다. 이미 서술한 것처럼, 이러한 일들을 따르기로 한 우리에게 참고가 될 성경말씀은 수없이 많습니다. 우리는 종종 하나님의 능력이 사람이 감당할 수 없을 만큼 엄청나게 임하시는 것을 봅니다. 그것은 사실입니다. 그러나 사람들을 일렬로 세워놓고 한꺼번에 넘어지게 하는 것을 모방하는 일들은 거짓되고 조작된 것이라는 느낌을 강하게 풍깁니다. 우리는 성령님께서 우리의 도움을 필요로 한다고 생각하지 않습니다. 크리스천들이 마루 바닥에 쓰러지지 않으면 성령의 역사도 일어나지 않았다고 생각하는 것은 참 슬픈 일입니다. 우리에게 말씀을 통해 그 사실을 증명해 보여 주십시오.

여기에 방법이 있다.

우리는 이러한 형태의 훈련이 각 교회의 주일예배로 대체된다거나, 예배를 달라지게 할 것이라고는 말하지 않습니다. 오히려 다음과 같이 더 발전될 것입니다.

- 담임 목회자들이 예수님께서 하신 일을 그 성도들에게 훈련시키는 것은 하나님의 인도하심이라고 결정하게 됩니다.
- 실습이 동반된 훈련 과정은 일주일에 한 번을 기본으로 합니다.
- 이 과정을 수료한 팀들은 교회 안에서 기도 사역자로 조직이 이루어집니다. (예배 후 기도자, 병원 방문팀, 응급상담 등.)
- 학생들은 영분별, 지식과 지혜의 말씀 등의 은사를 발견하게 되며, 믿음이 연단 받고, 귀신의 구속으로부터 사람들을 자유롭게 하기 위한 팀을 조직하게 됩니다. 물론 이 모든 것들은 목회자의 감독 하에 이루어집니다. 조직화된 상담 과정을 통해 성도들에게 놀라운 사역을 할 수 있게 됩니다. 다시 한 번 말하지만, 이것은 합당한 책임이 있고 적합한 사후조치가 가능한 개 교회에서 진행되어야 합니다.
- 훈련을 마친 학생들은 효과적인 삶의 현장 사역자(marketplace minister)가 될 것입니다. 그들은 예수님이 하신 일을 하면서 큰 기쁨을 누릴 것입니다!

주일예배는 "방문자에 민감해야" 한다.

훈련과정은 교회에서 진행되며, 훈련 받은 성도들은 기도와 전도로 목회를 도울 수 있으나, 실제로 주일예배는 변화가 거의 없을 것입니다. 전 교인들이 편안한 마음으로 그들이 친구나 이웃, 친척, 동료들을 교회로 초대할 수 있도록 "방문자에 민감해야" 합니다. "편안한 마음"이란 설명할 수 없는 일이 일어날 것을 두려워 할 필요가 없는 것입니다. 어리석게 보일 두려움도 없을 것입니다. 하지만 훈련된 기도팀이 치유를 위한 기도 등의 예배 후의 기도사역을 통해 언제든지 도움을 줄 수 있습니다.

신도들의 주중모임.

주중예배는 신도들의 모임으로, 성령의 은사를 나눌 수도 있습니다. 리더는 모임의 초점이 분명하게 신도들에게 있다는 사실을 모임에서 알려야 합니다. 그 모임은 능력이 넘치고, 삶을 변화시킬 수 있습니다. 다소 시간이 오래 걸리는 이 예배를 통해 사람들은 진실로 하나님의 임재하심 가운데 거하게 됩니다. 모두 연합하여 방언으로 노래 부를 때 놀라운 변화를 가져오는 영적인 경험을 하게 됩니다. 신도들의 모임이 성공하기 위해서는 성령님의 인도하심에 민감하며 허튼소리를 하지 않는 리더가 있어 단단한 기초가 되어주어야 합니다. 성령님께서 지시하실 때 예배자들을 교화시키고 권면하며, 격려하는 등의 모든 일들이 순조롭게 마쳐집니다. 마지막은 주 예수 그리스도를 찬양하며 끝이 납니다.

소그룹이 성장한다.

사역훈련을 받은 소그룹 리더들은 모임을 통해 사람들이 은사와 사역을 펼칠 수 있도록 격려할 수 있습니다. 이 모임이 참석한 사람들의 삶을 성장하게 하고 즐겁게 만든다는 사실을 우리는 그 동안의 개인적인 경험을 통해 이미 알고 있습니다.

마지막 날의 추수에 대비한 전략.

우리의 불타는 소망은, 믿는 자들이 예수님처럼 영향력 있는 삶의 현장에서의 사역자로서 훈련된 모습을 보는 것입니다. 예수님께서는 우리가 사람들을 구원하고, 성령으로 세례를 주며, 병을 고치고, 계시의 지식을 나타내며, 마귀의 속박에서 사람들을 자유롭게 하기 원하십니다. 그리고 또한 그들을 교회로 데리고가 제자를 삼아 그들도 우리와 같이 행하도록 하는 것을 원하십니다. 이것이 바로 세상에서 승리하는 방법입니다. 이것이 바로 마지막 날의 추수를 대비한 최상의 전략입니다. 여러분이 아직도 이 놀랍고도 영원한 일을 하지 않고 있다면, 우리와 동참하십시오!

자 이제 여러분 차례입니다. 정말 간단합니다. 믿는 자들을 잘 훈련하고 그들에게 예수님께서 하신 일들을 어떻게 하는지 보여주는 것입니다. 그들도 그렇게 할 것입니다!

부록 A

사역 훈련 센터를 세우는 법

각 교회는 훈련센터이다

각 교회는 실질적인 "삶의 현장 사역자들"로 크리스천들을 훈련시키기에 가장 합리적인 장소입니다. "삶의 현장 사역자들"이란, 그들의 크리스천 간증을 나눌 줄 알고, 사람들을 예수님께로 인도하고, 성령 세례를 받도록 기도해주고, 그리고 병자를 위해서 기도해줄 줄 아는 실질적인 제자들을 말합니다. 상급훈련 과정에서는 하나님의 음성을 듣는 법, 영들 분별하는 법, 마귀에게 눌린 자를 자유롭게 하는 법이 포함될 수 있습니다. 지난 20여 년 동안, 우리는 이 일을 행하면서 이상한 사람들로 여겨지는 불상사도 없이 성공적으로 잘 수행할 수 있었던 것을 증명합니다. 사역훈련센터들은 성경에 기초를 둔 평신도 사역자들을 배출하고 있는데, 그들은 대부분의 기도사역, 병원 방문, 그밖에 시간이 많이 걸리는 사역분야를 감당함으로써 교역자의 일을 도와줄 수 있습니다.

실천하면서 배운다.

성도들을 훈련시키려는 목사님들이 단단히 결심할 것은 초자연적인 일을 하겠다는 것입니다. 그러나 많은 목사님들은 1801년에 캔터키 주 케인 리지에서 열린 감리교 캠프 미팅을 회상하게 하는 "지나친 행위"[1] 가 나타날 것이 두려워 피하고 싶어합니다. 훈련이 성경적이고, 심사숙고하며 진행되고, 질이 높고, 실제적이고, 계속해서 제자 양성이 이루어질 때, 지나친 행위는 일어나지 않을 것입니다.

훈련을 효과적으로 감당하기 위해서는, 학생 각자에게 구체적인 사역을 경험시키려고 다양한 기회를 줄 때, 견고한 신학적 균형을 잡아주어야만 합니다. 모든 일은 성숙한 훈련관의 감독하에 이루어져야만 하는데, 그는 성령님의 진정한 나타나심과 이상한 일 사이의 차이점을 분별할 수 있어야 합니다. **"예수님이 하신 일을 너희도 하라"** 와 **"대사 시리즈(The Ambassador Series)"** 두 가지 책을 교재로 사용할 때, 훈련관은 예수님의 능력있고, 생산적인 제자들을 계속 탄생시키는 데 필요한 모든 것을 다 얻을 수 있습니다.

대사시리즈(The Ambassador Series)

저자의 또 다른 책인 여섯 권으로 된 대사시리즈와 이 책을 사용하여 각 교회는 세계 어느 곳에서라도 사역 훈련 센터를 세울 수 있습니다. 미국의 대형교회나 제 3세계의 어느 모임에서나 아니면 그 사이의 어느 크기의 교회에서든지 이 교과과정이 성공적인 것은 놀라운 일입니다. 우리는 성령님의 역사하심과, 교육과 구체적 실습 훈련에 기름부으신

---

1) 빈손 사이난(Vinson Synan), **The Holiness Pentecostal Tradition**, (Grand Rapids MI, 1997), 12 페이지. "그들의 '경건한 히스테리'는 넘어지고, 경련을 일으키고, 개 짖는 소리를 내고, 실신하고, 거룩한 웃음을 웃고, 언약궤 앞에서 다윗이 춘 열광적인 춤을 추는 것과 같은 현상들을 말합니다.

은혜에 이 공로를 돌려 드립니다.

첫째, 센터의 소장을 선택하라.

우리는 담임 목사가 사역훈련 센터의 소장이 되지 않기를 권고합니다. 대형교회일 경우에는 더욱 그렇습니다. 담임 교역자는 이미 너무 분주합니다. 담임 목사는 사역훈련 센터의 교육과정에서 한 부분을 맡는 것이 좋겠습니다. 소장은 예수님이 하신 일을 하도록 사람들을 훈련시키는 일에 비전이 있어야만 합니다. 교사들이 다른 사람들에게 사역하는 방법을 성공적으로 가르치려 한다면, 분명한 것은 그들이 먼저 초자연적인 역사를 감당하는 경험을 해야만 합니다.

경험도 없이, 다른 사람에게 성령의 능력으로 일하는 법을 보여줄 수는 없습니다. 경험 있고 초자연적인 사역에 갈급함이 있는 교사들은 분명히 최고의 훈련관들을 만들 것입니다. 찾기가 쉽지는 않겠지만, 이런 교사들이 주님의 몸 된 교회 어딘가에 있을 것입니다. 은퇴했거나 다시 돌아온 선교사들이 아주 적합한 분들일 수도 있습니다. 하나님의 초자연적인 일을 하고 있는 개 교회의 지도자들에게 훈련 받는 것은 훈련 받는 학생들에게 동일한 기름 부으심이 나타나는 가장 **빠른** 최선의 길이 됩니다. 이것이 우리가 사역훈련센터의 훈련관들을 훈련시키는 방법입니다. 학생들은 훈련관들이 하고 있는 일을 보고 따라 하기 시작합니다. 이것이 바로 예수님께서 최초의 제자들을 훈련시키신 방법입니다. 이것이 바로 오늘날에도 이 일이 이루어질 수 있는 방법입니다. 첫째로, 그들은 예수님께서 하는 일을 지켜보았습니다. 그리고 예수님이 하시는 일을 도와드렸습니다. 그 다음에 예수님께서는 그들이 이런 일을 할 때 지켜 보셨습니다. 마침내, 그들은 예수님께서 그들과 더 이상 함께 하시지 않을 때에도 그 초자연적인 일을 행했습니다. 오늘날, 우리는 이런 교육방법을 멘토링이라고 말합니다.

둘째로, 훈련관들을 훈련시키라.

크리스천들을 제자 삼는 일에 부르심을 받은 지도자들에게 이틀 간 DWJD(예수님 따라하기) 세미나에 참석할 것을 권합니다. 훈련관들을 훈련시키는 이 세미나는 목사, 교사, 지도자들을 위해 준비된 것입니다. 금요일 밤과 토요일에 지도자들은 '대사 시리즈'를 가르치는 법과 '예수님이 하신 일을 너희도 하라'로부터 여섯가지 사역 기술을 지도하는 법을 배울 것입니다. 이렇게 배운 지도자들에게는 교재를 주문하고 가르칠 수 있는 권한이 부여됩니다. 오디오나 비디오 테잎으로 된 여섯 권의 '대사 시리즈'가 지도자용 교재로써 준비되어 있습니다. 가르치기 전에 먼저 그 테잎들을 예습하면 교과 과정을 활기차게 만드는, 가르치는 조언이나 아이디어가 풍성해질 것입니다.

지도자들이 이 사역기관을 성공적으로 운영할 수 있도록 행정이나 실습과목에 대한 안내서가 있습니다. DWJD 세미나에 참석한 지도자, 목사 혹은 교사 누구든지 지속적인 사역훈련센터를 지휘, 감독 하기에 부족함이 없을 것입니다.

셋째로, 9개월 강좌를 계획하라.

사역훈련 센터 강좌를 위하여 9개월의 스케줄이 좋을 것입니다.

미국에서는 일반 학교 기간(9월에서 6월까지)에 맞추어 졸업이 곧바로 이어지도록 하는 것이 좋겠습니다. 야간으로 1주일에 한 번 모이는 3시간 수업이 좋습니다. 지도자들은 사람들이 이렇게 긴 기간 동안 헌신할 수 있을지 걱정을 합니다. 우리는 한 번에 12주가 걸리는 강좌를 가

짐으로 이 문제를 수습했습니다. 학생들이 첫 번째 12주 강좌를 마칠 때쯤 되면, 여러분이 내보내려고 해도 그들은 가지 않을 것입니다. 사역기술을 배우는 실습시간이 얼마나 신이 나는지 학생 수는 거의 줄어들지 않습니다. 졸업은 정말 특별한 시간이 되는데, 이때 학생들은 안수 받고, 그리스도의 대사로서 위임 받을 뿐만 아니라, 실제 사역을 할 수 있는 공식적인 졸업장을 받게 됩니다.

사역훈련센터는 증명된 개념에서 시작되었다.

전세계에 퍼져 있는 사역훈련 센터들은 예수님께서 하셨던 일들을 하고 있습니다. 학습편성은 최상의 효과를 나타낼 수 있도록 짜여져 있습니다. 사역훈련센터는 훈련관들이 다른 사람들을 훈련시킬 수 있는 방법을 훈련시킵니다. 실제적인 제자의 신분이란 강의실에서 학생이 교사의 가르침을 받아 적는 것 이상임에 틀림이 없습니다. 진정한 제자의 신분을 갖게 하려면, 교사는 학생들이 교사가 아는 것을 알고, 교사가 할 수 있는 일을 할 수 있을 때까지 개인적으로 제자들과 함께 일해야 합니다. 이것이 바로 예수님이 하셨던 방법입니다. 사역훈련센터도 이와 같은 방법으로 운영됩니다.

전형적인 클래스 수업

예배와 가르침.

첫째로, 주님께 뜨겁게 예배드림으로 참석한 사람들의 마음이 바른 자세를 갖게 됩니다. 둘째로, 훈련관이 그리스도 안에서의 풍성한 삶,

하나님의 말씀에 순종하기, 삶의 현장에서 사역하기 등 다각적인 면으로 두 과목을 가르칩니다. 각 학생들은 강의를 잘 이해하게 하는 교사의 소책자를 받고, 그 책자에 개인적인 실례들을 기록하여 앞으로 그 과목을 다시 가르칠 수 있는 준비를 합니다.

실습할 수 있는 그룹들로 나누라.

수업시간들 사이에 클래스 전체는 학생 한 사람 한 사람이 '예수님이 하신 일을 너희도 하라' 교재를 가지고 사역기술을 실습할 수 있도록 12명 이하의 인원으로 된 그룹들로 나누어집니다. 각 학생은 '대사 시리즈' 교육과 함께 사역기술의 시범을 보일 수 있도록 계획되어 있습니다. 이 일은 제자 개개인이 삶의 현장에서 그 사역기술을 시도하는 데 자신감이 넘칠 때에 완료됩니다. 9개월 동안에 여섯 가지 모든 사역 기술들이 숙달되도록 연습합니다: 사람들을 그리스도께로 인도하기, 성령 세례, 신유, 하나님의 음성 듣기, 계시에 따른 신유, 그리고 귀신을 다루는 방법, 대중사역을 준비하는 사람들을 위해서 선택과목으로 설교실습도 필요합니다.

모든 사람이 사역을 받는다.

매주일 모임을 가질 때마다 최고로 귀한 시간은 학생들이 기도제목이 있을 때마다 1:1 기도사역을 서로 주고 받는 순간입니다. 학생은 할당된 사역기술의 시범을 훈련 받은 지도자가 동석한 12명 이하의 인원으로 구성된 그룹에서 보여주게 됩니다.

그 후에 그들은 현재 문제가 되고 있는 개인적인 사역의 도움을 요청할 수 있습니다. 다른 사람들은 문제를 제기한 사람을 위해서 기도해 주고 적극적으로 해답을 찾습니다. 성령님께서는, 계시나 신유의 은사가 나타나는 다른 학생들을 사용하시면서, 심오한 방법으로 종종 역사하실 것입니다. 학생 각자가 사역할 일들을 얻고, 또한 사역을 받기도 합니다. 그들이 매주일 경험한 일들이 감사해서 누구나 하나님을 찬양하며 귀가 합니다. 이 클래스에서 흘러 넘치는 사랑의 도수와 긴밀한 유대감은 정말 놀랍습니다. 참되고, 성서적인 **코이노니아**가 탄생됩니다.

실제적으로 행할 수 있을 때 졸업한다.

졸업과 실제적인 사역분야의 학위 수여증을 받으려면, 학생 사역자 개개인은 여섯 가지 사역기술 모두를 숙달한 것을 보여 주어야만 합니다. 마지막 "시험"을 통과하려면 각 학생 사역자는 그가 배운 것을 삶의 현장에서 "실제적으로 행해야" 합니다. 그들은 누군가를 그리스도께 인도하는 일에 두 번 도전해야만 하며, 믿는 사람을 성령세례 받게 하는 일에 두 번, 또 병자 치유에 두 번 도전해야만 합니다. 이 모든 시도들은 교실 밖인 삶의 현장에서 이루어져야 합니다.

자신감이 생긴다.

훈련의 마지막 달에 '예수님이 하신 일을 너희도 하라'의 "실제적인" 간증들이 쏟아져 나옵니다. 학생들이 연달아서 자발적인 간증들을 하는데, 그것은 그들이 삶의 현장에서 실행해야 하는 과제를 "시도"했을 때 신유, 귀신으로부터의 구원, 그리고 다양한 기적들이 일어났다는 것입니다. 성령님께서 학생들의 시도를 "탈취"하셔서 진정한 "예수님이 하신 일을 하는" 성공적인 이야기로 변화시키신, 신나는 간증들은 훈련관들의 입가에 미소가 떠나지 않게 만듭니다.

몇 달 전만 해도 이 크리스천 "평신도들"은 유능한 사람들도 못 되고, 심지어는 예수님의 이름으로 일하는 것을 두려워하기까지 했습니다. 그런데, 이제는 그들이 세상에 나가 자신의 일터를 찾으려 하고, 그들이 꿈꾸던 것보다 더욱 위대한 일을 하나님을 위해 하려고 합니다.

어떻게 시작하는가?

훈련관들은 사역훈련센터의 역동적인 멘토링을 경험해야만 합니다.
현장실습은 훈련의 심장부이며 책을 읽으면서 배울 수 있는 것이 아닙니다. 우리는 목사님들이나 지도자들이 사역기술 과정들을 어떻게 운영하는지 경험할 수 있도록 단기적인 '예수님 따라하기' 세미나를 개발했습니다. 그들의 교회에서 신나는 사역훈련센터를 시작할 수 있도록 교사들을 위하여 교사용 교재가 준비되어 있습니다.

'예수님 따라하기(DWJD)'
세미나

우리는 믿는 사람들을 훈련시키는 데 있어서 예수님의 전략보다 더 좋은 것을 찾을 수 없습니다. 예수님께서는 세상을 완전히 변화시킨 "훈련관들"의 소그룹을 위해서 그분의 삶을 주셨습니다. 여기에 그렇게 되는 방법이 있습니다.

● 사역훈련센터는 각 지역 '예수님 따라하기' 세미나들을 통하여 "훈련관들을 훈련"시킬 것입니다. 이 센터는 목회의 일이나 가르치는 일, 복음전파나 선교의 일 등에 관련되어 열심히 일하는 모든 지도

자들의 참석을 환영합니다.
- 든든히 선 교회의 목회자는 세미나를 주최하는 문제를 연구해야만 합니다.
- 세미나를 위한 날짜, 장소, 비용 등을 주체하는 교회와 상의해서 정해야 합니다.
- 훈련사역에 비전을 가진 그 지역의 다른 목회자들과 만나서 함께 참여해 주길 부탁해야 합니다.
- 참가하는 교회들과 참가자에 대한 마지막 점검을 한 다음, 날짜와 세미나 장소가 확정 됩니다.
- 세미나 참가비용, 최신 정보, 그리고 그 외의 자세한 사항은 웹 사이트에서 알려 드립니다: www.dwjd.info를 참고하십시오.

'예수님 따라하기(DWJD)' 세미나 내용:
- 세미나는 금요일 밤과 토요일 하루 종일 진행됩니다.
- **지도자들이 배우는 것:**
    - '대사시리즈'를 가르치는 법과 '예수님이 하신 일을 하는' 여섯 가지의 사역기술들을 가르치고 사역하는 법을 배웁니다.
    - 교회에서 주관하는 사역훈련센터 9개월 강좌를 준비하고 운영하는 법을 배웁니다.
    - 교재를 신청하고, 사역훈련센터의 졸업을 관장하는 등, 경영을 잘할 수 있는 법을 배웁니다.

소문은 빨리 퍼진다.

우리의 첫 번째 사역훈련 센터가 1996년 가을에 우리 교회에서 시작된 이래로, 그로부터 6년이 지난 지금은 17개 국가에서 100군데가 넘는 훈련 장소가 마련되었습니다. 그 필요성은 압도적입니다. 전세계에 퍼져있는 크리스천 지도자들이 하나님의 초자연적인 것을 그들의 교회에 건전하고도 성서적인 방법으로 소개하는 길을 찾고자 갈급해 있습니다. 이런 종류의 사역에 자신감이 없었던 목사들이 이제는 이 일을 즐기고 있습니다. 그들은 자신 있게 성도들을 성령세례 받도록 도와주며, 신유를 위해 지식의 말씀의 은사를 행사하며, 이런 일을 어떻게 할 수 있는지를 다른 사람들에게 교육시키고 있습니다.

그들이 예수님이 하셨던 일을 할 때, 그들의 교회에는 샘솟는 기쁨과 흥분이 넘쳐납니다.

교과 과정(The Curriculum)

예수님이 하신 일을 너희도 하라

여러분은 성공적인 사역훈련 센터로 들어가는 열쇠를 손에 쥐고 있습니다. 이 책이 사역훈련 센터에 등록한 모든 학생들이 필수적으로 읽어야 할 서적이기 때문입니다. 이 책의 각 장(Chapter)은 성령의 계시와 능력으로 사역할 수 있는 법을 보여 주려고 힘썼습니다. 이 책이 예수님께서 우리도 할 수 있다고 말씀하신 일을 하는 데 안내서가 될 것입니다.

대사 시리즈

존과 소냐 데커가 저자인 '대사 시리즈'는 3단계, 72과로 되어진 제자훈련 코스인데 전 세계적으로 많은 교회들이 사용하고 있습니다. 이

72과는 모든 사역훈련 센터에서 사용하는 교육과정을 학문적으로 분할한 것입니다. 모두 여섯 권으로 되어 있습니다.

'대사 시리즈'는 제자의 신분 1, 2, 3으로 구성되어 있는데, 이들 모두는 시리즈 6권의 책 중에 두 권씩을 사용하고 있습니다.

각과는 두 권의 책에 24과를 신고 있는데 12주에 걸쳐 가르칩니다. 사역기술 한 가지를 배우는 데 6주일이 걸립니다. 각 과의 내용은 우리의 웹사이트를 방문해서 살펴볼 수 있습니다.

www.ministrytraining.org

제자의 신분 1:
'제자의 발견과 훈련을 위한 기초'
사역기술들: 사람들을 예수님께로 인도하기와 크리스천들을 성령 세례 받도록 인도하기

제자의 신분 2:
'성경의 기초와 크리스천의 삶'
사역기술들: 병자 치유하는 법 배우기와 하나님의 음성 듣기.

제자의 신분 3:
'하나님 나라의 삶과 지도자의 능력 갖추기'
사역기술들: 계시를 통한 병자치유, 귀신을 다루는 방법, 온전한 복음의 설교(선택)

사역훈련센터 기관

일주일에 3시간씩의 사역훈련을 감당하면서, 제자의 신분 1, 2, 3은 9개월에 마칠 수 있습니다. 두 번의 45분 수업과 45분의 실습과목 과정이 매 주일 진행됩니다.

졸업.

대사 시리즈와 여섯 가지 사역 기술들은 믿는 자들을 세상의 그들이 일할 곳으로 내보내서 예수님이 하셨던 일을 함으로써 제자를 만들게 도와주려고 만들어진 것입니다.

이 과정은 정통교리의 가르침과, 여섯 가지의 사역기술을 배우는 데 적어도 1/3 가량의 전체 학습시간이 소요되는 아주 실질적인 신학을 결합하고 있습니다. 이 과정은 제자들로 하여금 능력 있는 복음 전파에 필수적인 도구들을 갖추도록 도와줍니다. 예수님께서는 설교하셨고, 가르치셨고, 병자를 고치셨습니다. 사역훈련 센터의 졸업생들은 예수님이 하셨던 일을 할 수 있습니다.

개인적인 초청

이 책을 여기까지 읽으신 분은, 우리(존과 소냐)의 열정이 예수 그리스도의 몸된 교회로 하여금 예수님이 하셨던 일을 하도록 준비시키는 것임을 확실히 알게 되었을 것입니다. 우리는 사역훈련 센터를 세운 세계 각국에 있는 개 교회의 목사님들을 도와드리고 있습니다. 여러분 가운데 DWJD(예수님 따라하기) 세미나에 참석하여 사역훈련 센터를 시작하는 법을 배우는 것에 관심이 있으신 분은 MTC(사역 훈련 센터) 사무실에 연락해 주십시오. 우리는 담임 목사님들로부터 직접적인 초청이 있을 때만 세미나를 계획합니다.

혹시 이 책을 읽고 있는 분이 목사님이시고 사역을 훈련시키는 일에 관심이 크시다면, MTC 사무실에 연락 주시면 감사 하겠습니다. 그러면, 여러분이 사는 지역에 세미나를 개최할 계획이 시작될 것입니다. 우리는 온 세상 어디에서나 개 교회 목사님들을 섬기는 것을 특권과 영예로 알고 있습니다!

존과 소냐 데커와 연락하시려면

- 이메일: mail@ministrytraining.org
- 일반 우편: P.O. Box 3631, Bend, OR 97707

더 많은 정보를 얻기 원하신다면:

- 대사시리즈 커리큘럼

  www.ministrytraining.org

- DWJD 세미나 날짜 및 장소, 비용

  www.dwjd.info

예수님 따라 하기

부록 B

예수님이 하신 일 하는 것을 실습하자

우리는 예수님께서 너희도 할 수 있다고 말씀하신 것을 실습해 보려고 시도하는 그리스도의 제자들에게 격려를 보냅니다. 이 책의 목적은 예수님을 믿는 자들이 예수님이 하신 일을 할 수 있도록 도와주는 것입니다. 이 책은 각 장들을 숙달하려면 좀 노력을 기울여야 하는 서로 다른 사역 기술들을 제시하고 있습니다. 여섯 가지 사역기술 모두를 숙달한다면, 그 크리스천은 아주 능력 있고 실질적인 삶의 현장 사역자가 될 수 있습니다.

'예수님이 하신 일을 너희도 하라'의 마지막 부분에 있는 이 과제물을 성실하게 마칠 수 있기를 당부합니다.

야고보서 1:22에는 **"너희는 도를 행하는 자가 되고 듣기만 하여 자신을 속이는 자가 되지 말라"** 고 말씀하십니다.

---

1 단계: **결정하라**
- 다른 크리스천과 함께 일하면서 개인적으로 사역기술들을 배운다.
- 사역기술들을 그룹 스터디로 배운다.

2 단계: **그것을 하라!**

예수님 따라 하기

예수님 따라 하기

개인적인 경우:

- 당신과 함께 이 책을 읽고 토론할 수 있는 다른 사람을 찾아보십시오. 각 장에서 제시하고 있는 것을 연습할 목적으로 주기적으로 만날 약속을 하십시오.
- 각 장을 위한 사역기술 숙제들을 성실히 완수하십시오.
- 숙제에서 "그룹"을 언급하면, 그것을 당신 두 사람에게 적용시키십시오.
- 각 장에서 어떤 부분이 어렵다고 느껴지면, 솔직하게 당신의 느낌을 인정하십시오. 도움을 주는 성경 구절들을 연구해서, 그 말씀이 당신에게 행하라고 말하고 있는 것을 당신이 진실로 믿고 있는지 살펴 보십시오.
- 읽는 것과 주님의 도우심을 구하는 기도를 계속하면서, 권고한 것을 계속 연습하십시오.
- 마지막으로, 삶의 현장에서 사역기술들 활용 하는 것을 시도 하십시오.

예수님 따라 하기

그룹스터디인 경우:

- 매주 모이는 그룹 스터디를 위해 책임 맡은 그룹 리더를 위해 기도 합시다.
- 이 책의 전체를 논의하는 데는 두 달 이상을 투자할 것을 계획하십시오.
- 각 사람은 이 책을 소지해야만 하며, 부록 B에 있는 각 장을 위한

예수님 따라 하기

매주일의 과제물을 반드시 공부해야만 합니다.
- 한두 사람은 그 주일의 사역기술 숙제를 완전히 익혀서 준비해야만 합니다.
- 다른 사람들은 그들이 적극적인 설명과 긍정적인 상대방의 반응을 이끌면서 사역기술을 얼마나 잘 설명하고 시범을 보였는가를 평가해야만 합니다.
- 기도가 필요한 사람들을 위해서 모임의 마지막 시간을 특정한 개인을 위한 기도시간으로 만듭시다. 이 일은 4장, 5장, 6장을 공부할 때에 특별히 중요합니다.
- 모임 중에 일어난 일을 위하여 항상 하나님께 감사와 찬양을 드림으로 공부시간을 마치십시오.
- 마지막으로, 각 사람은 삶의 현장에 가서 사역기술들을 활용하여 시도해야만 하고 일어난 일을 그룹에 보고해야만 합니다.

예수님 따라 하기

사역 기술 과제물

| 서 문 |

기적에 관하여 당신의 믿는 바를 다른 사람에게 말하라

　본 과제물의 목적은 성경이 기적에 관하여 말한 것에 대한 성도들의 믿음을 다른 사람과 나눌 수 있도록 준비시키는 것입니다. 이 훈련은 지금까지 한 번도 다른 사람에게 이런 말을 해본 적이 없는 크리스천들에게 좋은 기회를 줄 것입니다.
　예수님을 향한 당신의 믿음과 그분이 우리에게 하신 일을 다른 사람에게 말할 때 큰 기쁨이 솟아납니다. 기적에 대하여 말하기가 처음에는 거북스럽지만, 이 일을 다른 크리스천에게 한번 말하고 나면 훨씬 쉬워질 것입니다. 성령님께서는 믿음을 간증하는 우리를 도우시려고 항상 우리와 함께 하십니다. 이 서문의 과제물이 이어지는 나머지 과제물들까지 잘 해낼 수 있는 자신감을 여러분에게 고취시킬 것입니다.

예수님 따라 하기

기적에 관하여 당신의 믿는 바를 어떻게 말할 것인가? :

- 이 책의 서문을 읽으시오.
- 서문의 글을 읽고, 그에 대한 당신의 믿음과 결론을 기록하는 시간을 가지십시오. 특별히 참고하는 성경말씀들이 당신에게 개인적으로 주는 의미에 관하여 기록하십시오.
- 기적에 대한 당신의 믿음과 성경이 오늘날 일어나는 기적에 대하여 말하고 있는 것을 3~5분 걸리는 이야기로 준비하고 다른 사람에게 나눠 보십시오.
- 당신이 목격했거나 경험한 기적이 있으면 간증하십시오. 그 기적들이 당신의 삶에 어떤 영향을 주었는지 간증해 보십시오.
- 상대방의 반응을 살피고 적극적인 해설을 위해 질문 하십시오. 이 것은 당신이 무엇을 어떻게 간증했는지 확실하게 하며 또 다음에 더 좋은 간증을 할 수 있도록 도움이 될 것입니다.

준비:

- 당신이 말하고 싶은 것의 간단한 개요를 적으십시오.
- 이 책의 서문에 나타나 있는 요점에 맞춰 그것을 정리하십시오.
- 혼자서 당신의 이야기와 시간 조절을 연습하십시오.
- 두서 없는 말이나 너무 자세한 설명을 피해야 합니다. 5분은 아주 짧은 시간이므로 시계를 잘 보십시오.
- 다른 사람들도 이 숙제를 역시 해온다는 것을 기억하십시오.
- 즐거운 시간 되세요. 내용에 맞으면 유머도 사용하십시오.
- 긴장하지 마십시오!

예수님 따라 하기

제 1 장
사역 기술 과제 1

사람들을 그리스도께 인도하기

당신이 예수님을 믿게 된 이야기 간증하기

1장을 읽고 당신이 어떻게 예수님을 믿게 되었는지 5분 정도 걸리는 간증을 준비하십시오. 제1장에 있는 참고 성경 구절들을 사용하면 아래에 있는 다섯 가지 말해야 할 요점을 준비하는 데 도움이 됩니다. 그룹에서 간증하기 전에 집에서 먼저 연습하십시오. 아래에 있는 개요대로 경험한 일들을 말함으로써 간증을 단순하게 하는 것을 잊지 마십시오:

- 그리스도를 만나기 전에 당신이 어떤 사람이었으며, 당신의 삶이 어떤 상태였는가를 말하시오.
- 당신이 하나님을 찾게 된 이유는 무엇입니까?
- 당신이 예수님을 영접하였을 때 무슨 일이 일어났습니까?
- 지금은 어떻습니까?

예수님 따라 하기

● 간증을 들은 사람들이 예수 그리스도를 그들의 삶에 영접할 수 있도록 간단한 초청(역할 연기: Role-Play)으로 당신의 이야기를 마치십시오. 이런 식으로 말합니다:

"예수님께서 나를 위해 이 모든 일을 하셨습니다. 예수님께서는 당신을 위해서도 이런 일을 행하실 것입니다. 예수님을 지금 삶에 영접하시겠습니까? 제가 도와드리겠습니다."

예수님을 영접하기 원하는 사람이 있다면, 다음과 같은 기도를 당신을 따라 하도록 요청하십시오:

"예수님을 내 삶에 영접합니다. 나의 모든 죄를 회개합니다. 잘못된 내 말과 행동을 용서해 주세요. 나는 예수님을 나의 구주와 주님으로 영접합니다. 나를 용서해 주시니 감사합니다. 아멘."

여러분의 간증을 믿는 친구들과 같이 연습하고 나눔으로써 자신감을 얻게 되면, 아직 믿음이 없는 사람에게 당신의 간증을 나눌 기회를 달라고 하나님께 기도 드리시오.

주님께서 많은 기회들을 주실 것입니다.

예수님 따라 하기

| 제 2 장
| 사역 기술 과제 2 |

기독교인들을 성령세례로 인도하기

경험이 당신에게 의미하는 것을 나누는 것

이 숙제의 목적은 성령세례를 받은 후 하나님께서 그들을 어떻게 사용하시는가를 간증할 수 있도록 크리스천들을 도와주는 것입니다. 이 과제는 또한 다른 크리스천들을 성령세례로 인도할 수 있는 기회도 열어줄 것입니다. 간증을 마치면서, 당신이 간증을 들은 사람들에게 성령세례를 받도록 기도해 주어도 좋은지 질문하십시오.(역할 연기)

제2장을 읽고 당신의 성령 체험에 대해 간증을 준비하십시오.
- 성령세례를 받은 후, 하나님께서 당신을 어떻게 사용하고 계신지를 5분 동안 간증할 수 있도록 짧은 개요를 **준비하십시오.**
- 당신이 성령세례를 받게 된 이야기와 그것이 주님을 섬기고 다른 사람들에게 사역하는 데 어떤 변화를 가져왔는지를 **간증 하십시오.** 성령세례가 기도 생활에 도움을 주었나요? 사람들에게 전도하는

예수님 따라 하기

데도 도움이 되었나요?
- 성령세례를 받은 후에 하나님께서 그분의 능력을 드러내시는 데 당신을 어떻게 사용하셨는지, 또 당신이 어떻게 다른 사람들을 도와주었는지 개인적인 예를 들어가며 **계속 간증하십시오.**
- 간증을 들은 사람들도 성령세례를 받도록 권고하면서 이야기를 **마치십시오.** 이렇게 말하세요:

"성령님께서는 더 나은 증인들이 되게 하려고 우리 모두에게 능력 부어 주시길 원하십니다. 나는 성령세례를 받기 원하는 분을 위해 기도 드리고 싶습니다. 당신이 지금 이 은사를 원하신다면, 나는 당신과 함께 기도 드릴 것입니다."

- 원하는 사람들과 함께 **기도하십시오.**

"예수님, 성령으로 내게 세례를 주옵소서. 주님의 능력으로 채우셔서 주님을 위한 좋은 증거자가 되게 하소서. 주님 감사합니다. 제가 성령세례를 받았습니다. 나의 영적 언어가 이제 풀리도록 나를 도와주옵소서. 아멘."

- 모든 사람이 방언으로 기도할 때까지 사역을 **계속 하십시오.** (역할 연기)

참고:

- 주님께서 당신에게 성령 세례를 베푸신 때에 일어난 일들을 간증하시오. 처음 방언을 말하게 된 때의 일을 간증하십시오. 성령님의 능력이 부어진 이후에 당신에게 어떤 일이 일어났는지를 간증하십시오.

예수님 따라 하기

- 혼자서 당신의 간증과 걸리는 시간을 연습하십시오. 시간이 아주 빨리 지나갑니다. 시계를 잘 보십시오.
- 즐거운 시간을 가지십시오! 당신의 그룹에 있는 다른 사람들도 이 숙제를 역시 해야 하는 것을 기억 하시고 긴장을 푸세요!

제 3 장
사역 기술 과제 3

병자 치유법 배우기

신유에 대한 당신의 믿음을 간증하고, 병자를 위해 기도하기

3장을 읽고, 다음 질문에 대답하면서 5분 정도 걸리는 메시지를 전할 준비를 하십시오:
- 신유에 대해 성경은 어떻게 말하는가?
- 신유에 대해 나는 어떻게 믿고 있는가?
- 오늘 내가 치료가 필요한 사람을 위해 기도해도 될까요?

다음 제안을 따라서 당신이 속한 그룹 사람들에게 위에 있는 질문에 대한 당신의 답변을 말할 준비를 하시오:

- 용어 색인을 찾아보고, 신유를 약속하는 다섯 가지 성경구절을 선택하여 간략한 개요(out line)에 그것을 포함시키시오.

예수님 따라 하기

- 당신이 개인적으로 체험한 신유에 대한 **간증**과 함께 신유에 대한 당신의 믿음을 개요에 중요한 문구로 포함시키시오.
- 듣고 있는 사람 중에 병의 치료를 위해 기도 받기 원하는 사람을 초청함으로써 당신의 이야기를 마치십시오. **병 낫기를 원하는 사람들을 위해서 기도**할 준비가 되어 있어야 합니다.

병자를 위한 기도: 간증시간이 끝난 직후, 모든 모임의 마지막에는 병자를 위한 기도가 몸이 불편한 사람들에게 제의 되어야 하는 것을 강력히 권합니다. 간증한 사람들은 반드시 병자를 위해 기도 드려야 합니다.

이 과제물이 제시된 이유: 예수님께서는 예수님 안에 있는 믿는 자들이 병자를 치유하는 것을 포함하여 예수님이 하신 일들을 할 수 있다고 말씀하셨습니다. 이 과제는 신참 사역자들에게 그들이 믿는 바를 표현할 뿐만 아니라 신유를 원하는 사람들에게 기도할 수 있는 기회까지도 제공합니다. 마가복음 16:20은 주님께서 우리와 함께 역사하셔서 따르는 표적으로 우리가 전한 말씀을 확실히 증거하셨다고 말씀합니다. 주님께서 그렇게 일하실 수 있는 기회를 드립시다.

> 예수님 따라 하기

제 4 장
사역 기술 과제 4

하나님의 음성 듣기

하나님이 말씀하시는 것을 하라

제4장을 읽고, 모임을 갖기 전에 당신의 마음을 기도로 준비하시오.

- 매주 모임을 갖기 전 날에, 각 사람은 신약성경의 3~5장을 펜과 노트를 준비한 채 읽고 묵상해야만 합니다.
- 성령님께 간구하십시오. **"주님, 오늘 주님의 말씀을 읽을 때 나로 하여금 주님이 내가 알기 원하시는 새로운 통찰력을 보고, 이해하고, 기록하게 하시옵소서"**
- 각 사람은 성경을 묵상할 때 방언으로 기도합니다.
- 각 사람은 주님과 함께 하는 이 시간 동안에 주께서 영감으로 주신 모든 것을 기록해야만 합니다. 각 사람이 이 경건의 시간을 위해 하루에 30분에서 1시간 가량 드릴 수 있기를 권고합니다.
- 각 사람은 다음 모임에 이렇게 묵상을 기록한 노트를 가져옵니다.

예수님 따라 하기

함께 만나십시오:

- 성령님께서 모임을 주관하시기를 기도함으로 모임을 시작하시오.

- 모임의 전반부:

각 사람이 가진 지난 주간의 경건의 시간 중에 성령님께서 계시하신 것을 간증하는 시간을 갖습니다. 각 사람은 그가 경험한 것을 말해야만 합니다. 그들은 성령님의 음성을 들었나요?

- 모임의 후반부:

이 시간은 그들의 삶에 **가장 심각한 기도제목**을 가지고 있는 사람들을 위한 기도시간 입니다.

- 기도 받을 사람을, 한 번에 한 사람씩, 모인 사람들의 중앙에 놓인 의자에 앉게 하십시오.
- 의자에 앉은 사람이 그의 심각한 기도제목을 **아주 간단히** 말하게 하십시오. 그 사람이 시시콜콜한 것까지 다 말하게 하지 마십시오.
- 모든 사람들이 기도 받는 사람의 어깨에 손을 얹고 방언기도를 몇 분 동안 합니다.
- 그들이 기도할 때 성령님께서 심각한 문제에 대한 답변을 친히 주시길 기다리면서, 각 사람이 기도에 참여하도록 격려 하십시오.
- 각 주간에 중요한 기도를 요청하는 사람의 숫자가 두 명이 넘지 않도록 제한 하십시오. 이 기도회는 보통 시간이 많이 걸립니다.
- 하나님이 하신 일에 대하여 감사와 찬양을 드림으로 마칩니다.
- 정시에 모든 모임을 마칩니다.

> 예수님 따라 하기

제 5 장
사역 기술 과제 5

계시에 의해 병자 치유하기

제5장을 읽고, 함께 만날 준비를 하십시오..

- 각 사람이 펜과 노트를 가지고 신약성경 몇 장씩을 읽고 묵상하는 경건의 시간을 제 4장의 매주일 경건의 시간 과제를 하듯이 **계속 하십시오.**
- 성령님께 간구하십시오. "주님, 오늘 주님의 말씀을 읽을 때 나로 하여금 주님이 내가 알기 원하시는 새로운 통찰력을 보고, 이해하고, 기록하게 하시옵소서."
- 각 사람은 성경을 묵상할 때 방언으로 기도하며, 이 시간 동안에 주께서 영감으로 주신 모든 것을 기록해야만 합니다.
- 각 사람은 이 경건의 시간이 날마다 한 시간이 더 걸리도록 노력해야만 합니다. 다음 모임에 기록한 노트를 가져 갑니다.
- 각 사람은 성령님께서 그들을 **고통이 있거나 몸이 불편한 친구**에게로 인도하시고 그들을 다음 모임에 **초청**할 수 있게 해달라고 간구

예수님 따라 하기

해야 합니다.

함께 만나십시오:

● 성령님께서 모임을 주관하시길 기도함으로 모임을 시작하시오.

● 모임의 전반부:

각 사람이 가진 지난 주간의 경건의 시간 중에 성령님께서 계시하신 것을 간증하는 시간을 갖습니다. 각 사람은 성령님과 함께한 체험을 말해야만 합니다.

● 모임의 후반부:
  ● 성령님께서 어떻게 병자 치유하시길 원하시는지 계시를 주시길 기다리면서, 몸이 불편하거나 고통 중에 있는 사람들을 위하여 기도드리는 시간입니다.
  ● 기도 받을 사람을 모임의 중앙에 위치한 의자에 앉게 하십시오. 다른 사람들은 모두 와서 그에게 안수해야 합니다. 각 사람의 방언으로 부드럽게 기도하면서 시작하는데, **성령님께서 가장 좋은 방법으로 기도할 수 있도록 계시해 주시길 간구해야 합니다.**
  ● 각 사람은 성령님의 음성을 들을 수 있도록 시도하고, 그에 따라 기도 하십시오.
  ● 기도를 다 마친 후에 기도 받은 사람에게 질문하십시오. "무슨 일이 일어났는지 말해 주시겠어요? 그 사람이 정직하게 말하고, 기도 가운데 일어난 일을 간증할 수 있도록 합니다.
  ● 신유가 필요한 다음 사람을 불러 그 중앙의 의자에 앉히고 앞 사람에게 기도한 것처럼 계속합니다.

예수님 따라 하기

- 성령님의 음성을 들은 사람들을 격려하며 이 체험이 그들이 기도한 방법에 어떤 영향을 주었는지 간단히 간증하도록 합니다.
- 일어난 일로 인하여 하나님께 감사와 찬양을 돌리며 기도 가운데 모임을 마칩니다.

> 예수님 따라 하기

제 6 장
사역 기술 과제 6

귀신을 다루는 방법

제6장을 읽고, 매주의 모임을 준비하십시오.

- 그룹의 지도자는 매주 만나는 모임의 목적이 무엇인가를 그가 다니는 교회의 **담임목사 사무실에 알려 주어야만 합니다.**
- 제4장과 5장의 과제물인 매 주일 경건의 시간 숙제를 **계속 하십시오.**
- 각 사람은 매일 매일의 경건의 시간 중에 신약성경의 연속된 몇 장을 읽고 묵상하는데, 펜과 노트를 준비하고 방언으로 기도하면서 묵상합니다.
- 각 사람은 주님께서 말씀을 읽을 때 통찰력을 계시해 주시기를 간구해야 하며, 그들의 생각을 기록합니다. 각 사람은 다음 모임에 노트를 가지고 가야 합니다.
- 각 사람은 주님께서 그들을, **심각한 귀신의 속박이나 영적 혼란, 또는 마귀의 공격을 경험하고 있는 크리스천 친구에게 인도해 달라**

고 **기도**해야만 합니다.
- 문제의 원인이 될 수 있는 모든 죄를 다 회개했는지 확실히 하기 위해서 그 친구를 철저히 인터뷰 하십시오.(그가 자유로와지기를 원한다는 가정하에)
- 그룹의 지도자에게 전화를 걸어 그 사람을 만나기에 가능한 다음 모임 시간을 계획하십시오. 각 모임에 두 사람 이상을 예정하지 마십시오.
- 그 그룹의 지도자는 그 친구가 다니는 교회의 **담임목사 사무실에** 그 그룹이 어떤 사역을 하는지, 또 그 사역의 결과를 보고해 드릴 것을 설명하며 통지해 주어야만 합니다. 그 그룹의 지도자는 또한 **그의 목사님이 매주일 모임에서 일어나고 있는 일을 알 수 있도록** 계속 보고해야 합니다.

함께 만나십시오:

- 성령님께서 모임을 주관해 주시길 기도 드리며 모임을 시작 하십시오.

- **모임의 전반부:**
지난 주간 동안 각 사람이 가진 경건의 시간 중에 성령님께서 계시하신 것을 서로 간증하는 시간입니다.

- **모임의 후반부:**
  - 영적으로 어려움을 겪고 있는 한두 명의 초청자에게 사역하는 시간입니다. **만일 귀신이 관련된 문제라면,** 성령님께서 계시해 주시기를 허용해야 합니다.

예수님 따라 하기

- 그 사람을 모임의 중앙에 위치한 의자에 앉게하고, 다른 사람들은 그에게 안수하십시오. 각 사람은 방언으로 부드럽게 기도 드리며 시작하는데, 성령님께서 그 사람의 문제의 근원을 계시해 주시기를 간구해야 합니다.
- **귀신이 존재하는가를** 분별하려는 것이 목적임을 설명하십시오. 귀신이 문제의 원인이라는 **명백한 증거가 없다면**, 그룹의 지도자는 성령님께서 계시하지 않으신 어떤 인위적인 것도 허락해서는 안 됩니다.
- **만일 귀신**이 문제의 원인이라면, 제6장에 있는 예수님 따라 하기에서 권고한 모든 것을 따라서 사역하십시오.
- 기도가 다 끝난 다음에 그 사람에게 질문하십시오. "주님께서 오늘 밤 당신에게 무슨 일을 하셨습니까?" 그 사람이 솔직하게 하고 일어난 일을 간증하게 하십시오.
- 사역이 필요한 다음 사람을 불러, 그 중요한 의자에 앉히고 사역을 계속하십시오.
- 기도 가운데 문제의 원인을 진실하게 분별한 사람들을 격려하여, 어떻게 분별이 나타났는지 또 그것이 사역하는 데 어떤 도움을 주었는지 간단한 간증을 하게 하십시오.
- 일어난 일들로 인하여 하나님께 감사와 찬양을 돌리며 기도로 모임을 마치십시오.
- 기도 받은 사람이 다니는 교회의 담임목사 사무실에 일어난 일들을 알려주십시오.

예수님이 하신 일을 너희도 하라

2008. 7. 20 초판 제1쇄 인쇄
2008. 7. 25 초판 제1쇄 발행

지은이 • John and Sonja Decker

역 자 • 임열수 · 박성자

펴낸이 • 이 승 하

펴낸 곳 : **성광문화사**
121-011 서울 마포구 아현동 710-1
☎ (02)312-2926, 312-8110, 363-1435
FAX • (02)312-3323
E-mail • Sk1435@chollian.net
http://www.skpublishing.co.kr

출판등록번호/제 10-45호
출판등록일/1975. 7. 2
책 번호/865

파본은 교환해 드립니다.

값 18,000원

ISBN 978-89-7252-440-3 93230
Printed in Korea